Skriptum Informatik

– eine konventionelle Einführung

Von Prof. Dr. Hans-Jürgen Appelrath
Universität Oldenburg

und Prof. Dr. Jochen Ludewig
Universität Stuttgart

4., durchgesehene Auflage

B.G. Teubner Stuttgart · Leipzig 1999

Das Werk einschließlich aller seiner Teile ist urheberrechtlich geschützt. Jede Verwertung außerhalb der engen Grenzen des Urheberrechtsgesetzes ist ohne Zustimmung der Verlage unzulässig und strafbar. Das gilt besonders für Vervielfältigungen, Übersetzungen, Mikroverfilmungen und die Einspeicherung und Verarbeitung in elektronischen Systemen.

© 1995 B. G. Teubner Stuttgart
und vdf Hochschulverlag AG an der ETH Zürich
Printed in Germany
Druck und Bindung: Präzis-Druck GmbH, Karlsruhe
Umschlaggestaltung: Fred Gächter, Oberegg, Schweiz

Vorwort zur 1. Auflage

Der Titel dieses Buches ist Beschreibung und Abgrenzung: Wir legen ein Skriptum einer zweisemestrigen Einführungsvorlesung Informatik vor, also einen Text, der im wesentlichen anläßlich von Lehrveranstaltungen der Verfasser an der ETH Zürich (1985-88), der Universität Stuttgart (1988-90) und der Universität Oldenburg (1989-90) aufgeschrieben wurde. Und diese Vorlesungen für Studenten[1] der Hauptfach-, einer Nebenfach- oder einer sogenannten Bindestrich-Informatik waren und sind *konventionell* in dem Sinne, daß das Erlernen einer modernen, aber imperativen Programmiersprache (Modula-2) ein wichtiges Teilziel darstellt. Auch das Vorgehen dabei, bottom-up, vom kleinen zum großen, ist durchaus konventionell.

Die Wahl der Sprache ist umstritten; andere Ansätze legen eine nicht-imperative Sprache zugrunde oder ziehen es vor, die Theorie besonders zu betonen. Jeder kann für sein Konzept gute Gründe vorbringen; unsere sind die folgenden:

- In der Praxis – und dort werden fast alle nach erfolgreichem oder auch abgebrochenem Studium landen – haben die nicht-konventionellen Programmiersprachen bis heute keinen nennenswerten Anteil erreicht; daran wird sich auch in der absehbaren Zukunft nicht viel ändern. Nur durch die Ausbildung mit einer imperativen Sprache können wir also einen Beitrag zu besserem *Software Engineering* leisten. Die Vermittlung der *Konzepte* genügt nicht, denn Programmieren hat auch eine starke handwerkliche Komponente, die detaillierte Hinweise und Übung erfordert.

- Kaum ein Student beginnt das Informatik-Studium ohne Programmiererfahrung. Leider sind diese Erfahrungen zum großen Teil nicht nützlich; noch immer geistert BASIC durch private und leider auch schulische Rechner, und auch was in Pascal gefaßt wurde, ist oft kein sauberer, systematisch entwickelter Code. Vor diesem Hintergrund mag dieses Skriptum auch als Orientierungshilfe für den Informatik-Unterricht in der Oberstufe dienen. Unterrichten wir die Erstsemester nur in Prolog oder in einer anderen nicht-konventionellen Sprache, so setzen wir dieser Fehlentwicklung nichts entgegen, sondern bauen eine entrückte *Zweitwelt* auf. Die erste im Grundstudium eingesetzte Sprache sollte praxistauglich und hinreichend verfügbar sein. Modula-2 erfüllt beide Anforderungen.

- Eine Ausrichtung der Vorlesung auf den Objektbegriff erschiene uns durchaus attraktiv, nur sehen wir keinen Weg, mit Objekten zu arbeiten, bevor die *elementaren* Begriffe systematisch eingeführt sind. Darum schätzen wir Modula-2 als eine Sprache, die die *Vorbereitung* des Objektbegriffs unterstützt. Da man in der Pro-

---

[1] Wir verzichten in diesem Buch auf jeden Versuch, geschlechtsneutrale Formulierungen zu errreichen, denn alle uns bisher bekannten Lösungsansätze dieses Problems erscheinen unbefriedigend. Wir stellen allerdings ausdrücklich fest, daß dieses Problem besteht und einer Lösung bedarf.

grammierung das Detail beherrschen muß, bevor man zum „Programmieren im Großen" übergeht, sehen wir auch keine Alternative zum bottom-up-Konzept.

- Nicht zuletzt: Wir haben mit Modula-2 viel Erfahrung, so daß wir in der Vorlesung aus dem Vollen schöpfen können – und wir kennen die Unzulänglichkeiten gut genug, um den Unterschied zwischen abstraktem Konzept und konkretem Konstrukt der Sprache deutlich zu machen und damit allgemein auf eine kritische Einstellung gegenüber *jeder* Programmiersprache hinzuwirken.

„Konventionell" und „praxisnah" bedeuten freilich nicht, daß wir uns am Durchschnitt der heutigen Programmierpraxis orientieren. Im Gegenteil bemühen wir uns um begriffliche Klarheit und um eine angemessene Berücksichtigung der Theorie, beispielsweise durch die Behandlung der Themen Turing-Maschinen, Berechenbarkeit, Grammatiken, Semantik, Programmverifikation und Komplexität, auch wenn wir damit eine spätere Grundvorlesung Theoretische Informatik nur vorbereiten können.

Der Titel „Skriptum Informatik – eine konventionelle Einführung" soll auch den Werkzeug-Charakter betonen. Offensichtlich sind die Konflikte zwischen Systematik und Didaktik, zwischen erwünschter Vollständigkeit und notwendiger Beschränkung, nicht generell lösbar. Wir haben im Zuge der Vorbereitung immer wieder darüber gestritten, wie die Abschnitte zu ordnen seien, was wichtig und was entbehrlich ist. So liegt zwischen den Buchdeckeln nun ein Kompromiß, aus dem jeder Dozent, jeder Leser *seinen* Stoff in *seiner* Reihenfolge herausschälen möge.

In Vorbereitung befindet sich ein umfangreicher Übungsband mit zahlreichen Aufgaben und Musterlösungen, der ebenfalls bei vdF und Teubner erscheinen wird.

Lehrbuchautoren sind *Compiler* im ursprünglichen Wortsinn, sie tragen zusammen, übersetzen und verbinden, was andere geschaffen haben. Darum geht unser Dank an die Autoren aller Quellen, die wir – sicher nur in beschränktem Maße bewußt – verwendet haben. Ganz bewußt allerdings haben wir Quellen von Prof. Dr. V. Claus und Dr. A. Schwill (beide Oldenburg), insbesondere den Informatik-Duden (Dudenverlag, 1989), genutzt.

Viele Studierende und Mitarbeiter haben in den letzten Jahren durch Kritik und Korrekturen dabei geholfen, Rohfassungen in ein Buch zu verwandeln. Herr Dipl.-Inform. Rainer Götze hatte in der letzten Phase die anspruchsvolle Funktion des Redakteurs und Koordinators und damit wesentlichen Anteil am Zustandekommen. Frau Claudia Martsfeld hat mit Geduld und Einfühlungsvermögen große Teile des Manuskripts geschrieben. Ihnen allen gilt unser Dank.

Oldenburg/ Stuttgart, im August 1991

Hans-Jürgen Appelrath und Jochen Ludewig

Aus dem Vorwort zur 3. Auflage 1995

(...) Überarbeitet wurden nur der Abschnitt 4.3 zum Thema „Testen" und Kapitel 5, in dem wir verschiedene Programmierstile zeigen. In der alten Fassung hatten wir uns damit begnügt, die verschiedenen Lösungen eines Beispiel-Problems zu skizzieren, jetzt sind sie codiert und wurden mit einer Ausnahme auch übersetzt und ausgeführt.
Wie bisher gibt es in diesem Buch keine Übungsaufgaben; sie sind dem Übungsband von Spiegel, Ludewig und Appelrath zu entnehmen, der im Frühjahr 1992 ebenfalls als Gemeinschaftsproduktion der Verlage Teubner und vdf erschienen und seit 1994 in der 2. Auflage verfügbar ist. In diesem inhaltlich und strukturell auf das vorliegende Skriptum abgestimmten Buch sind viele Aufgaben mit Tips und Lösungen zu finden, die die „Einführung in die Informatik" unterstützen und wesentlich erleichtern. Der Code aller Programme, die im Skriptum und im Übungsband abgedruckt sind, ist auch elektronisch verfügbar.
Es wäre für uns interessant, von den Erfahrungen der Kolleginnen und Kollegen zu wissen, die das Skriptum in ihren Lehrveranstaltungen einsetzen. Wir freuen uns über jede Mitteilung und bieten unsere Hilfe an, wenn es um technische Unterstützung geht, z.B. auch die elektronische Bereitstellung der Abbildungen des Skriptums.

Vorwort zur 4. Auflage

Wir freuen uns, dass die Nachfrage eine weitere Auflage notwendig macht. Da in den beiden vorigen Neuauflagen schon sehr vieles verbessert und korrigiert worden war, waren nun kaum noch Änderungen erforderlich. Übrigens werden aktuelle Mitteilungen und, falls immer noch nötig, Errata von nun an im WWW angezeigt[1].

Inzwischen ist das Skriptum auch elektronisch verfügbar[2]. Der Verkauf des gedruckten Buchs hat darunter nicht gelitten, die Verfügbarkeit im Netz geht also nicht zwangsläufig zu Lasten des Print-Mediums. Auch das ist eine schöne Erfahrung.

Oldenburg/ Stuttgart, im November 1998

Hans-Jürgen Appelrath und Jochen Ludewig

---

[1] Zugang via http://www.informatik.uni-stuttgart.de/ifi/se/publications/
[2] http://medoc.offis.uni-oldenburg.de/Samples/appelrathfree/

Inhaltsverzeichnis

1. **Grundlagen** 11
   - 1.1 Algorithmus und Berechenbarkeit 11
     - 1.1.1 Algorithmus 11
     - 1.1.2 Turing-Maschine 13
     - 1.1.3 Berechenbarkeit 18
   - 1.2 Sprache und Grammatik 21
     - 1.2.1 Sprache 21
     - 1.2.2 Grammatik 25
   - 1.3 Rechner 31
     - 1.3.1 Von-Neumann-Rechnerarchitektur 32
     - 1.3.2 Rechnersysteme 38
   - 1.4 Informatik als Wissenschaft 46

2. **Imperative Programmierung – die Sprache Modula-2** 53
   - 2.1 Syntaxdarstellungen 53
   - 2.2 Elementare funktionale Modula-2-Programme 57
     - 2.2.1 Eine Modula-2-Teilsprache 57
     - 2.2.2 Programmverzweigungen 69
     - 2.2.3 Funktionen und Prozeduren 72
     - 2.2.4 Elementare Datentypen, Aufzählungs- und Bereichstypen 74
     - 2.2.5 Eingabevariablen 79
     - 2.2.6 Rekursive Funktionen und Prozeduren 80
     - 2.2.7 Nachteile funktional-rekursiver Programme 85
   - 2.3 Iterative Programme 87
     - 2.3.1 Wertzuweisungen und Referenzparameter 87
     - 2.3.2 Gültigkeitsbereich und Lebensdauer 89
     - 2.3.3 Anweisungen zur Iteration 96
     - 2.3.4 Vergleich iterativer und rekursiver Lösungen 99
     - 2.3.5 Sprunganweisungen 102
     - 2.3.6 Prozedurtypen 104
   - 2.4 Komplexe Datentypen 109
     - 2.4.1 Mengen (Sets) 109
       - 2.4.1.1 Darstellung und Manipulation von Mengen 110
       - 2.4.1.2 Ein Beispiel für Sets 111
     - 2.4.2 Arrays (Felder) 113
     - 2.4.3 Records (Verbunde) 119
       - 2.4.3.1 Einfache Records 120

		2.4.3.2	Records mit Varianten 126
	2.4.4	Zeiger (Pointer) und dynamische Variablen 129
		2.4.4.1	Die Speicherung auf der Halde 130
		2.4.4.2	Operationen auf Zeigern 132
		2.4.4.3	Verkettete Listen 136
		2.4.4.4	Anwendungen und Probleme dynamischer Variablen 145
	2.4.5	Dateien (Files) 148
		2.4.5.1	Eigenschaften und formale Beschreibung 148
		2.4.5.2	Dateien in Pascal 150
		2.4.5.3	Dateien in Modula-2 153

3. Abstraktion 157

    3.1   Abstraktionskonzepte in Programmiersprachen 157

    3.2   Abstraktion in Modula-2 161

        3.2.1   Das Prinzip der separaten Übersetzung 161

        3.2.2   Modularisierung eines Programms 163

        3.2.3   Datenkapselung 167

        3.2.4   Abstrakte Datentypen 174

                3.2.4.1   Das Prinzip des Abstrakten Datentyps 174

                3.2.4.2   Abstrakte Datentypen Schlange und Stack 176

                3.2.4.3   Abstrakter Datentyp für große Zahlen 183

                3.2.4.4   Abstrakter Datentyp für komplexe Zahlen 188

4. Semantik, Verifikation und Test 193

    4.1   Konzepte für eine Semantikdefinition 194

        4.1.1   Semantik: Begriff und Motivation 194

        4.1.2   Grundprinzipien von Semantiknotationen 195

        4.1.3   Ein Beispiel für die operationale Semantik 198

    4.2   Spezifikation und Verifikation von Programmen 204

        4.2.1   Vor- und Nachbedingungen 204

        4.2.2   Schwächste Vorbedingungen 207

        4.2.3   Die Verifikation 209

        4.2.4   Beschreibung einer Schleife durch eine Invariante 215

        4.2.5   Konstruktion iterativer Programme 217

        4.2.6   Zusammenfassung 222

    4.3   Test 224

        4.3.1   Begriffsbildung und Prinzipien 224

                4.3.1.1   Begriffliche Abgrenzung 224

                4.3.1.2   Aufgabenteilung und Zielsetzung 225

                4.3.1.3   Material und Resultate des Tests 226

4.3.2 Grenzen des Testens 227
4.3.3 Die Konstruktion von Testdaten 228
4.3.4 Zusammenfassung 237

5. Programmierparadigmen und -sprachen 239

5.1 Programmierparadigmen 239
    5.1.1 Imperatives Programmieren 243
    5.1.2 Funktionales Programmieren 249
    5.1.3 Logik-basiertes Programmieren 252
    5.1.4 Objektorientiertes Programmieren 257
    5.1.5 Regel-basiertes Programmieren 265
    5.1.6 Programmierung von Mehrprozessor-Systemen 267
5.2 Übersicht über Programmiersprachen 269

6. Datenstrukturen und Algorithmen 273

6.1 Komplexität und Effizienz 273
    6.1.1 Motivation und Begriffsbildung 273
    6.1.2 Effizienz und Komplexität von Algorithmen 274
    6.1.3 Komplexität von Funktionen und Sprachen 279
6.2 Graphen und Bäume 283
    6.2.1 Graphen 283
    6.2.2 Bäume 293
6.3 Suchen in gegebenen Datenstrukturen 305
    6.3.1 Suchen in Tabellen 305
    6.3.2 Suchen von Zeichenketten 309
6.4 Datenorganisationen für effizientes Suchen 320
    6.4.1 Suchverfahren auf Bäumen 320
        6.4.1.1 Binäre Suchbäume 320
        6.4.1.2 AVL-Bäume 328
        6.4.1.3 Optimale Suchbäume 344
        6.4.1.4 B-Bäume 349
        6.4.1.5 Weitere balancierte Suchbäume 357
    6.4.2 Hashing 360
        6.4.2.1 Begriffsbildung und Anforderungen 360
        6.4.2.2 Perfektes Hashing 362
        6.4.2.3 Kollisionsbehandlung 363
        6.4.2.4 Löschen in Hash-Tabellen 368
        6.4.2.5 Aufwandsabschätzung 369
        6.4.2.6 Implementierung von Kollisionsbehandlungen 371

6.5	Sortieren		377
	6.5.1	Klassifizierung und allgemeine Betrachtungen	377
	6.5.2	Interne Sortierverfahren	385
		6.5.2.1 Einfache Sortierverfahren	385
		6.5.2.2 Schnelle Sortierverfahren	389
		6.5.2.3 Implementierung ausgewählter Sortierverfahren	399
		6.5.2.4 Aufwandsvergleich der Sortierverfahren	404
		6.5.2.5 Sortieren durch Streuen und Sammeln	405
	6.5.3	Externe Sortierverfahren	409
		6.5.3.1 Direktes Mischen	410
		6.5.3.2 Natürliches Mischen	411
		6.5.3.3 Mehrwege-Mischen	411
6.6	Speicherverwaltung		413
	6.6.1	Algorithmische Konzepte	414
	6.6.2	Implementierung von Stacks	422

Anhang A: Mathematische Grundbegriffe und Formeln ... 429

Anhang B: Syntaxdiagramme für Modula-2 ... 432

Literatur ... 449

Abkürzungsverzeichnis ... 451

Modula-2-Index ... 452

Index ... 453

1. Grundlagen

Durch dieses Kapitel sollen u.a. die folgenden Grundbegriffe der Informatik eingeführt werden:

- Algorithmus   als Verarbeitungsvorschrift zur Lösung von Problemen;
- Turing-Maschine   als universelles Maschinenmodell zur Realisierung von Algorithmen;
- Berechenbarkeit   als Eigenschaft von Funktionen, sich durch Algorithmen realisieren zu lassen;
- Sprache   als Ausdrucksmittel zur exakten Formulierung von Algorithmen;
- Grammatik   als System zur Erzeugung von Sprachen;
- Rechner   als Gerät, das in einer Sprache, speziell einer Programmiersprache codierte Algorithmen ausführt.

Dabei können wir manches nur anreißen, was in anderen Grundlagenvorlesungen, vor allem in „Theoretischer Informatik" und „Rechnerstrukturen" zu vertiefen sein wird. Der begriffliche Rahmen sollte aber in einer Informatik-Einführung abgesteckt werden, bevor das Thema „Programmierung" angesprochen wird.

1.1 Algorithmus und Berechenbarkeit

1.1.1 Algorithmus

Ein intuitiver Algorithmusbegriff

Unter einem *Algorithmus* versteht man eine präzise, endliche *Verarbeitungsvorschrift*, die so formuliert ist, daß die in der Vorschrift notierten *Elementaroperationen* von einer mechanisch oder elektronisch arbeitenden *Maschine* durchgeführt werden können. Die Anzahl der verfügbaren Elementaroperationen ist beschränkt, ebenso ihre Ausführungszeit. Aus der sprachlichen Darstellung des Algorithmus muß die Abfolge der einzelnen Verarbeitungsschritte eindeutig hervorgehen. Hierbei sind Wahlmöglichkeiten zugelassen. Nur muß dann genau festliegen, wie die Auswahl einer Möglichkeit erfolgen soll.

Beispiele für Algorithmen sind Vorschriften zum Addieren, Subtrahieren oder Multiplizieren von Zahlen sowie der euklidische Algorithmus zur Berechnung des größten gemeinsamen Teilers. Übliche Kochrezepte, Bastelanleitungen, Partituren, Spielregeln und alltägliche Vorschriften erinnern an Algorithmen; sie sind aber nicht exakt ausformuliert und enthalten meist Teile, die unterschiedlich interpretiert werden können.

Ein Algorithmus beschreibt also eine Funktion (Abbildung) f: E → A von der Menge der zulässigen *Eingabedaten* E in die Menge der *Ausgabedaten* A. Vereinfacht kann man auch sagen, ein Algorithmus gibt an, wie Eingabedaten schrittweise in Ausgabedaten umgewandelt werden. Aber nicht jede Funktion läßt sich durch einen Algorithmus realisieren, wie wir im Abschnitt 1.1.3 („Berechenbarkeit") sehen werden.

Typische Eigenschaften von Algorithmen

Algorithmen besitzen charakteristische Eigenschaften:

(a) *Abstrahierung*
 Ein Algorithmus löst i.a. eine Klasse von Problemen. Die Wahl eines einzelnen, aktuell zu lösenden Problems aus dieser Klasse erfolgt über Parameter.

(b) *Finitheit*
 Die Beschreibung eines Algorithmus selbst besitzt eine endliche Länge (statische Finitheit). Ferner darf zu jedem Zeitpunkt, zu dem man die Abarbeitung eines Algorithmus unterbricht, der Algorithmus nur endlich viel Platz belegen (dynamische Finitheit), d.h. die bei der Abarbeitung des Algorithmus entstehenden Datenstrukturen und Zwischenergebnisse sind endlich.

(c) *Terminierung*
 Algorithmen, die für jede Eingabe nach endlich vielen Schritten ein Resultat liefern und anhalten, heißen terminierend, sonst nichtterminierend. In der Praxis interessieren häufig nur terminierende Algorithmen, aber in speziellen Bereichen wie z.B. bei Betriebssystemen (Basis-Algorithmen eines Rechners) oder bei der Überwachung von Anlagen oder Produktionsstätten sind auch nichtterminierende Algorithmen von Bedeutung.

(d) *Determinismus*
 Ein Algorithmus heißt deterministisch, wenn zu jedem Zeitpunkt seiner Ausführung höchstens eine Möglichkeit der Fortsetzung besteht. Hat ein Algorithmus an mindestens einer Stelle zwei oder mehr Möglichkeiten der Fortsetzung, von denen eine nach Belieben ausgewählt werden kann, so heißt er nichtdeterministisch. Kann man den Fortsetzungsmöglichkeiten Wahrscheinlichkeiten zuordnen, so spricht man von stochastischen Algorithmen.

(e) *Determiniertheit*
 Algorithmen sind i.a. determiniert, d.h. wird ein Algorithmus mit den gleichen Eingabewerten und Startbedingungen wiederholt, so liefert er stets das gleiche Ergebnis. Eine Erweiterung bilden die nichtdeterminierten Algorithmen, die bei gleichen Startbedingungen unterschiedliche Ergebnisse berechnen können. Diese Eigenschaft nimmt man manchmal in Kauf, z.B. wenn ein exakter Lö-

sungsalgorithmus eine hohe Komplexität hat und man darum heuristische Methoden anwendet, also auf die erschöpfende Bearbeitung aller Fälle (und damit oft auf die absolut beste Lösung) verzichtet. Ein terminierender, deterministischer Algorithmus ist immer determiniert. Ein terminierender, nichtdeterministischer Algorithmus kann determiniert oder nichtdeterminiert sein.

Eine faszinierende und zentrale Aufgabe der Informatik ist es, Probleme durch Algorithmen zu lösen. Ist ein solcher Lösungsalgorithmus entdeckt und formuliert, so ist das gestellte Problem aus Sicht der Theorie „erledigt", da jetzt scheinbar kein Problem mehr vorliegt. Wenngleich durch Algorithmen große Problembereiche als „gelöst", „entwertet" oder „nun uninteressant" erscheinen, so suchen Informatiker oft weiter nach einem *möglichst guten* Algorithmus, d.h. die *Effizienz* von Algorithmen spielt eine entscheidende Rolle:

Man kann beweisen, daß es zu jedem Algorithmus unendlich viele verschiedene, *äquivalente* Algorithmen gibt, die die gleiche Aufgabe lösen. Die Suche nach schnelleren oder kompakteren Algorithmen oder der Beweis, daß es solche nicht geben kann, führen meist auf komplizierte Probleme, für deren Lösung man keine generellen Methoden kennt.

Wichtiger als Laufzeit und Speicherbedarf sind oft andere, leider nicht ebenso einfach meßbare oder sichtbare Eigenschaften, beispielsweise die *Änderbarkeit*, die *Portabilität* (Übertragbarkeit eines Programms auf andere Rechner) und vor allem die *Zuverlässigkeit*. Da diese Qualitäten erst bei größeren, praxisrelevanten Programmen zum Tragen kommen, werden sie von den Studenten regelmäßig vernachlässigt.

Darstellung von Algorithmen

Algorithmen kann man darstellen, indem man sie in einer (wohldefinierten) *Programmiersprache* codiert, oder dadurch, daß man eine (exakt definierte) *Maschine* angibt, die den Algorithmus schrittweise nachvollzieht. Ein einfaches *Maschinenmodell* dafür ist z.B. die im nächsten Abschnitt vorgestellte Turing-Maschine.

Statt eine Maschine konkret zu bauen, genügt es auch, ihre Grundbefehle, ihren Speicher (für Daten) und ihre Kontrollstrukturen, d.h. die erlaubten Verknüpfungen der Grundbefehle, festzulegen. Man gibt also nur eine gedachte, eine sogenannte *virtuelle Maschine* an, von der man weiß, daß man sie *prinzipiell* auch bauen oder von einer realen Maschine *simulieren* lassen kann.

1.1.2 Turing-Maschine

Die Turing-Maschine (TM) ist ein *universelles*, d.h. nicht auf die Abarbeitung von Algorithmen einer bestimmten Klasse beschränktes Modell, das 1936 von dem Mathematiker A. M. Turing (1912 - 1954) vorgeschlagen wurde. Man beachte, daß wir heute in der TM unvermeidlich einen (sehr primitiven) Rechner sehen, während sie von Turing als reines Gedankenmodell eingeführt worden war. Dazu trägt auch bei, daß das englische Wort „machine" (= Automat) mit „Maschine" übersetzt wurde. Manche Mißverständnisse (z.B. bezüglich des scheinbar bedrohlich großen Rechenaufwands der TM) haben hierin ihre Ursache.

Formale Definition einer TM

Die statischen Merkmale einer TM M können durch fünf Komponenten
M = (B, I, Q, α, Δ) beschrieben werden:

B	ist das *Bandalphabet*, also eine endliche Menge unterschiedlicher Zeichen, mit denen das Band (siehe unten) beschrieben ist. Wir verwenden in den folgenden Beispielen kleine, schräggestellte Buchstaben, z.B. B = {*a, b, c, z*}. „z" hat als *Leerzeichen* spezielle Bedeutung (siehe unten).
I ⊆ B \ {z}	ist das *Eingabealphabet*.
Q	ist eine endliche *Zustandsmenge*; die Zustände werden hier durch griechische Buchstaben bezeichnet, z.B. Q = {α, β, γ}.
α ∈ Q	ist der *Anfangszustand*.
Δ :	Q × B → Q × B × {L, R, H} ist die *Übergangsfunktion*. L, R und H stehen für Links, Rechts und Halt.

Innerhalb einer speziellen, von einer TM durchgeführten Berechnung kommen drei Angaben hinzu, die zusammen die Konfiguration einer TM beschreiben:

q ∈ Q	ist der *aktuelle Zustand*.
T: $\mathbb{Z}$ → B	ist das *Band* („Tape"), formal eine Abbildung der Menge der ganzen Zahlen in B. Die ganzen Zahlen können hier als Numerierung der Zellen eines unendlich langen Bandes interpretiert werden, in jeder Zelle steht ein Zeichen. Bis auf einen endlich langen Abschnitt, der aber im Zuge der Berechnung wachsen oder schrumpfen kann, ist das Band mit Leerzeichen (z) besetzt. In diesem Abschnitt steht zu Beginn das *Eingabewort*, am Schluß das *Ergebniswort*.
C ∈ $\mathbb{Z}$	ist die *Bandposition*, wo die TM gerade arbeitet. An dieser Stelle steht auf dem Band das Zeichen t = T(C).

Ein *Arbeitsschritt* der Berechnung besteht nun darin, daß die Abbildung Δ auf (q, t) angewendet wird. Sie liefert den neuen Zustand q' und das neue Zeichen t', das t ersetzt. Schließlich bedeuten L und R, daß C um 1 gesenkt bzw. erhöht wird (Schritt nach links bzw. rechts). Mit H bleibt die TM stehen (Halt). Eine vollständige Berechnung besteht darin, daß die TM im Zustand α an bestimmter Position C auf gegebenem Band T startet und Schritte ausführt, bis sie hält. Das *Resultat* der Berechnung ist dann die neue Belegung des Bandes T', von der wieder nur der endlich lange Abschnitt interessiert, in dem andere Zeichen als das Leerzeichen z vorkommen.

1.1 Algorithmus und Berechenbarkeit

Tritt im Zuge der Berechnung eine Kombination (q, t) auf, für die die Abbildung Δ nicht definiert ist (Δ kann eine *partielle Funktion* sein), so bricht die Berechnung ab, und das Resultat ist undefiniert. Es ist ebenfalls undefiniert, wenn die TM nicht hält, sondern endlos weitere Schritte ausführt.

Ein anschauliches Modell der TM

Anschaulich kann man sich eine TM als ein sehr spezielles Tonbandgerät vorstellen, bei dem das nach beiden Seiten unbegrenzt lange Magnetband in einzelne Zellen unterteilt ist. In jeder Zelle des Bandes steht genau ein Zeichen. Es kann immer nur die eine Zelle gelesen und verändert werden, die sich gerade unter dem „Magnetkopf", genannt *Lese-Schreibkopf* (LSK) befindet. Das Band (oder der LSK) kann um eine Zelle nach rechts oder links *bewegt* werden. (Wir bevorzugen hier die anschaulichere Vorstellung, daß der LSK bewegt wird.)

Man beachte, daß nur der LSK ein endlicher Automat ist, nicht aber die ganze TM, denn auf dem unbegrenzten Band können beliebig viele verschiedene Situationen entstehen. Damit ist die primitiv erscheinende TM konzeptionell mächtiger als jeder reale, nur mit endlich großem Speicher ausgerüstete Rechner, und wir können – freilich ohne die Möglichkeit der praktischen Umsetzung – feststellen, daß irgend ein (sequentiell arbeitender) Computer nichts kann, was nicht auch eine geeignete TM könnte. Die Umkehrung dieses letzten Satzes ist es, was die TM so interessant macht: Was *sie* nicht kann, das kann auch kein Computer.

Der LSK der TM (oder in etwas ungenauer, aber üblicher Vereinfachung: die TM) ist zu jedem Zeitpunkt in einem bestimmten Zustand; die Menge der Zustände ist endlich und für eine bestimmte TM fest. Ein Arbeitsschritt der TM besteht darin, den Inhalt der Zelle, die gerade unter dem LSK liegt, zu lesen, ihn neu zu schreiben, den Zustand zu wechseln und einen Schritt nach links oder rechts zu tun oder zu halten. Das neue Zeichen, der neue Zustand und die Bewegung (oder das Halten) sind durch eine *Übergangstabelle* bestimmt. Diese enthält (höchstens) eine Zeile für jede Kombination aus Zustand und eingelesenem Zeichen, also bei einer TM mit s Zuständen und n Zeichen (höchstens) s·n Zeilen. Eine Übergangstabelle wird auch als *Turing-Programm* bezeichnet.

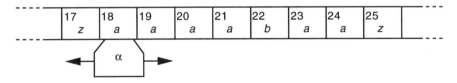

Abb. 1.1 Anschauliches Modell einer TM

Die Belegung des Bandes bedarf der Interpretation; bei der TM in Abb. 1.1 können wir beispielsweise festlegen, daß im *Eingabewort aaaabaa* (Zellen 18 - 24) die Sequenzen der Zeichen *a* natürliche Zahlen repräsentieren, hier also 4 und 2, getrennt durch ein b. Die Berechnung kann je nach Übergangstabelle eine Funktion davon liefern, etwa die Differenz. Dann wäre als Resultat *aa* zu erwarten.

Beispiel einer Berechnung

Für das genannte Beispiel der Subtraktion zweier natürlicher Zahlen (ohne die Null) wäre eine geeignete Übergangstabelle das folgende Turing-Programm:

q	t	$\Delta(q, t)$		
α	*a*	β	*z*	R
β	*a*	β	*a*	R
β	*b*	γ	*b*	R
γ	*a*	δ	*b*	R
γ	*b*	γ	*b*	R
δ	*a*	ε	*a*	L
δ	*z*	ζ	*z*	L
ε	*a*	ε	*a*	L
ε	*b*	ε	*b*	L
ε	*z*	α	*z*	R
ζ	*a*	ζ	*a*	L
ζ	*b*	ζ	*z*	L
ζ	*z*	η	*z*	R
η	*a*	α	*a*	H

Tab. 1.1 Turing-Programm zur Subtraktion zweier natürlicher Zahlen

Die Zustände dieser TM lassen sich wie folgt anschaulich interpretieren:

α (alpha): den Minuenden dekrementieren

β (beta): über den Minuenden nach rechts laufen bis zum ersten Zeichen *b*

γ (gamma): den Subtrahenden nach rechts suchen und dekrementieren

δ (delta): feststellen, ob Subtrahend auf Null reduziert ist, falls ja, Fortsetzung mit ζ, sonst mit ε

ε (epsilon): zum nächsten Dekrementierungsschritt wieder nach links zum Anfang laufen

ζ (zeta): Zeichen rechts vom Resultat löschen, d.h. *b* durch *z* ersetzen, und an den Anfang laufen

η (eta): am Anfang des Resultats halten.

1.1 Algorithmus und Berechenbarkeit

Startet man die durch die vorstehende Tabelle gegebene TM in der Situation, wie sie in Abb. 1.1 gezeigt ist, also im Zustand α mit dem LSK über dem ersten Zeichen (von links) des Eingabewortes *aaaabaa*, so wird die erste Zeile der Tabelle angewandt, d.h. *a* wird durch *z* ersetzt, der LSK bekommt den Zustand β und geht nach rechts, und es entsteht die Situation, wie sie in Abb. 1.2 gezeigt ist.

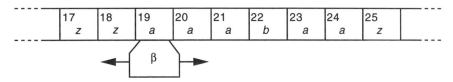

Abb. 1.2 Situation der TM nach dem ersten Schritt

Nach weiteren vier Schritten, bei denen der LSK im Zustand β bleibt und das Band nicht verändert, liest er in Zelle 22 das *b* und wechselt in den Zustand γ (Abb. 1.3).

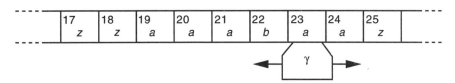

Abb. 1.3 Situation der TM nach dem fünften Schritt

Hier wird nun das *a* in Zelle 23 durch *b* ersetzt, der LSK geht nach rechts und in den Zustand δ. Da in Zelle 24 noch ein a steht, wird – nach dem Rücklauf im Zustand ε – der Vorgang wiederholt, so daß das *a* in Zelle 19 durch *z*, das in Zelle 24 durch *b* ersetzt wird. Dann beginnt die Ende-Behandlung (im Zustand ζ), die Zeichen *b* in den Zellen 24 bis 22 werden durch *z* ersetzt, und die Maschine hält schließlich auf Zelle 20 (Abb. 1.4).

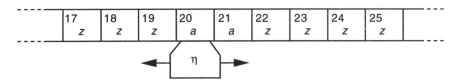

Abb. 1.4 Situation der TM vor dem letzten Schritt (d.h. vor dem Halten)

Wir sehen an diesem Beispiel einige charakteristische Merkmale der TM:
- Die absolute Position auf dem Band hat keine Bedeutung, die Position des Eingabewortes kann also ohne jede Konsequenz versetzt werden, wenn der LSK

mitwandert. Das Ergebniswort weist dann die gleiche Verschiebung auf. Die Numerierung oben dient also nur der Beschreibung.

- Die Subtraktion natürlicher Zahlen ist eine partielle Funktion, d.h. sie ist nur definiert, wenn der Minuend größer ist als der Subtrahend; andernfalls ist das Ergebnis keine natürliche Zahl. Das Turing-Programm oben reflektiert dies durch fehlende Definitionen für Übergänge, die bei zulässigen Eingaben nicht benötigt werden. Startet man die TM aber mit dem Eingabewort *aba*, so wird beim achten Schritt $\Delta(\eta, z)$ abgefragt, und die Berechnung bricht mit undefiniertem Ergebnis ab. Eine andere Möglichkeit (unter vielen) wäre es, in die Tabelle die Zeile $\Delta(\eta, z) = (\eta, z, L)$ aufzunehmen, was zur Folge hätte, daß die TM nicht hält.

- Auch einfache Operationen erfordern viele Schritte. Sie können aber – bei entsprechenden Erweiterungen der Zustandsmenge und der Übergangstabelle – zu beliebig umfangreichen Algorithmen ausgebaut und kombiniert werden. Daß diese in der Praxis nicht simuliert werden können, weil sie sehr viel Speicher und sehr viele Schritte benötigen, tut der Theorie keinen Abbruch.

- Wählt man Bandalphabet und Turing-Programm anders, so sind beliebige Zahlendarstellungen möglich, z.B. auch die dezimale. Die Theorie zeigt aber, daß auch eine TM mit nur zwei Zeichen (B = {*a*, *z*}) bei entsprechend mehr Zuständen grundsätzlich die gleiche Mächtigkeit hat wie jede andere. Im Beispiel kommt man mit veränderter Übergangstabelle leicht ohne das Zeichen *b* aus.

- Durch entsprechende Codierungen können beliebige, aber exakt beschriebene Problemstellungen mit TMn bearbeitet werden. Im Beispiel waren natürliche Zahlen codiert worden, man kann aber ebenso auch Wahrheitswerte, Texte oder andere Informationen darstellen. Für die Theorie ist vor allem die Möglichkeit wichtig, eine TM selbst, d.h. ihre Tabelle, als Eingabewort zu bearbeiten. Damit lassen sich TMn konstruieren, die andere TMn analysieren.

1.1.3 Berechenbarkeit

Berechenbar heißt eine Funktion f : M → N dann, wenn es einen Algorithmus gibt, der für jeden Eingabewert m ∈ M, für den f (m) definiert ist, nach endlich vielen Schritten anhält und als Ergebnis f (m) liefert. In allen Fällen, in denen f (m) nicht definiert ist, bricht der Algorithmus nicht ab.

Eine berechenbare Funktion f : M → N, die total, d.h. für jedes m ∈ M definiert ist, heißt auch *rekursive Funktion* (bezüglich M). Berechenbare Funktionen f, die nicht für alle Elemente m ∈ M definiert sind, nennt man auch *partiell-rekursive Funktionen*.

1.1 Algorithmus und Berechenbarkeit

In der Theoretischen Informatik ist der Sprachgebrauch anders: Hier werden *alle* berechenbaren Funktionen als partiell-rekursiv bezeichnet, so daß die nicht überall definierten Funktionen *echt* partiell genannt werden müßten.

Es liegt nahe zu vermuten, daß jede Funktion, die man präzise definieren kann, auch berechenbar ist. Überraschenderweise ist dies nicht der Fall.

Berechenbare Funktionen

Oben war die Subtraktion gezeigt worden. Offenbar handelt es sich um eine partiell-rekursive Funktion. Die Addition wäre dagegen eine rekursive Funktion, denn die Summe natürlicher Zahlen liefert stets eine natürliche Zahl. Weitere bekannte Beispiele berechenbarer Funktionen sind

(a) Bestimmung des größten gemeinsamen Teilers (ggT) zweier natürlicher Zahlen mit dem euklidischen Algorithmus:
ggT : $\mathbb{N} \times \mathbb{N} \to \mathbb{N}$ mit
ggT (a, b) = „größter gemeinsamer Teiler von a und b"

(b) Feststellung, ob eine natürliche Zahl Primzahl ist:
prim: $\mathbb{N} \to$ {TRUE, FALSE} mit
prim (n) = TRUE, falls n Primzahl ist, sonst FALSE

(c) Sortieren von r natürlichen Zahlen:
sort: $\mathbb{N}^r \to \mathbb{N}^r$ mit sort $(x_1, ..., x_r) = (x_{i1}, x_{i2}, ..., x_{ir})$, wobei $i_1, ..., i_r \in \{1, ..., r\}$ paarweise verschieden sind und $x_{i1} \leq x_{i2} \leq ... \leq x_{ir}$ gilt.

Nichtberechenbare Funktionen

Nichtberechenbare Funktionen sind nicht ganz so einfach, aber durchaus anschaulich. Daß sie nicht nur *schwer* zu realisieren sind, sondern prinzipiell gar nicht, beweist die Theorie der Turing-Maschinen. Wir können den Beweis hier nicht wiedergeben; sein Prinzip besteht darin zu zeigen, daß es zu einem Widerspruch führt, wenn man die Existenz von Lösungen der folgenden und ähnlicher Probleme annimmt:

Sei A die Menge aller Algorithmen und E die Menge aller Eingabewörter. Die – in geeigneter Form codierte – Tabelle der Subtraktionsmaschine gehört also zu A, die Wörter *aaaabaa* und *aba* gehören zu E.

(a) **Halteproblem**:
f : A × E → {TRUE, FALSE} mit
f (a, e) = TRUE, falls der Algorithmus a, angesetzt auf die Eingabe e, nach endlich vielen Schritten hält, sonst FALSE.

Es gibt keinen Algorithmus, der f berechnet, also als Eingabe einen beliebigen anderen Algorithmus und dessen Daten erhält und feststellt, ob die Berechnung terminieren wird.

Man beachte, daß es natürlich möglich ist, dies für *sehr viele* Algorithmen durch Probieren zu entscheiden. Führt das Probieren aber nach einer gewissen Zahl von Schritten nicht zum Halt, so beweist das nichts, denn man kann auch keine Obergrenze angeben, bis zu der der Algorithmus höchstens noch terminieren kann.

(b) **Äquivalenzproblem**:

g : A × A → {TRUE, FALSE} mit

g (a1, a2) = TRUE, falls die Algorithmen a1 und a2 die gleiche Funktion berechnen (also für beliebige Eingaben das gleiche oder kein Resultat berechnen), sonst FALSE.

Es gibt keinen Algorithmus für g, der als Eingabe zwei andere Algorithmen erhält und entscheidet, ob die beiden Algorithmen dasselbe leisten, d.h. dieselbe Funktion realisieren.

Bedeutung der TM als Modell, Churchsche These

Abschließend wollen wir den wichtigen Zusammenhang zwischen Turing-Maschinen und berechenbaren Funktionen herstellen.

Das Besondere an dem einfachen Modell einer TM ist, daß es sich als äquivalent zu allen bekannten Formalisierungen des Begriffs „Berechenbarkeit" erwiesen hat, d.h. alle bekannten Formalisierungen des Begriffs „Algorithmus" lassen sich in das Modell der TM überführen und umgekehrt. Dies veranlaßte Turing und Church bereits 1936 zu der Vermutung, daß es zu jedem Algorithmus (der eine Funktion f realisiert) eine TM M gibt, so daß für die durch M repräsentierte Funktion f' gilt: f = f'. Mit anderen Worten: jeder Algorithmus läßt sich durch ein Turing-Programm realisieren. Oder auch: jede berechenbare Funktion läßt sich programmieren. Diese Behauptung läßt sich mathematisch nicht beweisen, weil die Begriffe „Algorithmus" und „berechenbare Funktion" mathematisch nicht faßbar sind. Sie wurde darum „nur" als These, als *Churchsche These*, bekannt. Diese These konnte bisher nicht widerlegt werden und ist allgemein anerkannt. Die TM wurde damit zur Grundlage der Theorie der Berechenbarkeit.

Im Rahmen der Informatik-Einführung genügt diese Erkenntnis: Wer die Arbeitsweise einer TM verstanden hat, kennt prinzipiell die Klasse der Algorithmen, also die Menge aller berechenbaren, in einer Programmiersprache codierbaren Funktionen, kennt ihre Grenzen und weiß, daß es auch nichtberechenbare Funktionen gibt. Daß man in der Praxis nur Interesse an einer mikroskopisch kleinen Menge berechenbarer Funktionen hat (neben einem ausreichenden „Anwendungsbezug" spielen insbesondere Komplexitätsfragen wie „Ist die Funktion in akzeptabler Zeit berechenbar?" eine Rolle), steht auf einem ganz anderen Blatt...

1.2 Sprache und Grammatik

Abschnitt 1.1 sollte die zentrale Bedeutung des Algorithmusbegriffs in der Informatik deutlich gemacht haben. Er hat auch gezeigt, daß ein Algorithmus, beispielsweise als Übergangsfunktion formuliert, zur Ausführung noch einer Maschine bedarf, in diesem Falle der Turing-Maschine. Wir benötigen allgemeiner also eine sprachliche Formulierung des Algorithmus und eine Maschine (einen Automaten), der diese Formulierung interpretieren, „ausführen" kann. Zur Maschine gehört auch ein Speicher, bei der TM ist dies das Band.

Als Maschinen interessieren in der Informatik – zumindest in der praktischen, ingenieurwissenschaftlichen – reale Rechner, also nicht die Turing-Maschinen. Rechner – deren grobe Architektur in Abschnitt 1.3 vorgestellt wird – realisieren Algorithmen durch schrittweise Abarbeitung von Programmen, die in einer *Programmiersprache* codiert sind. Wer also Rechner programmieren will, muß *Syntax* und *Semantik* von Programmiersprachen kennen, um Algorithmen syntaktisch korrekt und im Sinne der beabsichtigten Berechnung zu codieren.

Im diesem Abschnitt wird der syntaktische Teil von Sprachen durch Einführung des Grammatikbegriffs präzisiert. Auf dieser Grundlage werden wir dann ab Kapitel 2 schon mit der Einführung in die „Programmierung" als Fertigkeit, Algorithmen in einer Programmiersprache zu formulieren und auf einem Rechner zu implementieren, beginnen. Formale Methoden zur Definition der Semantik von Programmiersprachen werden erst in Kapitel 4 vorgestellt.

1.2.1 Sprache

Bevor wir uns den verschiedenen Aspekten des Sprachbegriffs zuwenden, ist eine Vorbemerkung erforderlich: Der Begriff ist schillernd und wird in unterschiedlichen Bedeutungen gebraucht, auch in diesem Buch. Denn zunächst war und ist eine Sprache, wie das Wort sagt, das *Gesprochene*. In der Informatik spielt aber gerade das gesprochene Wort bis heute keine Rolle, so daß „Sprache" hier jede Konvention zur Kommunikation bezeichnet. Damit haben auch Verkehrsampeln, Heulbojen und Autos (Pedalanordnung) ihre Sprachen. In der Informatik stehen natürlich solche Sprachen im Vordergrund, die für die Kommunikation zwischen Menschen und Rechnern (in allen vier Kombinationen) taugen. Diese haben traditionell Schriftform, in den letzten Jahren zunehmend auch graphische Form.

Die Syntax einer Sprache bestimmt, welche Aussagen darin zulässig sind, die Semantik, welche Bedeutung die zulässigen Aussagen (und nur diese) haben. In der Praxis heißt das: Um ein Programm in die Notation des Rechners übertragen zu können, muß es zunächst syntaktisch in Ordnung sein; dies prüft der Compiler. Das erzeugte Maschinenprogramm repräsentiert die Semantik des Programms; bei syntaktischen Fehlern wird kein Maschinencode erzeugt.

Man kann sich diese Begriffsabgrenzung auch an folgender Analogie klarmachen: Durch Presse und Plakate wird bekanntgemacht, welche Eintrittskarten an einem bestimmten Tage im Opernhaus gültig sind. Wer keine gültige Karte vorweisen kann, wird nicht eingelassen (Syntax-Fehler), wer es kann, hat auch Anspruch auf einen bestimmten Platz (das ist die Semantik der Eintrittskarte).

Die Oper, die er dann geboten bekommt, also die Bedeutung der Eintrittskarte über ihren formalen Sinn hinaus (Zuordnung eines Platzes), könnte man als die *Pragmatik* bezeichnen. Auch beim Programmieren liegt der Sinn ja letztlich nicht in einer Zeichentransformation, sondern in Auswirkungen auf die Welt, beispielsweise einer Zahlung, dem geordneten Verkehrsfluß auf einer Kreuzung oder dem ästhetisch befriedigenden Satz eines Textes. Die Informatik tut sich allerdings mit der Pragmatik schwer, denn sie liegt ja außerhalb ihrer „Mauern". Auch wir werden uns im Rahmen dieses Buches mit der Semantik begnügen.

Eine formale Sprache ist nun, wie unten gezeigt wird, viel weniger als eine Sprache im hier beschriebenen Sinne, nämlich kaum mehr als die Syntax. Zu Programmiersprachen gehört dagegen auch immer die Semantik; allerdings ist die Abgrenzung zwischen Syntax und Semantik oft verwischt, weil man nur das zur Syntax rechnet, was sich in einen bestimmten Definitionsmechanismus fassen läßt (nämlich den der kontextfreien Sprachen). In diesem Falle prüft der Compiler mehr, als die Syntax verlangt.

Ein Beispiel hierfür ist die Syntax des Tagesdatums. Eine „3" als Zehnerziffer der Tagesnummer ist nur unter bestimmten Bedingungen zulässig, sie darf nur von „0" oder „1" gefolgt sein. Will man nun die Syntax der Tagesnummer möglichst einfach definieren, so beschränkt man sich darauf, als erstes Zeichen eine Ziffer bis „3" oder ein Leerzeichen zuzulassen, als zweite eine beliebige Ziffer. Dann muß man aber durch zusätzliche Bedingungen Nummern wie 0 oder 32 verbieten.

Künstliche Sprachen

Künstliche Sprachen – im Gegensatz zu natürlichen Sprachen wie Deutsch oder Englisch – wurden Ende des 19. Jahrhunderts entwickelt, um Fakten, Denkabläufe und Schlußfolgerungen formal beschreiben und analysieren zu können. Neben diesen logikbasierten Sprachen (*Aussagenlogik*, *Prädikatenlogik*) entstanden mit der Entwicklung von Rechnern seit 1940 Programmiersprachen, die ebenfalls präzise definiert werden mußten.

Künstliche Sprachen werden nach Regeln aufgebaut (Syntax, Grammatik), und ihre Wörter und Sätze besitzen eine wohldefinierte Bedeutung (Semantik). Während sich bei natürlichen Sprachen die Wörter, die Regeln und die Bedeutungen im Laufe der

1.2. Sprache und Grammatik

Jahre ändern, besitzen künstliche Sprachen ein festes endliches Grundvokabular und eine feste Syntax und Semantik.

Beispiele

(a) Aus dem Bereich der *natürlichen Sprachen*, denen eine klare Definition der Grammatik fehlt: Anfang und Schluß eines Dada-Gedichts (Kurt Schwitters: Der Bahnhof (1918)):

Man hat eine Leiter zur Sonne gestellt	(1)
Die Sonne ist schwarz	(2)
Die Mühle blüht	(3)
...	
Du deiner dir dich	(11)
Du deiner dich dir.	(12)

Die beiden ersten Zeilen sind syntaktisch korrekt (nur der Schlußpunkt fehlt jeweils), die Semantik ist klar, der Inhalt ist allerdings zweifelhaft. Zeile 3 ist ebenfalls syntaktisch korrekt, die Semantik ist aber unklar. (Solche Fälle sucht man bei Programmiersprachen zu vermeiden, nicht immer mit Erfolg!) Die beiden letzten Zeilen sind syntaktisch nicht korrekt, ihre Semantik bleibt damit undefiniert.

(b) Die natürlichen Zahlen (ohne Null), dargestellt im Dezimalsystem mit arabischen (eigentlich: indischen) Ziffern, bilden eine einfache *künstliche Sprache* mit folgender Festlegung:

Syntax: Jede Zahl ist eine Sequenz von Ziffern (0, 1, ..., 9), wobei die erste Ziffer nicht 0 ist.

Semantik: Der Wert einer Zahl ist definiert als der Wert ihrer letzten Ziffer, vermehrt um den zehnfachen Wert der links davon stehenden Zahl, falls diese vorhanden ist.

Die von Niklaus Wirth von der ETH Zürich Anfang der 80er Jahre eingeführte Programmiersprache Modula-2 ist eine künstliche Sprache, denn der Zeichenvorrat ist endlich, und es gibt eine *endliche Regelmenge*, die festlegt, ob ein Programmtext ein zulässiges Modula-2-Programm ist oder nicht. Im Gegensatz zu natürlichen Sprachen rechnet man bei künstlichen Sprachen auch das Grundvokabular zum *Alphabet* und spricht statt von den Sätzen von *Wörtern* der Sprache, im Falle von Programmiersprachen von *Programmen*, d.h. ein syntaktisch korrektes Programm ist ein Wort einer künstlichen Sprache.

Zeichen, Alphabete, Wörter, freies Monoid und Sprache

Ein *Zeichenvorrat* ist eine endliche Menge unterscheidbarer, in bestimmtem Kontext nicht weiter zerlegbarer Objekte (z.B. Buchstaben, Bilder, Symbole, Töne). Elemente eines Zeichenvorrats heißen *Zeichen*.

Ein *Wort* ist eine endliche Folge von Zeichen. Seien A ein Zeichenvorrat und $\leq$ eine lineare Ordnung auf A. Dann heißt die linear geordnete Menge (A, $\leq$) ein *Alphabet*.

Man beachte, daß das deutsche ABC kein Alphabet im Sinne der Bezeichnung ist, denn für einige Zeichen (z.B. Umlaute, „ß") fehlt teilweise die klare Regelung der Einordnung (vgl. die verschiedenen Formen von „Müller" im Telefonbuch). In Deutschland gibt es hierfür eine eigene Norm (DIN 5007).

Eine *Ziffer* ist ein Zeichen, das eine Zahl repräsentiert. *Zahlen* lassen sich auf verschiedene Art darstellen. Wir verwenden heute ganz vorrangig das Prinzip des *Dezimalsystems*, allgemeiner ein *Positionssystem*. Es hat folgende Kennzeichen: eine einheitliche Basis g aus der Menge der natürlichen Zahlen, unterschiedliche Ziffern für jede Zahl von 1 bis g-1 und eine spezielle Ziffer für Null.

Die Ziffern haben ein von ihrer Position abhängiges Gewicht (Wert): Die letzte (rechte) Ziffer hat das Gewicht 1, alle anderen Ziffern haben das g-fache Gewicht der rechts folgenden Ziffer. Eine Zahl k ($g^{n-1} \leq k < g^n$) ist darstellbar durch n Ziffern. Mit g = 10 haben wir das Dezimalsystem, mit g = 2 das *Dualsystem*.

Die Menge aller Wörter, die sich durch die Hintereinanderreihung endlich vieler, nicht notwendig verschiedener Zeichen aus einem vorgegebenen Alphabet A ergeben, wird mit A^* (dem sogenannten *freien Monoid* über A) bezeichnet. Hierin ist auch das leere Wort ε enthalten, das aus keinem einzigen Alphabetzeichen besteht (ε ist nur ein Symbol für „nichts"). Man bezeichnet nun jede Teilmenge $L \subseteq A^*$ als *Sprache* über A.

Beispiel: Es ist $\{0, 1\}^* = \{\varepsilon, 0, 1, 00, 01, 10, 11, 000, ...\}$.

L = $\{0, 1, 10, 11, 100, 101, ...\} \subset \{0, 1\}^*$, die Menge der Binärdarstellungen natürlicher Zahlen (mit der Null und ohne führende Nullen), ist eine Sprache über dem Alphabet $\{0, 1\}$.

Formale Sprachen

Die Syntax von künstlichen Sprachen wird durch sogenannte formale Sprachen über einem Alphabet beschrieben. Unter *formalen Sprachen* versteht man in der Informatik eine Sprache L zusammen mit einer Definitionsvorschrift, die *konstruktiv* ist. „Konstruktiv" bedeutet, daß die Definitionsvorschrift die Form einer sogenannten *Grammatik* hat, die *L erzeugt*, oder die Form einer *Maschine*, die *L erkennt*. Im folgenden wird zunächst ausführlich der in der Praxis wichtigere Ansatz des Spracherzeugens durch Grammatiken, später noch kurz der korrespondierende Ansatz des Spracherkennens durch Maschinen vorgestellt.

1.2. Sprache und Grammatik

1.2.2 Grammatik

Zur Festlegung der Syntax einer Sprache verwendet man in aller Regel eine Grammatik. Diese besteht – vereinfachend gesagt – aus *Regeln*, die bestimmen, welche Wörter zur Sprache gehören und welche nicht. Für natürliche Sprachen (z.B. Deutsch, Englisch) ist eine präzise Festlegung der Syntax unmöglich, da die Sprachen nicht nur sehr umfangreich und kompliziert, sondern auch ständig im Fluß und individuell verschieden sind. Es entwickeln sich laufend neue Wörter (z.B. „Null-Wachstum"), die Schreibweise von Wörtern ändert sich (z.B. früher: „Blouse", heute „Bluse"), und mancher hält „Software" für ein deutsches Wort, ein anderer „aussitzen".

Da zur Verständigung mit Computern stets eine hinreichend präzise Definition der Syntax einer Sprache erforderlich ist, eignen sich natürliche Sprachen hierzu nur sehr beschränkt. Man hat daher einfachere Sprachen für Computer entwickelt, die sogenannten Programmiersprachen. Ihre Syntax kann präzise durch Grammatiken definiert werden.

Definition einer Grammatik

Eine *Grammatik* G für eine Sprache definiert man durch Angabe eines *Viertupels* (V, T, P, S) mit

(1) T: Menge von Terminalsymbolen.
Terminalsymbole oder Terminalzeichen sind Zeichen oder Zeichenfolgen des Alphabets, aus dem die Wörter der Sprache bestehen. Jedes Wort der Sprache ist also eine Folge von Terminalsymbolen.

  Beispiele: Terminalsymbole der deutschen Sprache in diesem Sinne sind alle deutschen Wörter einschließlich aller Modifikationen, die z.B. durch Deklination und Konjugation entstehen, also z.B. Auto, der, die, das, Haus, laufen, schreiben, Duden, Textes, waren.
  Terminalsymbole in der Programmiersprache Modula-2 sind u.a. BEGIN, END, :=, ;, INTEGER.

(2) V: Menge von Nichtterminalsymbolen.
Nichtterminalsymbole oder *syntaktische Variablen* sind Zeichen oder Zeichenfolgen, die Abstraktionen der Programmkomponenten darstellen, also syntaktische Begriffe wie „Hauptsatz". Diese Wörter kommen selbst natürlich nicht in das Programm, sondern werden durch Anwendung der Produktionsregeln (siehe unten) schrittweise ersetzt, bis nur noch Terminalsymbole übrig sind.

Beispiele: Nichtterminalsymbole der deutschen Sprache sind u.a. Satz, Nebensatz, Subjekt, Prädikat, Objekt, Artikel.
Nichtterminalsymbole in der Programmiersprache Modula-2 sind z.B. Number, Block, StatementSequence, ProgramModule.[1]

(3) P: Menge von Produktionsregeln.
Eine *Produktionsregel* (oder kurz Regel) legt fest, wie man aus bereits bekannten Konstrukten oder Sätzen neue Konstrukte oder Sätze erhält.

Beispiele: Eine Regel der deutschen Sprache ist etwa „Verbindet man zwei Sätze S und T durch die Zeichenfolge „, und ", so erhält man wieder einen Satz". Z.B. ist für S = „das Auto ist rot" und T = „es regnet" dann auch „S, und T", also „das Auto ist rot, und es regnet" ein Satz.
Eine Regel in der Programmiersprache Modula-2 lautet: „Wenn S eine Anweisungsfolge und B eine Bedingung ist, so ist auch die Zeichenfolge „REPEAT S UNTIL B" eine Anweisung."

Regeln schreibt man i.a. nicht umgangssprachlich, sondern formalisiert auf, z.B.

- $(X_1 X_2 ... X_n, Y_1 Y_2 ... Y_m)$, also als *Paar*, dessen linker Teil die zu ersetzende Zeichenfolge und dessen rechter Teil die resultierende Zeichenfolge ist oder
- $X_1 X_2 ... X_n \rightarrow Y_1 Y_2 ... Y_m$, also als *Folgerung*, wobei

$X_1, ..., X_n, Y_1, ..., Y_m$ Nichtterminalsymbole oder Terminalsymbole sind.
Da Nichtterminalsymbole und Terminalsymbole wie auch die speziellen Symbole der Produktionsregeln (die sogenannten „*Metasymbole*") häufig aus den gleichen Zeichen (Buchstaben, Klammern usw.) bestehen, muß man durch spezielle Maßnahmen Unklarheiten ausschließen. Beispielsweise kann man verschiedene Schrifttypen verwenden, die Nichtterminalsymbole klammern (z.B. «Satz» für das Nichtterminalsymbol Satz) oder – wie in den folgenden Beispielen – die Terminalsymbole durch Klammerung unterscheiden (z.B. „x" für das Terminalsymbol x).

Beispiele: (a) Die obige Regel für die deutsche Sprache notiert man so:
(Satz, Satz „, und " Satz) oder so: Satz → Satz „, und " Satz
(b) Die Regel für Modula-2 schreibt man entsprechend als:
(Anweisung, „REPEAT" Anweisung „UNTIL" Bedingung)
oder als
Anweisung → „REPEAT" Anweisung „UNTIL" Bedingung

---

[1] Anmerkung: wir verwenden für die Nichtterminalsymbole durchgängig die englischen Bezeichnungen.

1.2. Sprache und Grammatik

(4) S: Ein Startsymbol oder eine Menge von Startsymbolen.
Das *Startsymbol* ist ein Nichtterminalsymbol, gewissermaßen das allgemeinste Konstrukt der Sprache, aus dem alle Wörter der Sprache erzeugt werden; in vielen Sprachen (z.B. in der Programmiersprache Pascal) ist dieses Startsymbol «Program». In Modula-2 gibt es drei Startsymbole, weil es drei verschiedene Arten von Übersetzungseinheiten gibt («ProgramModule», «DefinitionModule», «ImplementationModule»).

Chomsky-Grammatiken

Grammatiken wurden in der oben charakterisierten Form im Jahre 1959 vom amerikanischen Linguisten Noam Chomsky (ausgesprochen: „Tschomsky") eingeführt. Man spricht daher auch häufig von Chomsky-Grammatiken.

Eine *(Chomsky-) Grammatik* G definiert man formal als Viertupel G = (V, T, P, S), für das gilt:

(1) V ist eine endliche, nichtleere Menge von Zeichen, den sogenannten *Nichtterminalsymbolen*.
(2) T ist eine endliche, nichtleere Menge von Zeichen, den sogenannten *Terminalsymbolen*.
V und T sind disjunkt, d.h. $V \cap T = \emptyset$.
(3) S ist ein Element von V und heißt *Startsymbol*.
(4) P ist eine endliche Menge von Paaren der Form (p, q), wobei gilt:
p und q sind Wörter aus Nichtterminalsymbolen und Terminalsymbolen, d.h. $p, q \in (V \cup T)^*$, wobei p mindestens ein Nichtterminalsymbol enthalten muß. P wird *Produktionssystem* oder Regelsystem, die Elemente von P werden *Produktionsregeln*, Produktionen, Ersetzungsregeln oder Regeln genannt.

Bemerkungen

1. Grammatiken ordnet man, je nachdem, welche Form die Produktionsregeln haben, in verschiedene Klassen ein. Man unterscheidet z.B. kontextsensitive, kontextfreie und reguläre Grammatiken.
Die wichtigste Klasse bilden die *kontextfreien Grammatiken*, die für die Definition der Syntax von Programmiersprachen überwiegend verwendet werden. Bei kontextfreien Grammatiken muß auf der linken Seite jeder Produktionsregel genau ein Nichtterminalsymbol stehen.

2. Zur Darstellung von kontextfreien Grammatiken hat man eine Reihe von Formalismen entwickelt (die obige Paar- bzw. Pfeilschreibweise sind Beispiele), von denen *Syntaxdiagramme* und die *Backus-Naur-Form* die wichtigsten sind (wir werden sie zu Beginn von Kapitel 2 kennenlernen).

Beispiele

(a) Die kontextfreie Grammatik $G_1 = (N_1, T_1, P_1, S_1)$ definiert einen kleinen Auszug der deutschen Sprache. Sei
$N_1 = $ {Satz, Subjekt, Prädikat, Objekt, Artikel, Substantiv},
$T_1 = $ {„die ", „Maus ", „Katze ", „jagt ", „beißt ", „."},
$P_1 = $ {(Satz $\to$ Subjekt Prädikat Objekt „."),
(Subjekt $\to$ Artikel Substantiv),
(Prädikat $\to$ „jagt "),
(Prädikat $\to$ „beißt "),
(Artikel $\to$ „die "),
(Objekt $\to$ Artikel Substantiv),
(Substantiv $\to$ „Maus "),
(Substantiv $\to$ „Katze ")},
$S_1 = $ Satz.

In den Produktionen sind wie in den Beispielen oben die Terminalsymbole in Häkchen geklammert. Die erste Regel besagt beispielsweise, daß das grammatische Konstrukt Satz aus einem Subjekt, einem Prädikat und einem Objekt (in dieser Reihenfolge) besteht und mit einem Punkt enden muß. Die beiden Regeln für «Substantiv» definieren die Wörter „Katze" und „Maus" als Substantive.

(b) $G_2 = (N_2, T_2, P_2, S_2)$ mit
$N_2 = \{A, B\}$, $T_2 = \{„a", „b", „c", „d"\}$,
$P_2 = \{(A \to „a" B „bc"), (B \to „a" B „b"), („a" B „b" \to „d")\}$,
$S_2 = A$.

G_2 ist keine kontextfreie Grammatik, da die dritte Produktionsregel auf der linken Seite mehr als nur das Nichtterminalsymbol enthält. In diesem speziellen Fall kann man daraus aber eine kontextfreie, die gleiche Sprache erzeugende Grammatik machen, indem man P_2 ersetzt durch P_2' mit
$P_2' = \{(A \to B „c"), (B \to „a" B „b"), (B \to „d")\}$.

Ableitungsbegriff; die von einer Grammatik erzeugte Sprache

Als nächstes präzisieren wir, wie man mit einer Grammatik die syntaktisch korrekten Wörter gewinnt.

Sei G eine Grammatik. Dann ist ein *Ableitungsschritt* von G wie folgt definiert:

Sei x ein Wort, das aus Nichtterminalsymbolen und Terminalsymbolen von G gebildet ist, d.h. $x \in (V \cup T)^*$, und sei (p, q) eine Regel aus der Menge der Produktionsregeln von G, so daß p als *Teilwort* von x auftritt. x ist also darstellbar als x = x'px" mit x', x" $\in (V \cup T)^*$. Dann ist das Ergebnis der Anwendung von (p, q) auf x das Wort y, das entsteht, wenn man aus x das Teilwort p aus seinem Kontext x' ... x" herausnimmt und an seine Stelle das Wort q aus der Regel einsetzt, d.h.

1.2. Sprache und Grammatik

y = x'qx". Da p in x mehrfach, sogar überlappend vorkommen kann, sind verschiedene Anwendungen möglich.

Man schreibt dann x $\to_{(p,\, q)}$ y bzw. nur x $\to$ y, wenn die konkrete Regel (p, q) nicht interessiert, und sagt: „x ist *ableitbar* nach y *durch Anwendung der Regel* (p, q)". Auf ein Wort x_0 können mehrere Ableitungsschritte nacheinander angewendet werden, d.h., daß es eine Folge von Wörtern x_1, x_2, ..., x_n geben kann, so daß gilt: $x_0 \to x_1$, $x_1 \to x_2$, ..., $x_{n-1} \to x_n$ (n $\geq$ 0). Man sagt in diesem Fall: x_0 ist *ableitbar* nach x_n *bezüglich* G und schreibt dies z.B. als $x_0 \to_G^* x_n$.

Die Folge $x_0 \to x_1 \to x_2 \to ... \to x_{n-1} \to x_n$ heißt *Ableitung* (*der Länge n*) von x_0 nach x_n bezüglich G.

Hiermit läßt sich nun jeder Grammatik G = (V, T, P, S) eine (formale) Sprache zuordnen: Die von G *erzeugte Sprache* (Bezeichnung: L(G)) ist die Menge aller Wörter, die aus dem Startsymbol ableitbar sind und nur aus Terminalsymbolen bestehen.

Also: L(G) := {w | S $\to_G^*$ w $\wedge$ w $\in$ T*}.

Beispiel

Sei G_1 die Grammatik aus obigem Beispiel. Das Wort (der Satz) „die Katze jagt die Maus." ist in G_1 aus dem Startsymbol «Satz» ableitbar. Eine Ableitung hierfür ist z.B. (jeder Pfeil symbolisiert den Ableitungsschritt bezüglich einer Regel)

Satz $\to$ Subjekt Prädikat Objekt „."
 $\to$ Artikel Substantiv Prädikat Objekt „."
 $\to$ Artikel „Katze " Prädikat Objekt „."
 $\to$ Artikel „ Katze jagt " Objekt „."
 $\to$ Artikel „ Katze jagt " Artikel Substantiv „."
 $\to$ „die Katze jagt" Artikel Substantiv „."
 $\to$ „die Katze jagt die " Substantiv „."
 $\to$ „die Katze jagt die Maus ."

Die durch G_1 erzeugte Sprache ist
L(G_1) = {„die Maus jagt die Katze .", „die Maus jagt die Maus.", „die Maus beißt die Katze .", „die Maus beißt die Maus .", „die Katze beißt die Maus .", „die Katze beißt die Katze .", „die Katze jagt die Maus .", „die Katze jagt die Katze ."}.

Maschinen als Sprach-Erkennungssysteme und als Übersetzer

Während Grammatiken *Erzeugungssysteme* für (formale) Sprachen sind, werden (mathematische) Maschinen häufig als *Erkennungssysteme* verwendet. Solche Maschinen realisieren dann eine *charakteristische Funktion*, indem sie bezüglich einer Sprache L entscheiden, ob ein gegebenes Wort w zu L gehört oder nicht.

In der Praxis genügt uns natürlich diese Aussage nur in Ausnahmefällen. Wir wollen vielmehr das in der Sprache formulierte Programm auch verwenden (d.h. seine Semantik in Anspruch nehmen). Dazu brauchen wir nicht nur eine Antwort „ja" oder „nein", sondern (im positiven Fall, wenn das Programm syntaktisch korrekt ist) auch eine Darstellung (in einer anderen Sprache L'), die eine effiziente Weiterbearbeitung gestattet, und möglicherweise schon unmittelbar zur Steuerung des Rechners verwendet werden kann (*Maschinencode*). Wir brauchen also einen *Übersetzer*. Dieser ist ebenfalls durch ein Programm realisiert und gehört zu den wichtigsten Komponenten eines Rechnersystems.

Traditionell unterscheidet man verschiedene Typen von Übersetzern: Ist die Übersetzung im wesentlichen durch fortschreitende Ersetzung von Zeichenreihen möglich, so spricht man von einem *Assembler* (von to assemble = zusammenfügen); sind dagegen kompliziertere Analysen der Eingabe erforderlich, so wird der Übersetzer als *Compiler* bezeichnet (von to compile = zusammentragen).

Sprachen, die mit einem Assembler übersetzt werden können (die sogenannten *Assemblersprachen*), sind unvermeidlich primitiv und maschinennah, d.h. sie reflektieren die Strukturen und Eigenschaften der jeweiligen Maschine, deren Maschinencode erzeugt werden soll. Assemblerprogramme, die in solchen Sprachen abgefaßt sind, verursachen daher relativ hohen Aufwand, für ihre Erstellung und auch bei späteren Änderungen. Der ungünstigste Fall ist die Übertragung des Programms auf einen ganz anderen Rechner (die *Portierung*), bei der das Programm völlig neu geschrieben werden muß. Darum (und aus anderen Gründen) vermeidet man heute den Einsatz von Assemblersprachen und setzt „höhere" Sprachen ein (COBOL, FORTRAN, Pascal, Modula-2, Ada und viele andere), so daß eine direkte Abhängigkeit von der speziellen Hardware weitgehend beseitigt ist.

1.3 Rechner

Rechner (Computer) sind universell verwendbare Datenverarbeitungsgeräte, die nicht nur – wie die Bezeichnung nahelegt – „rechnen", sondern zur Ausführung *beliebiger* Algorithmen, beispielsweise zur Textverarbeitung, Bilderkennung oder Überwachung von Meßgeräten, einsetzbar sind und „selbständig" arbeiten.

Erste Versuche, solche Maschinen zu konstruieren, haben schon in den vergangenen Jahrhunderten stattgefunden. Sie sind in der Literatur ausführlich beschrieben (vgl. zu diesem Thema allgemein Randell, 1973). Ihr Einfluß auf die Entwicklung der Informatik war allerdings sehr gering. Erst Konrad Zuses Arbeiten in Berlin (Patentanmeldung 1936) und, fast gleichzeitig, aber ohne gegenseitige Beeinflussung, die von Howard Aiken in den USA, schufen die technischen Grundlagen, auf denen etwa ab 1950 die Informatik entstehen konnte. Auch in England gab es solche Aktivitäten, die allerdings wegen der strikten Geheimhaltung – es ging um Dechiffrierung – bis heute nicht voll zu würdigen sind.

Zuses und Aikens Rechner waren durch Lochstreifen *programmgesteuert*, d.h. nicht auf eine festes, mechanisch oder elektrisch fixiertes Programm festgelegt. Durch Einsatz mehrerer Lochstreifenleser konnten sogar Unterprogramme realisiert werden, doch blieben vorerst die Programme (auf Lochstreifen) und die Daten (mechanisch, elektromagnetisch oder später elektronisch gespeichert) strikt getrennt. Der berühmteste Rechner dieser Generation war ENIAC (Electronic Numerical Integrator and Computer), ein Ungetüm aus 19.000 Röhren, mit 30 t Gewicht, einer großen Halle Platzbedarf, einer Leistungsaufnahme von 200 kW und Kosten von ca. 2 Millionen Dollar (im Jahre 1945!)

Der eigentliche Durchbruch zu Rechnern, wie wir sie grundsätzlich bis heute verwenden, war der Nachfolger der ENIAC[1], die EDVAC (Electronic Discrete Variable Arithmetic Computer), in der erstmals für Programm und Daten derselbe Speicher verwendet wurde (vgl. die in 1.1.2 beschriebene Möglichkeit, einer Turing-Maschine als Eingabewort die Tabelle einer anderen Turing-Maschine zur Bearbeitung, Analyse oder Simulation zu geben). Computer der mit der EDVAC realisierten Art bezeichnen wir als *von-Neumann-Rechner*, obwohl grundlegende Konzepte dazu anscheinend von Eckert und Mauchley stammen.

Heutige Rechner profitieren von den faszinierenden Entwicklungen der *Elektronik* in den letzten 50 Jahren. *Ein-Chip-Mikrorechner* zu Beginn der 90er Jahre enthalten viele integrierte Schaltungen in miniaturisierter Form auf einem kleinen Siliziumkri-

---

[1]Rechner sind, vermutlich wegen *der* „Maschine" als Vulgär-Übersetzung des englischen Wortes „machine", auch im Deutschen üblicherweise weiblich, so daß wir hier von *der* ENIAC usw. sprechen.

stall, eben dem *Chip*. Die *Integration* ermöglicht kleinste Abmessungen (nur noch wenige mm²), hohe Geschwindigkeit (ca. 10^4 schneller als ENIAC), extreme Zuverlässigkeit (technisch fast fehlerfrei im Vergleich zum anfälligen ENIAC-Rechner), minimale Leistungsaufnahme (teilweise unter 1 W) und einen Preis von weniger als 50 Dollar (bei fallender Tendenz) für einfachere Przessoren. Trotz dieser Entwicklungssprünge ist bei fast allen, auch heutigen Rechnern die *Architektur* – im Sinne der Verarbeitungslogik der auszuführenden Programme – unverändert geblieben: die von-Neumann-Rechnerarchitekur des EDVAC.

1.3.1 Von-Neumann-Rechnerarchitektur

Der Vorschlag, den von Neumann 1945 als Konzept für die EDVAC machte, enthält eine Gliederung, die sich am biologischen Vorbild orientiert (Informationsverarbeitung des Menschen) und bis jetzt alle gängigen Rechner prägt: Sie bestehen aus den fünf *Funktionseinheiten* Steuerwerk, Rechenwerk, Speicher, Eingabewerk und Ausgabewerk; die ersten drei davon werden nachfolgend kurz beschrieben.

Die sogenannten *Nicht-von-Neumann-Rechner* sind Gegenstand der Forschung, spielen auf dem Markt aber bisher noch keine wesentliche Rolle. Ein Grund dafür dürfte sein, daß die meisten Methoden, Werkzeuge und Programmiersprachen nicht zuletzt auch die Denkgewohnheiten, fest auf die Von-Neumann-Architektur ausgerichtet sind.

Steuerwerk

Das Steuerwerk ist das „Herz" des Rechners. Es hat folgende Aufgaben:
- *Laden* der Befehle (Anweisungen des gerade bearbeiteten Programms) aus dem Speicher in der richtigen Reihenfolge,
- *Decodierung* der Befehle,
- *Interpretation* der Befehle,
- *Versorgung* der an der Ausführung der Befehle beteiligten Funktionseinheiten mit den nötigen Steuersignalen.

Da an der Ausführung eines Befehls das Rechenwerk, der Speicher und die Geräteverwaltung beteiligt sind, ist das Steuerwerk mit all diesen Komponenten verbunden (vgl. Abb. 1.5).

Das *Befehlsregister* enthält den Befehl, der gerade ausgeführt wird. Er besteht aus dem *Operationsteil* und dem *Adreßteil*. Der Operationsteil wird in einem *Decodierer* entschlüsselt. Der Ausgang des Decodierers wählt für jeden möglichen Operationscode genau eine Eingangsleitung der Mikroprogrammeinheit aus.

Das *Befehlszählregister* speichert die Adresse des nächsten auszuführenden Befehls. Es ist mit einer Schaltung verbunden, die den Inhalt des Registers nach der Ausfüh-

1.3. Rechner

rung eines Befehls um 1 erhöht. Bei *Sprungbefehlen* wird jedoch eine im Adreßteil des Befehls stehende Adresse in das Befehlszählregister kopiert.

Die *Mikroprogrammeinheit* erzeugt mit Hilfe der decodierten Informationen des Operationscodes eine Folge von Signalen zur Ausführung des Befehls. Die Mikroprogrammeinheit kann fest verdrahtet und unveränderbar oder programmierbar und variabel gestaltet sein (*Mikroprogrammierung*).

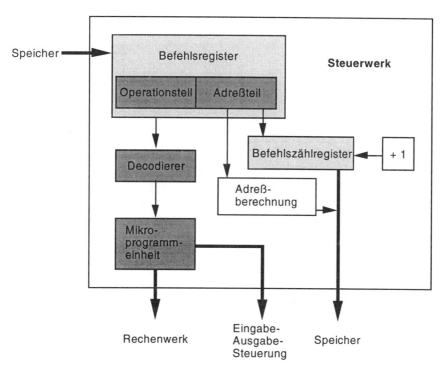

Abb. 1.5 Aufbau des Steuerwerks

Rechenwerk

Das Rechenwerk ist die Komponente des Rechners, in der *arithmetische* (z.B. Addition, Subtraktion) und *logische* Verknüpfungen (z.B. und, oder, nicht) durchgeführt werden. Deshalb wird das Rechenwerk auch ALU (Arithmetic Logical Unit) genannt. Die für die Verknüpfungen notwendigen *Operanden* (i.a. zwei) werden dem Rechenwerk vom Steuerwerk zugeführt.

Steuerwerk und Rechenwerk faßt man auch unter der Bezeichnung *Prozessor* (CPU = Central Processing Unit) zusammen. Alle arithmetischen Operatoren (incl. die vier Grundrechenarten) können auf die Basisoperatoren „Verschieben der Stellen im Register", „Stellenweises Komplementieren (0 → 1, 1 → 0)" und „Addieren" zurückgeführt werden: Subtraktion ist die Addition des um Eins erhöhten Komplements, Multiplikation die wiederholte Addition, Division (mit Rest) die wiederholte Subtraktion. Daher sind die grundlegenden Verknüpfungselemente des Rechenwerks *Addierwerk* und *Komplementierer* (siehe Abb. 1.6).

Die Operationen können entweder in serieller oder in paralleler Arbeitsweise durchgeführt werden. Serielle Organisation benötigt nur ein binäres Addierwerk, ist jedoch relativ langsam. Parallele Methoden sind wesentlich schneller, erfordern jedoch viele gleichartige Bausteine und aufwendige Steuermechanismen.

Das Steuerwerk versorgt das Rechenwerk mit den für die richtige Durchführung der arithmetischen Operationen notwendigen *Steuersignalen* (z.B. geordnete Bereitstellung der notwendigen Operanden). Die Algorithmen zur Multiplikation und Division sind ebenfalls im Steuerwerk realisiert.

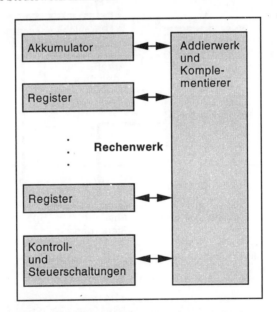

Abb. 1.6 Aufbau des Rechenwerks

Weitere Einheiten des Rechenwerks sind verschiedene Hilfs- und Zwischen-*Register* (in denen z.B. die Operanden gespeichert werden) und der *Akkumulator* (der das Ergebnis enthält) sowie eine Operationssteuerung, die dafür sorgt, daß die durch das Steuerwerk veranlaßten Rechenoperationen korrekt ablaufen. Meist enthält das Rechenwerk spezielle Schaltungen, um in speziellen Fällen einzugreifen, z.B. beim Versuch, durch null zu teilen.

1.3. Rechner

Speicher

Der Speicher ist die Rechnerkomponente zum „Aufbewahren" von Daten. *Digitale Speicher* bestehen aus Speicherelementen, die in der Lage sind, abhängig von einem äußeren *Signal* genau einen von mehreren erlaubten *Zuständen* anzunehmen und so lange in ihm zu verweilen, bis er durch ein anderes Signal geändert wird. Heute gibt es praktisch nur *binäre Speicher* mit zwei Zuständen, denen ein binäres Alphabet zugeordnet wird, etwa {0,1}, {L, H} (Low, High für Strom aus/an) oder {N,Y} (für No, Yes). Ein solches Speicherelement speichert 1 *Bit* (Zeichen der Einheit: bit).

Da es mit kleinen und großen Buchstaben, Ziffern und einer großen Auswahl von Sonderzeichen fast 200 verschiedene Zeichen gibt, sind 8 bit zur Speicherung eines Zeichens nötig. Daher spielt diese Einheit, das *Byte*, eine besondere Rolle, auch bei der Organisation des Speichers. Ein Byte ist also sowohl eine Gruppe aus acht Elementarspeichern als auch die Einheit der Speicherkapazität. Wie bei Einheiten üblich, verwendet man die Zusätze „k", „M" und „G" für kilo, Mega und Giga (also beispielsweise „Das Programm belegt 190 kByte"). Da aber die Speicher wegen der binären Adressierung nicht dezimal organisiert sind, liegt hier nicht der Faktor 10^3, sondern 2^{10} zugrunde, also nicht 1.000, sondern 1.024. Damit handelt es sich, genau genommen, bei 1 MByte um 1.048.576, bei einem GByte um 1.073.741.824 Byte.

Die Lokalisierung eines gespeicherten Datums erfolgt durch eine eindeutige Identifikation des Speicherelements, in dem sich das Datum befindet (*Adresse*). I.a. ist nicht jedem einzelnen Speicherelement des Speichers eine Adresse zugeordnet, sondern nur *Gruppen* von Speicherelementen, die alle eine gleiche für den Speicher charakteristische feste Größe haben. Eine solche Gruppe, also eine kleinste adressierbare Einheit eines Speichers, heißt *Speicherzelle*. Eine Speicherzelle entspricht im allgemeinen einem Byte. Die Zusammenfassung mehrerer Speicherzellen (meist 4 oder 8) nennt man *Speicherwort* oder kurz *Wort*.

Den Vorgang, eine Speicherzelle zu lokalisieren und das in ihr gespeicherte Datum abzufragen oder zu verändern, bezeichnet man als *Zugriff*. Man unterscheidet den *lesenden* Zugriff (Lesen), bei dem der Inhalt einer Speicherzelle abgerufen, aber nicht verändert wird, und den *schreibenden* Zugriff (Schreiben), bei dem die Speicherzelle mit einem neuen Inhalt versehen wird. Je nach Bauweise und den damit verbundenen Eigenschaften unterscheidet man Speicher bezüglich der nachfolgenden Kriterien.

Zugriffszeit: Zeit, die zum Lesen bzw. Schreiben einer Speicherzelle benötigt wird. Sie setzt sich zusammen aus der Zeit zur Lokalisierung und Ansteuerung der betreffenden Speicherzelle und der Schaltzeit der Speicherelemente. Die Zugriffszeit liegt je nach Typ des Speichers (Hauptspeicher oder externer Speicher, siehe unten) zwischen wenigen Nanosekunden (Nano = 10^{-9}) und mehreren Sekunden. Die Hauptspeicher heute üblicher Rechner haben eine Zugriffszeit von 50 bis 500 ns.

Zugriffsart: Speicher klassifiziert man nach der Methode, mit der auf Speicherzellen zugegriffen werden kann. Ist jede Speicherzelle eines Speichers unabhängig von ihrer Position auf die gleiche Weise mit dem gleichen zeitlichen Aufwand erreichbar, so spricht man von Speichern mit *wahlfreiem* oder direktem Zugriff (engl. RAM = *Random Access Memory*). Ist der Speicher nur lesbar, so spricht man von einem ROM (engl. *Read Only Memory*).

Speichertyp: Der *Hauptspeicher* eines Rechners ist immer ein Speicher mit wahlfreiem Zugriff. *Externe Speicher*, auch *Hintergrundspeicher* oder *Sekundärspeicher* genannt, bei denen die Speicherzellen nur zeitperiodisch erreichbar sind, heißen Speicher mit *zyklischem* Zugriff. Diese im Vergleich zum schnellen wahlfreien Zugriff sehr langsame Zugriffsart haben Speicher, bei denen die Speicherzellen rotieren und nur periodisch zugänglich sind, z.B. Magnetplattenspeicher oder Magnettrommelspeicher. Externe Speicher mit *sequentiellem* Zugriff sind solche, bei denen auf eine Speicherzelle erst dann zugegriffen werden kann, wenn auf eine von der Position der Speicherzelle abhängige Anzahl anderer Speicherzellen zunächst zugegriffen wurde. Beispiel für einen Speicher mit sequentiellem Zugriff ist der Magnetbandspeicher.

Zykluszeit: Zeitspanne vom Beginn eines Speichervorgangs bis zu dem Zeitpunkt, an dem ein neuer Speichervorgang beginnen kann. Die Zykluszeit setzt sich zusammen aus der Zugriffszeit (siehe oben) und möglicherweise einer *Regenerationszeit*, in der beim Lesen zerstörte Informationen in den Speicher zurückgeschrieben werden.

Kapazität: Die Speicherkapazität wird bestimmt durch die Anzahl der Speicherzellen, die ein Speicher enthält. Sie wird i.a. in kByte oder MByte gemessen.

Statische oder nichtflüchtige Speicher behalten ihren Inhalt (mindestens solange die Versorgungsspannung eingeschaltet bleibt). *Dynamische* oder flüchtige Speicher verlieren ihre gespeicherten Informationen nach einem bestimmten Zeitintervall, z.B. da die Information mittels eines elektrischen Feldes gespeichert wird, das sich jedoch nach einiger Zeit entlädt (Leckstrom). Daher muß vor Ablauf dieses Zeitintervalls der Inhalt jeder Speicherzelle neu beschrieben werden (*Auffrischung*, engl. refresh).

Von-Neumann-Prinzipien

Nachfolgend sollen die wesentlichen Prinzipien der klassischen Von-Neumann-Rechnerarchitektur noch einmal zusammengefaßt werden:
1. Der Rechner besteht aus fünf Funktionseinheiten: dem Steuerwerk, dem Rechenwerk, dem Speicher, dem Eingabewerk und dem Ausgabewerk.

1.3. Rechner

2. Die Struktur des von-Neumann-Rechners ist unabhängig von den zu bearbeitenden Problemen. Zur Lösung eines Problems muß von außen das Programm eingegeben und im Speicher abgelegt werden. Ohne dieses Programm ist die Maschine nicht arbeitsfähig.
3. Programme, Daten, Zwischen- und Endergebnisse werden in demselben Speicher abgelegt.
4. Der Speicher ist in gleichgroße Zellen unterteilt, die fortlaufend durchnumeriert sind. Über die Nummer (Adresse) einer Speicherzelle kann deren Inhalt abgerufen oder verändert werden.
5. Aufeinanderfolgende Befehle eines Programms werden in aufeinanderfolgenden Speicherzellen abgelegt. Das Ansprechen des nächsten Befehls geschieht vom Steuerwerk aus durch Erhöhen der Befehlsadresse um Eins.
6. Durch Sprungbefehle kann von der Bearbeitung der Befehle in der gespeicherten Reihenfolge abgewichen werden.
7. Es gibt zumindest
   - arithmetische Befehle wie Addieren, Multiplizieren usw.;
   - logische Befehle wie Vergleiche, logisches nicht, und, oder usw.;
   - Transportbefehle, z.B. vom Speicher zum Rechenwerk und für die Ein-/Ausgabe;
   - bedingte Sprünge.

   Weitere Befehle wie Schieben, Unterbrechen, Warten usw. kommen hinzu.
8. Alle Daten (Befehle, Adressen usw.) werden binär codiert. Geeignete Schaltwerke im Steuerwerk und an anderen Stellen sorgen für die richtige Entschlüsselung (Decodierung).

Die Architektur des von-Neumann-Rechners fällt in die Klasse der sogenannten SISD (single instruction stream, single data)-Architekturen. Diese Architekturen sind gekennzeichnet durch
- *einen* Prozessor (*Ein-Prozessor-System*) bestehend aus Steuer- und Rechenwerk und
- die Erzeugung *einer* Befehls- und *einer* Operandenfolge mit streng sequentieller Abarbeitung.

Alternative Rechnerarchitekturen

Alternative Rechnerarchitekturen, die erst am Beginn eines breiteren kommerziellen Einsatzes stehen, verfügen über mehr Prozessoren (*Mehrprozessor-Systeme*). Durch *Nebenläufigkeit* oder *Parallelität* sollen Algorithmen effizienter, d.h. schneller ablaufend und/oder weniger Platz beanspruchend ausführbar sein.

Z.B. kann man die übliche Matrix-Multiplikation (jedes Element einer Ausgangsmatrix geht mehrfach in Multiplikationen mit Elementen der anderen Ausgangsmatrix ein) durch weitgehend paralleles, stellenweises Multiplizieren mit „verschränktem" Addieren von Zeilen- bzw. Spaltenelementen beschleunigen. Auch das Suchen eines Elements in einer großen Datenmenge durch paralleles Suchen in disjunkten Teilmengen mit Meldungspflicht beim Finden des Elements ist ein anschauliches Beispiel für Effizienzsteigerung durch paralleles Nutzen mehrerer Prozessoren.

Je nachdem, ob die Prozessoren gleichzeitig den gleichen oder unterschiedliche Befehle auf den gleichen oder verschiedenen Datenströmen ausführen können, werden die resultierenden Architekturen weiter differenziert.

1.3.2 Rechnersysteme

Rechnersysteme bestehen aus physikalischen (*Hardware*) und veränderbaren, durch Programme gegebene (*Software*) Komponenten. Neben dem eigentlichen, in der Von-Neumann-Architektur bereits vorgestellten Rechner gehören zur Hardware eines Rechnersystems *periphere Geräte* zur Datenerfassung, -speicherung, -ausgabe und -übertragung:
- zur Erfassung z.B. Lochkarten- und Lochstreifenleser (zunehmend antiquiert), Tastaturen, Klarschrift- oder Markierungsleser, Scanner, berührungs- oder maussensitive Datensichtgeräte/Terminals;
- zur Speicherung als Ergänzung zum Hauptspeicher z.B. Magnetbänder, -platten und -trommeln, aber auch optische Speichermedien wie CD-ROM und Bildplatten;
- zur Ausgabe z.B. Drucker, Plotter (Zeichengerät), Datensichtgeräte.

Bei der Datenübertragung unterscheidet man die internen, im Rechnersystem stattfindenden Datenübertragungen zwischen den gerade aufgezählten Geräten und die externen, das Rechnersystem in ein *Rechnernetz* verlassenden Datenübertragungen (weiter unten in diesem Abschnitt beschrieben).

Betriebssystem

Bei der Verwendung eines Rechners sind gewisse Aufgaben immer wieder zu lösen, beispielsweise die Speicherung einer Datei, der Dialog über die Peripheriegeräte und das Binden und Ausführen eines Programmsystems. Daher sind Programme für solche und ähnliche Zwecke im *Betriebssystem* zusammengefaßt, das in der Regel zur Grundausstattung des Rechners gehört.

Ein Betriebssystem nimmt den Benutzern Routineaufgaben ab, regelt das korrekte Zusammenwirken der physikalischen Einheiten (vor allem Speicher, Drucker, Bildschirme, Tastaturen, Netzanschlüsse) und steuert die Bearbeitung der Programme. Ordnete man früher dem Betriebssystem nur die elementarsten Aufgaben zu (Prozeß- und Speicherverwaltung), so umfaßt der Begriff heute auch viele Funktionen mit *Werkzeug-Charakter*, beispielsweise Übersetzer, Backup-Routinen (zur Sicherung der Programme und Daten) oder Monitore zur Überwachung der Rechnerauslastung. Abb. 1.7 zeigt den typischen Aufbau eines Betriebssystems.

1.3. Rechner

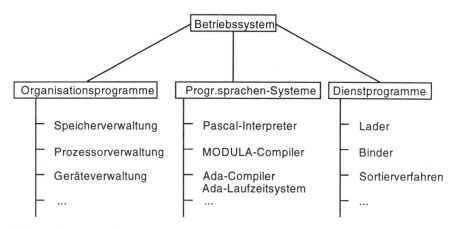

Abb. 1.7 Aufbau eines Betriebssystems

Die *Organisationsprogramme* verwalten die Speicher, die Prozessoren und die Geräte einschließlich der Netze. Diese Teile des Betriebssystems steuern somit insbesondere
- die Zuteilung des Prozessors an die zu bearbeitenden Prozesse (Programme),
- die Verwaltung der auf Bearbeitung wartenden Prozesse,
- alle an den Rechner angeschlossenen Speicher und die Zuteilung von Speicherbereichen an die einzelnen Benutzer bzw. Programme,
- die Nutzung des Hauptspeichers (Teile des Hauptspeichers werden auf externe Speicher ausgelagert und später für erneute Zugriffe wieder eingelagert; für eine gute Ausnutzung des Rechnersystems sind Nachlade- und Auswahlstrategien von zentraler Bedeutung),
- die Art und Weise, wie Daten auf den Speichern abgelegt werden und wie man erneut auf sie zugreifen kann,
- die Auswahl und die Zuweisung von Ein- und Ausgabegeräten,
- die Überwachung der Datenübertragung zwischen Geräten und Rechnern, z.B. die Ermittlung der Zielrechner und Datenbanken für Anfragen, elektronische Mitteilungen usw.,
- die Überprüfung von Sicherungsmaßnahmen und Zugriffsberechtigungen entsprechend der Vorgaben durch den Benutzer oder den Systemverwalter.

Diese Aufgabenaufzählung macht deutlich, wieviele stark von einander abhängige Prozesse auf verschiedenen Einheiten korrekt ablaufen müssen. Aus Sicht der Informatik ist ein Prozeß der Verarbeitungsvorgang, den eine einzelne Verarbeitungseinheit (ein „Prozessor") durchführen kann. Abläufe in der Realität können durch viele miteinander kommunizierende Prozesse beschrieben werden. *Müssen* diese Prozesse zur gleichen Zeit nebeneinander ablaufen, so spricht man von *parallelen Prozessen*; sind die Prozesse unabhängig voneinander und können sie gleichzeitig oder in beliebiger Reihenfolge nacheinander durchgeführt werden, so spricht man von *Nebenläufigkeit*.

Menschliche Organisationen bestehen meist aus vielen Prozessen, die aufeinander abgestimmt sind (die sich „*synchronisieren*") oder die unabhängig voneinander (also „*asynchron*") ablaufen. Wenn eine an einem Tisch sitzende Gruppe von Menschen in einem Restaurant individuell verschiedene Essen bestellt, so wird die Küche für jede Bestellung einen „Prozeß starten", um (parallel) das jeweilige Essen herzustellen; diese Prozesse werden so koordiniert („synchronisiert"), daß alle Gäste der Gruppe ihr Essen etwa gleichzeitig bekommen. An verschiedenen Tischen bestellte Essen werden dagegen nebenläufig von der Küche bearbeitet (d.h. parallel und/oder sequentiell).

Ein Rechnersystem verwaltet eine Menge von Prozessen, und die Befehle auf der Ebene des Betriebssystems beziehen sich meist auf Prozesse. Für diese müssen Sprachelemente vorhanden sein, die in einfachen Sprachen fehlen, z.B. für das Aufspalten, das Synchronisieren, das Unterbrechen und das Kommunizieren von Prozessen.

Zu den *Programmiersprachen-Systemen* (siehe Abb. 1.7) gehören Compiler und Interpreter, die Programme einer Sprache „bedeutungsäquivalent" in eine andere Sprache transformieren. Programmiersprachen dienen der Darstellung von Algorithmen, Prozessen und der zugehörigen Datenstrukturen. Wenn zwei in Syntax und Semantik vollständig definierte Sprachen S und S' vorliegen, die gewissen formalen Bedingungen genügen, dann kann man ein Programm schreiben, welches (*Quell*-)Programme der Sprache S als Eingabe erhält und semantisch gleichwertige (*Ziel*-)Programme der Sprache S' als Ausgabe liefert (vgl. 1.2.2). Solch ein Programm nennt man einen *Übersetzer*. Sind die Strukturen der Zielsprache S' wesentlich einfacher als die der Quellsprache S, so spricht man von einem *Compiler*, liegt der umgekehrte Fall vor, von einem *Decompiler*. Sind die Strukturen der beiden Sprachen verschieden, aber etwa gleich komplex, so spricht man von einem *Querübersetzer*.

Compiler arbeiten meist nach folgendem Schema:
1. Schritt: *Lexikalische Analyse*.
    Die einzelnen Grundbausteine der Sprache werden im Quellprogramm erkannt (z.B. „SteuerSatz" als Bezeichner, das Zuweisungszeichen „:=" aus der Folge der zwei Zeichen „:" und „=".)
2. Schritt: *Syntaktische Analyse*.
    Die syntaktische Struktur des Programms wird ermittelt und als *Ableitungsbaum* (Ergebnis der Anwendung kontextfreier Produktionen der zugrundeliegenden Grammatik) dargestellt. Zugleich wird eine *Symboltabelle* erstellt, in der alle auftretenden Bezeichner mit ihren Bedeutungen abgelegt werden.
3. Schritt: *Semantische Analyse* und *Codegenerierung*.
    Der Ableitungsbaum wird durchlaufen und in das Zielprogramm umgewandelt.

1.3. Rechner 41

4. Schritt: *Codeoptimierung*.
   Das erzeugte Programm wird hinsichtlich seiner späteren Laufzeit und des Speicherbedarfs verbessert.

Bei einigen Programmiersprachen ist es möglich oder sogar vorteilhaft, nur jeweils den gerade auszuführenden Befehl zu übersetzen (ihn zu „interpretieren"). Ein System, das so arbeitet, wird als *Interpreter* bezeichnet. Dadurch wird zwar die Programmausführung wesentlich langsamer, doch entfällt dafür die Wartezeit vorher, die für die Compilierung erforderlich wäre. Auch kann die Speicherverwaltung zur Laufzeit wesentlich flexibler als zur Übersetzungszeit gehandhabt werden.

In Programmiersprachen ist die Abgrenzung zwischen Compilern und Interpretern nicht so scharf, wie die Definitionen oben vermuten lassen. So gibt es kaum einen Interpreter, der nicht wenigstens die elementarsten Vereinfachungen vorab durchführt (im Sinne eines Scanners). Andererseits überläßt auch ein Compiler gewisse Standardaufgaben der interpretativen Bearbeitung, beispielsweise die Ein- und Ausgabe oder die Behandlung von Laufzeitfehlern. Dazu dient das dem Compiler zugeordnete *Laufzeitsystem*.

Die *Dienstprogramme* (siehe Abb. 1.7) übernehmen Verwaltungs- und Routineaufgaben, die in den unterschiedlichsten Anwendungen vorkommen, z.B.
- Erstellung und Veränderung (*Edieren*) von Texten, Graphiken und Programmen (s.u.),
- Laden von Programmen,
- Sortieren von Datenbeständen,
- Verwaltung von Dateien (bis hin zu einfachen Datenbanken, s.u.),
- schrittweise Ausführung von Programmen mit Anzeige des aktuellen Programmzustands (für die Fehlersuche, *Debugging*),
- Kommunikation mit anderen Benutzern, auch auf weit entfernten Rechnern (Electronic Mail).

Wer mit einem Computer arbeitet, lernt in der Regel neben einigen Befehlen des Betriebssystems als erstes einen *Editor* kennen, denn Texte, Graphiken, Bilder und sonstige Dokumente müssen erstellt, gelöscht, manipuliert und übertragen werden, und genau dies unterstützt bzw. leistet der Editor. Suchen, Ersetzen, Einkopieren, Sortieren, Umnumerieren, usw. sind zusätzliche Funktionen, die in der Regel geboten werden.

Editoren können die Arbeit wesentlich erleichtern, sie können zum Beispiel die syntaktische Struktur von Texten und Programmen überprüfen, gewisse Vorgehensweisen erzwingen, Tests auf Plausibilität und Vollständigkeit durchführen, Schriftgrößen und Schriftarten festlegen und vieles mehr. Editoren sind sehr umfangreiche Programme, da sie neben den vielen Algorithmen und den syntaktischen Überprüfungen zugleich über Schnittstellen zur Speicherverwaltung sowohl des Hauptspeichers als auch (unter Benutzung des Betriebssystems) des externen Speichers verfügen müssen. Früher arbeiteten sie „zeilenorientiert", d.h. es wurde jeweils genau eine Zeile (bis zu 80 Zeichen, abgeschlossen durch ein Zeilenende-Zeichen) verarbeitet und in dieser Form abgespeichert.

Moderne Editoren sind bildschirm- und syntaxorientiert, bringen also Text und/oder Graphiken in Ausschnitten („*Fenstern*") auf den Bildschirm und bieten dem Benutzer einen komfortablen Dialog zur Arbeit am Dokument, erkennen zugleich Syntaxfehler und schlagen Korrekturen vor.

Akten, Dokumente, Zeichnungen usw., kurz Daten, legt man in geeigneten „Behältern" wie Ordnern, Heften, Alben, Mappen usw. ab, ohne sich um deren technische Details (wie Heftung, Mechanismus u.ä.) zu kümmern. Auch wenn man mit Rechnern arbeitet, möchte man sich um die Art und Weise, wie Daten abgelegt werden, nicht kümmern. Wichtig ist nur, daß sie nicht von anderen Personen oder gar automatisch verändert werden, daß man sie wiederfinden und daß man sie erzeugen, verändern oder löschen kann.

Ein Informationssystem oder eine *Datenbank* bietet dem Benutzer die Möglichkeit, eigene Datentypen zu deklarieren, Stichwörter und Überschriften (für Zwecke des Wiederfindens) anzugeben und nach dieser Vereinbarung beliebig viele Daten zu speichern; zugleich muß die Datenbank (DB) über ein *Verwaltungssystem* verfügen, das die Daten ablegt, die Zugriffsrechte überwacht, den Zugriff steuert und Anfragen bearbeitet.

Hierbei müssen verschiedenen Benutzern verschiedene Ausschnitte („Sichten") des Datenbestands vermittelt werden. In einer DB, die alle Informationen über die Studierenden einer Hochschule enthält, darf die Immatrikulationsstelle auf alle personen- und studienbezogenen Daten zugreifen, sie erhält also eine fast vollständige Sicht auf die Daten (mit Ausnahme der Prüfungsdaten); die Geschäftsstelle eines Fachbereichs erhält nur Zugriff auf allgemeine Daten (z.B. Adressen) der Studierenden des jeweiligen Fachs; das Prüfungsamt darf Adressen und prüfungsrelevante Daten lesen und verändern usw. Die DB umfaßt somit einen großen Datenbestand, auf den jede Organisationseinheit nur in gewissen Sichten zugreifen darf.

Ähnliches gilt für verschiedene Anwendungsprogramme, die alle auf die gleiche DB zugreifen. Das steuernde DB-Verwaltungsprogramm muß Funktionen zur Definition der Berechtigungen und Sichten sowie zum neu Anlegen und Löschen, Prüfen und Ändern, Suchen und Bereitstellen, Sortieren, Kopieren usw. enthalten.

Künftige DB-Systeme werden auch sehr unfangreiche und unterschiedlich strukturierte, sogenannte „komplexe" Objekte verwalten müssen. Die hierin enthaltenen Daten müssen automatisch auf innere Widersprüche überprüft werden, es sind sehr komplexe und zeitaufwendige Verarbeitungen durchzuführen, und es müssen Versionen gespeichert werden, auf denen man evtl. wieder aufsetzen will. Solche Anwendungen, sogenannte *Nicht-Standard-DB-Anwendungen* treten z.B. im Büro, im Software Engineering, in Expertensystemen und in technischen Disziplinen auf.

1.3. Rechner

Einbettung der Programmierung

Programmieren ist eine Tätigkeit, bei der man nicht ohne *ingenieurmäßige* Techniken und Werkzeuge auskommt (oder auskommen sollte). Man arbeitet in der Regel in einer „*Programmierumgebung*", die Unterstützung leistet beim Schreiben von Texten, Zeichnungen und Programmen (Editoren), beim Archivieren, Wiederfinden, Einbinden oder Sortieren (Datenbank- oder Betriebssystemfunktionen), beim Übertragen in den Maschinencode oder andere Sprachen (Übersetzer).

Dabei ist zu bedenken, daß die Codierung nur einen kleinen Ausschnitt der Aktivitäten darstellt, die zur Software-Entwicklung gehören (ca. 20 % der Kosten). Bevor die Codierung beginnen kann, wurde durch Analysen, Spezifikationen und Entwürfe ein Konzept geschaffen; wenn sie beendet ist, muß die Software getestet, integriert und in u.U. vielen Versionen und Varianten verwaltet werden. Parallel müssen Entwickler und Benutzer geschult werden. Schließlich beginnt die teuerste Phase, die sogenannte *Wartung*, also der Einsatz mit meist vielen, unvorhergesehenen Modifikationen, Erweiterungen und Korrekturen. Diese Themen sind Gegenstand des Software Engineering. Einige Aspekte (Spezifikation, Verifikation, Test) werden wir in Kapitel 3 behandeln.

Rechnernetze

Unter einem *Rechnernetz* versteht man die Kopplung (Vernetzung) mehrerer Rechner, die möglicherweise in ihrer Rechnerarchitektur und/oder ihrem Betriebssystem unterschiedlich sind und i.a. räumlich getrennt stehen. Die Vernetzung kann u.a. aus folgenden Gründen sinnvoll sein:

Datenverbund: Nutzung von Datenbeständen, die auf einzelne Recher des Netzes verstreut sind.
  Beispiel: Kopplung von Bibliotheksrechnern, um die auf den einzelnen Rechnern gespeicherten Literaturangaben gemeinsam zu nutzen.

Betriebsmittelverbund: Nutzung teurer Software- und Hardwarebetriebsmittel, die nicht auf jedem Rechner des Netzes bereit gehalten werden können.
  Beispiele solcher Betriebsmittel sind Spezialrechner hoher Rechengeschwindigkeit, Bilderfassungsgeräte, Übersetzer für bestimmte Programmiersprachen, Spezialsoftware für Informationssysteme usw.

Lastverbund: Gleichmäßige Verteilung der benötigten Rechenleistung auf die an das Netz angeschlossenen Rechenanlagen. Fällt ein Rechner aus, können andere dessen Aufgabe übernehmen. Der Lastverbund wird sehr erleichtert, wenn die einzelnen Rechner *kompatibel* sind, d.h. daß an das Rechnernetz gegebene Aufträge auf jedem beteiligten Rechner in gleicher Weise ausgeführt werden können. Rechnernetze mit dieser Eigenschaft heißen *homogen*, die übrigen *heterogen*.

Man unterscheidet Rechnernetze, deren *Knoten* (Rechner) über große Entfernungen unter Verwendung meist *öffentlicher* Netze verbunden sind (engl. WAN = Wide Area Network), und solche, deren Knotenrechner über kurze Entfernungen bis 2,5 km unter Verwendung *privater* Verbindungsleitungen verbunden sind (engl. LAN = Local Area Network).

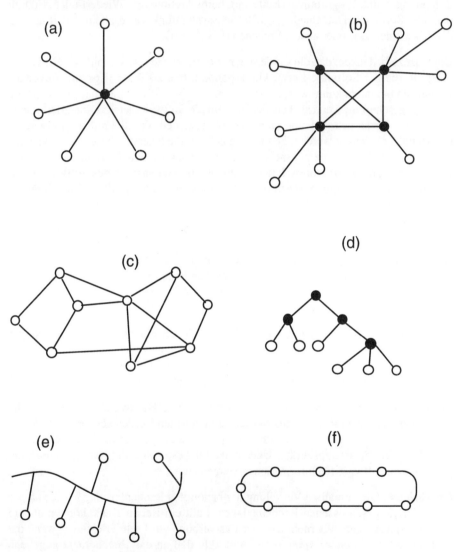

Abb. 1.8 Vernetzungstopologien

Als *Topologie* eines Rechnernetzes bezeichnet man die Form der Verteilung der Knotenrechner und deren Vernetzungsstruktur. Wichtige Topologien sind – vgl.

1.3. Rechner

Abb. 1.8, in der dunkle Knoten leistungsstarke Zentralrechner (*Server*), helle Punkte normale Arbeitsstationen (*Clients*) symbolisieren – die *sternförmige* (a), die *dezentrale* (b), die *verteilte* (c) und die *hierarchische* Topologie (d). Relativ unabhängige Arbeitsplatzrechner werden meist entweder durch einen Bus (e), z.B. Ethernet oder einen Ring (f), z.B. Tokenring miteinander verbunden. Die Regeln, nach denen am Rechnernetz beteiligte Rechenanlagen Kommunikationsverbindungen auf- und abbauen, Informationen austauschen usw., werden in *Kommunikationsprotokollen* festgelegt.

Bemerkung: An dieser Stelle empfiehlt es sich, die lokale Rechnersituation und -vernetzung in seiner unmittelbaren Umgebung anzusehen, bevor im nächsten Kapitel die Praxis des Programmierens und damit die Nutzung eines Rechnersystems beginnt.

Die wichtigste Kenngröße der Rechnervernetzung ist (natürlich nach ihrer Zuverlässigkeit) ihre Kapazität, d.h. der maximale Informationsfluß (Einheit bit/s). Dabei geht es in der Praxis darum, zwischen den hohen Kosten einer breitbandigen Leitung und der niedrigen Übertragungsrate auf einer schmalbandigen Leitung einen der Aufgabe angemessenen Kompromiß zu finden.

1.4 Informatik als Wissenschaft

Die Informatik als *Wissenschaft*, d.h. als Gebiet *universitärer* Lehre und Forschung, ruht auf drei Säulen, der Theoretischen, der Praktischen und der Technischen Informatik. „Angewandte Informatik" wird in ähnlichem Sinne wie *Praktische Informatik* verwendet; dabei sind aber die Bereiche ausgenommen, die in der Anwendung nicht unmittelbar sichtbar werden, beispielsweise der Übersetzerbau. Die Angewandte Informatik wirkt direkt hinein in die zahlreichen *Anwendungen der Informatik* in Wirtschaft, Verwaltung, Technik, Wissenschaft und nahezu allen anderen Bereichen der Zivilisation.

Theoretische Informatik

Sowohl für die Formulierung und Untersuchung von Algorithmen als auch für die Rechnerkonstruktion spielen Methoden und Modelle aus der Mathematik eine wesentliche Rolle. Da die Struktur von Computern ständig komplexer wird, steigt auch der *Abstraktionsgrad* einer angemessenen Beschreibung. Für die Untersuchung von Fragestellungen in diesem Bereich sind gute Kenntnisse der *„strukturellen" Mathematik* nötig, die eine Reihe formaler Methoden zur Beschreibung von Systemen bietet. Bei der Untersuchung geeigneter Sprachen spielen Methoden der Logik eine wichtige Rolle.

Beispiele für Teilgebiete der Theoretischen Informatik sind Formale Sprachen, Theorie der Netze und Prozesse, Automatentheorie, Semantik und Komplexitätstheorie.

Technische Informatik

In der Technischen Informatik befaßt man sich mit dem funktionellen Aufbau der Rechner und der zugehörigen Geräte sowie mit dem logischen Entwurf und der konkreten Entwicklung von Rechnern, Geräten und Schaltungen (Hardware). Die Schnittstelle zu Betriebssystemen und die Konfiguration der Rechnerkomponenten sind wichtige Aspekte.

Beispiele für Teilgebiete der Technischen Informatik sind Rechnerarchitektur, Prozeßdatenverarbeitung, Fehlertoleranz, Leistungsmessung und VLSI-Entwurf (Very Large Scale Integration), d.h. die Integration sehr vieler Funktionen auf *einem* Chip, also in *einem* Mikroprozessor.

Praktische und Angewandte Informatik

Prinzipiell wäre es möglich, jeden beliebig komplexen Algorithmus direkt in der Sprache eines bestimmten Rechners zu formulieren; der Aufwand wäre allerdings gigantisch. Um mit begrenztem Aufwand zu zweckmäßigen Programmen zu kommen, müssen wir den Rechner auch für die Arbeit der Programmentwicklung als kom-

1.4. Informatik als Wissenschaft

fortables *Werkzeug* einsetzen und für regelmäßig wiederkehrende Probleme Standardlösungen schaffen. Programme, die in einer uns Menschen vorteilhaften Notation formuliert sind, müssen von Compilern oder Assemblern in eine dem Rechner verständliche und ausführbare Form übertragen werden. Ein Betriebssystem überwacht die Ausführung der Programme, die bei größeren Rechenanlagen oftmals gleichzeitig ablaufen, und übernimmt die Steuerung der Ein- und Ausgabe. Informationssysteme und Datenbanken verwalten umfangreiche Datenbestände, weitere Programmsysteme, sogenannte *CASE-Tools*, unterstützen die Software-Bearbeitung im weiteren Sinne, also die Spezifikation, den Entwurf, den Test, die Versionenverwaltung usw.

Als *Softwaretechnik* bezeichnet man die Disziplin, die sich mit den Methoden, Notationen und Werkzeugen der Software-Bearbeitung allgemein befaßt. Ergonomische Fragen und Probleme der *Mensch-Maschine-Kommunikation* sind ebenfalls wichtige Gebiete der Forschung und Lehre. Bildverarbeitende Systeme, Robotersteuerung, Spracherkennung und *Expertensysteme* („Ratgeber-Programme", die ähnlich Experten auf eng begrenztem Gebiet aus Fakten Schlüsse ziehen) sind weitere, an Bedeutung gewinnende Themen der Praktischen Informatik.

Einige Anwendungsbereiche mit sehr speziellen Anforderungen an die Informatik haben sich zu eigenständigen Gebieten der Angewandten Informatik entwickelt; in der Wirtschaftsinformatik, der Medizinischen Informatik und der Rechtsinformatik gibt es bereits ausgewiesene Fachleute und teilweise auch spezielle Studiengänge. Eine ähnliche Entwicklung deutet sich im Bereich der Medien an.

Entsprechend der Vielfalt in den Anwendungen hat die Angewandte Informatik Schnittstellen und Überlappungen mit vielen anderen Forschungsgebieten, beispielsweise mit der Psychologie (Kognitionswissenschaften), der Pädagogik (Training und Erklärung) und den Sozial- und Wirtschaftswissenschaften (Arbeitsstrukturen, Organisationsfragen, Führungssysteme).

In den letzten Jahren sind die Mittel der Informatik in sehr vielen Berufen zu selbstverständlichen Werkzeugen, ebenso zu Mitteln der Kommunikation, des Wissenszugangs und der Unterhaltung geworden. Die Benutzer der Systeme haben in aller Regel keine Ausbildung in Informatik, und auch die Entwicklung konkreter Anwendungen geht mehr und mehr in die Hände von Leuten über, deren Vorkenntnisse beschränkt sind. Um so wichtiger wird es damit, daß die Informatik robuste, sichere, komfortable und leistungsfähige Lösungen bereitstellt, derer sich möglichst viele Menschen mit vertretbarem Risiko bedienen können.

Die Beziehungen zwischen den Teilgebieten der Informatik

Abb. 1.9 zeigt einen Versuch, die vier vorgestellten Teilgebiete der Informatik in einer „*Schichtenarchitektur*" (zwölf Schichten im grau unterlegten Kasten im Zentrum der Abb. 1.9) anzuordnen und mit *Grundlagenwissenschaften* (unterhalb) und *Anwendungsgebieten* (oberhalb des Kastens) in Beziehung zu setzen.

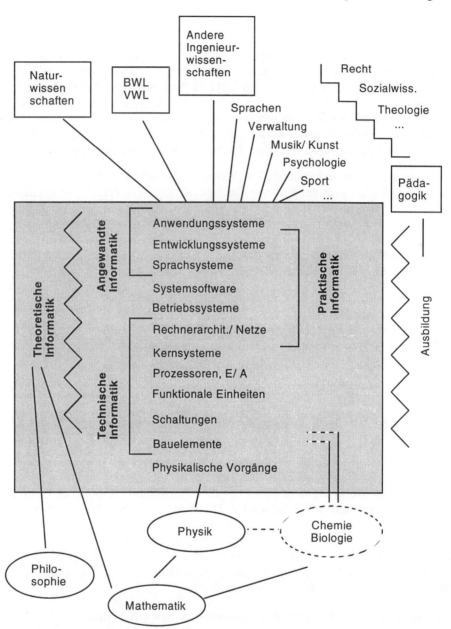

Abb. 1.9 Schichtenarchitektur und Beziehungen der Informatik

1.4. Informatik als Wissenschaft

Die Schichtenarchitektur ist so zu lesen, daß jeweils die „Produkte" einer Schicht, also ihre Methoden, Verfahren und Ergebnisse, zur Lösung von Aufgaben der darüber liegenden Schicht genutzt werden können.

Als Ingenieurwissenschaft zielt die Informatik primär auf die Anwendung ihrer Resultate auf allen Gebieten, also in der Wirtschaft, Technik, Verwaltung und Ausbildung, eventuell auch in der Kunst. Hier, in der obersten Ebene des Bildes, stehen *Anwendungssysteme* im Vordergrund. Durch den stark anwachsenden Rechnereinsatz auch auf Gebieten wie Psychologie, Recht, Sozialwissenschaften usw. ergeben sich viele Querbezüge, was die Entwicklung der Informatik zu einer *interdisziplinären*, zunehmend Grundlagencharakter erhaltenden Wissenschaft unterstreicht.

Die auf der 2. Funktionsebene der Schichtenarchitektur angesiedelten *Entwicklungssysteme* sollen als weitgehend anwendungsneutrale Softwarewerkzeuge die Erstellung der gerade skizzierten Anwendungssysteme erlauben. Dabei stützt sich diese Ebene selbst aber auf *Sprachsysteme* (3. Funktionsebene) ab, die aus Werkzeugen wie Editoren, Übersetzer, Tester usw. bestehen, die sich der Werkzeuge auf der 4. Funktionsebene *„Systemsoftware"* bedienen usw.

Am unteren Ende trifft man schließlich auf elektronische Bauelemente, die durch physikalische Vorgänge beschreibbar sind und z.B. auf Erkenntnissen der Grundlagenwissenschaft „Physik" basieren.

In der Schichtenarchitektur lassen sich die vier Teilgebiete der Informatik wie in Abb. 1.9 dargestellt anordnen:
- die Technische Informatik umfaßt etwa den Bereich von elektronischen Bauelementen bis zu Fragestellungen der Rechnerarchitekturen,
- die Praktische Informatik setzt dort etwa an und betrachtet alle darüber liegenden Funktionsebenen mindestens einschließlich der Entwicklungssysteme,
- die Angewandte Informatik deckt ungefähr die obersten drei Ebenen mit dem Schwerpunkt Anwendungssysteme ab, während
- die Theoretische Informatik als Grundlage und Klammer der drei übrigen Gebiete die formalen Hilfsmittel bereitstellt und sich dabei auf Teile der Mathematik abstützt, aber auch Beziehungen zur Philosophie aufweist.

Ein wichtiger Aspekt ist die *Ausbildung in Informatik* (z.B. im schulischen, beruflichen und universitären Bereich), die über Fragen der *Didaktik* mit Aspekten der Pädagogik in Berührung kommt (rechts neben dem Kasten in Abb. 1.9). Allgemein ist zu beachten, daß die Abb. 1.9 technische Systeme in den Vordergrund stellt, zu denen aber jeweils auch alle Aspekte der Methodik und Notation zu ergänzen sind.

Insgesamt zeigt Abb. 1.9, daß die Informatik längst nicht mehr wie in den 50er und 60er Jahren eine Sammlung von Spezialgebieten anderer Wissenschaften, vor allem der Mathematik, Logik und Elektrotechnik ist, sondern sich zu einer zusammenhängenden, eigenständigen und theoretisch fundierten Disziplin entwickelt hat. Da sie sich immer stärker in immer mehr Bereichen auswirkt, bekommt sie zunehmend den Charakter einer zentralen *Grundlagenwissenschaft*.

Auswirkungen der Informatik in der Gesellschaft

Der Einsatz von Computern beeinflußt die Arbeitswelt und den Freizeitbereich nachhaltig und betrifft damit die meisten Menschen direkt und sichtbar. Ähnlich wie vor zweihundert Jahren die Dampfmaschine wird auch der Computer als Instrument der Rationalisierung eingesetzt, woraus sich für die Betroffenen oft schwerwiegende *soziale Folgen* ergeben (Abbau oder Wandel von Arbeitsplätzen, Änderungen der beruflichen Anforderungen).

Betrachten wir den Begriff und die Auswirkungen der *Rationalisierung* näher. Im Rahmen der Informatik versteht man unter Rationalisierung den Ersatz menschlicher Einwirkung und Kontrolle durch den Einsatz technischer, vor allem computergesteuerter Maschinen und die Übertragung geistiger Routinearbeit auf Datenverarbeitungsanlagen.

Die Rationalisierung betrifft nicht alle Bereiche der Arbeitswelt in gleichem Maße. Tätigkeiten, die aus einfachen, ständig zu wiederholenden Handgriffen zusammengesetzt sind (z.B. Fließbandarbeit), sind oft besonders einfach durch Maschinen zu leisten. Arbeiten, die in hohem Maße künstlerische oder handwerkliche Fähigkeiten erfordern, Spezialwissen und Erfahrung voraussetzen oder von der menschlichen Person (Sprache, Auftreten) geprägt sind, können dagegen bisher kaum auf Maschinen übertragen werden. Allerdings sind auch handwerkliche Spezialisten nicht davor geschützt, durch eine von der Informatik ausgelöste Strukturkrise getroffen zu werden (wie die Uhrmacher, als die elektronischen Uhren aufkamen).

Beispiele für *Berufszweige*, in denen in den letzten Jahren erhebliche Rationalisierungen stattgefunden haben, sind

Fabrikation: Autos werden heute weitgehend automatisch gefertigt. Die Herstellung und Montage vieler Teile erledigen Handhabungsautomaten (Roboter), deren Bedienung und Wartung nur noch wenige (und andere) Arbeitskräfte benötigt. Schwere oder gesundheitsschädliche Tätigkeiten (z.B. „Über-Kopf-Arbeit", Lackierungsarbeiten) werden bevorzugt auf Maschinen übertragen.

Büro: Anstelle von Schreibmaschinen werden Textautomaten verwendet, die vorgefertigte Texte und Textbausteine gespeichert haben und eine höhere Schreibleistung erlauben (und damit natürlich auch von den Betroffenen *verlangen*). Post wird in Einzelfällen betriebsintern und nach außerhalb nur noch auf elektronischem Wege verschickt; trotzdem scheint das *papierlose Büro* keineswegs näherzurücken, denn die Möglichkeit, mit Hilfe der Textverarbeitung in kurzer Zeit

1.4. Informatik als Wissenschaft 51

sehr viel Text zu generieren (wenn auch nicht entsprechend viel Aussage), hat im Gegenteil zu einer steigenden Papierflut geführt.

Druckgewerbe: Elektronische Satzverfahren machten den Beruf des Setzers entbehrlich. Redakteure oder Schreibkräfte tippen die Artikel direkt in den Satzrechner, der automatisch das Druckbild errechnet, schnelle Korrekturen erlaubt und viele Routinearbeiten (z.B. Durchschuß) übernimmt. Offensichtliche Nachteile, vor allem die oft amateurhafte Gestaltung und fehlende Kontrolle (Orthografie, Interpunktion, Trennungen), werden wegen der wesentlich niedrigeren Kosten und kürzeren Bearbeitungszeiten in Kauf genommen. Der Computereinsatz führt also teilweise zu einem Qualitätsverfall.

Die Rationalisierung von Betrieben ist oft von starken Änderungen der Arbeitsbedingungen und der (Arbeits-) Organisation begleitet. Der Konkurrenzdruck läßt aber in vielen Fällen gar keine Wahl.

Weniger offensichtlich, aber wohl kaum geringer sind die indirekten Auswirkungen der Informatik, beispielsweise durch schnellere Verfügbarkeit wichtiger Informationen für ganz bestimmte Personen oder Gruppen. Hier zeigen sich einerseits die beeindruckenden Möglichkeiten, die uns und anderen der Computer durch Speicherung und Verknüpfungsfähigkeit schafft, verbunden mit Zuverlässigkeit und Verarbeitungsgeschwindigkeit, andererseits die *Gefahren*, die sich aus der schnellen Verfügbarkeit *personenbezogener* Daten und der Konzentration von Informationen in Datenbanken ergeben.

Diese *Datenschutzproblematik* läßt sich etwa durch die beiden Standpunkte skizzieren „Wenn wir alle vorhandenen Informationen verfügbar machen, können wir den Terrorismus viel wirksamer bekämpfen" gegen „Ich will selbst bestimmen, wer meine Daten bekommt, denn wer Informationen über mich hat, kann sie mißbrauchen". Hier prallen Welten aufeinander, und der Informatiker kann als *Fachmann* nur Auskunft über die technischen Möglichkeiten der Maschine geben; als *Mensch* sollte er sich allerdings – wie jeder andere auch – darüber Rechenschaft ablegen, wie sich sein Handeln oder Stillhalten auf die Welt auswirkt.

2. Imperative Programmierung – die Sprache Modula-2

Ziel dieses Kapitels ist, die für das Programmieren in einer imperativen, d.h. *befehls-* oder *anweisungsorientierten* Programmiersprache wie Modula-2 notwendigen Grundlagen zu erarbeiten und wesentliche Sprachkonstrukte kennenzulernen.

Darauf aufbauend sollen später Aspekte der Programmiermethodik und Softwareentwicklung wie Spezifikation und Verifikation von Programmen, aber auch Abstraktion und Datenkapselung eingeführt werden, um möglichst rasch vom „*Programmieren im Kleinen*" (Realisierung kleiner, d.h. von einer Person in einer typischen Übungsaufgabe von 1-2 Stunden programmierbarer Algorithmen) zum „*Programmieren im Großen*" (Implementierung großer, d.h. von mehreren Personen über einen längeren Zeitraum entwickelter, komplexer Algorithmen) überzugehen.

2.1 Syntaxdarstellungen

In Kapitel 1 haben wir Grammatiken als formales Beschreibungsmittel kennengelernt, mit dem man die Syntax einer Programmiersprache definieren kann. Die Darstellung der Regeln einer Grammatik in der dort vorgestellten Form von Paaren oder als Tripel (<linke Seite der Regel>, →, <rechte Seite der Regel>) ist bei Grammatiken mit sehr vielen Regeln – also auch für imperative Programmiersprachen wie Modula-2 – oft nicht sehr übersichtlich.

Deshalb werden andere Darstellungsformen (Sprachen) gewählt. Die gebräuchlichsten, die *Syntaxdiagramme* und die *Backus-Naur-Form* (BNF) werden nachfolgend vorgestellt. Eine Sprache M zur Beschreibung einer Sprache L heißt *Metasprache*, die Sprachelemente von M enthalten *Metasymbole*, die weder Nichtterminal- noch Terminalsymbole der beschriebenen Sprache L sind. Die Notation der Syntaxdiagramme und die BNF-Notation sind in diesem Sinne Metasprachen.

Syntaxdiagramme

Die Syntax von Programmiersprachen wird vielfach, wie von N. Wirth bei PASCAL Anfang der 70er Jahre eingeführt, durch Syntaxdiagramme beschrieben.

Das Prinzip läßt sich durch eine Analogie veranschaulichen: Zwei Touristen fahren gemeinsam im Auto durch eine Region, in der es nur Einbahnstraßen gibt; sie heißt daher auch One-Way-County (siehe oberer Teil von Abb. 2.1). Der Beifahrer fotografiert alle auf der Landkarte eingezeichneten „Sehenswürdigkeiten" (durch abgerundete

Rechtecke wie RR-Station und Motel repräsentiert). Es ist nun zu überlegen, welche Bildsequenzen auf dem Film möglich sind, welche nicht.

Offenbar kann man die möglichen Bildsequenzen ermitteln, indem man die Fahrt nachvollzieht. Erreicht man dabei in der Landkarte One-Way-City (durch ein Rechteck repräsentiert), so zeigt der Stadtplan von One-Way-City (unterer Teil von Abb. 2.1) den weiteren Weg, bis man diesen wieder verläßt und am Ausgang des Rechtecks One-Way-City im oberen Teil der Abb. 2.1 in der Landkarte zu One-Way-County fortfährt.

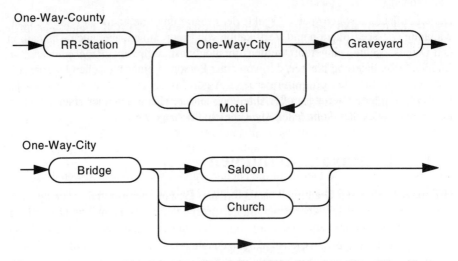

Abb. 2.1 Landkarte von One-Way-County, Stadtplan von One-Way-City

Mögliche Bildsequenzen sind z.B. (jeweils Anfangsbuchstabe notiert): RBG, RBSMBCG. Dagegen sind beispielsweise unmöglich: RGB, RBCMG.

Ganz ähnlich werden die Syntaxdiagramme für Modula-2 interpretiert (komplett dargestellt im Anhang B „Syntaxdiagramme für Modula-2").

Backus-Naur-Form

Zwei ältere Notationen sind genauso mächtig wie die Syntaxdiagramme: BNF und EBNF (Extended BNF). Die BNF wurde erstmals bei der Definition der Sprache ALGOL-60 verwendet, EBNF hat sich daraus später in zahlreichen Varianten gebildet.

Das Äquivalent zu einem einzelnen Syntaxdiagramm heißt hier *Produktion*, ein Begriff, den wir in einem etwas engeren Verständnis bei der Einführung von Grammatiken kennengelernt haben.

Metasymbole in BNF sind: ::= bedeutet: ist definiert als ...
                              | bedeutet: oder.

2.1. Syntaxdarstellungen

Die *Nichtterminalsymbole* (entsprechen den Rechtecken in den Syntaxdiagrammen) werden zur Unterscheidung von den Terminalsymbolen (entsprechen den Langrunden in den Syntaxdiagrammen) in spitze Klammern gesetzt, also z.B. <Programm>.

Beispiel:

Definiert wird die Bildung beliebig langer Summen aus a, b und c, also z.B. „b" oder „a+c+a". Das Startsymbol ist <Summe>.

<Summe>   ::=   <Summand> | <Summand> + <Summe>
<Summand>   ::=   a | b | c

EBNF und BNF sind von gleicher Ausdrucksmächtigkeit, EBNF bietet gegenüber BNF eine reichere Metasyntax und erfordert daher weniger, i.a. besser lesbare Produktionen:

=	„definiert als" („::=" in BNF)
(...|...)	genau eine Alternative aus der Klammer muß stehen
[...]	Inhalt der Klammer kann stehen oder nicht
{ ... }	Inhalt der Klammer kann n-fach stehen, $n \geq 0$
.	Ende der Produktion (in BNF nicht speziell markiert).

Anders als in BNF sind hier nicht die Nichtterminal-, sondern die Terminalsymbole speziell gekennzeichnet, nämlich durch Klammerung mit Anführungszeichen („..."). Damit wird z.B. aus dem Modula-2-Syntaxdiagramm 48 (CaseStatement in Anhang B) in EBNF:

    CaseStatement = „CASE" Expression „OF"
                    [CaseLabelList „:" StatementSequence]
                    {„|" [CaseLabelList „:" StatementSequence] }
                    [„ELSE" StatementSequence] „END" .

In der Praxis setzt man die komplexeren Syntaxdiagramme meist in mehrere EBNF-Produktionen um; andernfalls werden sie durch die geschachtelte Klammerung unübersichtlich. Im obigen Beispiel entstehen so typisch folgende Produktionen:

    CaseStatement = „CASE" Expression „OF" case {„|" case }
                    [„ELSE" StatementSequence] „END" .
    case   = [CaseLabelList „:" StatementSequence] .

Das folgende Beispiel zeigt, daß eine begriffliche Verwirrung des Syntaxdiagramms bereinigt werden muß, um eine Darstellung in EBNF zu erlauben. Für folgende Sätze soll eine Syntax angegeben werden:
(1) „Aldebaran ist ein Stern", (2) „Algol ist ein Stern", (3) „Algol ist eine Programmiersprache".

Mit Syntaxdiagrammen läßt sich dies wie in Variante (a) der nächsten Abbildung ausdrücken. Die direkte Umsetzung nach EBNF ist aber erst aus der Variante (b) möglich, die auch semantisch klarer ist.

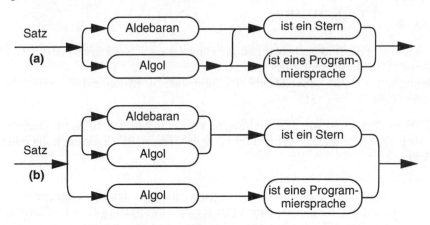

Abb. 2.2 Nicht BNF-konformes und BNF-konformes Syntaxdiagramm

Die EBNF-Form ist damit:
    Satz   = AstronomieSatz | InformatikSatz .
    AstronomieSatz = („Aldebaran" | „Algol") „ist ein Stern".
    InformatikSatz = „Algol" „ist eine Programmiersprache".

Bezüglich der Ausdrucksmächtigkeit besteht kein prinzipieller Unterschied zwischen Syntaxdiagrammen und EBNF. In der Praxis gibt es aber gute Gründe, sich für das eine oder andere zu entscheiden: Für die Syntaxdiagramme spricht die hohe *Anschaulichkeit* und die *geringe* Zahl der Regeln (d.h. Diagramme). Eine EBNF-Grammatik läßt sich wesentlich leichter erstellen und ändern, denn sie kann mit jedem alphanumerischen Gerät bearbeitet werden. Sie erzwingt eine *klare* Struktur und kann u.U. von einem Übersetzer erzeugenden System (sog. Compiler-Compiler) *direkt* verwendet werden.

Damit sind Syntaxdiagramme immer dann vorzuziehen, wenn sich der hohe Aufwand lohnt (z.B. für ein Lehrbuch). Für wenige, versierte Leser sind dagegen EBNF-Grammatiken ausreichend (z.B. für einen Sprachentwurf in einer Diplomarbeit). Die einfache BNF hat nur noch geschichtliche Bedeutung.

Die Abwägung wird hinfällig, wenn man über ein System verfügt, das EBNF automatisch in Syntaxdiagramme wandelt. In diesem Falle ist nur noch zu berücksichtigen, daß in einem Syntaxdiagramm typisch mehrere Produktionen der EBNF zusammengefaßt sind.

2.2 Elementare funktionale Modula-2-Programme

Wir werden uns bei der Einführung von Modula-2 zunächst auf Sprachkonzepte beschränken, die zur Realisierung einfacher *funktionaler* Programme genügen. Dies sind Programme, die ohne Speicherung von Zwischenergebnissen und damit *ohne Variablen* auskommen.

Dieser Ansatz wird alle überraschen, die bereits Programmiererfahrung haben. Warum wird ein so wichtiges Konzept wie das der Variablen zunächst zurückgehalten? Wir haben dafür zwei Gründe.

- Aus didaktischer Sicht wollen wir deutlich machen, daß es hier primär nicht um einen Programmierkurs, sondern um das Erlernen der Konzepte geht. Die Erfahrung zeigt, daß gerade diejenigen, die bei einer schrittweisen Einführung in scheinbar längst Vertrautes nur müde abwinken, die neuen Konzepte nicht bemerken und später größte Mühe haben, den Anschluß zu finden. Ihnen wollen wir mit dem Neuen ein Signal geben.

- Aus Sicht der Informatik ist die Variable keine Naturgegebenheit, sondern ein durch die Von-Neumann-Architektur eingeführtes, äußerst praktisches *Realisierungskonzept*. Daß dieses seine Tücken hat, wird im Abschnitt über die Verifikation sichtbar werden. Neuere Ansätze (z.B. funktionale und logische Programmierung) zeigen dann, daß durchaus auch andere, „höhere" Konzepte möglich sind, bei denen die Variablen nur noch bei der Übersetzung entstehen, gerade wie die Sprunganweisung (GOTO), die zunächst ebenfalls unentbehrlich schien, in den modernen Programmiersprachen aber nicht mehr angeboten wird. Schon 1973 hat F.L. Bauer den berühmten Aufsatz von Dijkstra „GOTO considered harmful" zitiert, indem er „GOTO" durch „Variables" ersetzte. Der vorläufige Verzicht auf die Variablen ist also ein Votum für einen Ansatz, der die *Einfachheit* vor die Effizienz stellt.

2.2.1 Eine Modula-2-Teilsprache

Ein *Bezeichner* (identifier) in Modula-2 besteht aus Buchstaben und Ziffern, wobei am Anfang ein Buchstabe stehen muß (siehe Abb. 2.3; die vollständige Definition der Buchstaben ist hier aus Raumgründen nur angedeutet, dicke Linien werden später erläutert). Groß- und Kleinbuchstaben werden unterschieden, so daß z.B. „Alpha" ungleich „alpha" ist.

Die kleinen Indizes haben in der Syntax keine Bedeutung, sie dienen nur der Orientierung; dieser Sinn wird allerdings nur mit dem Anhang B der vollständigen Modula-2-

Syntax deutlich. Wo der Index durch „/*" modifiziert ist, ist die Definition gegenüber dem „vollen" Modula-2 noch eingeschränkt.

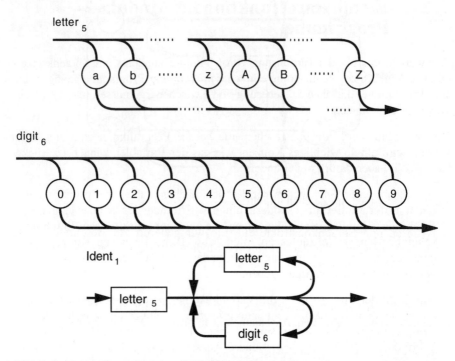

Abb. 2.3 Syntaxdiagramme zur Definition der Bezeichner

Ähnlich wie die Bezeichner werden nun *Strings* (Zeichenketten) definiert. Die Auswahl der Sonderzeichen ist maschinenabhängig (deshalb kursiv in Abb. 2.4), beispielsweise können die Umlaute dazugehören oder nicht.

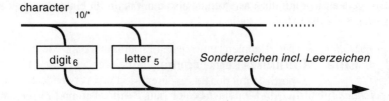

2.2. Elementare funktionale Modula-2-Programme

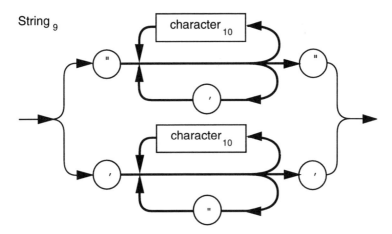

Abb. 2.4 Syntax von Zeichen und Strings

Wir führen nun Sprachkonstrukte ein, die wir generell zur Beschreibung des „*Programmrahmens*", d.h. der Struktur von Modula-2-Programmen bzw. Programmteilen (*Module* genannt) und damit auch schon für die Modula-2-Teilsprache benötigen.

Ein *Modula-2-Programm* besteht aus einem Hauptmodul, dem ProgramModule, sowie evtl. weiteren Modulen. Anschaulich kann man sich Modula-2-Programme wie folgt abgestuft vorstellen:
- *Module* als große, möglicherweise getrennt entwickelte (Teil-)Programme,
- (*Funktions-*)*Prozeduren* als kleinere, aufrufbare funktionale Einheiten in einem Modul und
- *Blöcke* als logisch zusammenhängende Anweisungsfolgen.

Durch eine entsprechende Definition besitzen Module eigene, in ihnen festgelegte Prozeduren, können aber auch Prozeduren anderer Module nutzen („*importieren*"). Dies muß in der Definition des Modulrahmens ebenfalls explizit festgelegt werden (vgl. Abb. 2.5).

- *ProgramModule*: der „Rahmen" eines jeden Programms bzw. Moduls. Er enthält einen (ihn eindeutig identifizierenden) Namen, eine Importliste mit den aus anderen Modulen verwendeten (d.h. importierten) Prozeduren (s.u.) und – in einem sogenannten Block (s.u.) zusammengefaßt – die Anweisungen des Moduls;

- *Import*: die Festlegung, aus welchem Modul welche Prozeduren verfügbar sein sollen;

- *Block*: Folge von *Anweisungen* (Statements), eingeschlossen in die Terminalsymbole BEGIN und END;

- *ProcedureCall*: Aufruf einer Prozedur, d.h. eines Blocks, der unter einem eindeutigen Namen an einer anderen Stelle im gleichen oder in einem anderen Modul notiert ist.

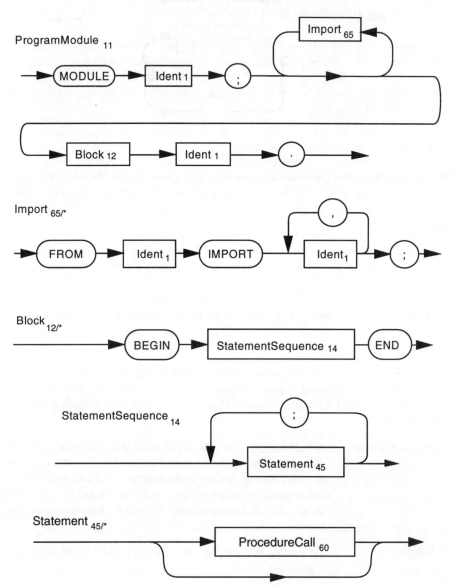

2.2. Elementare funktionale Modula-2-Programme

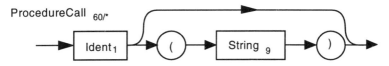

Abb. 2.5 Syntaxdiagramme für Modulrahmen

Man beachte, daß Syntaxdiagramme – wie auch die Notationen BNF und EBNF – den Syntax-Begriff aus dem Kapitel 1, dem typisch die Prüfungen eines Compilers entsprechen, nicht abdecken, denn sie beschreiben nur die kontextfreie Syntax; *kontextsensitive* Bedingungen können mit Syntaxdiagrammen nicht dargestellt werden. Daher ist das Programm

```
MODULE X; FROM InOut IMPORT (* PROC *) WriteLn; BEGIN END Y.
```

im Sinne der kontextfreien Syntax korrekt; die Bezeichner am Anfang und Ende (X und Y) sind aber verschieden, so daß das Programm von keinem Modula-2-Compiler akzeptiert werden kann. Die kontextfreie Syntax muß also noch durch *Kontextbedingungen* (auch Attribute genannt) ergänzt werden.

Beispiele solcher Kontextbedingungen für die oben vorgestellten Elemente sind z.B. für

ProgramModule:	die beiden Bezeichner am Anfang und am Ende müssen gleich sein;
Import:	vorerst kommt für den ersten Bezeichner nur InOut in Frage; in der Liste der Prozeduren können WriteString und WriteLn stehen;
ProcedureCall:	als Bezeichner kommen nur die Namen aus der obigen Import-Liste in Frage.

Die Syntax ist nicht exakt bezüglich der *Leerzeichen* (Blanks). Hier gilt folgende Regel: Blanks können an beliebiger Stelle eingestreut werden außer dort, wo in den Syntaxdiagrammen dicke Linien stehen. Ein Blank ist dort *notwendig*, wo sonst die syntaktische Struktur nicht erkennbar wäre, also beispielsweise bei einem leeren Block zwischen BEGIN und END. Kommentar und Zeilenende werden wie ein Blank behandelt. Die Strukturierung in Wörter, Zahlen und Symbole (z.B. „;", „:=") wird – wie in Kapitel 1 ausgeführt – bei einem Übersetzer durch eine relativ einfache Komponente, den Scanner, vorgenommen. Dieser braucht die Trennzeichen, um die Wortgrenzen zu erkennen.

Ein erstes Programm-Beispiel mit der bisher vorgestellten Syntax ist das folgende Programm P2.1 (die äußere Gestalt, das *Layout*, dieses Programms ist noch unbefriedigend und wird später verbessert):

```
MODULE Ueberschrift; (* Programm P2.1 *)
FROM InOut IMPORT (* PROC *) WriteString,WriteLn;BEGIN
WriteString('Informatik I');WriteLn;WriteString (
'Wintersemester 1989/90');WriteLn END Ueberschrift.
```

Andere Einschränkungen als die oben genannten Kontextbedingungen könnten zwar prinzipiell durch Syntaxdiagramme angegeben werden, doch würde dies zu kompliziert. So dürfen Wortsymbole nicht als Bezeichner verwendet werden, obwohl sie nach den Syntaxdiagrammen erlaubt wären. Ihr Ausschluß wäre außerordentlich kompliziert. Als Beispiel diene der Ausschluß des Wortsymbols „OF" mittels Syntaxdiagramm in Abb. 2.6.

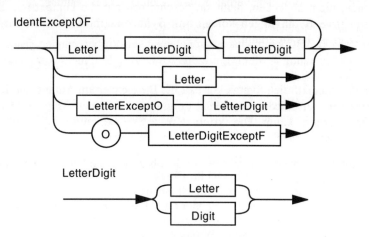

Abb. 2.6 Syntaxdiagramme für den Ausschluß des Wortes „OF"
(Die Produktionen für LetterExceptO und Letter ExceptF fehlen)

Der Aufwand, Ausnahmen mittels Diagrammen zu beschreiben, wächst sehr rasch mit der Komplexität der Regeln. Die Möglichkeit, alle Ausnahmen formal zu erfassen wie beispielsweise das Verbot, Wortsymbole als Bezeichner zu verwenden, besteht also nur theoretisch. Darum beschreibt man solche Verbote durch texuelle Zusätze, womit natürlich der Boden kontextfreier Beschreibungen verlassen wird!

Syntaxdiagramme können auch *rekursiv* sein, wir werden später davon Gebrauch machen. Auf den weiter oben benutzten Vergleich mit Landkarten läßt sich das schwer übertragen; es ist vielleicht vergleichbar mit einer Situation, in der man in einem Gebäude das Stockwerk wechselt und wieder in ein strukturell völlig gleiches gerät (typisch für Parkhäuser).

Abb. 2.7 zeigt, wie eine beliebig tief geklammerte Ziffer beschrieben wird, Beispiele für die aus Klammer-Ziffer erzeugten Zeichenreihen sind „7", „(((4)))" und „(((((((0)))))))".

2.2. Elementare funktionale Modula-2-Programme

Abb. 2.7 Beispiel eines rekursiven Syntaxdiagramms

Im Vergleich zu den noch in Kapitel 4 vorzustellenden Ansätzen einer formalen *Semantik*-Beschreibung begnügen wir uns an dieser Stelle für die Modula-2-Teilsprache mit einer informellen, verbalen Beschreibung ihrer Bedeutung.

ProgramModule: MODULE ABC; ... END ABC.
Das Objekt ABC kann – nach den notwendigen Vorbereitungen, insbesondere der Übersetzung – dem Laufzeitsystem des Rechners zur Ausführung übergeben werden.

Import: FROM M IMPORT A, ... , Z;
Die in der Liste genannten Objekte A bis Z (hier zunächst nur Prozeduren) aus dem Modul M stehen im Block zur Verfügung.

Block und *StatementSequence*: BEGIN S_1; ... ; S_n END
Die Anweisungsfolge S_1 bis S_n im Block wird bei Ausführung des Programm-Module in der Reihenfolge der Aufschreibung abgearbeitet.

Statement (leere Anweisung, ProcedureCall): $P(E_1,..., E_n)$ oder P
Die leere Anweisung hat keine Wirkung.
Der Prozeduraufruf bewirkt die Ausführung der Prozedur, ggf. mit den in der Klammer stehenden Parametern. Vorerst stehen nur folgende Prozeduren zur Verfügung:
- WriteString(„Eine Zeichenreihe"): der String (hier also „Eine Zeichenreihe") wird in die laufende Zeile der Ausgabe übertragen
- WriteLn: die laufende Zeile der Ausgabe wird abgeschlossen.

Bemerkungen zum Programmierstil

Man sollte sinnvolle, „sprechende" *Bezeichner* für Programme, Prozeduren usw. wählen, keine kryptischen Kürzel wie „MTNNY" oder nur einzelne Buchstaben. Das Programm sollte nicht nur logisch, sondern auch optisch klar gegliedert sein. Ebenso sollten Wortsymbole wie z.B. BEGIN und END durch *Kommentare* ergänzt werden, um das Programm verständlicher zu machen.

Kommentare werden in Kommentar-Klammern (* ... *) eingeschlossen und dürfen geschachtelt werden, z.B. (* Dies (* ist (* ein *) geschachtelter *) Kommentar *).

Diese Schachtelung ist aber nur sinnvoll, um ganze Programmteile, die auch Kommentare enthalten, zu unterdrücken, ohne sie zu löschen (beispielsweise für Testzwecke).

Das folgende Programm P2.2 stellt eine kommentierte Version des Programms P2.1 dar und ist ein Beispiel für eine ausführliche und übersichtliche Erläuterung der Funktion eines Moduls. In den weiteren Programmen wird aus Platzgründen auf diese Kommentarblöcke weitgehend verzichtet, weil die Angaben im Rahmen eines Lehrbuchs ohne Bedeutung wären; Studenten sollten sich aber von Beginn an daran gewöhnen.

```
MODULE Ueberschrift;                              (* Programm P2.2 *)
(* Ausgabe zweier Titelzeilen f. die Vorlesung Informatik I *)
(* $PROJEKT: Einfuehrung in die Modula-2-Programmierung     *)
(* $DATEI: Prog2.mod  $VERZEICHNIS: /usr/local/src/Modula-2 *)
(* $ERSTELLT: 1985-11-20    $LETZTE AENDERUNG:1989- 4-12    *)
(* $AUTOR: J. Ludewig, ETH Zuerich         $VERSION: 1.0    *)
(* $BEMERKUNG: Demonstration des Layouts und der Kommentare *)
FROM InOut IMPORT (* PROC *) WriteString, WriteLn;
BEGIN (* Ueberschrift *)
   WriteString ('Informatik I');             WriteLn;
   WriteString ('Wintersemester 1989/90');   WriteLn;
END Ueberschrift.
```

Zahlen, symbolische Konstanten und Ausdrücke

Nachfolgend erweitern wir die Modula-2-Teilsprache, indem wir Zahlen, Ausdrücke, Ausgabe-Anweisungen und symbolische Konstanten einführen.

Ganze Zahlen werden in Modula-2 durch eine Folge von Ziffern dargestellt und als INTEGER-Zahlen bezeichnet. Zahlen mit Punkt und eventuell Exponenten dienen zur (allgemein nur näherungsweise möglichen) Darstellung *reeller Zahlen* man nennt sie daher REAL-Zahlen. Es sollte aber bei ihrem Gebrauch völlig klar sein, daß reelle Zahlen im Sinne der Mathematik auf dem Rechner wegen der endlichen Darstellung und der internen Kodierung als Dualzahlen nicht zur Verfügung stehen.

Ausdrücke können durch Anwendung arithmetischer und logischer Operatoren auf Zahlen, Strings oder Ausdrücke (rekursive Definition) gebildet werden. Man unterscheidet dabei *arithmetische* und *logische* Ausdrücke.

Zur Erweiterung der Modula-2-Teilsprache werden diese neuen Sprachkonstrukte in Abb. 2.8 anhand ihrer Syntaxdiagramme vorgestellt.

Expression $_{39}$

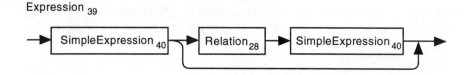

2.2. Elementare funktionale Modula-2-Programme

SimpleExpression 40/*

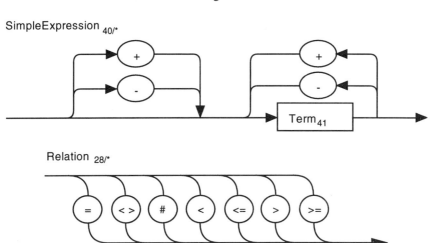

Relation 28/*

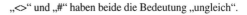

„<>" und „#" haben beide die Bedeutung „ungleich".

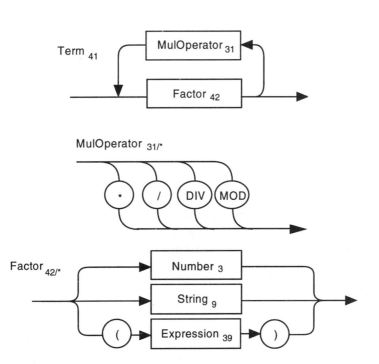

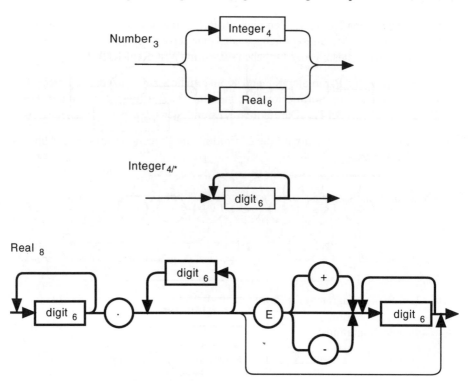

Abb. 2.8 Zusätzliche Syntaxdiagramme

Wir erlauben nun, neben Strings auch Zahlen und arithmetische Ausdrücke auszugeben. Dazu wird aus dem Modul InOut zusätzlich WriteInt importiert.

Aufrufe dieser Prozedur haben die Form WriteInt (K1, K2) und folgende Bedeutung: Die Zahl oder der Ausdruck K1 wird mit K2 Stellen ausgegeben. Dabei wird Null durch eine Ziffer null dargestellt; im übrigen werden führende Nullen unterdrückt. Ein Vorzeichen erscheint nur bei negativen Zahlen. Steht mehr Platz als nötig zur Verfügung, so werden vor (also links von) der Zahl entsprechend viele Blanks ausgegeben (die Ausgabe erfolgt also *rechtsbündig*). Reicht der Platz nicht aus, so ist das Verhalten undefiniert; die meisten Systeme ignorieren dann K2 und geben die Zahl ganz aus.

Hier ist zu beachten, daß bei der Definition von Modula-2 keine „*Standard-Bibliothek*", d.h. eine Sammlung von Basis-Modulen mit standardisierten Prozeduren etwa zur Ein-/Ausgabe (E/A) festgelegt wurde; die Sprachdefinition von Wirth gibt diesbezüglich nur eine Empfehlung. Darum ist die Semantik z.B. der E/A-Befehle leider stark systemabhängig, was die Portabilität, also die Übertragbarkeit eines Programms auf eine andere Maschine, beeinträchtigt.

2.2. Elementare funktionale Modula-2-Programme

Für die Ausgabe von REAL-Zahlen muß WriteReal importiert werden. Diese Prozedur gehört aber zum Modul RealInOut, so daß eine separate Import-Anweisung erforderlich ist. Aufrufe dieser Prozedur haben die Form: WriteReal(K1,K2).

Die Bedeutung der Parameter K1 und K2 ist analog zur Prozedur WriteInt. Die Ausgabe erscheint in normierter Exponential-Darstellung, z.B. in der Form „-0.31415E+01" für -3.1415. Darum muß K2 mindestens den Wert 8 besitzen.

Für die Ausgabe von Zahlen wird die Definition von ProcedureCall wie in Abb. 2.9 dargestellt erweitert.

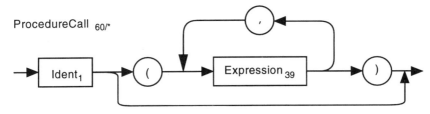

Abb. 2.9 Syntaxdiagramm für Prozeduraufruf

Beispiel eines Programms:

```
MODULE Ballonfahrer;                           (* Programm P2.3 *)
FROM InOut     IMPORT (* PROC *) WriteString, WriteLn;
FROM RealInOut IMPORT (* PROC *) WriteReal;
BEGIN (* Ballonfahrer *)
  WriteString ('Gesamtgewicht = ');
  WriteReal (78.3 + 77.1 + 61.9, 8);
  WriteString (' kg'); WriteLn;
END Ballonfahrer.
```

Die Verwendung von *Konstanten* („Literalen") in Ausdrücken (z.B. 78.3 und 'kg') führt zu Problemen beim Lesen und beim Korrigieren. Darum werden neue *symbolische Konstanten* (oder oft einfach: *Konstanten*) eingeführt. Sie werden nach dem Wortsymbol CONST vor dem Block definiert:

```
CONST ZahlStudenten = 199;
      Pi = 3.1415;
      Einheit = 'kg';
```

Die Syntax ist in Abb. 2.10 definiert. Block (Syntaxdiagramm 12) ersetzt nun die alte Fassung ohne Deklarationen.

68   Kapitel 2. Imperative Programmierung - die Sprache MODULA-2

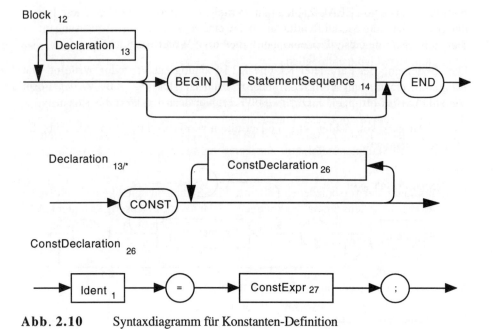

Abb. 2.10   Syntaxdiagramm für Konstanten-Definition

ConstExpression (Syntaxdiagramm 27) ist ganz analog wie Expression definiert (Syntaxdiagramm 39), wobei darin aber nur Literale und bereits definierte Konstanten vorkommen dürfen.

```
CONST FaktorUmfang = 2.0 * Pi;
```

Das Ballonfahrer-Programm P2.3 sieht nun wie folgt aus:

```
MODULE Ballonfahrer;                            (* Programm P2.4 *)
(* Variante mit symbolischen Konstanten *)
FROM InOut     IMPORT (* PROC *) WriteString, WriteLn;
FROM RealInOut IMPORT (* PROC *) WriteReal;
CONST GewichtAlfred  = 78.3; (* kg *)
      GewichtBertha  = 77.1; (* kg *)
      GewichtClaudia = 61.9; (* kg *)
      LngReal        = 10;
      Groesse = 'Gesamtgewicht =   ';
      Einheit = 'kg';

BEGIN (* Ballonfahrer *)
  WriteString (Groesse);
  WriteReal (GewichtAlfred + GewichtBertha + GewichtClaudia,
             LngReal);
  WriteString (Einheit); WriteLn;
END Ballonfahrer.
```

2.2.2 Programmverzweigungen

Durch die nun folgenden Erweiterungen der bisherigen Modula-2-Teilsprache werden Programmverzweigungen möglich.

Programmverzweigungen erlauben, abhängig vom aktuellen *Programmzustand* unterschiedliche Anweisungen auszuführen. Wir haben dazu zunächst die Konstruktion der *Fallunterscheidung* (Case-Statement). Die Syntax ist in Abb. 2.11 angegeben. Nicht angegeben ist die Erweiterung der Definition von Statement (45/1), durch die auch das CaseStatement alternativ zur leeren Anweisung und zum Prozeduraufruf zugelassen wird.

Die Anordnung der verschiedenen Fälle im Case-Statement spielt keine Rolle, jeder Fall darf aber höchstens einmal vorkommen. Ist der Wert des Ausdrucks hinter CASE mit keiner *Fall-Liste* (CaseLabelList) abgedeckt, so werden die auf ELSE folgenden Anweisungen ausgeführt; der ELSE-Teil muß in diesem Fall vorhanden sein.

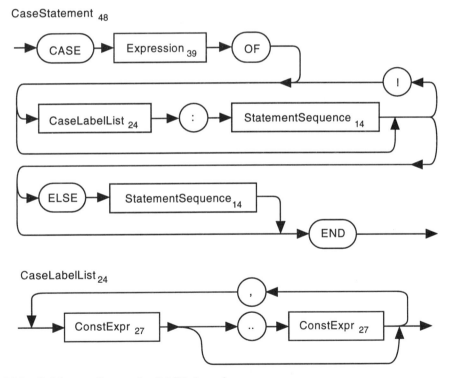

Abb. 2.11   Syntax der CASE-Anweisung

Die Anwendung der Verzweigung soll an Programm P2.5 gezeigt werden, das zur Nummer eines Tages den Wochentag ausgibt.

```
MODULE Wochentag;                          (* Programm P2.5 *)
(* Ausgabe des Wochentages zur Nummer eines Tages im     *)
(* Monat zur Demonstration der Verzweigung               *)
FROM  InOut IMPORT (* PROC *) WriteString, WriteLn, WriteInt;
CONST NrMo=1; NrDi=2; NrMi=3; NrDo=4; NrFr=5; NrSa=6; NrSo=7;
      WochenLaenge = NrSo;
      ersterMontag = 3;
      Heute = 7;           (* laufender Monat, Tag heute *)
BEGIN (* Wochentag *)
  WriteString ('Heute, am '); WriteInt (Heute, 3);
  WriteString ('., ist ');
  CASE (Heute - ersterMontag + WochenLaenge) MOD
        WochenLaenge + 1 OF
  | NrMo: WriteString ('Montag')
  | NrDi: WriteString ('Dienstag')
  | NrMi: WriteString ('Mittwoch')
  | NrDo: WriteString ('Donnerstag')
  | NrFr: WriteString ('Freitag')
  | NrSa: WriteString ('Samstag')
  | NrSo: WriteString ('Sonntag')
  END (* CASE *);
  WriteLn;
END Wochentag.
```

Bemerkungen:

1. Die Addition von WochenLaenge vor Anwendung der MOD-Operation ist notwendig, da MOD für negative Argumente nicht definiert ist.

2. Der Trennstrich vor NrMo ist natürlich überflüssig, erleichtert aber – ähnlich einem Semikolon vor END – Ergänzungen des Codes.

3. Wir können auch die Arbeitstage gleich behandeln, indem wir eine Liste bilden (Programmvariante P2.5a):

```
CASE (Heute - ersterMontag + WochenLaenge) MOD
WochenLaenge + 1 OF
| NrMo, NrDi, NrMi, NrDo, NrFr:WriteString('Arbeitstag')
| NrSa:                  WriteString ('Samstag')
| NrSo:                  WriteString ('Sonntag')
END (* CASE *);
```

4. Die Liste von Montag bis Freitag kann, da sie einen zusammenhängenden Wertebereich darstellt, abgekürzt werden zu NrMo..NrFr (Programmvariante P2.5b):

```
CASE (Heute - ersterMontag + WochenLaenge) MOD
      WochenLaenge + 1 OF
| NrMo..NrFr: WriteString ('Arbeitstag')
| NrSa:       WriteString ('Samstag')
| NrSo:       WriteString ('Sonntag')
END (* CASE *);
```

2.2. Elementare funktionale Modula-2-Programme

5. Oder die Arbeitstage werden mit dem ELSE-Zweig behandelt (Programmvariante P2.5c):

```
CASE (Heute - ersterMontag + WochenLaenge) MOD
      WochenLaenge + 1 OF
| NrSa: WriteString ('Samstag')
| NrSo: WriteString ('Sonntag')
ELSE   WriteString ('Arbeitstag')
END (* CASE *);
```

Für den Spezialfall der „Entweder-Oder"-Entscheidung in Abhängigkeit von einem *booleschen Ausdruck* (der nur die Werte TRUE und FALSE annehmen kann) gibt es in Modula-2 das Konstrukt IF...THEN...ELSE...END mit der in Abb. 2.12 definierten Syntax.

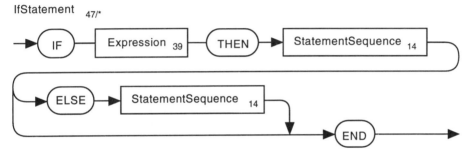

Abb. 2.12   Syntax der IF-Anweisung

Wenn im Programm P2.5 Wochentag nur zwischen Werktag und Sonntag unterschieden werden soll, genügt die einfache Verzweigung:

```
MODULE Wochentag;                          (* Programm P2.6 *)
(* Variante zur Unterscheidung Werktag / Sonntag         *)
(*... ( Programm wie in P2.5 )                           *)
  IF (Heute - ersterMontag + WochenLaenge) MOD WochenLaenge + 1
                                                  = NrSo THEN
     WriteString ('Sonntag');
  ELSE
     WriteString ('Werktag');
  END (* IF *);
  WriteLn;
END Wochentag.
```

Läßt man den ELSE-Zweig in einer IF-Anweisung weg, so ergibt sich eine *bedingte Anweisung*, deren Inhalt nur ausgeführt wird, falls die entsprechende Bedingung erfüllt (d.h TRUE) ist; andernfalls wird nach dieser Anweisung im Programm fortgefahren. Im Gegensatz zur CASE-Anweisung müssen hier also nicht alle Fälle abgedeckt sein.

Ein Beispiel ergibt sich in Fortführung des Programms P2.4, wenn wir ausdrucken, ob der Ballon abheben kann:

```
MODULE Ballonfahrer;                                    (* Programm P2.7 *)
(* Variante mit bedingter Anweisung *)
FROM InOut      IMPORT (* PROC *) WriteString, WriteLn;
FROM RealInOut  IMPORT (* PROC *) WriteReal;
CONST GewAlfred   = 78.3;  (* kg *)
      GewBertha   = 77.1;  (* kg *)
      GewClaudia  = 61.9;  (* kg *)
      MaxNutzlast = 210.0; (* kg *)
      LngReal     = 10;
BEGIN (* Ballonfahrer *)
  WriteString ('Beladung = ');
  WriteReal  (GewAlfred + GewBertha + GewClaudia, LngReal);
  WriteString (' kg'); WriteLn;
  IF GewAlfred + GewBertha + GewClaudia > MaxNutzlast THEN
     WriteString ('Start ist nicht moeglich. Uebergewicht =  ');
     WriteReal (GewAlfred + GewBertha + GewClaudia -
                MaxNutzlast, LngReal);
  END (* IF *);
  WriteLn;
END Ballonfahrer.
```

Die mehrfache Aufschreibung der Summe ist nicht sehr elegant; dieses Problem wird später durch Funktionen oder Variablen gelöst. Durch das letzte Semikolon entstehen im Beispiel an zwei Stellen *leere Anweisungen*. Ihr Vorteil ist, daß die Syntax ohne weiteres korrekt bleibt, wenn am Ende noch ein Befehl zugefügt wird.

Die bisher vorgestellte Modula-2-Teilsprache ermöglicht also Programmverzweigungen durch

- *Mehrfache Alternative*:   CASE...END
- *Einfache Alternative*:   IF...THEN...ELSE...END
- *Bedingte Anweisung*:   IF...THEN...END

2.2.3 Funktionen und Prozeduren

Wir erweitern nun die Modula-2-Teilsprache um Möglichkeiten, die die Programmierung von Funktionen, Prozeduren und Programmeingaben erlaubt. Auf entsprechende Syntaxdiagramme verzichten wir im folgenden. Sie können dem Anhang B „Syntaxdiagramme für Modula-2" entnommen werden.

Funktionen

Der Funktionsbegriff stammt aus der Mathematik; er bezeichnet eine *Abbildung*, beispielsweise die Abbildung $y = f(x) = x^2$. Funktionen sind nicht auf Zahlen beschränkt, wir können ebensogut Abbildungen zwischen Buchstaben oder anderen Objekten zulassen.

2.2. Elementare funktionale Modula-2-Programme

Bei der Vorstellung von Grundelementen imperativer Programmiersprachen hat der Funktionsbegriff eine etwas andere Bedeutung, wie Tab. 2.1 in der Gegenüberstellung der Verwendung der Wörter „Funktion" und „Parameter" in der Mathematik und in der imperativen Programmierung zeigt.

Allgemein ist zu bemerken, daß die mathematische Funktion einen *statischen* Zusammenhang beschreibt, die der imperativen Programmierung dagegen eine *dynamische* Berechnungsanweisung. Diese Gegenüberstellung gilt im übrigen nicht mehr in bestimmten „nichtimperativen" Programmiersprachen, die wir später kennenlernen werden. Zur Definition einer Funktion gehören folgende Angaben:
- das Terminalsymbol PROCEDURE;
- der *Bezeichner*, der die Funktion repräsentiert;
- der zugeordnete *Typ* (Bildbereich);
- für jeden *Parameter* ein Bezeichner und der Typ;
- der formale Zusammenhang zwischen Parametern und Funktionswert (*Berechnungsvorschrift*).

	a (Element aus A)	b=f(a) (Element aus B)	A	B
Mathematik	unabhängig Veränderliche, Argument	abhängig Veränderliche, Funktion	Defin.-bereich	Bildbereich
Imperative Programmierung	Parameter algebraisch: formaler Param. spezieller Wert: konkreter Param.	Funktionswert (allgemein oder für konkrete, bzw. „aktuelle" Parameter)	Typ d. Param. a	Typ d. Funkt. f(a)
			Datentypen	

Tab. 2.1 Der Funktionsbegriff in Mathematik und imperativer Programmierung

Beispiel:

Eine Funktion soll die Masse eines Ziegelsteins mit bestimmten Maßen liefern. Mit einer Dichte von 1,5 g/cm³ ergibt sich (bei Angabe der Maße in cm und der Masse in kg) die folgende Funktion:
Bezeichner: Ziegelmasse   Typ: REAL;
Parameter 1: Laenge   Typ: REAL;
Parameter 2: Breite   Typ: REAL;
Parameter 3: Hoehe   Typ: REAL;
Zusammenhang: Ziegelmasse = Laenge . Breite . Hoehe . Dichte.

Eine Realisierung in Modula-2 sieht z.B. so aus:

```
                                              (* Programm P2.8 *)
    PROCEDURE Ziegelmasse (Laenge, Breite, Hoehe: REAL): REAL;
    (* Ziegelmasse: Berechnung der Masse eines Ziegels    *)
    (* $PARAMETER: Laenge /IN/ Laenge eines Ziegels       *)
    (*             Breite /IN/ Breite eines Ziegels       *)
    (*             Hoehe  /IN/ Hoehe eines Ziegels        *)
    (* $RESULTAT:  Ziegelmasse in kg                      *)
    (* $VORBEDINGUNG: Laenge > 0, Breite > 0, Hoehe > 0   *)
    (* $FUNKTION: Berechnung der Masse eines Quaders (in  *)
    (* kg) mit den als Parametern gegebenen Abmessungen   *)
    (* (in cm). Die Dichte ist konstant.                  *)
    (* $BEMERKUNG: ...                                    *)
    CONST Dichte = 1.5E-3; (* in kg/ccm *)
    BEGIN (* Ziegelmasse *)
      RETURN Laenge * Breite * Hoehe * Dichte
    END Ziegelmasse;
```

Prozeduren

Prozeduren, die wir bisher schon für die Ein-/Ausgabe verwendet haben, sind den Funktionen sehr ähnlich. Sie werden (ebenfalls mit dem Wortsymbol PROCEDURE) vor dem eigentlichen Programmblock definiert (zur Syntax siehe Diagramm 56 in Anhang B). Der wesentliche Unterschied zu Funktionen besteht darin, daß Prozeduren kein Ergebnis liefern. Dies hat die folgenden Konsequenzen:
- Der Aufruf einer Prozedur stellt keinen Ausdruck (Expression) dar, sondern eine *Anweisung*.
- Die Definition der Prozedur enthält nach der Liste der formalen Parameter *keinen* Doppelpunkt und Ergebnistyp.

Anders als eine parameterlose Funktion wird eine solche Prozedur ganz ohne Klammer aufgerufen. Ein Beispiel folgt später mit dem Spiel „Türme von Hanoi". Da eine Prozedur kein Ergebnis liefert, kann ihr Sinn nur in einer *Nebenwirkung* (z.B. der Ausgabe von Meldungen) liegen.

2.2.4 Elementare Datentypen, Aufzählungs- und Bereichstypen

Elementare Datentypen

Wie in Programmiersprachen üblich ist auch bei Modula-2 eine Reihe von einfachen, sogenannten elementaren Datentypen bereits *vordefiniert*, von denen wir INTEGER, CARDINAL, REAL und CHAR vorstellen werden.

Der Datentyp *INTEGER* ist eine echte (weil endliche) Teilmenge der *ganzen Zahlen*: Er *vertritt* in Modula-2 die ganzen Zahlen. Die Prozeduren MIN (...) und MAX (...)

2.2. Elementare funktionale Modula-2-Programme

sind für alle elementaren Typen und Aufzählungstypen (s.u.) vordefiniert. MIN (INTEGER) und MAX (INTEGER) geben die *Grenzen* des Integer-Bereichs an.

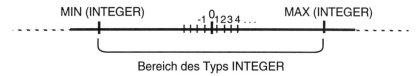

Bereich des Typs INTEGER

Abb. 2.13   elementarer Datentyp INTEGER

Somit gilt für jede beliebige Integer-Zahl x:
x ist eine ganze Zahl, MIN (INTEGER) $\leq$ x $\leq$ MAX (INTEGER).

Das folgende simple Beispiel zeigt, daß man den Unterschied zwischen INTEGER und ganzer Zahl nicht vergessen darf:

```
                                          (* Programm P2.9 *)
PROCEDURE Doppelt (ArgDoppelt: INTEGER) : INTEGER;
BEGIN (* Doppelt *)
  RETURN 2 * ArgDoppelt
END Doppelt;
```

Hier handelt es sich nur um eine *partielle* Funktion, weil ArgDoppelt nicht jeden Wert aus seinem Wertebereich annehmen darf; ist ArgDoppelt größer als MAX(INTEGER)/2 oder kleiner als MIN (INTEGER)/2, so kommt es bei der Multiplikation zum *Zahlenüberlauf*.

Für die *natürlichen Zahlen* (mit Null) steht mit *CARDINAL* ein anderer Datentyp zur Verfügung. Sein Vorteil ist der größere positive Bereich bei gleichem Speicherbedarf. Wir verwenden ihn nur dann, wenn er in Zusammenhang mit vorgegebenen Prozeduren verlangt ist, oder wenn wir sicher sein können, nicht in den Bereich der negativen Zahlen zu gelangen. Durch den Übergang zu Rechnern größerer Wortlänge (z.B. erlauben 32 bit schon einen INTEGER-Bereich von -2^{31} bis $+(2^{31} - 1)$ darzustellen) gibt es für CARDINAL heute eigentlich keinen Bedarf mehr.

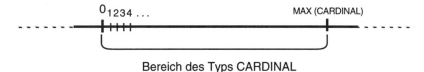

Bereich des Typs CARDINAL

Abb. 2.14   elementarer Datentyp CARDINAL

REAL ist eine endliche Menge *rationaler Zahlen*, die im Rechner die rationalen und reellen Zahlen der Mathematik vertreten. Der Wertebereich ist also endlich, und die *Genauigkeit* der Darstellung einer rationalen oder reellen Zahl ist begrenzt. Typisch sind im Rechner Zahlen der Form $\pm n \cdot 2^{\pm m}$ exakt darstellbar, wobei m und n Integer-

Zahlen sind. Dagegen sind nicht nur die transzendenten und die übrigen nichtrationalen Zahlen (z.B. e, $\sqrt{2}$) ausgeschlossen, sondern auch Brüche wie 1/3 und sogar Dezimalbrüche wie 0.1.

Außerdem ist die Rechner-Arithmetik mit REAL-Zahlen *Rundungsfehlern* unterworfen und gehorcht daher auch im Bereich der darstellbaren Zahlen nicht den Gesetzen der Mathematik. Z.B. ist i.a. das Ergebnis eines Rechners für A + B - B, wobei A und B REAL-Zahlen sind und A wesentlich kleiner als B ist, ungleich A, denn bei der Addition können nicht alle Stellen von A berücksichtigt werden.

Literal-Konstanten des Typs REAL werden als Dezimalbruch (mit Dezimal-Punkt entsprechend der in Amerika üblichen Form) geschrieben; ein durch „E" abgetrennter *Exponent* kann folgen.

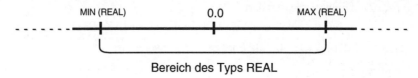

Bereich des Typs REAL

Abb. 2.15   elementarer Datentyp REAL

Ein Ausdruck des Typs *BOOLEAN* kann einen Wert aus der Menge {FALSE, TRUE} annehmen. Damit ist BOOLEAN ein Aufzählungstyp (s. nächster Abschnitt). FALSE und TRUE bilden ein Alphabet.

Beispiel:

```
                                              (* Programm P2.10 *)
      PROCEDURE Gerade (Arg : INTEGER) : BOOLEAN;
      BEGIN (* Gerade *)
        RETURN Arg MOD 2 = 0
      END Gerade;
```

Diese Funktion kann anstelle eines booleschen Ausdrucks verwendet werden, z.B. durch „IF Gerade (x+y+z) THEN ..." . Dabei sind „Arg" formaler Parameter und „x+y+z" ein konkreter (auch aktueller) Parameter.

CHAR ist die Menge der verfügbaren Zeichen (systemabhängig!), d.h. der Buchstaben, Ziffern und Sonderzeichen; dazu gehört auch das Leerzeichen (Blank). Konstanten dieses Typs werden durch das Zeichen in Hochkommata bzw. Anführungszeichen oder durch eine Oktalzahl (aus einem systemabhängigen Wertebereich) gefolgt von dem Zeichen „C" dargestellt.

2.2. Elementare funktionale Modula-2-Programme

Beispiel:

```
                                       (* Programm P2.11 *)
PROCEDURE IstZiffer (Zeichen : CHAR) : BOOLEAN;
(* keine sonderlich elegante Loesung *)
BEGIN (* IstZiffer *)
  RETURN (Zeichen = '0')
     OR  (Zeichen = '1')
     (* ... usw. bis *)
     OR  (Zeichen = '9')
END IstZiffer;
```

Vollständig definiert ist jeder der hier vorgestellten (Daten-)Typen durch seine *Wertemenge* und die zulässigen *Operationen*.

Beispiel: INTEGER

Wertebereich: ganze Zahlen von MIN (INTEGER) bis MAX (INTEGER)

Operationen (unvollständig):
monadisch:	+, -	INTEGER $\to$ INTEGER
dyadisch:	+, -, *, DIV, MOD	(INTEGER, INTEGER) $\to$ INTEGER
	=, <, <=, >, >=, <>, #	(INTEGER, INTEGER) $\to$ BOOLEAN.

Aufzählungs- und Bereichstypen

Modula-2 erlaubt zu den elementaren vordefinierten Typen weitere einzuführen. *Aufzählungstypen* (enumeration types) lassen sich wie folgt definieren:

```
TYPE Ampelfarbe = (rot, gelb, gruen);
     BOOLEAN    = (FALSE, TRUE);
                  (* so in Modula-2 vordefiniert *)
     Tag        = (MO, TU, WE, TH, FR, SA, SU);
```

rot , TRUE, FR sind Literal-Konstanten ihres jeweiligen Typs. Die Typdefinition Großmacht = (USA, SU, CHINA) ist syntaktisch korrekt, aber mit den oben genannten nicht konsistent, denn SU wäre als Konstante nicht mehr einem bestimmten Typ zuzuordnen. Für Werte des gleichen Aufzählungstyps sind alle Vergleichsoperationen definiert (<, >, ≤, ≥, =, #) .

Seien a und b Konstanten eines *skalaren* , d.h. elementaren Typs S mit a ≤ b (z.B. INTEGER, CHAR, ..., aber nicht REAL). Dann heißt T = [a..b] ein *Bereichstyp* über dem *Grundtyp* S (Syntax nach Diagramm 16).

Beispiel:

```
Wochenende = [SA..SU];
StopFarben = [rot..gelb];
NatZahl    = INTEGER[0..MAXIMUM DIV 3];
```

Der eckigen Klammer kann der Basistyp vorangestellt werden (nur für INTEGER interessant, wenn diese trotz nichtnegativer Grenzen *nicht* als CARDINAL interpretiert werden sollen).

Typ-Anpassungen

Objekte verschiedenen Typs sind im allgemeinen *inkompatibel*; beispielsweise kann bei der INTEGER-Addition kein Operand vom Typ REAL oder CARDINAL sein, ebensowenig das Ergebnis. Darum ist die folgende Funktion falsch:

```
                                                 (* Programm P2.12 *)
   PROCEDURE Summe (A, B: INTEGER) : REAL;
   BEGIN (* Summe *)
     RETURN A + B   (* Fehler ! *)
   END Summe;
```

Für bestimmte Sprachkonstrukte (Zuweisung, Parameterübergabe, Anwendung von Operatoren) sind aber gelegentlich *Typ-Anpassungen* notwendig. Nehmen wir an, daß die Funktion Ziegelmasse (Programm P2.8) die Masse von n Ziegeln berechnen soll, wobei n als formaler Parameter Anzahl vom Typ CARDINAL ist.

```
   PROCEDURE Ziegelmasse
       (Laenge, Breite, Hoehe: REAL; Anzahl: CARDINAL) : REAL;
```

Anzahl darf nicht direkt als Multiplikand auftreten, sondern muß mittels einer *Typtransfer-Funktion* gewandelt werden. Die RETURN-Anweisung lautet damit:

```
   RETURN Laenge * Breite * Hoehe * Dichte * FLOAT(Anzahl)
```

Einige Typtransfer-Funktionen sind durch die nachfolgend angegebenen Prozedurköpfe beschrieben.

```
   PROCEDURE FLOAT      (C: CARDINAL) :    REAL;
   PROCEDURE TRUNC      (R: REAL)     :    CARDINAL;
   PROCEDURE INTEGER    (C: CARDINAL) :    INTEGER;
   PROCEDURE CARDINAL   (I: INTEGER)  :    CARDINAL;
```

Sie sind vordefiniert und damit ohne Import benutzbar wie die Absolutfunktion ABS, die INTEGER- oder REAL-Parameter erhält und ein betragsgleiches nichtnegatives Ergebnis vom gleichen Typ liefert. Programm P2.12 wäre also korrekt mit der RETURN-Anweisung RETURN FLOAT (A + B).

Man beachte, daß es sich bei den oben angegebenen Typtransfer-Funktionen um *partielle* Funktionen handelt; ihr Ergebnis ist nur definiert, wenn es im Ergebnistyp darstellbar ist. Beispielsweise kann TRUNC(-2.5) ein beliebiges Resultat liefern oder den Abbruch der Programmausführung bewirken. Das Ergebnis von FLOAT ist nur exakt, wenn die Mantisse der REAL-Zahl ausreichend lang zur Darstellung des CARDINAL-Parameters ist. Es bleibt festzustellen, daß der Typtransfer in MODULA-2 allgemein stiefmütterlich behandelt ist. Auch die angegebenen Typtransfer-Funktionen gehören nicht zur Sprache und sind damit *implementierungsabhängig*.

2.2. Elementare funktionale Modula-2-Programme

2.2.5 Eingabevariablen

Solange wir alle Daten in Form von Konstanten codieren, ist jedes Programm auf einen bestimmten Datensatz fixiert. Wir wollen nun die Daten bis zur *Laufzeit* offenlassen. Daher müssen wir sie als *Variablen* deklarieren und *während* des Programmlaufs einlesen.

Streng genommen müssen wir unterscheiden zwischen dem *Variablen-Bezeichner*, also dem von uns frei gewählten Namen der Variablen, und der zugeordneten (uns nicht direkt sichtbaren) *Speicherzelle*, der Variablen im engeren Sinne. Meist ist die genaue Bedeutung aber aus dem Kontext sichtbar.

Für jede Variable ist eine *Deklaration* nötig. Durch diese werden dem Modula-2-System Bezeichner und Typ mitgeteilt. Die Syntax ist den Diagrammen 13 (Declaration, der Zweig mit dem Wortsymbol VAR) und 37 (VariableDeclaration) zu entnehmen; als Typ kommen vorerst nur die vordefinierten Typen in Frage. Der Zwang zur Variablendeklaration und die daraus abgeleitete feste *Typbindung* (*strong typing*) ist ein wichtiges Kennzeichen moderner, vor allem imperativer Programmiersprachen.

Beispiel: VAR Heute : INTEGER;

Heute ist nur für INTEGER-Werte zugelassen, es kann z.B. nicht den Wert 1.5 annehmen (wohl aber -888). Für die *Eingabe* werden die Eingabeprozeduren ReadString, ReadInt oder ReadCard des Moduls InOut, oder die Prozedur ReadReal des Moduls RealInOut verwendet.

Beispiel: Für das Programm P2.5 Wochentag sähe das so aus (nur die Änderungen sind gezeigt):

```
MODULE Wochentag;                          (* Programm P2.13 *)
FROM InOut IMPORT (* PROC *)  ..., WriteString, ReadInt;
...  (* die Konstantendefinition für "Heute" entfaellt *)
VAR Heute : INTEGER;
BEGIN (* Wochentag *)
  WriteString ("Gib Nummer des heutigen Tages ein :");
  ReadInt (Heute);
  ...
END Wochentag.
```

Defensives Programmieren

Wie alle anderen technischen Artefakte ist ein Programm für einen bestimmten Anwendungsbereich vorgesehen, aber wie bei jenen wird dieser vielfach – meist unabsichtlich – überschritten. Das gilt besonders für Programme, die vom Benutzer direkt, d.h. interaktiv bedient werden können.

Ein Programm kann nun – völlig korrekt – ganz beliebig reagieren, wenn der Benutzer die *Vorschriften* nicht einhält (formal: wenn die *Vorbedingungen* für die Verwendung des Programms nicht erfüllt sind). Die Erfahrung lehrt aber, daß Benutzer eines Programms fast sicher „Fehler" im Sinne eines unerwarteten Verhaltens machen. Da ein undefiniertes Verhalten wenigstens bei häufigen Fehlern nicht akzeptabel ist, müssen Programme so verändert werden, daß die Anfangsbedingung entsprechend gelockert werden kann, möglichst bis hin zum Idealfall, in dem sie in jedem Fall erfüllt ist. Ein Programm wird dadurch *robust(er)*.

Für die Benutzerschnittstelle eines Programms heißt das, daß jede Eingabe zunächst darauf untersucht werden muß, ob sie den *formalen* Anforderungen genügt, beispielsweise, ob eine „Zahl" auch tatsächlich aus Ziffern besteht.
Darum darf ein wirklich robustes Programm z.B. keine Zahl direkt mit ReadCard einlesen, denn die Eingabe eines Buchstabens oder einer negativen Zahl hat – maschinenabhängig – unabsehbare Folgen.

Bei der Codierung von robusten Eingabe-Anweisungen sind die folgenden *Regeln* zu beachten:
- vorher *Aufforderung* zur Eingabe ausgeben („prompten"), möglichst mit Hinweis auf die korrekte Eingabeform,
- fehlerhafte Eingabe muß *sinnvoll* behandelt werden,
- *Ausweg* aus dem Programm anbieten für den Fall, daß der Benutzer beschließt, *keine* Eingabe zu machen.

Für die Kommunikation zwischen Teilen eines Programms (z.B. Prozeduren, Funktionen) gilt prinzipiell das gleiche: Eine Funktion ist umso robuster, je „mißtrauischer" sie ihre Parameter vor der Anwendung überprüft. In Analogie zum defensiven Fahren im Straßenverkehr spricht man dabei vom *„defensiven Programmieren"*.

2.2.6 Rekursive Funktionen und Prozeduren

Allgemein bezeichnet man als *Rekursion* die Definition eines Problems, einer Funktion oder ganz allgemein eines Verfahrens „durch sich selbst". Wir nennen Algorithmen oder Programme im folgenden *rekursiv*, wenn sie Funktionen oder Prozeduren enthalten, die sich selbst direkt oder indirekt aufrufen. Ein Beispiel für Rekursion ist das Bild, das als Teil im Bild selbst vorkommt (realisierbar durch eine auf einen eigenen Monitor gerichtete Fernsehkamera).

Ein Beispiel einer rekursiven Prozedur ist die folgende Anweisung zur Zerlegung und zum Zusammenbau russischer Holzpuppen (Matrioschka-Puppen).

2.2. Elementare funktionale Modula-2-Programme

```
PROCEDURE betrachtePuppe (Puppe);          (* Programm P2.14 *)
(* Pseudocode für Prozedur zum Betrachten einer Matrioschka *)
BEGIN (* betrachtePuppe *)
  IF NOT massiv (Puppe) THEN
     oeffnePuppe (Puppe); (* gibt InhaltDerPuppe frei *)
     betrachtePuppe (InhaltDerPuppe); (* Rekursion *)
     schliessePuppe (Puppe);
  END (* IF *);
END betrachtePuppe;
```

Man bezeichnet eine solche programmähnliche, noch unvollständige, da nicht vollständig in einer Programmiersprache ausgeführte Formulierung als *Pseudocode*. Der Ablauf dieser Prozedur ist für den Fall einer Puppe B1, die B2 und diese die massive B3 enthält, wie folgt:

```
Anfang betrachtePuppe (B1);
   oeffnePuppe (B1);              (* gibt B2 frei *)
   Anfang betrachtePuppe (B2);
      oeffnePuppe (B2);           (* gibt B3 frei *)
      Anfang betrachtePuppe (B3); (* ist massiv  *)
      Ende   betrachtePuppe (B3);
      schliessePuppe (B2);
   Ende   betrachtePuppe (B2);
   schliessePuppe (B1);
Ende   betrachtePuppe (B1);
```

Zum Zeitpunkt des Aufrufs betrachtePuppe (B3) existieren gleichzeitig drei *Inkarnationen* (verschiedene, noch nicht abgeschlossene Aufrufe) dieser Prozedur.

Die Rekursion kann man auch als ein Grundprinzip des Lebens bezeichnen, denn sie liegt der biologischen Vermehrung zugrunde. Dabei findet eine *unkontrollierte* Rekursion statt. In der Programmierung können wir nur mit einer *begrenzten* Rekursion arbeiten. Daher gehört jeder rekursive Funktionsaufruf in eine bedingte Anweisung, so daß er in speziellen Fällen *nicht* ausgeführt wird (*Abbruch der Rekursion*). Andernfalls endet die Ausführung des Programms (spätestens) wegen eines *Laufzeitfehlers*, denn jede Inkarnation benötigt zusätzlichen Speicherplatz.

Beispiele

Anhand dreier Beispiele (Fakultät, ggT und Türme von Hanoi) wollen wir die Verwendung rekursiver Funktionen und Prozeduren einüben.

1. Beispiel: Fakultät-Funktion

Die Fakultät-Funktion wird üblicherweise wie folgt rekursiv definiert:
$$0! = 1$$
$$n! = n \cdot (n-1)! \quad \text{für alle } n \in \mathbb{N}$$

Sie läßt sich auch genauso implementieren (außer, daß der Zahlenbereich eingeschränkt ist):

```
MODULE Fakultaet;                                    (* Programm P2.15 *)
(* Fakultaet einer vom Benutzer eingegebenen Zahl    *)
(* Demonstration rekursiver Programme;               *)
(* falsche Zeichen und zu grosse Zahlen werden       *)
(* nicht abgefangen                                  *)

FROM InOut IMPORT (* PROC *) WriteString, ReadInt,
                             WriteInt, WriteLn;
VAR EingabeZahl: INTEGER;

PROCEDURE FakRek (Argument: INTEGER) : INTEGER;
(* $RESULTAT: FakRek (Argument) = Argument !         *)
(* $VORBEDINGUNG: 0 <= Argument <= MaxArgument       *)
(* Achtung, MaxArgument ist noch nicht berechnet     *)
BEGIN (* FakRek *)
  IF Argument <= 1 THEN
    RETURN 1
  ELSE
    RETURN Argument * FakRek (Argument-1)
  END (* IF *);
END FakRek;

BEGIN (* Fakultaet *)
  WriteString ('Gib natuerliche Zahl: ');
  ReadInt (EingabeZahl);
  WriteLn;
  IF EingabeZahl < 0 THEN
    WriteString ('Zahl '); WriteInt (EingabeZahl, 6);
    WriteString (' ist unzulaessig. '); WriteLn;
  ELSE
    WriteInt (EingabeZahl, 6); WriteString ('! = ');
    WriteInt (FakRek (EingabeZahl), 6); WriteLn;
  END (* IF *);
END Fakultaet.
```

2. Beispiel: Größter gemeinsamer Teiler

Ein anderer bekannter rekursiver Algorithmus ist der von Euklid zur Berechnung des größten gemeinsamen Teilers (ggT). Ihm liegt die folgende Definition zugrunde:
Seien p und q gegeben, p, q $\in \mathbb{N}$ Dann gilt:

$$\text{ggT}(p, q) = \begin{cases} \text{ggT}(p-q, q), & \text{falls } p > q \\ p, & \text{falls } p = q \\ \text{ggT}(p, q-p), & \text{falls } p < q \end{cases}.$$

Die folgende Funktion implementiert diesen Algorithmus. Hier wird die Form der IF-Anweisung mit ELSIF-Teil verwendet (vgl. Syntaxdiagramm 47).

2.2. Elementare funktionale Modula-2-Programme

```
PROCEDURE ggT (p, q: CARDINAL) : CARDINAL; (* Programm P2.16 *)
(* $FUNKTION: Berechnung des groessten gemeinsamen Teilers *)
BEGIN (* ggT *)
   IF    p > q THEN RETURN ggT (p-q, q)
   ELSIF p < q THEN RETURN ggT (p, q-p)
   ELSE                RETURN p
   END (* IF *);
END ggT;
```

3. Beispiel: Die Türme von Hanoi

Als letztes ausführliches Beispiel für die Rekursion betrachten wir das bekannte Spiel „Türme von Hanoi". Es hat für vier Scheiben die in Abb. 2.16 gezeigte Grundstellung: auf dem linken Pfosten (ALPHA) liegen vier Scheiben, der Größe nach sortiert, die auf den mittleren Pfosten (OMEGA) zu transferieren sind.

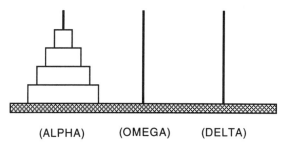

Abb. 2.16   Grundstellung für vier Scheiben bei „Türme von Hanoi"

Dabei darf stets nur *eine* Scheibe bewegt werden und niemals darf eine Scheibe auf einer kleineren liegen. Natürlich dürfen die Scheiben nur auf die Pfosten gelegt werden.

Die *Lösungsstrategie* kann man wie folgt beschreiben: Das Problem wird allgemein für einen Turm der Höhe n gelöst, der von ALPHA nach OMEGA (via, d.h. mit Hilfe von DELTA) zu befördern ist. Dabei treten zwei Fälle auf:

n = 0 :   gar nichts machen
n > 0 :   1) Turm der Höhe n-1 von ALPHA nach DELTA bewegen
              (via OMEGA)
          2) Scheibe von ALPHA nach OMEGA legen
          3) Turm der Höhe n-1 von DELTA nach OMEGA bewegen
              (via ALPHA)

Damit ist das Problem durch Rekursion auf ein sehr einfaches Problem *reduziert*. Das entsprechende Programm sieht so aus:

```
MODULE Hanoi;                                  (* Programm P2.17  *)
(* Ausgabe der Zugfolge fuer die Tuerme von Hanoi *)
(* Demonstration rekursiver Prozeduren                   *)
FROM InOut IMPORT (* PROC *) WriteString, WriteLn, WriteCard;
CONST Gesamthoehe = 4;
TYPE Hoehenbereich = [0..Gesamthoehe];
     Platz = (ALPHA, OMEGA, DELTA);

PROCEDURE bewegeTurm (Hoehe: Hoehenbereich;
                      vonPlatz, nachPlatz, ueberPlatz: Platz);
   PROCEDURE DruckeZug (Start, Ziel: Platz);

     PROCEDURE DruckePlatz (spezPlatz: Platz);
     BEGIN (* DruckePlatz *)
       CASE spezPlatz OF
       | ALPHA: WriteString ('ALPHA');
       | OMEGA: WriteString ('OMEGA');
       | DELTA: WriteString ('DELTA');
       END; (* CASE *)
     END DruckePlatz;

   BEGIN (* DruckeZug *)
     WriteString ('Scheibe '); WriteCard (Hoehe,1);
     WriteString (' von ');  DruckePlatz (Start);
     WriteString (' nach '); DruckePlatz (Ziel); WriteLn;
   END DruckeZug;

BEGIN (* bewegeTurm *)
  IF Hoehe > 0 THEN
    bewegeTurm (Hoehe - 1,
                vonPlatz, ueberPlatz, nachPlatz);
    DruckeZug   (vonPlatz, nachPlatz);
    bewegeTurm (Hoehe - 1,
                ueberPlatz, nachPlatz, vonPlatz);
  END (* IF *);
END bewegeTurm;

BEGIN (* Hanoi *)
  bewegeTurm (Gesamthoehe, ALPHA, OMEGA, DELTA);
END Hanoi.
```

Protokoll der Ausführung:

```
Scheibe 1 von ALPHA nach DELTA
Scheibe 2 von ALPHA nach OMEGA
Scheibe 1 von DELTA nach OMEGA
Scheibe 3 von ALPHA nach DELTA
Scheibe 1 von OMEGA nach ALPHA
Scheibe 2 von OMEGA nach DELTA
Scheibe 1 von ALPHA nach DELTA
Scheibe 4 von ALPHA nach OMEGA
Scheibe 1 von DELTA nach OMEGA
Scheibe 2 von DELTA nach ALPHA
Scheibe 1 von OMEGA nach ALPHA
Scheibe 3 von DELTA nach OMEGA
```

2.2. Elementare funktionale Modula-2-Programme   85

```
Scheibe 1 von ALPHA nach DELTA
Scheibe 2 von ALPHA nach OMEGA
Scheibe 1 von DELTA nach OMEGA
```

Es existieren folgende *Inkarnationen* von bewegeTurm, wenn die erste Zeile des obigen Protokolls gedruckt wird:

```
bewegeTurm (4, ALPHA, OMEGA, DELTA)
bewegeTurm (3, ALPHA, DELTA, OMEGA)
bewegeTurm (2, ALPHA, OMEGA, DELTA)
bewegeTurm (1, ALPHA, DELTA, OMEGA)
```

Die „offenen" Prozeduren, deren Ausführung unterbrochen ist, werden in einem sogenannten *Kellerspeicher* „eingefroren" und wieder „aufgetaut", wenn der darin enthaltene Prozeduraufruf abgeschlossen ist.

2.2.7 Nachteile funktional-rekursiver Programme

Leonardo Fibonacci hat in seinem 1202 erschienenen „Liber abaci" die Frage gestellt, wieviele Kaninchen-Pärchen es nach n Jahren gebe, wenn man im Jahr 1 mit einem Pärchen beginnt, jedes Pärchen vom zweiten Jahr an ein weiteres Pärchen Nachwuchs hat und die Kaninchen eine unendliche Lebensdauer haben. Offenbar entsteht die folgende Zahlenreihe:

Jahr	1	2	3	4	5	6	7	8	...
Zahl der Pärchen	1	1	2	3	5	8	13	21	...

Diese Art von Wachstum gibt es auch in vielen anderen Bereichen, so daß die sogenannten *Fibonacci-Zahlen* allgemeine Bedeutung haben. Sie lassen sich wie folgt definieren:

Fibonacci(n) = 1   für n = 1, 2   und
Fibonacci(n) = Fibonacci(n-1) + Fibonacci(n-2)   für n > 2.

Die Definition ist rekursiv, und entsprechend sieht die einfachste Lösung einer Funktionsprozedur aus :

```
                                    (* Programm P2.18 *)
PROCEDURE Fibonacci (Argument: INTEGER) : INTEGER;
BEGIN (* Fibonacci *)
  IF Argument <= 2 THEN
    RETURN 1
  ELSE
    RETURN Fibonacci (Argument-1) + Fibonacci (Argument-2)
  END (* IF *);
END Fibonacci;
```

Die Funktion Fibonacci ist durch den Algorithmus in Programm P2.18 in dem Sinne effektiv realisiert (die Begrenzung des Zahlenbereichs wird hier ignoriert), daß das

Programm unter allen vorgesehenen Bedingungen nach endlich vielen Schritten das korrekte Ergebnis liefert.

Neben der Effektivität spielt aber auch die *Effizienz* (Aufwand) eines Algorithmus eine entscheidende Rolle. Wir behandeln dieses Thema zwar noch ausführlich in Abschnitt 6.1, wollen das Problem in Verbindung mit einer funktional-rekursiven Prozedur wie Fibonacci aber schon hier aufgreifen.

Bei Aufrufen der Funktion Fibonacci werden (außer, wenn der Parameter 1 oder 2 ist) stets die gleichen Schritte ausgeführt. Der Aufwand – und damit die notwendige Rechenzeit – ist also etwa *proportional* der Zahl der Aufrufe, die hier mit c bezeichnet werden soll. Wir wollen nun abschätzen, wie groß c ist in Abhängigkeit vom Argument n (hier als Index von c), mit dem Fibonacci aus dem Hauptprogramm aufgerufen wird.

Offenbar gilt: $c_1 = c_2 = 1$
Für n > 2: $c_n = 1 + c_{n-1} + c_{n-2}$,
Bei n > 3: $c_{n-1} = 1 + c_{n-2} + c_{n-3}$,
also $c_{n-2} = c_{n-1} - 1 - c_{n-3}$.

Wir setzen daraus c_{n-1} oder c_{n-2} in die Gleichung für c_n ein und erhalten:

$$c_n = 2 + 2 c_{n-2} + c_{n-3} > 2 c_{n-2} >$$
$$> 2^2 c_{n-4} > 2^3 c_{n-6} > \ldots > 2^{n \text{ DIV } 2 - 1} c_2$$

also $c_n > 2^{n \text{ DIV } 2 - 1}$ (d.h. $2^{n \text{ DIV } 2 - 1}$ ist eine Untergrenze für c_n)
oder $c_n = 1 + c_{n-1} + c_{n-2} = 2 c_{n-1} - c_{n-3} < 2 c_{n-1}$
also $c_n < 2^n$ (d.h. 2^n ist eine Obergrenze für c_n).

Die gezeigte Funktion Fibonacci erfordert offenbar einen mit n *exponentiell* wachsenden Aufwand, was praktisch schon für Parameter etwa in der Größenordnung von 40 eine Laufzeit von vielen Stunden bedeutet. Folglich ist sie *nicht effizient* für große n. Eine Funktion (oder ein Programm) nennen wir nur dann effizient, wenn das Ergebnis mit einem Aufwand erreicht wird, der innerhalb der vorgegebenen Grenzen liegt (bei Interaktion typisch einige Sekunden).

Fazit: In der Informatik wird zwischen Effektivität und Effizienz strenger unterschieden als in der Umgangssprache!

2.3 Iterative Programme

Wir haben uns bisher nur mit funktionalen Programmen beschäftigt, Programmen also, die Variablen nicht oder nur zur Eingabe verwenden. Ein Algorithmus, der Zwischenergebnisse in *Variablen* ablegt, heißt *nichtfunktional*. Er heißt *iterativ*, wenn bestimmte Abschnitte des Algorithmus innerhalb einer einzigen Ausführung mehrfach durchlaufen werden.

Iteration und Rekursion sind Prinzipien, die oft unpassend als Alternativen für die Programmkonstruktion bezeichnet werden. Iterative Programme sollten aber nur als alternativ zu funktionalen Programmen gesehen werden, denn sie können nicht funktional sein, da der Fortschritt der Iteration durch ein Zwischenergebnis gespeichert werden muß. Die Begriffe „funktional" und „rekursiv" werden daher oft miteinander verwechselt, obwohl eine klare Unterscheidung sinnvoll ist.

2.3.1 Wertzuweisungen und Referenzparameter

Wertzuweisung

Wir führen nun als wesentliches Merkmal der nichtfunktionalen Programmierung die *Wertzuweisung* ein. Ihre allgemeine Form ist „V := E". Darin ist V ein Variablenname und E ein Ausdruck, beispielsweise eine Zahl, eine Variable oder ein arithmetischer Ausdruck aus Zahlen, Variablen und Operatoren.

Es handelt sich bei „:=" (lies: „wird" oder „erhält den Wert", *nicht* „gleich") um einen *unsymmetrischen* Operator; der Ausdruck auf der rechten Seite wird *ausgewertet* und das Resultat anschließend der Variablen links *zugewiesen*. Noch klarer im Sinne des Ablaufs, den wir traditionell mit einer Bewegung von links nach rechts assoziieren, wäre eine Syntax, bei der Zuweisungsoperator und Variable auf der *rechten* Seite stehen. Diese Sichtweise hat sich aber nicht durchsetzen können.

Die Verwendung des einfachen Gleichheitszeichens in älteren Programmiersprachen (FORTRAN, C usw.) ist irreführend, da dieses in der Mathematik eine ganz andere Bedeutung hat und in dieser Bedeutung auch gebraucht wird (in FORTRAN mußte darum für das eigentliche „=" ein Operator „.EQ." eingeführt werden).

In Modula-2 müssen Ausdruck und Variable *typkompatibel* sein, d.h. das Resultat muß im Wertebereich der Variablen liegen.

Beispiel:

Nach der Deklaration

```
VAR x, y, z: CARDINAL;
```

wären einige (korrekte und inkorrekte) Wertzuweisungen für x:

```
x := 0; x := MAX (CARDINAL);    x := y;    (* sicher richtig *)
x := -1; x := MAX (CARDINAL)+1; x := -y-1; (* sicher falsch  *)
x := y+z; x := z-y;     (* richtig oder falsch,  *)
                        (* je nach Wert von y, z *)
```

In vielen Fällen kann schon der Übersetzer Inkompatibilitäten feststellen; sonst kommt es bei der Programmausführung zu einem *Laufzeitfehler*.

Referenzparameter

Die bisher eingeführten Prozedurparameter werden auch als *Wertparameter* bezeichnet, denn das Unterprogramm erhält nur den Wert zum Zeitpunkt des Aufrufs mitgeteilt („*call-by-value*"). In den folgenden Beispielen kommen auch andere Parameter vor, die in der formalen Parameterliste durch VAR (für „variable") gekennzeichnet sind, z.B. in:

```
PROCEDURE FibProc (Arg: CARDINAL; VAR Fib, FibMin1 : CARDINAL);
```

Hier handelt es sich um sogenannte *Referenzparameter*; bei ihrer Übergabe an ein Unterprogramm erhält dieses die Variable zur freien Verwendung. Technisch wird das durch Übergabe ihrer Speicheradresse realisiert („*call-by-reference*"). Damit ist eine *Kommunikation* in beiden Richtungen möglich. Wird im Beispiel der Referenzparameter Fib durch FibProc verändert, so hat die Variable, die als konkreter Parameter dafür gesetzt worden war, nach dem Aufruf einen anderen Wert als vorher. Beim Wertparameter Arg ist dies nicht möglich.

In der Programmiersprache Ada werden alle drei möglichen Kommunikationsarten unterschieden, nämlich
- *in*   für die Wertparameter,
- *out*   für Ergebnisparameter (gibt es in Modula-2 nicht) und
- *in out* für die Parameter, die sowohl Wert- als auch Ergebnisparameter sind.

Durch Wertparameter sind keine Änderungen von konkreten Parametern durch den aufgerufenen Programmteil möglich. Darum sind sie grundsätzlich vorzuziehen. Referenzparameter sollten nur verwendet werden, wenn
- darin Prozedur-Ergebnisse *übergeben* werden oder
- Kopieren *nicht* möglich ist (bei gewissen Datenstrukturen) oder
- Kopieren zu *ineffizient* ist (bei großen Datenstrukturen).

2.3. Iterative Programme

Funktionsprozeduren sollten keine Referenzparameter zur Rückgabe von Ergebnissen enthalten, denn deren Effekt ist meist schwer zu erkennen und damit oft eine Fehlerquelle.

Es gilt also als *Regel*: Eine Prozedur liefert ihr Ergebnis entweder durch ihren Namen *oder* durch Referenzparameter, aber nicht gemischt. Das erste Prinzip (*Funktionsprozedur*) ist vorzuziehen, aber (in Modula-2) nur anwendbar, wenn sich das Ergebnis auf einen einzelnen Wert eines elementaren Typs beschränkt.

2.3.2 Gültigkeitsbereich und Lebensdauer

Der *Gültigkeitsbereich* („*scope*") eines Bezeichners ist derjenige *statische* Teil des Programms, in dem dieser Bezeichner in exakt gleicher Bedeutung verwendet werden darf. Es handelt sich also um einen statischen Begriff, zu dessen Erörterung keine Überlegungen zum Ablauf des Programms erforderlich sind. Der Begriff *Lebensdauer* bezeichnet die *dynamische* Existenz eines Objekts während des Programmablaufs.

Es ist wichtig, beide Begriffe klar zu unterscheiden: Der Gültigkeitsbereich bezieht sich stets auf den Bezeichner; er wird durch den Übersetzer kontrolliert. Die Lebensdauer bezieht sich dagegen auf den zur *Laufzeit* belegten Speicherplatz; dies betrifft den Maschinencode des Programms und das *Laufzeitsystem*. Da Konstanten und Typen keinen Speicherplatz belegen, haben sie auch keine Lebensdauer.

Gültigkeitsbereich

Im folgenden sei P ein Modul oder eine Prozedur. Seien darin eine Konstante X und eine Variable Y definiert, z.B.

```
PROCEDURE P ...; CONST X = 85; VAR Y: REAL; ...
```

X und Y können in der festgelegten Bedeutung in einem gewissen Bereich von P, dem Gültigkeitsbereich, verwendet werden. Der Gültigkeitsbereich erstreckt sich über den ganzen Block von P (also die gesamte Prozedur oder das gesamte Modul ohne Prozedur- bzw. Modulkopf). Davon ausgenommen sind alle Deklarationen, die vor der Einführung von X bzw. Y stehen. Die gleichen Regeln gelten auch für Typen und Prozeduren. Damit kann auch *wechselseitige Rekursion* (gegenseitig rekursiver Aufruf zweier Prozeduren, vgl. P2.19a) implementiert werden.

Beispiele:

```
    MODULE M;                            (* Programm P2.19a *)
    (* Beispiel Vorwaertsreferenzen *)
    FROM InOut IMPORT (* PROC *) WriteInt;

      PROCEDURE P1;            (* hier ist Y nicht verwendbar! *)
      BEGIN (* P1 *)
        P2 (X + Y);
      END P1;                  (* 3 korrekte Vorwaertsreferenzen! *)

      PROCEDURE P2 (A: INTEGER);
      BEGIN (* P2 *)
        WriteInt (A);
      END P2;

      VAR   X : INTEGER;
      CONST Y = 512;
    BEGIN (* M *)
      X := 13; P1;
    END M.
```

Für wechselseitige Rekursion ist in einigen Sprachen, z.B. in PASCAL, eine sogenannte „FORWARD-Deklaration" erforderlich. Dieses Verfahren wird auch (entgegen der Sprachdefinition) in vielen Modula-2-Systemen angewendet; es erleichtert die Implementierung des Compilers und hat praktisch keine Nachteile. Im obigen Beispiel genügt dafür schon die (ohnehin sinnvolle) Umordnung der Deklarationen (z.B. P2, X, Y, P1).

Der Gültigkeitsbereich eines Bezeichners kann durch *Import* (d.h. durch Angabe in der Importliste eines Moduls) auf andere Module erweitert werden:

```
    FROM M IMPORT X, Y;
```

Liegt innerhalb des Gültigkeitsbereiches G1 von X mit der Bedeutung B1 ein weiterer Gültigkeitsbereich G2 von X mit der Bedeutung B2, so handelt es sich um zwei *verschiedene* Objekte; innerhalb von G2 gilt nur B2, alle anderen Bedeutungen sind *unsichtbar*.

```
    MODULE M;                            (* Programm P2.19b *)
    VAR x : INTEGER;
      PROCEDURE F (x: REAL): REAL;
      BEGIN (* F *)
        ...
          RETURN x*x            (* ist das REAL-x *)
        ...
      END F;
    BEGIN (* M *)
      ...  x := 333;            (* das INTEGER-x  *)
    END M.
```

2.3. Iterative Programme

Bei der Überlappung von Gültigkeitsbereichen kann es überrraschende Effekte geben. Beispielsweise wird das Programm P2.19c auf *einem* Modula-2-Compiler ohne Fehlermeldung übersetzt und liefert als Ergebnis die Zahlen 5, 6, 7, 10 und 5. Ein *anderer* Compiler „stört sich" an der Vereinbarung von a mittels a, hat aber im übrigen das gleiche Ergebnis.

```
MODULE M;                               (* Programm P2.19c *)
(* Grenzfaelle des GBs *)
FROM InOut IMPORT (* PROC *) WriteInt, WriteLn;
CONST a = 5;

  PROCEDURE P;
  CONST u = a+1; a = a+2; v = a+3;
  BEGIN (* P *)
    WriteInt (u, 3); WriteInt (a, 3); WriteInt (v, 3);
  END P;

BEGIN (* M *)
  WriteInt (a, 3); P; WriteInt (a, 3); WriteLn;
END M.
```

Man beachte, daß Modula-2-Übersetzer grundsätzlich nicht „mitdenken", also nicht aufgrund der Typdefinition entscheiden, welche Bedeutung gemeint ist. Die Zuordnung erfolgt *schematisch* aufgrund der Gültigkeitsbereiche; ist der Typ dann nicht konsistent, so meldet der Compiler einen Fehler.

Lebensdauer

Durch Ausführung einer Prozedur P entsteht eine *Inkarnation* („Aktivierung"). Ist P ein Modul, so gelten etwas andere, weiter unten vorgestellte Regeln. Zur Inkarnation gehören *dynamisch*:
- ein *Ausführungspunkt* (also ein Zeiger auf den gerade auszuführenden oder ausgeführten Befehl)
- *Speicherplätze* für alle Bezeichner von Variablen und Wertparameter
- *Bezüge* auf die konkreten Referenzparameter.

Diese Informationen existieren bis zum Ende der Ausführung von P.

Beispiel:

```
PROCEDURE Example (ch: CHAR; VAR x:INTEGER); VAR y: REAL; ...
```

Durch den Aufruf Example ('a', z) entsteht eine Inkarnation von Example mit Speicherplatz für ch und y und – unter dem lokalen Bezeichner x – einem Bezug (einer Referenz) auf z. Nach Abschluß von Example werden diese Speicherplätze wieder freigegeben. Handelt es sich bei P um ein Modul, so wird der *Speicherplatz* für die Variablen permanent für die gesamte Laufzeit des Programms reserviert. Eine eigentliche Inkarnation wird nur von dem Rumpf des Moduls gebildet; dieser hat weder Variablen noch Parameter.

Bemerkungen:
- Zu irgendeinem Zeitpunkt existieren i.a. neben der Inkarnation des ablaufenden Moduls Inkarnationen verschiedener Prozeduren (inkl. Funktionen), bei rekursiven Aufrufen auch mehrere der gleichen Prozedur.
- Nur in der jüngsten aller existierenden Inkarnationen wandert der Ausführungspunkt weiter; diese wird als erste beendet.
- Die Lebensdauer einer Variablen ist identisch mit der Existenz der zugehörigen Prozedur-Inkarnation.
- Zu Beginn der Lebensdauer ist der Wert einer Variablen undefiniert, darf also nicht verwendet werden.

Beispiel (zur Analyse von Gültigkeitsbereich und Lebensdauer, vgl. Abb. 2.17):

```
MODULE LDUGB;                                    (* Programm P2.20a *)
FROM InOut IMPORT (* PROC *) WriteInt, WriteLn;
VAR i, j: INTEGER;

  PROCEDURE Summe (k: INTEGER) : INTEGER;
  VAR j: INTEGER;
  BEGIN (* Summe *)
    IF i<10 THEN j:= 10 ELSE j:=1 END;
    RETURN j+k
  END Summe;

  PROCEDURE Drucken (j: INTEGER);
  VAR i: INTEGER;
  BEGIN (* Drucken *)
    IF i <> j THEN i:= Summe(j) END;
    WriteInt (Summe(i), 3); WriteLn;
  END Drucken;

BEGIN (* LDUGB *)
  i:= 17; j:= 4;
  Drucken (Summe(j));
  Drucken (Summe(i));
END LDUGB.
```

Zunächst sollen die *Gültigkeitsbereiche* analysiert werden. Dazu markieren wir die definierenden Auftreten der Bezeichner (durch Fettdruck) und kennzeichnen, wo derselbe Bezeichner in verschiedenen Bedeutungen verwendet wird, den Zusammenhang zwischen Definition und Anwendung durch Indizes. Natürlich sind diese Indizes nicht Teil des Programms!

2.3. Iterative Programme

```
MODULE LDUGB;                                    (* Programm P2.20b *)
FROM InOut IMPORT (* PROC *) WriteInt, WriteLn;
VAR i₁, j₁: INTEGER;

  PROCEDURE Summe (k: INTEGER) : INTEGER;
  VAR j₂: INTEGER;
  BEGIN (* Summe *)
    IF i₁<10 THEN j₂:= 10 ELSE j₂:=1 END;
    RETURN j₂ + k
  END Summe;

  PROCEDURE Drucken (j₃: INTEGER);
  VAR i₂: INTEGER;
  BEGIN (* Drucken *)
    IF i₂ <> j₃ THEN i₂:= Summe(j₃); END;
    WriteInt (Summe(i₂), 3); WriteLn;
  END Drucken;

BEGIN (* LDUGB *)
  i₁:= 17; j₁:= 4;
  Drucken (Summe(j₁));
  Drucken (Summe(i₁));
END LDUGB.
```

Nun folgt die Analyse der Lebensdauer. Dabei müssen wir den *Ablauf* des Programms zugrundelegen. In Abb. 2.17 läuft die Zeitachse von oben nach unten. Die Ausführung des Modul-Rumpfs (LDUGB) entspricht der einer Prozedur.

Die *Laufzeitfehler* (durch lesenden Zugriff auf eine nicht initialisierte Variable) können natürlich verschiedene Effekte haben; meist wird das Programm – leider – ohne Meldung weiterlaufen und den zufällig in der betreffenden Speicherzelle vorhandenen Wert verwenden. So ist es auch in Abb. 2.17. Übrigens wird dann dieser Wert gleich noch einmal gelesen.

94 Kapitel 2. Imperative Programmierung - die Sprache MODULA-2

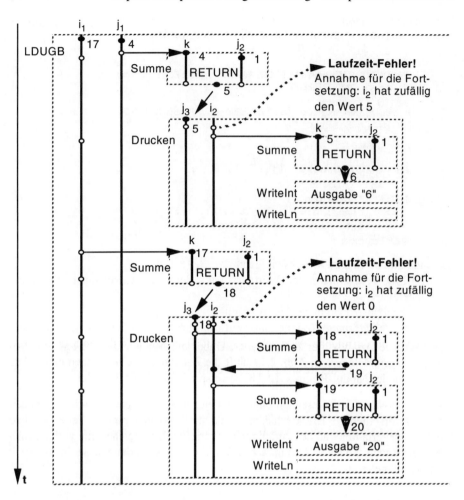

Legende:

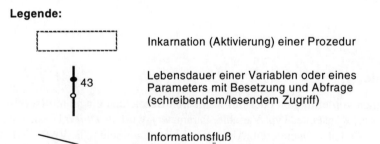

Abb. 2.17 Graphische Darstellung der Lebensdauern beim Ablauf von LDUGB

2.3. Iterative Programme

Mehrfachverwendung von Bezeichnern
Das Ergebnis des Programms P2.21a soll ermittelt werden.

```
MODULE ParamTest;                              (* Programm P2.21a *)
FROM InOut IMPORT (* PROC *) WriteInt, WriteLn;
VAR   a, b, c: INTEGER;

  PROCEDURE ParProc (a: INTEGER; VAR b:INTEGER);
  BEGIN (* ParProc *)
    b:= a + c;
    c:= b + 4;
    WriteInt (a+b+c, 3); WriteLn;
  END ParProc;

BEGIN (* ParamTest *)
  a:= 3; b:= 2; c:= 1;
  ParProc (c, c);
END ParamTest.
```

Folgende Punkte sind zu berücksichtigen:
- In ParProc bezeichnet a den Wertparameter, der beim Aufruf mit c, also 1 initialisiert ist.
- c ist global, also auch in der Prozedur gültig.
- Ein *Referenzparameter* (b innerhalb der Prozedur) liegt auf der gleichen Speicherstelle wie die aufrufende Variable. Darum gilt an jedem Punkt der Prozedur b = c.

Das Programm liefert als Resultat 13. Die konfuse Kommunikation dieses Beispiels ist natürlich ein sehr schlechter Stil!

Mehrfachverwendung von Bezeichnern und Rekursion
Wie bei Mehrfachverwendung von Bezeichnern, aber mit zusätzlicher Zeile vor der Ausgabe (Werte: 16, 26):

```
                                               (* Programm P2.21b *)
  PROCEDURE ParProc (a: INTEGER; VAR b:INTEGER);
  BEGIN (* ParProc *)
    b:= a + c;
    c:= b + 4;
    IF a # 0 THEN ParProc (0, a) END;
    WriteInt (a+b+c, 3); WriteLn;
  END ParProc;
```

Terminologie

Was durch einen vordefinierten oder frei wählbaren Bezeichner eingeführt ist (also Modul, Prozedur, Konstante, Typ, Variable, Parameter), wird als *Objekt* bezeichnet. Ausgenommen sind also Operatoren (z.B. +, DIV), Wortsymbole (z.B. VAR, END) und Begrenzer (;).

Ein Objekt, das im Block B deklariert ist, heißt *lokal in B*. Ein Bezeichner, der auf Modulebene deklariert ist, heißt *global* (ebenso das zugeordnete Objekt). Ist ein Bezeichner in B gültig, aber nicht lokal, so heißt er *global relativ zu B*.

Variablen, die lokal in B sind, werden bezüglich ihres Gültigkeitsbereich durch B, bezüglich ihrer Lebensdauer durch die Aktivierung von B begrenzt. Das gleiche gilt für *Wertparameter*, nur werden diese durch den Aufruf initialisiert. Bei *Referenzparametern* gilt dies nur für den Bezeichner; eine Lebensdauer hat der Referenzparameter nicht, sondern nur die Variable, durch die er konkret besetzt wird.

Funktionswerte (Prozedur-Ergebnisse) können nur lesend verwendet, also nicht durch eine Wertzuweisung oder eine Verwendung als Referenzparameter verändert werden.

Hinweise zum Programmierstil

Programme sollten mit kleinstmöglichem Aufwand korrigier- und modifizierbar sein. Ein Ansatz zur Erlangung dieses Ziels ist eine *hohe Lokalität* durch enge Gültigkeitsbereiche. Größtmögliche Lokalität ist daher vorrangiges Ziel einer guten Programmierung! Ein Programm sollte dafür folgende Merkmale aufweisen:
- Die auftretenden Programmeinheiten (Prozeduren, Funktionen, Hauptprogramm) sind *überschaubar*.
- Die Objekte sind so *lokal* wie möglich definiert, jeder Bezeichner hat nur eine einzige, bestimmte Bedeutung.
- Die *Kommunikation* zwischen Programmeinheiten erfolgt vorzugsweise über eine möglichst kleine Anzahl von Parametern, nicht über globale Variablen.

Wie gezeigt wurde, besteht zwischen Gültigkeitsbereich und Lebensdauer eine enge Beziehung: Alle sichtbaren Bezeichner gehören zu existierenden Objekten und alle existierenden Objekte sind durch Bezeichner adressierbar, sofern diese nicht verdeckt sind. Dieser Zusammenhang besteht nicht von Natur aus, sondern ist eine charakteristische Eigenschaft *blockorientierter* Sprachen.

2.3.3 Anweisungen zur Iteration

Prinzipiell gibt es drei verschiedene Möglichkeiten zur Konstruktion einer Iteration:
- Schleife mit *vorheriger* Prüfung (WHILE)
- Schleife mit *nachfolgender* Prüfung (REPEAT)
- Schleife *ohne* Prüfung (LOOP),

die nachfolgend vorgestellt werden.

2.3. Iterative Programme

Schleife mit vorheriger Prüfung

Die allgemeine Form der Schleife mit vorheriger Prüfung, die WHILE-Schleife oder auch „ablehnende Schleife", ist (mit Bedingung C und Anweisung S):

```
WHILE C DO S END
```

Die Bedeutung dieser Anweisung läßt sich rekursiv mit Hilfe der bedingten Anweisung definieren, sie ist gleichbedeutend mit:

```
IF C THEN S; WHILE C DO S END; END
```

Die Laufschleife

```
FOR cv := exp1 TO exp2 DO S END
```

ist eine spezielle Form der WHILE-Schleife. Wir verwenden sie immer dann, wenn die Zahl der Iterationen schon vor Eintritt in die Schleife bekannt ist. Sie hat (mit dem neuen Bezeichner h2) die gleiche Bedeutung wie

```
cv := exp1; h2 := exp2;
WHILE cv <= h2 DO S; INC (cv); END;
```

In der Schleife kann auch ein *Inkrement* oder *Dekrement* angegeben werden:

```
FOR cv := exp1 TO exp2 BY exp3 DO S END
```

Dies hat (mit den neuen Bezeichnern h2 und h3) die Bedeutung

```
cv := exp1; h2 := exp2; h3 := exp3;
IF h3 > 0 THEN
   WHILE cv <= h2 DO S; cv := cv + h3; END
ELSE
   WHILE cv >= h2 DO S; cv := cv + h3; END
END (* IF *)
```

Für die FOR-Schleife gelten dabei aber einige *Einschränkungen*:
- cv darf weder Komponente einer Datenstruktur noch Parameter sein.
- Innerhalb der Schleife (Anweisung S) muß cv wie eine *Konstante* behandelt werden, darf also nicht auf der linken Seite einer Wertzuweisung oder als Referenzparameter stehen und damit manipulierbar sein. Das gilt natürlich auch für Prozeduren, die in diesem Bereich aufgerufen werden. Man sollte jedoch nicht darauf vertrauen, daß der Compiler oder das Laufzeitsystem solche Fehler erkennt.
- Fehlt das In- oder Dekrement, so darf cv auch Variable eines Aufzählungstyps sein. Andererseits entsteht kein Laufzeitfehler, wenn cv bei der letzten In-/Dekrementierung seinen Wertebereich verläßt. Man beachte, daß nach Verlassen der Schleife cv keinen definierten Wert hat!

Schleife mit nachfolgender Prüfung

Bei der Schleife mit nachfolgender Prüfung oder REPEAT-Schleife findet eine erste Ausführung statt, ohne daß die Bedingung (in diesem Fall eine *Abbruch*-Bedingung) geprüft wird (daher auch „annehmende Schleife"). Syntax:

```
REPEAT S1; S2; S3; ... ; Sn UNTIL C
```

Schleife ohne Prüfung

Die Schleife ohne Prüfung, die LOOP-Schleife, wird ausgeführt, bis sie durch Erreichen einer darin enthaltenen EXIT-Anweisung verlassen wird. Syntax:

```
LOOP S1; S2; ... ; Sn END
```

Hinweise zur Wahl des Iterationskonstrukts

REPEAT...UNTIL ist mit Vorsicht zu verwenden, denn die Anweisung in der Schleife wird mindestens einmal durchlaufen. Sie ist nur sinnvoll, wenn die Bedingung erst durch S entsteht (z.B. Eingabe mit Wiederholung im Fehlerfall). REPEAT ... UNTIL kommt vor allem dann in Frage, wenn die zu prüfende Bedingung erst in der Schleife ensteht.

Beispiel (Eingabe mit Prüfung auf falschen Zahlenwert durch WHILE):

```
WriteString ('Gib zweistellige Zahl: ');   (* Programm P2.22a *)
ReadCard (Zahl); WriteLn;
WHILE (Zahl<10) OR (Zahl>99) DO
   WriteString (' Gib zweistellige Zahl: '); ReadCard (Zahl);
END (* WHILE *);
```

läßt sich eleganter formulieren durch:

```
REPEAT                                     (* Programm P2.22b *)
   WriteString ('Gib zweistellige Zahl: '); ReadCard (Zahl);
UNTIL (Zahl>=10) AND (Zahl<=99);
```

Die Schleife ohne Prüfung macht aber die REPEAT-UNTIL-Konstruktion meist überflüssig; im Beispiel oben gestattet sie auch (wie die WHILE-Lösung) die Ausgabe einer Fehlermeldung:

```
LOOP                                       (* Programm P2.22c *)
   WriteString ('Gib zweistellige Zahl: '); ReadCard (Zahl);
   IF (Zahl>=10) AND (Zahl<=99) THEN EXIT END;
   WriteString (' ***  Fehler in der eingegebenen Zahl !');
   WriteLn;
END (* LOOP *);
```

2.3. Iterative Programme

Wenn es darum geht, einen vorher definierten, lückenlosen Bereich eines skalaren Typs zu durchlaufen, so ist die FOR-Schleife angemessen. In allen anderen Fällen ist die allgemeinere WHILE-Schleife (oder in speziellen Fällen die REPEAT-Schleife) vorzuziehen.

2.3.4 Vergleich iterativer und rekursiver Lösungen

Nachfolgend werden Vor- und Nachteile verschiedener iterativer und rekursiver Lösungen anhand von vier verschiedenen Programmen am Beispiel der Fibonacci-Zahlen aufgezeigt:
- eine funktional-rekursive Lösung (A)
- iterative Lösungen mit (B) bzw. ohne (C) Umspeichern
- eine rekursive nichtfunktionale Lösung (D).

A. Funktional-rekursive Lösung

Die bereits vorgestellte Funktion Fibonacci ist hier für das durchgängige Rahmen-Modul Fibonacci leicht verändert: statt INTEGER wird CARDINAL verwendet, und die oberste Grenze für das Argument sei (durch Berechnung mit einem anderen Programm) vorgegeben. Die Prozedur FibFct1 in P2.23 stellt eine rein funktional-rekursive Lösung dar.

```
MODULE Fibonacci;                         (* Programm P2.23 *)
(* berechnet Fibonacci-Zahl einer      *)
(* natuerlichen Zahl bis MaxArg        *)
FROM InOut IMPORT (* PROC *) WriteString, WriteLn,
                             ReadCard, WriteCard;
CONST MaxArg = 24;      (* obere Grenze fuer das Argument *)
VAR   Eingabe : CARDINAL;

    PROCEDURE FibFct1 (Arg: CARDINAL) : CARDINAL;
    (* funkt.-rekursiv *)
    BEGIN (* FibFct1 *)
        IF Arg <= 1 THEN RETURN Arg
        ELSE             RETURN FibFct1 (Arg - 1) +
                                FibFct1 (Arg - 2)
        END (* IF *);
    END FibFct1;

BEGIN (* Fibonacci *)
    REPEAT
        WriteString ('Argument: '); ReadCard (Eingabe); WriteLn;
    UNTIL (Eingabe <= MaxArg);
    WriteString ('Fibonacci-Zahl ('); WriteCard (Eingabe,3);
    WriteString (') = '); WriteCard (FibFct1 (Eingabe), 6);
    WriteLn;
END Fibonacci.
```

Die Funktion FibFct1 ist hier elegant – und damit knapp – formuliert. In diesem Sinne ist der Algorithmus optimal. Wie aber schon im Abschnitt 2.2.7 gezeigt wurde, ist diese Lösung für große Argumente sehr ineffizient. Die (bei der hier geltenden Obergrenze ausgeschlossene) Berechnung der Fibonacci-Zahl von 30 (= 832.040) erfordert 1.664.079 Funktionsaufrufe (nämlich, wie man durch Induktion leicht zeigen kann, 2 · Fib(30) - 1) und dauert auf einem Rechner mit durchschnittlicher Leistungsfähigkeit mehrere Sekunden, bei Argumenten ab etwa 40 schon Stunden bis Tage. Wir ersetzen daher die rekursive Funktion durch eine iterative Lösung.

B. Iterative Lösung mit Umspeichern

Die Lösung in P2.24 folgt dem Verfahren, das man anwendet, wenn man die Fibonacci-Zahlen „von Hand" berechnet. Die jeweils interessanten Werte (d.h die beiden zuletzt berechneten Fibonacci-Zahlen) werden in den Variablen Fib und FibMin1 gespeichert. Bei jeder Iteration wird eine weitere Fibonacci-Zahl berechnet und die genannten Variablen mit Hilfe des Zwischenspeichers FibNew umgespeichert.

```
                                              (* Programm P2.24 *)
   PROCEDURE FibFct2 (Arg: CARDINAL) : CARDINAL;
   (* Iterative Variante ohne Feld *)
   VAR Index, Fib, FibMin1, FibNew: CARDINAL;
   BEGIN (* FibFct2 *)
     IF Arg = 0 THEN
       RETURN 0
     ELSE
       FibMin1:= 0; Fib:= 1;
       FOR Index:= 2 TO Arg DO
         FibNew:= Fib + FibMin1; FibMin1:= Fib; Fib:= FibNew;
       END (* FOR *);
       RETURN Fib
     END (* IF *);
   END FibFct2;
```

C. Iterative Lösung ohne Umspeichern

Wenn man ohne Umspeichern (und damit ohne FibNew) auskommen will, kann man die Lösung in P2.25 wählen, bei der die Speicherung der interessanten Werte in einem sogenannten *Ringpuffer* (hier durch die beiden Variablen Ring0 und Ring1 realisiert) erfolgt. Man beachte aber, daß eine solche Lösung gut kommentiert sein muß, um verständlich zu sein.

```
                                              (* Programm P2.25 *)
   PROCEDURE FibFct3 (Arg: CARDINAL) : CARDINAL;
   (* Iterative Variante mit Ringpuffer *)
   TYPE IndexRange = [0..1];
   VAR  Ring0, Ring1, Pos : CARDINAL;
```

2.3. Iterative Programme 101

```
BEGIN (* FibFct3 *)
  Ring0:= 0; Ring1 := 1;          (* Initialisierung des Rings *)
  FOR Pos := 2 TO Arg DO          (* Berechnung *)
    IF Pos MOD 2 = 0 THEN
      Ring0 := Ring0 + Ring1;
    ELSE
      Ring1 := Ring0 + Ring1;
    END (* IF *);
  END (* FOR *);
  IF Arg MOD 2 = 0 THEN
    Return Ring0
  ELSE
    RETURN Ring1
  END (* IF *);
END FibFct3;
```

D. Rekursive nichtfunktionale Lösung

Der große Gewinn an Effizienz zwischen der funktional-rekursiven Lösung und den iterativen Lösungen wird in der Regel dem Verzicht auf die Rekursion zugeschrieben. Das ist aber, wie die folgende *effiziente* rekursive Lösung in P2.26 zeigt, falsch. Tatsächlich gewinnen wir die höhere Effizienz durch die Verwendung von Variablen (und Ergebnisparametern), also durch den Verzicht auf funktionale Programmierung.

Dazu wird anstelle der Funktion eine Prozedur verwendet, die *zwei* Werte liefert. Fib-Min1 wird *einmal* berechnet, aber *zweimal* verwendet, nämlich direkt und als Ergebnisparameter. Damit steigt der Aufwand nur noch linear mit dem Argument, und die Fibonacci-Zahl von 30 kann mit 29 Prozeduraufrufen im Millisekundenbereich ermittelt werden. Diese Lösung ist aber offensichtlich komplizierter als die iterativen Lösungen und man würde in der Praxis i.a. darauf verzichten.

```
                                          (* Programm P2.26 *)
PROCEDURE FibFct4 (Arg: CARDINAL) : CARDINAL;
(* Nichtfunktionale rekursive Variante *)

  PROCEDURE FibProc (Arg: CARDINAL; VAR Fib, FibMin1:CARDINAL);
  (* Liefert fuer Arg >= 0 in Fib die Fibonacci-Zahl *)
  (* von Arg, in FibMin1 die von Arg-1. Fuer Arg = 0 *)
  (* ist FibMin1 undef.                              *)
  VAR FibMin2 : CARDINAL;
  BEGIN (* FibProc *)
    IF Arg <= 1 THEN
      Fib := Arg; FibMin1 := 0;
    ELSE
      FibProc (Arg - 1, FibMin1, FibMin2);
      Fib := FibMin1 + FibMin2;
    END (* IF *);
  END FibProc;

  VAR FibRes1, FibRes2 : CARDINAL;
```

```
BEGIN (* FibFct4; dient nur zur Anpassung der Schnittstelle *)
  FibProc (Arg, FibRes1, FibRes2);  RETURN FibRes1
END FibFct4;
```

2.3.5 Sprunganweisungen

Modula-2 bietet im Gegensatz zu anderen Programmiersprachen zwar keine Sprunganweisung (i.a. GOTO-Befehl) an, doch soll wegen der grundsätzlichen Bedeutung auf die Problematik dieser Anweisung kurz eingegangen werden.

Sprünge in primitiven Sprachen

Assemblerprogramm zur Berechnung der Fakultät:

```
           LAT 1       {lade Adress-Teil = 1      }
           SPA FAKUL   {Speichere als F im Akku   }
           LDA ARGUM   {lade Argument  A          }
           SKG ENDE    {Test auf A > 0            }
  LOOP=    MUL FAKUL   {multipliziere  A * F      }
           SPA FAKUL   {Ergebnis ist neues F      }
           LDA ARGUM   {lade erneut A             }
           SAT 1       {subtrah.1 von Adress-Teil}
           SPA ARGUM   {speichere wieder als A    }
           SGR LOOP    {springen wenn A positiv   }
  ENDE=...
```

In FORTRAN gibt es noch in enger Anlehnung an die obige Assembler-Notation das sogenannte *arithmetische IF*:
```
    IF (N * 5 - 13) 112, 999, 5
```
D.h. wenn der Ausdruck (N * 5 - 13) null ergibt, wird das Programm bei *Marke* (Adresse) 999 fortgesetzt, bei einem negativen bzw. positiven Ergebnis bei Marke 112 bzw. Marke 5. Erst später wurde in FORTRAN auch das *logische IF* vorgesehen:
```
    IF (N * 5 .GT. 13) GOTO 5
```
D.h. Sprung nach Marke 5, wenn N * 5 größer ist als 13.

Sprünge in PASCAL

Ein Sprung in einem PASCAL-Programm erfordert:
  eine *Sprunganweisung*, z.B.   GOTO 72
  und die darin genannte Marke (Label) vor einer Anweisung   72 :

Diese Marken-*Definition* erfordert eine Marken-*Deklaration* im
Kopf des betreffenden Programmabschnitts: LABEL 72

2.3. Iterative Programme

Die Möglichkeit der Verwendung von Sprüngen ist durch viele Regeln eingeschränkt (beispielsweise darf man nicht *in* eine Prozedur oder *in* einen Zweig einer Alternative hineinspringen).

Beispiel (der folgende Programmausschnitt enthält zwei Fehler):

```
PROCEDURE P1;                                  (* Programm P2.27 *)
  LABEL 333;
  FUNCTION F1 (U:real) : integer;
  BEGIN ...
    333: ...
  END {F1};
BEGIN {P1} ... GOTO 333; ...
END {P1};
```

Fehler 1: Label-Deklaration und -Definition befinden sich nicht auf der gleichen Ebene.
Fehler 2: Sprung in Struktur (F1) hinein.

Kritik am GOTO

E. Dijkstra hat mit seinem Brief „GOTO considered harmful" (1966) darauf aufmerksam gemacht, daß Programme durch Verwendung von Sprunganweisungen *undurchsichtig* und damit *fehlerträchtig* und kaum modifizierbar werden. Dies hat u.a. folgende Gründe: Jedes Verständnis des Programms oder seine *Verifikation* (der Nachweis, daß das Programm das tut, was es soll) setzen *Abstraktion* voraus.

Dazu ist es vorteilhaft (praktisch: Voraussetzung), daß Abstraktionen wie die Zusammenfassung von Befehlen in höheren Sprachkonstrukten gleiche strukturelle Eigenschaften wie eine einzelne Operation haben (*single Entry, single Exit*), d.h. eindeutige Einstiegs- und Ausgangsstellen in diesem Konstrukt. Diese Eigenschaft findet sich bei den in Modula-2 verfügbaren Konstrukten wie FOR, WHILE, REPEAT, LOOP, IF, CASE. Auch in Sprachen wie PASCAL, die den Sprung anbieten, gilt die Regel, daß man auf den bedingten Sprung verzichten und stattdessen den *kontrollierten Sprung* (die oben genannten Strukturen) verwenden sollte. Ausnahme: Nachbildung solcher Konstrukte, wenn sie von der Programmiersprache nicht angeboten werden.

Beispiel in Modula-2 (schematisch):

```
LOOP
  IF <Zeilenende> THEN EXIT END;
  <Zeichen einlesen>
  IF <Zeichen = Blank> THEN EXIT END;
  <Zeichen verarbeiten>
END (* LOOP *);
```

Übersetzung in PASCAL (nach der Deklaration LABEL 999;):

```
WHILE <nicht Zeilenende> DO BEGIN
  <Zeichen lesen>
  IF <Zeichen = Blank> THEN GOTO 999;
  <Zeichen verarbeiten>
END { WHILE };
999: ...
```

Hinweise zum Gebrauch von GOTO

Der Sprung ist ein Relikt aus der Frühzeit der Programmierung. Seine Nachteile sind inzwischen allgemein erkannt. Es gelten daher die folgenden Regeln:
- GOTO grundsätzlich *vermeiden*, nur ausnahmsweise verwenden zur Nachbildung fehlender Konstrukte (dann aber besonders auf *Lokalität* achten);
- Ein Ersatz der Sprünge durch sogenannte *Flags* (Statusvariablen, die den aktuellen Programmzustand beschreiben) ist keine gute Lösung.

2.3.6 Prozedurtypen

Modula-2 bietet neben der Definition von Datentypen auch die Möglichkeit, Prozedurtypen zu definieren und damit Variablen und Parameter für Prozeduren zu *deklarieren*. Ein Prozedurtyp wird definiert durch Angabe eines *Prozedurkopfes*, in dem alle Bezeichner für die Prozedur und für die formalen Parameter fehlen; die in der Parameterliste verbliebenen Typ-Bezeichner, mit oder ohne VAR, sind durch Kommata voneinander getrennt.

Beispiel:

Eine der Prozeduren, die als Parameter übergeben werden soll, habe den Kopf

```
PROCEDURE TueIrgendEtwas (    Argument        : REAL;
                          VAR Result1, Result2 : INTEGER);
```

Der zugeordnete Prozedurtyp ist dann

```
TYPE ProzTyp = PROCEDURE (REAL, VAR INTEGER, VAR INTEGER);
```

Man beachte, daß in der Definition von ProzTyp VAR wiederholt werden muß, sonst ist der letzte ein Wertparameter. Eine Prozedur FuehreAus kann nun deklariert werden mit

```
PROCEDURE FuehreAus (Arg: CHAR; F: ProzTyp);
```

2.3. Iterative Programme

Sie wird dann aufgerufen mit

```
FuehreAus ('X', TueIrgendEtwas);
```

Man verwendet Prozedurparameter dort, wo man einer (im Sinne der *Aufrufhierarchie*) untergeordneten Prozedur mitteilen will, welches spezielle Verfahren sie anwenden soll. Man kann sich z.B. ein Programm vorstellen, das den Bildschirm mit einem (variablen) regelmäßigen Muster beschreibt. Diesem Programm könnte man als Parameter eine Prozedur mitgeben, die ein Exemplar (also einen Ausschnitt) des Musters an bestimmter Stelle zeichnet.

Auch Referenzparameter sind erlaubt, so daß Prozeduren „von unten nach oben" gereicht und dort in *Prozedurvariablen* gespeichert werden können. Man gebrauche diese Möglichkeiten aber mit größter Zurückhaltung, denn die Programme werden dadurch sicher nicht verständlicher. Eine schwerwiegende Einschränkung bei der Verwendung der Prozedurparameter liegt in der Vorschrift, daß alle so übergebenen Prozeduren auf Modulebene definiert sein müssen.

Klassische Anwendungsbeispiele für Prozedurtypen sind *numerische* Algorithmen, z.B. zur Integration. Ein solcher Algorithmus für die Integralrechnung nach der Simpson-Methode ist nachfolgend angegeben (Programm P2.28). Für das Verständnis dieses Programms werden kurz die mathematischen Grundlagen erläutert.

Mathematische Grundlagen der Simpson-Integration

Die *Simpson-Integration* zählt zu den *numerischen* Integrationsmethoden, die durch einfache Berechnungen bestimmte Integrale möglichst genau zu approximieren versuchen. Die Simpson-Integration beruht auf der *Keplerschen Faßregel*. Diese Regel besagt, daß man eine gegebene Kurve i.a. besser durch einen Parabelbogen als durch ein Geradenstück approximieren kann.

Abb. 2.18 zeigt dies durch einen Parabelbogen mit den *Grenzpunkten* UG und OG sowie dem *Mittelpunkt* M, unter dem sich die schraffierte Fläche als Näherung des bestimmten Integrals $\int_{UG}^{OG} f(x)\,dx$ ergibt.

Sei p(x) die Parabelfunktion, die durch drei Punkte der zu integrierenden Funktion (bei UG, OG und M, also an den Grenzen und in der Mitte) bestimmt ist. Dann gilt:

$$\int_{UG}^{OG} p(x)\,dx \approx \int_{UG}^{OG} p(x)\,dx = \frac{OG - UG}{6} \cdot (f(UG) + 4\,f(M) + f(OG)).$$

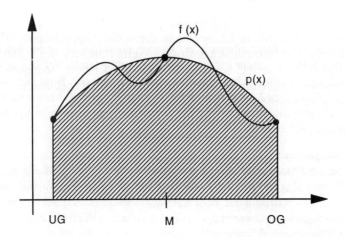

Abb. 2.18 Keplersche Faßregel

Verbessert man die Approximation durch Aufteilung des Intervalls, über dem integriert werden soll, in m gleichbreite Teilintervalle, so läßt sich die Berechnung auf jeden der m Streifen anwenden.

Sei $B = \dfrac{OG-UG}{2m}$ die halbe Breite jedes dieser m Streifen und
$P_1 = UG + B$, $P_2 = UG + 2B$ usw. bis $P_{2m-1} = OG - B$

die entstehenden Mittelpunkte (bei ungeradem Index) bzw. die neuen „inneren" Randpunkte (bei geradem Index). Dann ist die Summe aller Parabelintegrale

$$\begin{aligned}\int_{UG}^{OG} p^m(x)\,dx &= \tfrac{1}{6} \cdot 2B \cdot (\ f(UG) + 4\,f(P_1) + f(P_2) \\ &\qquad\qquad + f(P_2) + 4\,f(P_3) + f(P_4) \\ &\qquad\qquad + \ldots \\ &\qquad\qquad + f(P_{2m-2}) + 4\,f(P_{2m-1}) + f(OG)\ ) \\ &= \tfrac{B}{3} \cdot (\ f(UG) + 4\,f(P_1) + 2\,f(P_2) + 4\,f(P_3) + 2\,f(P_4) \\ &\qquad\qquad + \ldots + 4\,f(P_{2m-1}) + f(OG)\ ) \\ &= \tfrac{B}{3} \cdot (\ \text{Grenzhöhen} + 2 \cdot \text{Randhöhen} + 4 \cdot \text{Mittelhöhen}) \end{aligned}$$

wobei   die Grenzhöhen $f(UG) + f(OG)$,
die Randhöhen $f(P_2) + f(P_4) + \ldots + f(P_{2m-2})$ und

2.3. Iterative Programme

die Mittelhöhen $f(P_1) + f(P_3) + \ldots + f(P_{2m-1})$
sind.

Die Idee des Algorithmus in P2.28 besteht darin, die Approximation schrittweise durch Halbierung der Intervallbreiten zu verbessern. Dabei werden die alten Mittelhöhen zu Randhöhen, so daß bei jeder Iteration zunächst die Mittelhöhen zu den Randhöhen addiert und dann die neuen Mittelhöhen berechnet werden. Dazu muß man nur die Summen, nicht jedoch die Summanden speichern.

Implementierung

```
MODULE Simpson;                                (* Programm P2.28 *)
(* Integration frei nach dem Buch von DalCin, Lutz, Risse *)
FROM InOut     IMPORT (* PROC *) Write, WriteString, WriteLn;
FROM RealInOut IMPORT (* PROC *) WriteReal;
FROM MathLib0  IMPORT (* PROC *) sin;
TYPE FunktionsTyp = PROCEDURE (REAL): REAL;

  PROCEDURE Simpson (Funktion : FunktionsTyp;
                     Untergrenze, Obergrenze,
                     Toleranz : REAL)          : REAL;
  (* Integriert Funktion nach der Simpson-Regel von Unter- bis
     Obergrenze.Toleranz gibt die maximale relative Aenderung bei
     der Iteration vor (d.h. bei Halbierung der Streifenbreite). *)
  VAR index, Teile : INTEGER; (* Anzahl Streifen *)
      Breite: REAL; (* eigentlich halbe Breite eines Streifens *)
      Randhoehen, Mittelhoehen: REAL;(* Summe d.Streifenhoehen *)
      Grenzhoehen: REAL; (* Hoehen am Rand d.Integr.intervalls *)
      Summe, SummeAlt : REAL; (* zum Vergleich in Iteration *)
  BEGIN (* Simpson *)
    (* Initialisierung *)
    Teile        := 1;
    Breite       := (Obergrenze - Untergrenze) / 2.0;
    Mittelhoehen := Funktion (Untergrenze + Breite);
    Randhoehen   := 0.0;
    Grenzhoehen  := Funktion (Untergrenze) + Funktion (Obergrenze);
    Summe        := (Grenzhoehen + 4.0*Mittelhoehen) * Breite/3.0;
    REPEAT
      (* Streifen aus der frueheren Rechnung werden halbiert, *)
      (* dadurch werden die Raender zur Mitte,                *)
      (* Mittelhoehen werden neu berechnet                    *)
      SummeAlt     := Summe;
      Teile        := Teile * 2;
      Breite       := Breite / 2.0;
      Randhoehen   := Randhoehen + Mittelhoehen;
      Mittelhoehen := 0.0;
      FOR index := 1 TO Teile DO
        Mittelhoehen := Mittelhoehen + Funktion (Untergrenze +
                                Breite * FLOAT (2*index - 1));
      END (* FOR *);
```

```
        Summe := (Grenzhoehen + 4.0*Mittelhoehen + 2.0*Randhoehen) *
                                                      Breite / 3.0;
    UNTIL (ABS (Summe/SummeAlt - 1.0) <= Toleranz);
    RETURN Summe
  END Simpson;

  PROCEDURE Polynom (X: REAL) : REAL;
  BEGIN (* Polynom *)
    RETURN X*X*X  + 3.0 * X*X  - 2.0 * X  + 25.0
  END Polynom;

  PROCEDURE Sinus2 (B: REAL) : REAL;
  VAR H: REAL;
  BEGIN (* Sinus2 *)
    H := sin (B); RETURN H*H
  END Sinus2;

CONST Diff = 1.0E-6;
      Pi   = 3.1415927;
BEGIN
  WriteString ("Polynom-Integral = :");
  WriteReal (Simpson (Polynom, -3.0, 3.0,      Diff), 14);
  WriteLn;
  WriteString ("Sin**2 -Integral = :");
  WriteReal (Simpson (Sinus2,   0.0, 2.0 * Pi, Diff), 14);
  WriteLn;
END Simpson.
```

Das Programm erzeugt die folgende Ausgabe:
```
Polynom-Integral = :+2.0400000E+02
Sin**2 -Integral = :+3.1415927E+00
```

Im ersten Fall zeigt die Nachrechnung, daß 204 das korrekte Resultat ist. Die Simpson-Regel ist für Polynome bis zur dritten Potenz exakt. Auch im zweiten Fall ist das exakte Ergebnis π sehr genau erreicht.

2.4 Komplexe Datentypen

Unter komplexen Datentypen verstehen wir in diesem Kapitel Mengen/Sets (Abschnitt 2.4.1), Arrays/Felder (Abschnitt 2.4.2), Records/Verbunde (Abschnitt 2.4.3), „Zeigerstrukturen"/Pointer (Abschnitt 2.4.4) und Dateien/Files (Abschnitt 2.4.5).

2.4.1 Mengen (Sets)

In der Mathematik spielen Mengen (Sets) seit langem eine zentrale Rolle. Ihre Vorteile sind
- die Möglichkeit, beliebige und beliebig viele Gegenstände in Mengen zusammenzufassen
- die Möglichkeit, auch aus Mengen *rekursiv* wieder Mengen zu bilden
- die *Abstraktion* von einer bestimmten Reihenfolge, in der die Elemente der Menge notiert sind.

Diese Eigenschaften sind auch in der Programmierung sehr attraktiv. Doch leider sind es dieselben Eigenschaften, die eine Implementierung außerordentlich schwierig machen.

Darum tun sich traditionelle Programmiersprachen mit der Behandlung von Mengen schwer. Am weitesten ging PASCAL; bei Modula-2 ist von diesen Möglichkeiten nur ein Rest geblieben. Die einzige (etwas) bekanntere Sprache, die die allgemeine Menge als *Grundelement* verwendet, ist SETL (Set-Language). Listen, also geordnete Mengen, sind das wesentliche Merkmal der Sprache LISP (List Processing Language).

In PASCAL und Modula-2 sind die *Sets* nur magere Imitationen mathematischer Mengen, da sie jeweils nur über einen bestimmten primitiven Basistyp mit sehr begrenztem Wertevorrat gebildet werden können. Die Größe ist implementierungsabhängig, aber in PASCAL i.a. groß genug, um die Menge der Zeichen darzustellen; in Modula-2 ist die Grenze zugunsten einer sehr effizienten Realisierung tiefer gelegt, so daß der Basistyp auf die Wortbreite des Prozessors, i.a. 16 oder 32 Werte beschränkt ist.

2.4.1.1 Darstellung und Manipulation von Mengen

Wenn wir einen Datentyp verwenden, der eine Menge repräsentiert, so benötigen wir die nachfolgend vorgestellten Notationen und Operationen. Mengentypen werden eingeführt durch

```
TYPE ST = SET OF BT;
```

Dies definiert einen *Mengentyp* ST über einem *Basistyp* BT. BT muß ein Unterbereichs- oder Aufzählungstyp sein, der höchstens N Elemente hat. N ist systemabhängig, typisch 16 oder 32:

```
ORD (MAX (BT)) - ORD (MIN (BT)) < N
```

Handelt es sich beim Basistyp um einen Unterbereich der Typen INTEGER, CARDINAL oder CHAR, so gibt es meist eine weitere wichtige Implementierungsrestriktion:

```
ORD (MAX (BT)) < N
```

Dadurch ist es möglich, die Werte ohne Verschiebung (also sehr effizient) zu verarbeiten.

Beispiel:

```
TYPE Farben    = (Rot, Gelb, Gruen, Blau, Schwarz, Weiss);
     Farbmenge = SET OF Farben;
```

Nun können wir Variablen des Typs ST definieren und damit arbeiten. Syntax in Modula-2:

ST{ }   *leere Menge* des Typs ST
ST{$c_1, \ldots, c_n$}   *Mengenkonstante* des Mengentyps ST;
                           c_1 bis c_n müssen Konstanten des Basistyps sein.

Die Symbole der Grundrechenarten und einiger Relationen sind auch auf Paare *typgleicher* Mengen anwendbar, doch haben sie dabei eine mengentheoretische Bedeutung:

S1 + S2	*Vereinigung*	der Mengen S1 und S2
S1 * S2	*Schnitt*	der Mengen S1 und S2
S1 - S2	*Differenz*	der Mengen S1 und S2
S1 / S2	*Symmetrische Differenz*	der Mengen S1 und S2
S1 <= S2	S1 ist *Untermenge* von S2	
S1 >= S2	S1 ist *Obermenge* von S2	

2.4. Komplexe Datentypen

Die *Aufnahme* (Inklusion) und der *Ausschluß* (Exklusion) von Elementen geschieht mit INCL und EXCL:

$$\text{INCL}(S, V) \equiv S + \{V\}$$
$$\text{EXCL}(S, V) \equiv S - \{V\}$$

Der *Test*, ob ein Element in der Menge ist, geschieht mit dem Operator IN:

$$V \text{ IN } S \equiv V \in S$$

Mit IN können die Operationen und Relationen wie folgt definiert werden:

x IN (S1 + S2)	$\equiv$	(x IN S1)	OR	(x IN S2)
x IN (S1 - S2)	$\equiv$	(x IN S1)	AND	NOT (x IN S2)
x IN (S1 * S2)	$\equiv$	(x IN S1)	AND	(x IN S2)
x IN (S1 / S2)	$\equiv$	(x IN S1)	$\neq$	(x IN S2)
S1 <= S2	$\equiv \forall$x:	(x IN S1)	$\Rightarrow$	(x IN S2)
S1 >= S2	$\equiv \forall$x:	(x IN S2)	$\Rightarrow$	(x IN S1)

In Modula-2 gibt es einen *vordefinierten* Set-Typ, den Typ BITSET. Er ist systemabhängig definiert als

```
TYPE BITSET = SET OF [0..N-1]
```

worin N i.a. die Wortlänge des Rechners ist. Syntaktisch gibt es zu den allgemeinen Sets nur den Unterschied, daß Bitset-Konstanten ohne Typangabe geschrieben werden dürfen. Alle anderen Sets werden *intern* als BITSET behandelt.

Variablen des Typs BITSET dienen in der Praxis nicht zur Beschreibung ungeordneter Mengen, sondern sie repräsentieren *Bitmuster*, wie sie in der *Systemprogrammierung* eine Rolle spielen. Mit den Mengenoperationen können dann Teile der Bitmuster ausgeblendet, gesetzt oder gelöscht werden.

2.4.1.2 Ein Beispiel für Sets

Das Programm P2.29 demonstriert einige Anwendungen der Mengen-Operationen.

```
    MODULE Sets;                            (* Programm P2.29 *)
    (* Demo der Set-Operationen *)
    FROM InOut IMPORT (* PROC *) Write, WriteString,
                                 WriteInt, WriteLn;
    TYPE FarbTyp    = (Rot, Orange, Gelb, Gruen, Blau, Violett);
         FarbSetTyp = SET OF FarbTyp;

        PROCEDURE ShowSet (EinSet: FarbSetTyp; Text: ARRAY OF CHAR);
        VAR i : FarbTyp;
```

```
    BEGIN (* ShowSet *)
      FOR i := MIN (FarbTyp) TO MAX (FarbTyp) DO
        IF i IN EinSet THEN Write('X') ELSE Write('-') END;
      END (* FOR *);
      WriteString ('      '); WriteString (Text); WriteLn;
    END ShowSet;

VAR Farbe            : FarbTyp;
    Farben1, Farben2 : FarbSetTyp;

PROCEDURE Vergleich;
(* Verwendet globale Variablen Farben1 und Farben2 lesend *)
  PROCEDURE WriteNot (Fall: BOOLEAN; Text: ARRAY OF CHAR);
    BEGIN (* WriteNot *)
      WriteString ('            ');
      IF Fall THEN WriteString ('    ');
             ELSE WriteString ('NOT ');
      END (* IF *);
      WriteString (Text); WriteLn;
    END WriteNot;
BEGIN (* Vergleich *)
  WriteNot (Farben1 <= Farben2, 'F1 <= F2');
  WriteNot (Farben1 >= Farben2, 'F1 >= F2');
  WriteNot (Farben1  = Farben2, 'F1  = F2');
  WriteLn;
END Vergleich;

CONST SetLeer = FarbSetTyp{};            (* Mengenkonstanten *)
      SetVoll = FarbSetTyp{Rot,Orange,Gelb,Gruen,Blau,Violett};
BEGIN (* Sets *)
  Farben1 := SetLeer;       ShowSet (Farben1, 'F1');
  Farben2 := SetVoll - FarbSetTyp{Blau};        (* Differenz *)
                            ShowSet (Farben2, 'F2');
  Farben2 := Farben2 * FarbSetTyp{Blau,Rot,Violett};
                                                (* Schnitt *)
                            ShowSet (Farben2, 'F2 nach *');
  Vergleich;
  INCL (Farben1,Gelb);      (* 2. Aufnahme von Gelb         *)
  INCL (Farben1,Gelb);      (* ist natuerlich wirkungslos   *)
  INCL (Farben1,Gruen);     ShowSet (Farben1, 'F1 nach INCL');
  Farben2 := Farben2 + Farben1;          (* Vereinigung *)
                            ShowSet (Farben2, 'F2 nach +');
  Farben2 := Farben2 - FarbSetTyp {Gelb, Blau, Rot};

                            ShowSet (Farben2, 'F2 nach -');
  Vergleich;
  (* Trickreiches Vertauschen durch dreimaliges exkl. ODER *)
                            ShowSet (Farben1, 'F1 vor Tausch');
                            ShowSet (Farben2, 'F2 vor Tausch');
  Farben1 := Farben1 / Farben2; ShowSet (Farben1, 'F1 nach /');
  Farben2 := Farben1 / Farben2; ShowSet (Farben2, 'F2 nach /');
  Farben1 := Farben1 / Farben2; ShowSet (Farben1, 'F1 nach /');
  WriteLn;
```

2.4. Komplexe Datentypen

```
        Farben1 := Farben2;         ShowSet (Farben1, 'nach F1 := F2');
        Vergleich;
      END Sets.
```

Die Ausgabe des Programms Sets sieht so aus:

```
  ------        F1
  XXXX-X        F2
  X----X        F2 nach *
                            F1 <= F2
                        NOT F1 >= F2
                        NOT F1  = F2
  --XX--        F1 nach INCL
  X-XX-X        F2 nach +
  ---X-X        F2 nach -
                        NOT F1 <= F2
                        NOT F1 >= F2
                        NOT F1  = F2
  --XX--        F1 vor Tausch
  ---X-X        F2 vor Tausch
  --X--X        F1 nach /
  --XX--        F2 nach /
  ---X-X        F1 nach /
  --XX--        nach F1 := F2
                            F1 <= F2
                            F1 >= F2
                            F1  = F2
```

2.4.2 Arrays (Felder)

Arrays (Felder) sind *homogene* kartesische Produkte und dienen zur Aufnahme mehrerer Informationen des gleichen Typs. Auf die Elemente eines Arrays kann über einen *Index* bzw. mehrere *Indizes* (im Fall mehrdimensionaler Arrays) in eckigen Klammern zugegriffen werden. Zur Indizierung kann jeder skalare Typ (außer REAL) verwendet werden. Dem Array als Datenstruktur entspricht die *Laufschleife* (siehe Abschnitt 2.3.3) als Ablaufstruktur. Bei mehrfach indizierten Variablen gibt es entsprechend geschachtelte Schleifen.

Beispiel:

```
      MODULE Namensliste;       (* Programm P2.30 *)
      (* Einlesen von Namen in eine Liste, Ausgabe der Liste *)
      (* Die Eingabe wird abgebrochen, wenn die Liste voll ist,
         wenn der Name leer ist oder wenn er mit einem Blank beginnt.
         Die Laenge jedes Namens wird unformatiert als erstes Zeichen
         des Namens (Index 0) gespeichert *)
      (* Achtung, Backspace ist nicht korrekt behandelt *)
```

```
FROM InOut IMPORT (* PROC *) Read, Write, WriteCard, WriteLn;
FROM SYSTEM IMPORT VAL;
   (* Type Cast, also unkontrollierte Typ-Anpassung *)

CONST ListenLng   = 100;
      NamensLng   =  15;
      Blank       = ' ';         (* Leerzeichen *)
      CR          = 15C;         (* Carriage Return *)

TYPE  ListenNrTyp  = [1..ListenLng];
      ListenIdxTyp = [0..ListenLng];
      NamensIdxTyp = [0..NamensLng];
      NamensTyp    = ARRAY NamensIdxTyp OF CHAR;

VAR   Name           : NamensTyp;
      NamListe       : ARRAY ListenNrTyp OF NamensTyp;
      ListenIdx, i   : ListenIdxTyp;
      ZeichenIdx     : NamensIdxTyp;
      Zeichen        : CHAR;

BEGIN (* Namensliste *)
  ListenIdx := 0;
  LOOP            (* Eingabe, Schleife ueber alle Namen *)
    Write ('>'); ZeichenIdx := 0;

    LOOP          (* Schleife ueber die Zeichen eines Namens *)
      Read (Zeichen); Write (Zeichen);
      IF (Zeichen = Blank) OR (Zeichen = CR) THEN EXIT END;
      INC (ZeichenIdx); Name [ZeichenIdx] := Zeichen;
      IF ZeichenIdx = NamensLng THEN EXIT END;
    END (* LOOP *);
    IF ZeichenIdx = 0 THEN EXIT END;

    Name [0] := VAL (CHAR, ZeichenIdx); (* Laenge
                                           unformatiert *)
    INC (ListenIdx); NamListe [ListenIdx] := Name;
    IF ListenIdx = ListenLng THEN EXIT END;
    WriteLn;
  END (* LOOP *);

  WriteLn;
  FOR i := 1 TO ListenIdx DO        (* Ausgabe aller Namen *)
    FOR ZeichenIdx := 1 TO
                      VAL (NamensIdxTyp, NamListe [i, 0]) DO
      Write (NamListe [i, ZeichenIdx]);
    END (* FOR *);
    WriteLn;
  END (* FOR *);
  Read (Zeichen);
END Namensliste.
```

2.4. Komplexe Datentypen

Der Indexbereich eines Arrays sollte wie in diesem Beispiel als Datentyp definiert werden. Für die Deklaration der Indexvariablen wird oft noch ein weiterer Typ, der um 1 „breiter" ist, benötigt.

Man beachte, daß der Index eines Arrays nicht mit 0 oder 1 beginnen muß, er kann auch im negativen Bereich liegen oder einen Aufzählungstyp haben. Z.B. ist BOOLEAN gelegentlich als Indexbereich sehr sinnvoll, weil man dann einen boolschen Ausdruck als Index verwenden kann.

Die Elemente eines Arrays können von beliebigem Typ, also auch wieder Arrays sein. In diesem Falle ergibt sich bei der Deklaration eine *Schachtelung* der Art

```
ARRAY IndexTyp1 OF
  ARRAY IndexTyp2 OF
    ... OF ARRAY IndexTypn OF BasisTyp;
```

Eine solche Deklaration läßt sich auch zusammenfassen durch

```
ARRAY IndexTyp1, IndexTyp2, ..., IndexTypn OF BasisTyp;
```

Zwischen ganzen Arrays ist (bei exakter Typgleichheit) die *Wertzuweisung* erlaubt. Vergleiche (z.B. mit „=", „>") sind dagegen nicht zulässig. Exakte Typgleichheit besteht nur, wenn zwei Felder mit demselben Typ vereinbart sind oder bei verschiedenen Typen, wenn der eine durch den anderen definiert ist.

Beispiel:

```
TYPE FT1    = ARRAY [-3..+3] OF REAL;     (* Programm P2.31 *)
     FT2    = FT1;
VAR  F0, F1 : FT1;
     F2     : FT2;
     F3, F4 : ARRAY [-3..+3] OF REAL;
     F5     : ARRAY [-3..+3] OF REAL;
```

In diesem Falle sind die Variablen F0, F1 und F2 typgleich, ebenso F3 und F4, dagegen F1, F3 und F5 nicht !

Strings

I.a. können in Modula-2 keine Array-Konstanten definiert werden. Eine Ausnahme bilden Konstanten des Typs ARRAY [0..n-1] OF CHAR, also *Zeichenketten* oder *Strings*. Diese dürfen nach dem für Konstanten üblichen Schema definiert werden, beispielsweise

```
CONST Anfangsmeldung = 'Start des Dialogprogramms';
```

Solche String-Konstanten gehören aber in Wirklichkeit zu einem speziellen Typ, der mit Variablen des Typs ARRAY [0..m-1] OF CHAR zuweisungskompatibel ist (falls m ≥ n). Bei einer Zuweisung mit m > n wird ein Schlußzeichen angehängt, das das Ende des Strings markiert (üblicherweise das Zeichen 0C).
Dagegen kann man auf einzelne Zeichen in der String-Konstanten nicht direkt zugreifen, etwa mit

```
Write (Anfangsmeldung [0]);    (* FEHLER *)
```

Wird also ein *zeichenweiser Zugriff* gewünscht, so muß eine Zuweisung oder eine Übergabe als Parameter vorgenommen werden. In Modula-2 gibt es über diese String-Konstanten hinaus *keine* Zeichenkettenverarbeitung (*String Handling*) wie in manchen anderen Sprachen. Allerdings kann diese vom Programmierer realisiert werden.

Ein wesentliches Merkmal jeder Zeichenkette ist ihre effektive *Länge*, also die Zahl der darin enthaltenen Zeichen. Modula-2 legt nicht fest, wie diese Länge gespeichert wird; die beiden gängigen Möglichkeiten sind die *explizite* Speicherung der Länge und die *Markierung* des Endes durch ein spezielles Schlußzeichen (0C). Dieses entfällt nur dann, wenn eine Zuweisung an eine genau passende String-Variable erfolgt.

Beispiel:

```
VAR    StringVar : ARRAY [0..9] OF CHAR;    (* Programm P2.32 *)
CONST StringConst = '0123456';
BEGIN (* P2.32 *)
  StringVar := '0123456789'; (* voll genutzt, kein Schlussz. *)
  StringVar := StringConst;  (* Schlussz. an Stelle der '7'  *)
  Write(StringConst [3]);    (* ist falsch !                 *)
  Write(StringVar [3]);      (* korrekt, liefert '3'         *)
END P2.32;
```

Die unterschiedliche Behandlung von Strings führt häufig zu Problemen bei der Übertragung (Portierung) von Modula-2-Programmen auf Rechner mit anderen Übersetzern.

Flexible Array-Grenzen bei Parametern

Der Zwang, den Typ von Arrays zur *Übersetzungszeit* festzulegen, ist besonders bei Prozeduren hinderlich. Hier hilft das Prinzip der *flexiblen* Array-Grenzen. Auf diese Weise kann dieselbe Prozedur für (eindimensionale) Arrays verschiedener Länge verwendet werden. Allerdings muß der Basistyp gleich sein. Der Indexbereich ist in der Prozedur abgebildet auf den Bereich von 0 bis N-1, wenn N die Zahl der Indexelemente ist, unabhängig von den absoluten Indexgrenzen des konkreten

2.4. Komplexe Datentypen 117

Parameters. Tatsächlich kann dieser sogar durch einen Aufzählungstyp indiziert sein. Der aktuelle Wert von N-1 kann durch Aufruf der Funktion HIGH bestimmt werden.

Beispiel:

```
                                           (* Programm P2.33 *)
PROCEDURE TestFlex (VAR IntFeld  : ARRAY OF INTEGER;
                        StringPar: ARRAY OF CHAR);
VAR i, Summe : INTEGER;
BEGIN (* TestFlex *)
   Summe := 0;
   FOR i := 0 TO HIGH (IntFeld) DO
      Summe := Summe + IntFeld [i];
   END (* FOR *);
   FOR i := 0 TO HIGH (StringPar) DO
      Write (StringPar [i]);
   END;
END TestFlex;
```

Man beachte, daß die Syntax „ARRAY OF BT" keinen neuen Typ definiert, sondern *nur* in Parameterlisten zugelassen ist (während die Konstruktion von Typen dort ausgeschlossen ist). Es gibt also in Modula-2 keine Möglichkeit, Felder direkt als flexibel zu *deklarieren* (beispielsweise im Hauptprogramm)!

Beispiel für Arrays: die Matrix-Multiplikation

Programm P2.34 zeigt die Multiplikation zweier Matrizen. Es ist, um möglichst viele spezielle Fälle zu zeigen, erheblich umfangreicher als nötig.

```
MODULE Arrays;                          (* Programm P2.34 *)
(* Zur Demonstration der Arrays *)
FROM InOut IMPORT (* PROC *) WriteInt, WriteString, WriteLn;
CONST L1 = 6; L3 = 5;
TYPE IndBer1 = INTEGER[1..L1];    (* nicht CARDINAL-Subrange *)
IndBer2 = (Alpha, Beta, Gamma);
     IndBer3 = INTEGER[1..L3];
     Vektor  = ARRAY IndBer3 OF INTEGER;
     Matrix1 = ARRAY IndBer1, [Alpha..Gamma] OF INTEGER;
     Matrix2 = ARRAY            [Alpha..Gamma] OF Vektor;
     Matrix3 = ARRAY IndBer1                  OF Vektor;
VAR M1 : Matrix1;  M2 : Matrix2;  M3 : Matrix3;
(* werden in den Prozeduren als globale Variablen bearbeitet *)

   PROCEDURE DruckZeile (Zeile: ARRAY OF INTEGER);
   (* Ausgabe einer Zeile einer (beliebig breiten) *)
   (* Integer-Matrix                               *)
   VAR i : INTEGER;
   BEGIN (* DruckZeile *)
      FOR i := 0 TO HIGH (Zeile) DO WriteInt (Zeile [i], 13) END;
      WriteLn;
```

```
END DruckZeile;

PROCEDURE Vorbesetzung;        (* Vorbesetzung von M1 und M2 *)
(* einfache Vorbesetzung der Matrizen mit laufenden Werten *)
VAR i : IndBer1;   j : IndBer2;   k : IndBer3;   h : INTEGER;
BEGIN (* Vorbesetzung *)
  h := 1;
  FOR i := 1 TO L1 DO
    FOR j := MIN(IndBer2) TO MAX(IndBer2) DO
      M1 [i, j] := h; INC (h);
    END (* FOR j *);
  END (* FOR i *);
  h := -6;
  FOR j := MIN(IndBer2) TO MAX(IndBer2) DO
    FOR k := 1 TO L3 DO
      M2 [j, k] := h; INC (h);
    END (* FOR k *);
  END (* FOR j *);
END Vorbesetzung;

PROCEDURE Ausgabe1;         (* Ausgabe M1 und M2 *)
VAR  i : IndBer1;   j : IndBer2;
BEGIN (* Ausgabe1 *)
  WriteLn;  WriteString ('Matrix M1');  WriteLn;
  FOR i := 1 TO L1 DO  DruckZeile (M1 [i])  END;
  WriteLn;  WriteLn;  WriteString ('Matrix M2');   WriteLn;
  FOR j := MIN(IndBer2) TO MAX(IndBer2) DO
    DruckZeile (M2[j]);
  END (* FOR j *);
  WriteLn;
END Ausgabe1;

PROCEDURE Multiplikation;
(* Matrixmultiplikation M3 := M1 * M2 *)
VAR  i : IndBer1;   j : IndBer2;   k : IndBer3;
     Summe : INTEGER;
BEGIN (* Multiplikation *)
  FOR i := 1 TO L1 DO
    FOR k := 1 TO L3 DO
      Summe := 0;
      FOR j := MIN(IndBer2) TO MAX(IndBer2) DO
        Summe := Summe + M1 [i, j] * M2 [j, k];
      END (* FOR j *);
      M3 [i, k] := Summe;
    END (* FOR k *);
  END (* FOR i *);
END Multiplikation;

PROCEDURE Ausgabe2;       (* Ausgabe M3 *)
VAR  i : IndBer1;
BEGIN (* Ausgabe2 *)
  WriteLn;  WriteString ('Matrix M3');  WriteLn;
  FOR i := 1 TO L1 DO  DruckZeile (M3 [i])  END;  WriteLn;
```

2.4. Komplexe Datentypen 119

```
    END Ausgabe2;

    PROCEDURE Drehen;       (* Zeilenvertauschung in M3 *)
    VAR i : IndBer1; Mhilf : Matrix3;
    BEGIN (* Drehen *)
      FOR i := 1 TO L1 DO
        Mhilf [L1+1-i] := M3 [i];   (* Zuweisung von Zeilen  *)
      END (* FOR *);
      M3 := Mhilf;             (* ganze Matrix wird zugewiesen *)
    END Drehen;

BEGIN (* Arrays *)
  Vorbesetzung;       Ausgabe1;
  Multiplikation;     Ausgabe2;
  Drehen;             Ausgabe2;
END Arrays.
```

Ausgabe (des Programms Arrays):
```
    Matrix M1
                 1         2         3
                 4         5         6
                 7         8         9
                10        11        12
                13        14        15
                16        17        18
    Matrix M2
                -6        -5        -4        -3        -2
                -1         0         1         2         3
                 4         5         6         7         8
    Matrix M3
                 4        10        16        22        28
                -5        10        25        40        55
               -14        10        34        58        82
               -23        10        43        76       109
               -32        10        52        94       136
               -41        10        61       112       163
    Matrix M3
               -41        10        61       112       163
               -32        10        52        94       136
               -23        10        43        76       109
               -14        10        34        58        82
                -5        10        25        40        55
                 4        10        16        22        28
```

2.4.3 Records (Verbunde)

Records (Verbunde) sind *heterogene* kartesische Produkte und dienen zur Darstellung *inhomogener*, aber zusammengehöriger Informationen. Typische Beispiele sind
- Personendaten (bestehend aus Name, Adresse, Jahrgang, Geschlecht)
- Meßwerte (Zeit, Gerät, Wert)

- Strings (tatsächliche Länge, Inhalt)

und alle anderen komplexen, strukturierten Informationen über irgendwelche Objekte. Records repräsentieren also inhomogene, Arrays hingegen homogene kartesische Produkte. In den meisten Fällen werden die Records als Bausteine größerer Strukturen, wie z.B. Arrays, verwendet.

2.4.3.1 Einfache Records

Das Deklarationsschema für Records (vgl. P2.35) ist ganz ähnlich wie bei der formalen Parameterliste; jede Komponente erhält einen Record-internen Namen, den *Selektor*. Mehrere Selektoren für Felder gleichen Typs können auch zusammengefaßt werden (wie in der Parameterliste). Die Selektoren müssen (nur) innerhalb des speziellen Records eindeutig sein:

```
TYPE RecTyp = RECORD                           (* Programm P2.35 *)
                Selektor1 : Typ1;
                ...
                Seli, Selj : Typij;
                ...
                Selektorn : Typn;
              END (* RECORD *);
```

Der Zugriff auf eine Komponente des Records ist möglich durch den Namen des Records, an den ein Punkt und der Selektor angehängt sind:

```
Rec1.Seli
```

Natürlich kann das mit allen anderen Selektionsarten (z.B. *Indizierung*) kombiniert sein, so daß recht lange Variablen-Namen entstehen.

Beispiel: Das folgende Fragment zeigt einen Record zur Speicherung von Personendaten.

```
TYPE NamString = ARRAY [1..15] OF CHAR;    (* Programm P2.36 *)
     AnredeT   = (Herr, Frau);
     NameRec   = RECORD
                    Vorname, Nachname : NamString;
                    Anrede            : AnredeT;
                 END (* RECORD *);
     PersonRec = RECORD
                    Name : NameRec
                    ...(* weitere Felder des Records *)
                 END (* RECORD *);
VAR  Personal: ARRAY [1..n] OF PersonRec;
```

2.4. Komplexe Datentypen

Der Zugriff auf den ersten Buchstaben des Vornamens erfolgt nun mit

```
Personal [Index].Name.Vorname [1]
```

Die WITH-Anweisung

Die oben gezeigte Notation kann zu sehr schwerfälligen Programmen führen, vor allem, wenn *viele* Zugriffe auf Komponenten von Record-Variablen zusammenkommen. Für diesen Fall gibt es eine notationelle *Vereinfachung*: WITH und der Name eines Records gefolgt von DO werden einer Anweisungssequenz (Abschnitt), die mit END abgeschlossen ist, vorangestellt; in einem solchen Abschnitt kann der Name des Records (und der Punkt) dann weggelassen werden.

Beispiel: Das Programm enthalte die folgende Anweisung

```
                                        (* Programm P2.37a *)
IF ('a' <= Personal [Index].Name.Vorname [1]) AND
   (Personal[Index].Name.Vorname [1] <= 'z')
THEN
  Personal[Index].Name.Vorname [1] := CHR (ORD ('A') -
      ORD ('a') + ORD (Personal [Index].Name.Vorname [1]));
END (* IF *);
```

Mit Hilfe der WITH-Anweisung kann das auch geschrieben werden als

```
WITH Personal [Index] DO              (* Programm P2.37b *)
  IF ('a' <= Name.Vorname [1]) AND (Name.Vorname [1] <= 'z')
  THEN
    Name.Vorname [1] := CHR (ORD ('A') - ORD ('a') +
                       ORD (Name.Vorname [1]));
  END (* IF *);
END (* WITH *);
```

Ebenso ist korrekt:

```
WITH Personal [Index].Name DO         (* Programm P2.37c *)
  IF ('a' <= Vorname [1]) AND (Vorname [1] <= 'z')
  THEN
    Vorname [1]:= CHR (ORD ('A') - ORD ('a') +
                 ORD (Vorname [1]));
  END (* IF *);
END (* WITH *);
```

Die erste Zeile kann ebenfalls in der folgenden Form geschrieben werden:

```
WITH Personal [Index] DO WITH Name DO ... END; END;
```

Es ist unzulässig, im Anweisungsteil einer WITH-Anweisung implizit einen *anderen* Record zu wählen (etwa im Beispiel oben durch Änderung von Index). Durch WITH-

Anweisungen entstehen *Gültigkeitsbereiche* für die betreffenden Selektoren. Dadurch können gleiche Bezeichner oder Selektoren mit anderer Bedeutung verdeckt werden. Maßgeblich ist auch hier die statische Schachtelung der Anweisungen.

Das folgende Beispiel zeigt Records, auch als *geschachtelte* Records, und die Verwendung der WITH-Anweisung in verschiedenen Varianten:

```
MODULE RecTest;                                     (* Programm P2.38 *)
(* Demonstration der Records *)
FROM InOut IMPORT (* PROC *) WriteString, WriteCard, WriteLn;
CONST MaxPers = 10; MaxLng = 30;
TYPE   DatumT    = RECORD
                     Jahr  : [0..3000];
                     Monat : [1..12];
                     Tag   : [1..31];
                   END (* RECORD *);
       String    = ARRAY [0..MaxLng] OF CHAR;
       NamTyp    = RECORD (* mit drei Feldern gleichen Typs *)
                     VorName, NachName, GebName : String;
                   END (* RECORD *);
       GebAng    = RECORD  (* bestehend aus Record und Array *)
                     Datum: DatumT;
                     Ort:   String;
                   END (* RECORD *);
       EheAng    = RECORD
                     Stand : (ledig, verh, verw, gesch, gest);
                     seit  : DatumT;
                     (* Partner : PersonenAng;  waere falsch ! *)
                   END (* RECORD *);
    PersonenAng = RECORD
                     Name    : NamTyp;
                     Geburt  : GebAng;
                     ZivStand: EheAng;
                   END (* RECORD *);
VAR Person1, Person2 : PersonenAng;
    Datum1, Datum2   : DatumT;
    Klasse           : ARRAY [1..MaxPers] OF PersonenAng;
    Name             : NamTyp;

BEGIN (* RecTest *)
  Person1.Name.VorName  := 'Albert';
  Person1.Name.NachName := 'Einstein'; (* sehr umstaendlich! *)
  WITH Datum1 DO Jahr := 1879;  Monat:= 3;  Tag  := 14;   END;
  WITH Person1 DO
    WITH ZivStand DO   (* das aeussere WITH bleibt wirksam *)
      Stand      := gest;
      seit       := Datum1;
      seit.Jahr  := 1955;
    END (* WITH ZivStand *);
    Geburt.Datum := Datum1;   (* Wertzuw. eines Teil-Records *)
    Geburt.Ort   := 'Ulm';
  END (* WITH Person1 *);
```

2.4. Komplexe Datentypen

```
      Person2 := Person1;        (* Wertzuweisung eines Records *)
      Klasse [5] := Person1;
      WITH Klasse [3] DO
        Name := Person2.Name;   (* d.h. Klasse[3].Name :=
                                            Person2.Name *)
      END (* WITH Klasse [3] *);
    END RecTest.
```

Wie das folgende (unschöne) Fragment zeigt, dürfen WITH-Anweisungen *geschachtelt* werden. Alle Selektoren bleiben sichtbar bis zum Ende des WITH-Anweisung. Innen können sie nur durch gleichnamige Selektoren *verdeckt* werden.

```
                                    (* Programm P2.39a *)
    WITH Person1 DO           (* oeffnet Name, Geburt, ZivStand *)
      WITH ZivStand DO        (* oeffnet Stand, seit           *)
        Stand := gest;        (* Person1.ZivStand.Stand        *)
        seit  := Datum1;      (* Person1.ZivStand.seit         *)
        seit.Jahr := 1955;    (* Person1.ZivStand.seit.Jahr    *)
        Geburt.Datum := Datum1; (* Person1.Geburt.Datum        *)
        Geburt.Ort   := 'Ulm';  (* Person1.Geburt.Ort          *)
      END (* WITH ZivStand *);
    END (* WITH Person1 *);
```

Damit ist auch das Folgende zulässig (ohne schöner zu sein):

```
                                    (* Programm P2.39b *)
    WITH Person1 DO           (* oeffnet Name, Geburt, ZivStand *)
      WITH ZivStand DO        (* oeffnet Stand, seit           *)
        WITH Geburt DO        (* oeffnet Datum, Ort            *)
          Stand     := gest;    (* Person1.ZivStand.Stand      *)
          seit      := Datum1;  (* Person1.ZivStand.seit       *)
          seit.Jahr := 1955;    (* Person1.ZivStand.seit.Jahr  *)
          Datum     := Datum1;  (* Person1.Geburt.Datum        *)
          Ort       := 'Ulm';   (* Person1.Geburt.Ort          *)
        END (* WITH Geburt *);
      END (* WITH ZivStand *);
    END (* WITH Person1 *);
```

Dagegen können nicht mit *einer* WITH-Anweisung Selektoren *mehrerer* Ebenen sichtbar werden.

```
                                    (* Programm P2.39c *)
    WITH Person1.ZivStand DO  (* oeffnet nur Stand, seit *)
      Stand := gest;
      seit  := Datum1;
      seit.Jahr := 1955;
      Geburt.Datum := Datum1;   (* FEHLER *)
      Geburt.Ort   := 'Ulm';    (* FEHLER *)
    END (* WITH *);
```

Records können auch direkt geschachtelt definiert werden. Ein Teil-Record stellt jedoch keinen eigenen Typ dar und kann deshalb nicht unabhängig vom umgebenden Record verwendet werden (z.B. als Parameter eines Prozeduraufrufs).

```
                                               (* Programm P2.39d *)
     TYPE PersonenAng = RECORD (* direkt geschachtelte Definition *)
                   Name    : NamTyp;
                   Geburt  : RECORD
                                Datum: DatumT;
                                Ort:   String;
                             END (* RECORD Geburt *);
                   ZivStand: EheAng;
                 END (* RECORD *);
```

Bei der Arbeit mit Records gilt für einen guten *Programmierstil*:
- WITH-Anweisungen verwenden,
- dabei hohe *Lokalität* anstreben.

Beispiel für Records

Das fragmentarische Programm P2.40 realisiert einen Bibliothekskatalog durch eine Tabelle mit Records.

```
     MODULE Bibliothek;                         (* Programm P2.40 *)
     CONST MaxBuecher    = 100;
           LngAutor      =  20; (* Anzahl Zeichen im Namen *)
           LngTitel      =  50; (* Anzahl Zeichen im Titel *)
           MinLeserID    = 1000;
           MaxLeserID    = 9999; (* soll vierstellig sein *)
           MaxBesteller  =    3;
     TYPE  BuchIndexT    = [1..MaxBuecher];
           BuchZahlT     = [0..MaxBuecher];
           AutorIndT     = [1..LngAutor];
           TitelIndT     = [1..LngTitel];
           BestellIndT   = [1..MaxBesteller];
           BestZahlT     = [0..MaxBesteller];
           SignT         = CARDINAL;
           StatusT       = (bestellt, vorhanden, ausgeliehen,
                            nichtverfuegbar, vermisst);
           LeserIDT      = [MinLeserID..MaxLeserID];
           AutorT        = ARRAY AutorIndT   OF CHAR;
           TitelT        = ARRAY TitelIndT   OF CHAR;
           BestListenT   = ARRAY BestellIndT OF LeserIDT;
           BuchT         = RECORD
                             Autor        : AutorT;
                             Titel        : TitelT;
                             Signatur     : SignT;
                             ZahlBesteller: BestZahlT;
                             Besteller    : BestListenT;
                             Status       : StatusT;
                             Ausleiher    : LeserIDT;
```

2.4. Komplexe Datentypen

```
                          Interessent  : LeserIDT;
                      END (* RECORD *);
VAR Katalog         : ARRAY BuchIndexT OF BuchT;
                                (* global verwendet *)
    ZahlBuecher     : BuchZahlT;  (* global verwendet *)
    Erfolg          : BOOLEAN;

  PROCEDURE Bestellung (    Autor1: AutorT;
                            Titel1: TitelT;
                            Sign1 : SignT;
                        VAR OK    : BOOLEAN);
  (* bestelltes Buch wird in den Katalog aufgenommen        *)
  (* OK = FALSE, wenn Katalog voll oder Sign1 bereits verwendet
               Katalog bleibt in diesem Falle unveraendert *)
  VAR Index: BuchZahlT;
  BEGIN (* Bestellung *)
    OK := (ZahlBuecher < MaxBuecher);
    IF OK THEN                  (* Buch provisorisch eintragen *)
      WITH Katalog [ZahlBuecher + 1] DO
        Autor          := Autor1;
        Titel          := Titel1;
        Signatur       := Sign1;
        ZahlBesteller := 0;
        Status         := bestellt;
      END (* WITH *);
      (* Pruefung, ob die Signatur bereits vorhanden war.
         Der neue Eintrag wirkt als Ende-Markierung (Sentinel) *)
      Index:= 0;
      REPEAT INC (Index) UNTIL Katalog[Index].Signatur = Sign1;
      OK := Index > ZahlBuecher;   (* TRUE, wenn Neueintrag
                                                gefunden *)
      IF OK THEN INC (ZahlBuecher) END; (* Eintrag fixieren *)
    END (* IF OK *);
  END Bestellung;

  PROCEDURE Loeschen (LoeschSign: SignT; VAR OK: BOOLEAN);
  (* OK = FALSE, wenn LoeschSign nicht gefunden wurde *)
  VAR Index : BuchZahlT;
  BEGIN (* Loeschen  *)
    (* Eintrag suchen *)
    OK:= FALSE;    Index:= 0;
    WHILE (Index < ZahlBuecher) AND  NOT OK DO
      INC (Index); OK:= (Katalog[Index].Signatur = LoeschSign);
    END (* WHILE *);
    IF OK THEN (* letzter Eintr. an d. Stelle d. geloeschten *)
      Katalog [Index]:= Katalog [ZahlBuecher];
      DEC (ZahlBuecher);
    END (* IF *); (* funktion. auch, w. Index = ZahlBuecher *)
  END Loeschen;

(*es folgen weitere Prozeduren ... *)

BEGIN (* Bibliothek *)
```

```
(*... Hauptprogramm ...*)
END Bibliothek.
```

2.4.3.2 Records mit Varianten

In der Praxis ist es oft zweckmäßig und natürlich, zwei Typen einfach als *Varianten* des *gleichen* Typs zu betrachten. Zum Beispiel kann ein Typ Koordinaten als Vereinigung der beiden Varianten der kartesischen und polaren Koordinaten betrachtet werden, deren Komponenten zwei Längen bzw. eine Länge und ein Winkel sind. Um die durch eine Variable tatsächlich angenommene Variante zu identifizieren, wird eine dritte Komponente, das sogenannte *Diskriminatorfeld*, eingeführt.

Beispiel: Im oben vorgestellten Bibliothekskatalog ist ein Feld Ausleiher nur sinnvoll, wenn der Status auf ausgeliehen gesetzt ist.

```
BuchT = RECORD                          (* Programm P2.41a *)
        Autor         :  AutorT;
        Titel         :  TitelT;
        Signatur      :  SignT;
        ZahlBestelle  :  BestZahlT;
        Besteller     :  BestListenT;

        CASE Status   :  StatusT OF
          | ausgeliehen  : Ausleiher    : LeserIDT
          | bestellt     : Interessent  : LeserIDT
        END (* CASE *);

        END (* RECORD *);
```

Bei der Bildung von Varianten-Records sind folgende *Regeln* zu beachten:
- alle Selektoren im Record müssen verschieden sein
- der Diskriminator kann in Sonderfällen auch wegfallen
- wie in der CASE-Anweisung kann auch hier eine leere Variante stehen (senkrechter Strich vor der ersten echten Variante).

Records mit Varianten werden verwendet, um die logische Klarheit zu erhöhen und um Speicher zu sparen. Beides soll nachfolgend erläutert werden.

Erhöhung der Klarheit

Ein Programm wird einem Leser verständlicher sein, wenn er den *logischen Zusammenhang* der Felder bereits aus der Typdefinition erkennen kann.

2.4. Komplexe Datentypen

Beispiel: Beim Bibliothekskatalog hätte z.B. eine weitere Variante bezüglich einer evtl. Vorbestellung gebildet werden können. Das Feld vorbestellt muß dann natürlich auch in den Anweisungen berücksichtigt werden.

```
BuchT        = RECORD                         (* Programm P2.41b *)
                 ...
                 CASE vorbestellt : BOOLEAN OF
                   | FALSE : (* leer *)
                   | TRUE  : ZahlBesteller : BestZahlT;
                             Besteller      : BestListenT;
                 END (* CASE *);
                 ...
               END (* RECORD *);
```

Speichereinsparung

Durch Verwendung von Varianten kann man den Speicherbedarf reduzieren, denn pro Record wird nur soviel Platz belegt, wie sich aus der Kombination der *invarianten* und der jeweils größten *varianten* Teile ergibt. Der Effekt ist nur signifikant, wenn es mehrere Varianten mit hohem Speicherbedarf gibt.

```
                                              (* Programm P2.42 *)
TYPE ExternDatenBlatt  = ARRAY [1..100] OF REAL;
     InternDatenblatt  = ARRAY [1..200] OF INTEGER;
     Datenblatt        = RECORD
                (* Varianten zur Speicherplatzeinspar.*)
                           TeileNummer: CARDINAL;
                           CASE extern : BOOLEAN OF
                             | FALSE :
                                 BlattInt : InternDatenblatt
                             | TRUE  :
                                 BlattExt : ExternDatenBlatt
                           END (* CASE *);
                         END (* RECORD *);
```

In vielen Fällen bringen Varianten gleichzeitig beide Vorteile, Klarheit und Speichereinsparung, wie folgendes Programm-Fragment zeigt.

```
TYPE KoordTyp = RECORD                        (* Programm P2.43 *)
        (* Varianten zur Strukturierung u. Speichereinsparung *)
        CASE polar : BOOLEAN OF
          | FALSE : x, y    : REAL (* Kartesische Koordinaten *)
          | TRUE  : r, phi  : REAL (* Polar-Koordinaten *)
        END (* CASE *);
     END (* RECORD *);
VAR  Koord : ARRAY [1..1000] OF KoordTyp;
CONST Pi   = 3.1415;
```

```
BEGIN
  WITH Koord [1] DO polar := FALSE; x := 1.0; y := -1.0;
  END (* WITH *);
  WITH Koord [2] DO polar := TRUE ; r := 2.0; phi := Pi / 4.0;
  END (* WITH *);
END;
```

Gültigkeitsbereiche in Records

Es gelten folgende Regeln bzgl. der *Gültigkeitsbereiche* in Records:
- der Gültigkeitsbereich von neu definierten *Selektoren* im Record beginnt mit der Definition im Record und endet im umgebenden Block
- eine WITH-Anweisung öffnet einen neuen Block, in dem die Selektoren des entsprechenden Records (analog den lokalen Variablen einer Prozedur) gültig sind.

Beispiel:

```
MODULE RecordGB;                                         (* Programm P2.44 *)
(* Demonstration der Gueltigkeitsbereiche in Varianten *)
FROM InOut IMPORT (* PROC *) Write, WriteLn;
VAR R1 : RECORD
           S1: RECORD
                 S1: REAL;
                 S3: BOOLEAN;
              END (* RECORD R1.S1 *);
           S2: CHAR;
           S3: INTEGER;
         END (* RECORD R1 *);
    R2 : RECORD
           CASE T: BOOLEAN OF
             | TRUE : S1: CHAR;
                      S2: INTEGER;
                      S3: RECORD
                            S1: CHAR;
                            S3: CARDINAL;
                          END (* RECORD R2.S3 *);
             | FALSE: S4: INTEGER;
           END (* CASE *);
         END (* RECORD R2 *);
    S1 : CHAR;
    S2 : CARDINAL;

BEGIN (* RecordGB *)
  WITH R1 DO
    WITH R2.S3 DO
      S1 := 'a';   S2:= 'x';   S3 := MAX(CARDINAL);
    END (* WITH R2.S3 *);
  END (* WITH R1 *);
  WITH R1.S1 DO  S1 := FLOAT (S2);   S3 := R1.S2 < 'Z'   END;
  S1 := '$';   R2.S1 := '&';
  R2.T := FALSE;
```

2.4. Komplexe Datentypen   129

```
    WITH R2 DO S1 := 'Q' END;
    Write(R2.S1);  Write(S1);  WriteLn;
END RecordGB.
```

Das vorstehende Programm wird ohne Fehlermeldung übersetzt, obwohl auf den ersten Blick nicht klar ist, daß die Typen überall *zuweisungskompatibel* sind. Um dies zu klären und das Ergebnis vorauszusagen, werten wir die WITH-Anweisungen aus und beseitigen sie:

```
BEGIN (* RecordGB *)
    R2.S3.S1 := 'a';     R1.S2:= 'x';      R2.S3.S3 := MAX(CARDINAL);
    R1.S1.S1 := FLOAT (S2);                R1.S1.S3 := R1.S2 < 'Z';
    S1 := '$';   R2.S1 := '&';
    R2.T := FALSE;
    R2.S1 := 'Q';
    Write(R2.S1);  Write(S1); WriteLn;
END RecordGB.
```

Offenbar wird also Q$ ausgegeben. Die Tatsache, daß bei der Ausführung R2.T mit FALSE besetzt und damit S1 eigentlich nicht zugänglich sein sollte, hat keinerlei Wirkung.

2.4.4 Zeiger (Pointer) und dynamische Variablen

Alle bisher verwendeten Variablen hatten einen Bezeichner und waren im sogenannten *Kellerspeicher* abgelegt. Dank der Felder und Verbunde sind wir damit auch in der Lage, komplexe, aber lediglich *statische* Datenstrukturen zu bilden. Kompliziertere Strukturen wie die in diesem Abschnitt vorgestellten Listen oder die in Abschnitt 6.2 behandelten Graphen (Netzwerke) und Bäume lassen sich so aber nicht beschreiben. Schon gar nicht ist es möglich, Datenstrukturen im Kellerspeicher *dynamisch*, also während der Programmausführung, zu verändern.

Dazu werden nun die sogenannten *dynamischen Variablen* eingeführt. Ihre Lebensdauer ist nicht wie die anderer Variablen an die Ausführung einer Prozedur gebunden, sondern sie werden zur Laufzeit explizit *erzeugt/kreiert* (mit der vordefinierten Prozedur ALLOCATE oder NEW) und eventuell auch wieder *beseitigt* (mit DEALLOCATE oder DISPOSE); sonst existieren sie bis zum Ende des Programmlaufs.

An dieser Stelle sei nochmals auf die Unterscheidung zwischen dem Gültigkeitsbereich des Bezeichners einer Variablen und der Lebensdauer des zur Laufzeit durch eine Variable belegten Speicherplatzes verwiesen (siehe Abschnitt 2.3.2).

Das Adjektiv „dynamisch" bedarf einer Erklärung: Auch eine Prozedur-lokale Variable ist dynamisch in dem Sinne, daß ihr Speicherplatz nur für die Dauer der Prozedur-Ausführung reserviert wird. Bei den „dynamischen" Variablen ist aber etwas anders gemeint: Die Dynamik liegt vollständig unter der Kontrolle des Programmierers, und ein statischer Aspekt fehlt ganz, weil diese Variablen keinen Bezeichner, also auch keinen Gültigkeitsbereich haben (siehe unten).

2.4.4.1 Die Speicherung auf der Halde

Wegen der freien Bestimmung der Lebensdauer können dynamische Variablen nicht im (mit den Prozedur-Inkarnationen pulsierenden) Kellerspeicher gespeichert werden. Für sie wird darum ein ganz anderer Speicher, die *Halde* (der *Heap*) zur Verfügung gestellt.

Da die dynamischen Variablen während des Programmablaufs in prinzipiell beliebiger Menge geschaffen werden können, ist es nicht möglich, ihnen (wie den Variablen im Kellerspeicher) *feste* Bezeichner zuzuordnen. Sie werden stattdessen durch *Zeiger* (*Pointer*) identifiziert. Zeiger können sowohl im Kellerspeicher als auch auf der Halde liegen; die Variablen, auf die sie zeigen, liegen in jedem Falle auf der Halde.

Zeiger sind - wie alle anderen Variablen - zu Beginn ihrer Lebensdauer undefiniert. Sie können auf drei Arten einen *definierten* Wert erhalten:
- durch *Speicherbelegung* mit NEW oder ALLOCATE (siehe unten);
damit weist nur dieser Zeiger auf den frisch belegten Platz
- durch Wertzuweisung eines anderen Zeigers;
damit weisen beide Zeiger auf denselben Platz der Halde. Man beachte, daß die so bezeichnete dynamische Variable bei der Wertzuweisung nicht kopiert wird!
- durch Zuweisung von *NIL*,
eine für alle Zeigertypen vordefinierte Konstante, die *unbesetzte Zeiger* kennzeichnet.

Für das Verständnis und den Gebrauch dynamischer Variablen ist es notwendig, etwas über die Implementierung der Halde zu wissen. Die *Verwaltung* der Halde ist nicht wie die Kellerspeicherverwaltung in die Sprache Modula-2 (d.h. in den Übersetzer und evtl. in das Laufzeitsystem) integriert, sondern muß vom Programmierer explizit durch Import der Prozeduren zur *Speicherbelegung* und *-freigabe* (normalerweise ALLOCATE und DEALLOCATE aus dem Modul Storage) angefordert werden. Dies gilt auch dann, wenn diese Prozeduren nur implizit (nämlich durch die in einigen MODULA-2-Systemen vordefinierten Prozeduren NEW und DISPOSE) aufgerufen werden.

Sei XT ein beliebiger Typ (oft ein Record), und seien PT und P definiert durch

```
TYPE PT = POINTER TO XT; VAR P : PT;
```

2.4. Komplexe Datentypen

Dann sind die beiden Operationen

```
NEW (P);    DISPOSE (P);
```

gleichbedeutend mit

```
ALLOCATE (P, SIZE(XT));    DEALLOCATE (P, SIZE(XT));
```

SIZE ist dabei eine vordefinierte Funktion, die nicht importiert werden muß. NEW oder ALLOCATE belegt also auf der Halde Speicherplatz für ein Objekt des Typs XT (nicht PT!), DISPOSE oder DEALLOCATE gibt diesen Speicher wieder frei. Außerdem weist NEW dem Zeiger P als Wert die (Anfangs-) Adresse des belegten Speicherplatzes zu. Der Programmierer kann (und sollte) von dieser aber keinen Gebrauch anders als durch *Zeiger-Operationen* (folgt in Abschnitt 2.4.4.2) machen, denn sie kann sich je nach Implementierung von einem Lauf des Programms zum anderen verändern. Verfügt das System über ein Programm, das die Halde „aufräumt" (einen sog. *Garbage Collector*), so ist sogar eine Änderung während des Laufs möglich, wobei der Garbage Collector automatisch alle Zeiger korrigiert. Der Zugriff auf den belegten Speicherplatz erfolgt mit dem sogenannten *Dereferenzieroperator* ^ (siehe folgende Beispiele).

Durch Ausführung von DISPOSE oder DEALLOCATE wird der Wert des betreffenden Zeigers wieder undefiniert. Bei manchen Systemen werden Zeiger zu Beginn und nach DISPOSE *automatisch* mit NIL besetzt. Da dies aber nicht auf allen Systemen gilt, leidet die Portabilität, wenn dieser Komfort in Anspruch genommen wird.

Auf einfachen Modula-2-Systemen ist DISPOSE/DEALLOCATE meist wirkungslos; andererseits kann ein Garbage Collector evtl. sogar selbst erkennen, welcher Speicher freigegeben ist (weil keine Zeiger mehr darauf verweisen). Darum neigen Programmierer dazu, die Speicherfreigabe zu „vergessen". Dies ist schlechter Stil, weil es den Dokumentationswert des Programms vermindert und dem Garbage Collector komplizierte Untersuchungen aufzwingt, die mit wenig Überlegung beim Programmieren überflüssig werden. Es ist etwa das gleiche, als ob man in einer Bibliothek die gelesenen Bücher einfach irgendwo herumliegen läßt, statt (durch Ablegen auf dem Rückgabetisch) dem Personal explizit zu zeigen, daß diese wieder allgemein verfügbar sind.

Das Verhalten des Systems bei Überlauf der Halde ist nicht definiert. Der Programmierer kann dem aber vorbeugen, indem er vor der Belegung mit der (ebenfalls aus dem Modul Storage zu importierenden) Funktion „Available" abfragt, ob noch genügend Speicher verfügbar ist.

Bemerkung: Das Thema „Speicherverwaltung" insgesamt werden wir noch ausführlich in Abschnitt 6.6 behandeln.

Die Beziehung zwischen Kellerspeicher und Halde läßt sich durch einen Vergleich veranschaulichen (siehe auch Abb. 2.19): Der Kellerspeicher entspricht dem festen Boden, und die Variablen sind schwere, auf dem Boden fixierte Gegenstände. Die Halde ist die Luft, und die dynamischen Variablen sind Ballons. Ballons müssen direkt oder über andere Ballons mit dem Boden (von dort durch den Anker mit dem untersten Ballon) verbunden sein, sonst steigen sie auf oder werden abgetrieben. Die Seile, durch die sie verbunden sind, entsprechen den Zeigern. In der Realität des Ballons bleibt seine genaue Position unbestimmt, sie schwankt mit dem Wind. Ebenso ist die Adresse einer dynamischen Variablen unbestimmt, und nur ein im Kellerspeicher ruhender Zeiger (oder eine im Kellerspeicher beginnende Kette von Zeigern) macht sie erreichbar.

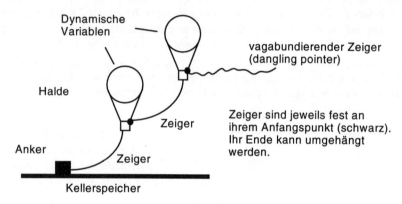

Abb. 2.19 Vergleich dynamischer Variablen mit Ballons

2.4.4.2 Operationen auf Zeigern

Das nachfolgende Programm P2.45 zeigt einige einfache Zeiger-Operationen.

```
MODULE Pointer;                              (* Programm P2.45 *)
(* Beispiel zu den Zeigervariablen *)
FROM InOut    IMPORT (* PROC *) WriteCard, WriteString, WriteLn;
FROM Storage IMPORT (* PROC *) ALLOCATE, DEALLOCATE;

TYPE ZeigTyp = POINTER TO ZeigRec;
     ZeigRec = RECORD
               Key  : CARDINAL;
               Next: ZeigTyp;
             (* Cont: ...          *)
               END (* RECORD *);
     VAR Anker, Hilf1 : ZeigTyp;
```

2.4. Komplexe Datentypen 133

```
BEGIN (* Pointer *)                      (* Abb.bei BEGIN *)
  (* Kette aus zwei Gliedern aufbauen *)
  NEW (Anker);                           (* Abb.nach erstem NEW *)
  WITH Anker^ DO
    Key := 1; NEW (Next);                (* Abb.nach zweitem NEW *)
    WITH Next^ DO Key := 2; Next := NIL; END;
                                         (* Abb.nach Next := NIL *)
  END (* WITH Anker^ *);

  (* Kette durchlaufen und Werte von Key ausgeben *)
  Hilf1 := Anker;                        (* Hilfszeiger initialisieren *)
  WHILE Hilf1 # NIL DO                   (* Test Kettenende *)
    WriteCard (Hilf1^.Key, 3);           (* Ausgabe des Schluessels *)
    Hilf1 := Hilf1^.Next;                (* Weitersetzen des Hilfszeigers *)
  END (* WHILE *);

  WriteLn;                  (* Die erzeugte Ausgabe ist:   1  2 *)
END Pointer.
```

Der linke Teil der Abb. 2.20 zeigt die Situation zu Beginn des Programmlaufs; es existiert nur ein undefinierter Zeiger Anker. Der Zeiger Hilf1, der ebenfalls undefiniert ist, spielt in diesem Teil des Programms keine Rolle, er wird daher weggelassen. Durch NEW erhält der Anker einen definierten Wert, er weist nun in die Halde auf einen Record, dessen Felder ihrerseits undefiniert sind (rechter Teil der Abb. 2.20).

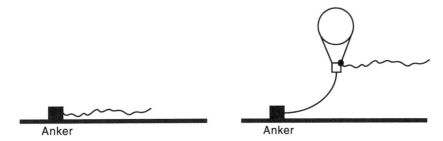

Abb. 2.20 Situation bei BEGIN und nach erstem NEW

Die Wertzuweisung an Key gibt der dynamischen Variablen einen Schlüssel (1), durch NEW wird ein weiterer Record angehängt (linker Teil der Abb. 2.21). Die Felder dieses Records werden anschließend mit dem Schlüssel 2 und NIL besetzt (rechter Teil der Abb. 2.21).

Das restliche Programm läßt den Hilfszeiger Hilf1 von einer dynamischen Variablen zur folgenden laufen, bis das durch NIL definierte Ende erreicht ist. Bei jedem Schritt wird der Inhalt des Feldes Key ausgegeben. Hilf1 durchläuft also die Werte:

zu Beginn	undefiniert
nach Initialisierung mit Wert von Anker	Adresse von Record 1
nach dem 1. Schleifendurchlauf	Adresse von Record 2
nach dem 2. Schleifendurchlauf	NIL.

Dann ist die Wiederholbedingung nicht mehr erfüllt.

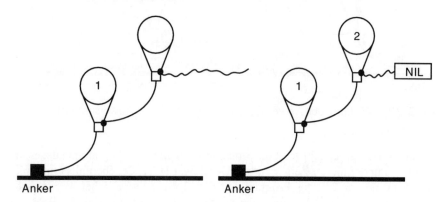

Abb.2.21   Situation nach zweitem NEW und nach Next := NIL

Nachfolgend soll die Wirkung von vier verschiedenen Anweisungen ((a) - (d)) gezeigt werden, die jeweils (alternativ, nicht sequentiell) von der durch das Beispiel oben geschaffenen Situation (rechter Teil der Abb. 2.21) ausgehen.

```
Anker^.Next^.Next := Anker;              (* a *)
```

Das bisher mit NIL besetzte Ende der Kette wird auf das 1. Element gerichtet (linker Teil der Abb. 2.22). Diese sogenannte *zyklische Verkettung* ist in vielen Anwendungen verketteter Listen vorteilhaft. Natürlich lautet das Ende-Kriterium nun nicht mehr Hilf1 = NIL, sondern Hilf1 = Anker.

```
Anker := Anker^.Next^.Next;              (* b *)
```

Die rechte Seite der Wertzuweisung hat den Wert NIL, und dieser wird dem Anker zugewiesen. Damit werden die beiden dynamischen Variablen unerreichbar, sie sind *implizit freigegeben* (rechter Teil der Abb. 2.22)

Die Anweisungen

```
DISPOSE (Anker^.Next);   DISPOSE (Anker);   Anker := NIL;
```

sorgen für eine *explizite* Freigabe.

2.4. Komplexe Datentypen

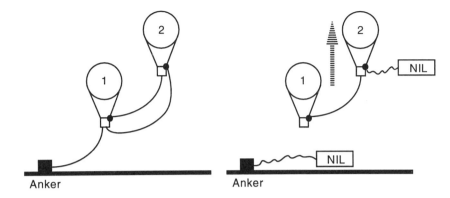

Abb. 2.22 Wirkung der Anweisung (a)   Wirkung der Anweisung (b)

```
    Anker := Anker^.Next;                    (* c *)
```

Der Anker weist durch Anweisung c auf den zweiten Record. Der erste ist damit implizit freigegeben (linker Teil in Abb. 2.23); er enthält zwar selbst noch einen Zeiger auf den 2. Record, doch macht ihn dieser Zeiger umgekehrt nicht zugänglich.

```
    NEW (Anker);                             (* d *)
```

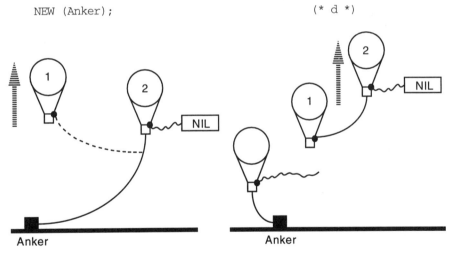

Abb. 2.23 Wirkung der Anweisung c   Wirkung der Anweisung d

Auch hier sind die beiden Records implizit freigegeben, und ein neuer mit undefiniertem Inhalt ist durch Anker bezeichnet (rechter Teil in Abb. 2.23).

2.4.4.3 Verkettete Listen

Einfach verkettete Listen

Im Beispiel des letzten Abschnitts war eine kurze Liste entstanden. In der Praxis haben Listen i.a. natürlich eine *undefinierte* Länge, denn der Vorteil der dynamischen Variablen liegt ja gerade in der Freiheit, Strukturen dynamisch zu verändern.

Nachfolgend werden der Aufbau einer einfach verketteten Liste sowie das Löschen und Einfügen von Listenelementen vorgestellt.

Aufbau einer Liste
Beim Aufbau einer allgemeinen, einfach verketteten Liste (im folgenden kurz *Kette* genannt) werden die Elemente der Kette vom Anker an numeriert. Die Typen sind gleich geblieben, die Ausgabeprozedur ZeigKette funktioniert wie im letzten Abschnitt, doch wird zusätzlich eine Meldung ausgegeben, die auf feste Länge aufgefüllt wird.

```
MODULE Kette;                                    (* Programm P2.46a *)
(* Beispiel 2 zu Zeigervariablen: Aufbau einer verketteten
   Liste; hier werden nicht NEW/ DISPOSE, sondern ALLOCATE/
   DEALLOCATE verwendet *)
FROM InOut    IMPORT (* PROC *) WriteCard, WriteString,
                                WriteChar, WriteLn;
FROM Storage IMPORT (* PROC *) ALLOCATE, DEALLOCATE;
TYPE ZeigTyp = POINTER TO ZeigRec;
     ZeigRec = RECORD
                  Key  : CARDINAL;
                  Next: ZeigTyp;
               (* Cont: ...          *)
               END (* RECORD *);
VAR  Anker    : ZeigTyp;

  PROCEDURE ZeigKette (Meldung: ARRAY OF CHAR);
  (* Meldung in konstanter Laenge ausgeben,
     dann Kette (ist global) *)
  CONST LngMeldMax = 30;
  VAR   Hilf1 : ZeigTyp;     i: CARDINAL;
  BEGIN (* ZeigKette *)
    WriteString (Meldung);
    FOR i := HIGH (Meldung)+1 TO LngMeldMax-1 DO
      WriteChar(' ');
    END (* FOR *);
    Hilf1 := Anker;
    WHILE Hilf1 # NIL DO
      WriteCard (Hilf1^.Key, 3);   Hilf1 := Hilf1^.Next;
    END (* WHILE *);
    WriteLn;
```

2.4. Komplexe Datentypen

```
END ZeigKette;

PROCEDURE BaueKette1 (Lng: CARDINAL);
(* Kette unbest. Laenge > 0 aufbauen
   durch Anfuegen am Ende *)
VAR Hilf1 : ZeigTyp;   i : CARDINAL;
BEGIN (* BaueKette1 *)
  ALLOCATE (Anker, SIZE(ZeigRec));
  Hilf1 := Anker;    Anker^.Key := 1;   (* 1. Kettenelement *)
  FOR i := 2 TO Lng DO          (* Kettenelemente 2 bis Lng *)
    ALLOCATE (Hilf1^.Next, SIZE (ZeigRec));
    Hilf1 := Hilf1^.Next;   Hilf1^.Key := i;
  END (* FOR *);
  Hilf1^.Next := NIL;   (* Abschluss der Kette mit NIL *)
END BaueKette1;

BEGIN (* Kette *)
  BaueKette1 (3);       ZeigKette ('Aufbau der Laenge 3');
END Kette.
```

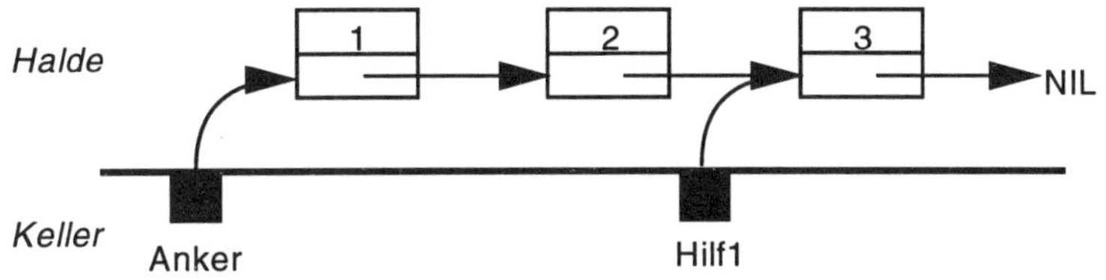

Abb. 2.24 Aufbau der Kette mit BaueKette1

Abb. 2.24 zeigt die Situation nach Ausführung von BaueKette1 (3). Da wir uns mit Hilf1 an der Kette „entlanghangeln", können wir auch ohne die Laufvariable i auskommen. Diese Lösung (Programm P2.46b) ist aber deutlich komplizierter und darum schlechter als die oben gezeigte.

```
PROCEDURE BaueKette2 (Lng: CARDINAL);      (* Programm P2.46b *)
(* Gleiche Funktion wie BaueKette1, aber ohne Laufvariable *)
VAR Hilf1 : ZeigTyp;
BEGIN (* BaueKette2 *)
  ALLOCATE (Anker, SIZE (ZeigRec));
  Hilf1 := Anker;    Anker^.Key := 1;
  WHILE Hilf1^.Key < Lng DO
    ALLOCATE (Hilf1^.Next, SIZE (ZeigRec));
    Hilf1^.Next^.Key := Hilf1^.Key + 1;   Hilf1 := Hilf1^.Next;
  END (* WHILE *);
  Hilf1^.Next := NIL;
END BaueKette2;
```

Statt mit dem ersten kann man auch mit dem letzten Element beginnen. Das ergibt eine einfachere Lösung, die auch den Fall der leeren Liste ohne spezielle Behandlung einschließt. Der Trick besteht darin, daß am Hilfszeiger jeweils nur ein einzelnes Element erzeugt und dann zwischen Anker und Kette eingehängt wird (siehe Programm P2.46c).

```
PROCEDURE BaueKette3 (Lng: CARDINAL);        (* Programm P2.46c *)
(* Aufbau der Kette von hinten nach vorn *)
VAR Hilf1 : ZeigTyp;      i : CARDINAL;
BEGIN (* BaueKette3 *)
  Anker := NIL; (* Kette initialisieren *)
  FOR i := Lng TO 1 BY -1 DO       (* rueckwaerts wegen Key *)
    ALLOCATE (Hilf1, SIZE (ZeigRec));    (* Neues Element
                                                erzeugen *)
    WITH Hilf1^ DO  Key := i; Next := Anker;  END; (* und
                                                besetzen *)
    Anker := Hilf1;   (* Neues Element wird vor die Kette
                                                gehaengt *)
  END (* FOR *);
END BaueKette3;
```

Abb. 2.25 zeigt die Situation beim Einfügen des drittletzten Elementes (mit Schlüssel 5) in die Kette (gestrichelt der neue Wert von Anker).

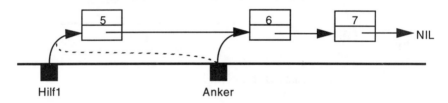

Abb. 2.25 Aufbau der Kette rückwärts mit BaueKette3

Verkettete Listen sind offensichtlich *rekursive* Datenstrukturen, denn jedes Element der Liste enthält einen Zeiger auf eine Liste. Darum lassen sie sich auch besonders gut mit rekursiven Prozeduren bearbeiten. Bei der Arbeit mit sehr langen Ketten stehen dem in der Praxis allerdings Effizienzüberlegungen entgegen. Auch kann es zum *Überlauf* des Kellerspeichers kommen, denn an jedes Listenelement wird ja eine Prozedur-Inkarnation geheftet. Wo aber rekursive Lösungen praktisch gebraucht werden können, sind sie wesentlich eleganter als die iterativen.

Man beachte, daß der Zeiger im folgenden Beispiel als Referenzparameter übergeben wird. Fast nie hat es Sinn, Zeiger als Wertparameter zu übergeben, denn dies führt dazu, daß eine Kopie des Zeigers angelegt wird. Wir wollen aber das Original des Zeigers verändern (beispielsweise durch NEW). Den Vorteil des Wertparameters, nämlich die *Entkopplung* zwischen Original und Kopie, haben wir bei Zeigern ohnehin nicht, denn es wird ja nur der Zeiger, nicht aber die eigentlich wichtige Information in der dynamischen Variablen kopiert. Man beachte, daß uns die Parameter-

2.4. Komplexe Datentypen

Übergabe die Möglichkeit verschafft, dynamische Variablen wieder über einen Bezeichner anzusprechen, nämlich den des *formalen Parameters*.

```
                                             (* Programm P2.46d *)
    PROCEDURE BaueKette4 (    Laenge, Schluessel: CARDINAL;
                          VAR Zeiger           : ZeigTyp);
    (* Aufbau einer Kette durch Rekursion; keine lokale Variable *)
    BEGIN   (* BaueKette4 *)
      IF Laenge = 0 THEN
        Zeiger := NIL;
      ELSE
        ALLOCATE (Zeiger, SIZE (ZeigRec));
        WITH Zeiger^ DO
          Key := Schluessel;
          BaueKette4 (Laenge-1, Schluessel+1, Next);
        END (* WITH *);
      END (* IF *);
    END BaueKette4;
```

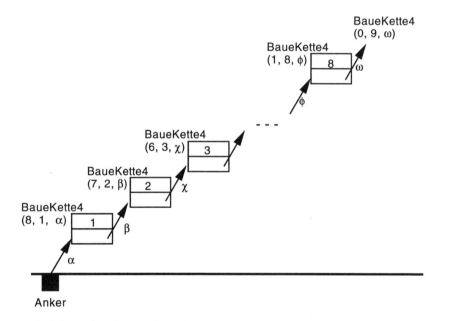

Abb. 2.26   Rekursiver Aufbau einer Kette mit BaueKette4

Abb. 2.26 zeigt den Aufbau der Kette mit BaueKette4. Die Zeiger, die als Parameter übergeben werden, aber bis auf den ersten keinen Bezeichner haben, sind durch griechische Buchstaben identifiziert. Der formale Parameter Zeiger ist also in der ersten Inkarnation von BaueKette4 mit α = Anker besetzt, in der zweiten mit β = Anker^.Next usw. In der gezeichneten Situation beim Abbruch der Rekursion wird gerade der letzte Zeiger (ω) mit NIL besetzt.

Löschen in einer Liste
Nachfolgend stellen wir Algorithmen zum *Löschen* von Elementen in einer Kette vor. Um das zu löschende Element explizit freigeben zu können, benötigen wir einen weiteren Hilfszeiger. Damit weist Hilf1 auf das „Opfer", Hilf2 auf den Vorgänger. Das Programm P2.46e ist den unten beschriebenen Sonderfällen (Löschen des ersten Elementes oder zu löschendes Element nicht in der Liste) nicht gewachsen.

```
PROCEDURE Loeschen1 (Nr: CARDINAL);        (* Programm P2.46e *)
VAR Hilf1, Hilf2 : ZeigTyp;
BEGIN (* Loeschen1 *)
  Hilf1 := Anker;
  REPEAT                                   (* Suche nach dem "Opfer" *)
    Hilf2 := Hilf1;        (* Hilf1 weist auf den Kandidaten, *)
    Hilf1 := Hilf1^.Next; (* ... Hilf2 auf dessen Vorgaenger *)
  UNTIL Hilf1^.Key = Nr;
  Hilf2^.Next := Hilf1^.Next; (* Hilf1^ faellt aus der Kette *)
  DEALLOCATE (Hilf1, SIZE (ZeigRec));
              (* Hilf1^ wird ordnungsgemaess "kompostiert" *)
END Loeschen1;
```

Mit Loeschen1 gibt es keine Schwierigkeiten, wenn das Opfer nicht am Anfang steht. Dagegen läßt sich das erste (oder einzige) Element der Kette so nicht löschen. Wir müssen also diesen Fall separat behandeln (siehe Programm P2.46f).

```
PROCEDURE Loeschen2 (Nr: CARDINAL);        (* Programm P2.46f *)
(* Wie Loeschen1, jedoch auch fuer 1. Listenelement korrekt *)
VAR Hilf1, Hilf2 : ZeigTyp;
BEGIN (* Loeschen2 *)
  Hilf1 := Anker;
  IF Anker^.Key = Nr THEN
     Anker := Anker^.Next;  (* Sonderfall: 1. Element wird
                                            geloescht *)
  ELSE                      (* wie in Loeschen1 *)
    REPEAT
       Hilf2 := Hilf1; Hilf1 := Hilf1^.Next;
    UNTIL Hilf1^.Key = Nr;
    Hilf2^.Next := Hilf1^.Next;
  END (* IF *);
  DEALLOCATE (Hilf1, SIZE (ZeigRec));   (* immer notwendig *)
END Loeschen2;
```

Doch auch dieses Programm ist nicht korrekt: Ist das zu löschende Element nicht in der Liste vorhanden, so bricht das Programm mit einem Laufzeitfehler ab, da versucht wird, auf das Element eines Zeigers zuzugreifen (*dereferenzieren*), dieser aber den Wert NIL hat. Deshalb erfordert auch dieser Fall eine spezielle Behandlung, die in Programm P2.46g realisiert ist.

2.4. Komplexe Datentypen

```
  PROCEDURE Loeschen3 (Nr: CARDINAL);        (* Programm P2.46g *)
  (* Wie Loeschen2, jedoch auch korrekt, falls angegebenes
     Element fehlt *)
  VAR Hilf1, Hilf2 : ZeigTyp;
  BEGIN (* Loeschen3 *)
    IF Anker # NIL THEN          (* bei leerer Liste keine Aktion *)
      Hilf1 := Anker;                         (* wie Loeschen2 *)
      IF Anker^.Key = Nr THEN
        Anker := Anker^.Next; DEALLOCATE (Hilf1, SIZE(ZeigRec));
      ELSE
        REPEAT
          Hilf2 := Hilf1; Hilf1 := Hilf1^.Next
        UNTIL (Hilf1 = NIL) OR (Hilf1^.Key = Nr);
              (* hier ist auch die erfolglose Suche abgedeckt *)
        IF Hilf1 # NIL THEN
          Hilf2^.Next := Hilf1^.Next;
          DEALLOCATE (Hilf1, SIZE (ZeigRec));
        END (* IF *);
      END (* IF *);
    END (* IF *);
  END Loeschen3;
```

Die Reihenfolge der logischen Operanden des OR-Operators in der UNITL-Bedingung ist wichtig: Ergibt die Auswertung des ersten Operanden bereits TRUE, so wird der zweite Operand nicht mehr ausgewertet, da der Wert des gesamten Ausdrucks dann bereits feststeht. Durch diese *Auswertungsreihenfolge* logischer Operanden wird der oben beschriebene Laufzeitfehler durch das Dereferenzieren eines NIL-Zeigers vermieden. Analoges gilt auch für den AND-Operator: Die Auswertung der Operanden erfolgt von links nach rechts und wird abgebrochen, falls die Auswertung eines Operanden FALSE ergibt.

Eine andere, oft vorteilhafte Lösung ist die, ein „nulltes" Element hinzuzufügen, das nie verändert wird, sondern nur eine homogene Adressierung aller anderen Elemente der Kette ermöglicht; es bildet damit so etwas wie einen *fliegenden Anker* (angewandt im Programm P2.48). Auch beim Löschen hat die Rekursion Vorteile, wie die folgende Prozedur zeigt. Der Sonderfall „erstes Element löschen" ist ohne spezielle Behandlung abgedeckt, „leere Liste" und „Element nicht vorhanden" erfordern zusammen nur eine Abfrage am Anfang.

```
                                            (* Programm P2.46h *)
  PROCEDURE Loeschen4 (Nr:CARDINAL; VAR Zeiger: ZeigTyp);
  (* Loeschen als rekursive Prozedur *)
  VAR Hilf1 : ZeigTyp;      (* nur   e i n   Hilfszeiger *)
  BEGIN (* Loeschen4 *)
    IF Zeiger # NIL THEN     (* leere Liste oder nicht gefunden *)
      IF Zeiger^.Key = Nr THEN
        Hilf1 := Zeiger;  Zeiger := Zeiger^.Next;
        DEALLOCATE (Hilf1, SIZE (ZeigRec));
      ELSE
```

```
                Loeschen4 (Nr, Zeiger^.Next);(* in restl. Liste suchen *)
            END (* IF *);
        END (* IF *);
    END Loeschen4;
```

Hier folgt das vollständige Hauptprogramm im Modul Kette, durch das alle Prozeduren zum Aufbau und zum Löschen getestet werden :

```
                                            (* Programm P2.46i *)
    BEGIN (* Kette *) (* Hauptprogramm fuer Listen-Algorithmen *)
        BaueKette1 (5);      ZeigKette ('Aufbau vorwaerts 1');
        BaueKette2 (6);      ZeigKette ('Aufbau vorwaerts 2');
        BaueKette3 (7);      ZeigKette ('Aufbau rueckwaerts');
        BaueKette4 (8, 1, Anker);
                             ZeigKette ('Aufbau rekursiv');
        Loeschen1 (5);       ZeigKette ('Element in Liste loeschen');
        Loeschen1 (8);       ZeigKette ('Element am Ende loeschen');
        Loeschen2 (1);       ZeigKette ('Element am Anfang loeschen');
        Loeschen3 (9);       ZeigKette ('Versuch, fehl. El. loeschen');
        Loeschen4 (2, Anker);
                             ZeigKette ('rekursiv am Anfang loeschen');
        Loeschen4 (7, Anker);
                             ZeigKette ('rekursiv am Ende loeschen');
    END Kette.
```

Die Ausgabe des Programms sieht so aus:

```
    Aufbau vorwaerts 1              1 2 3 4 5
    Aufbau vorwaerts 2              1 2 3 4 5 6
    Aufbau rueckwaerts              1 2 3 4 5 6 7
    Aufbau rekursiv                 1 2 3 4 5 6 7 8
    Element in Liste loeschen       1 2 3 4 6 7 8
    Element am Ende loeschen        1 2 3 4 6 7
    Element am Anfang loeschen      2 3 4 6 7
    Versuch, fehl. El. loeschen     2 3 4 6 7
    rekursiv am Anfang loeschen     3 4 6 7
    rekursiv am Ende loeschen       3 4 6
```

Einfügen in eine Liste

Das *Einfügen* läßt sich ganz ähnlich wie das Löschen realisieren. Wir brauchen zwei Hilfszeiger, von denen der eine auf den Vorgänger, der andere auf den Nachfolger des einzufügenden Elementes gerichtet wird. Dann kann am Vorgänger das neue Element erzeugt und der Rest angehängt werden. Auch hier ist es vorteilhaft, wenn entweder nie vor dem bisher ersten Element eingefügt oder eine rekursive Realisierung gewählt wird. Die hier gezeigte Lösung enthält keine Prüfung darauf, ob der Schlüssel bereits vergeben wurde. Dafür wären ein modifizierter Test Key ≥ Nr und eine weitere Abfrage im THEN-Zweig notwendig.

```
                                            (* Programm P2.47 *)
        PROCEDURE Einfuegen (Nr: CARDINAL;  VAR Zeiger: ZeigTyp);
```

2.4. Komplexe Datentypen

```
(* Rekursive Loesung *)
VAR Hilf1 : ZeigTyp;
BEGIN (* Einfuegen *)
  IF (Zeiger = NIL) OR (Zeiger^.Key > Nr)
  THEN (* Stelle zum Einfuegen gefunden  *)
    NEW (Hilf1);
    WITH Hilf1^ DO   Key := Nr;   Next := Zeiger;   END;
    Zeiger := Hilf1;
  ELSE
    Einfuegen (Nr, Zeiger^.Next);
  END (* IF *);
END Einfuegen;
```

Der Aufruf erfolgt beispielsweise mit

```
Einfuegen (7, Anker);
```

Doppelt verkettete Listen

In vielen Fällen ist es vorteilhaft, Listen *doppelt* zu verketten. Zwar steigt der *Speicherbedarf* durch die zusätzlichen Zeiger auf den *Vorgänger* (Prev für Previous) an, doch werden dafür die Operationen einfacher, denn man kann sich in beiden Richtungen bewegen und auch eine Verbindung auftrennen, ohne den Zusammenhang zu verlieren. Um nicht Anfang und Ende der Kette separat behandeln zu müssen, verwendet man zweckmäßig den fliegenden Anker, also ein *Blindelement* der Kette.

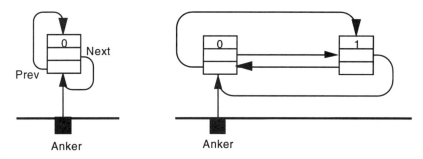

Abb. 2.27   Doppelt verkettete Liste mit Blindelement

Abb. 2.27 zeigt eine solche Kette im Anfangszustand (also leere Kette, nur Blindelement vorhanden) und mit einem Element. Man beachte, daß es damit beim Einfügen und Löschen keine Sonderfälle (erstes oder letztes Element, Kette leer) mehr gibt.

Das folgende *Beispiel* verwendet direkt ALLOCATE und DEALLOCATE.

```
MODULE DoppelKette;                      (* Programm P2.48 *)
```

```
FROM Storage IMPORT (* PROC *) ALLOCATE, DEALLOCATE;
FROM InOut   IMPORT (* PROC *) WriteCard, WriteLn;
TYPE ZeigTyp = POINTER TO ZeigRec;
     ZeigRec = RECORD
                  Key : CARDINAL;
                  Prev, Next: ZeigTyp;
               (* Cont: ...          *)
               END (* RECORD *);
VAR  Anker : ZeigTyp;

  PROCEDURE Einfuegen (Nr: CARDINAL);
  (* Fuegt neues Element in die geordnete Liste ein. Element mit
     Key = Nr darf noch nicht vorhanden sein *)
  VAR Hilf1 : ZeigTyp;
  BEGIN (* Einfuegen *)
    Hilf1 := Anker^.Next;
    WHILE (Hilf1^.Key < Nr) AND (Hilf1 <> Anker) DO
       Hilf1 := Hilf1^.Next;(* Nachfolger des neuen Elementes *)
    END (* WHILE *);            (* ... oder Kettenende suchen *)
    WITH Hilf1^ DO      (* der Nachfolger des neuen Elementes *)
       ALLOCATE (Prev^.Next, SIZE (ZeigRec));   (* neues Elem.
                                                      einfuegen *)
       WITH Prev^.Next^ DO
         Key  := Nr;
         Next := Hilf1;
         Prev := Hilf1^.Prev;
       END (* WITH *);  (* damit ist das neue Element
                                ganz definiert *)
       Prev := Prev^.Next;      (* neuen Vorgaenger anhaengen *)
    END (* WITH *);
  END Einfuegen;

  PROCEDURE Loeschen (Nr: CARDINAL);
  (* loescht Element in Liste.
     Element mit Key = Nr muss vorhanden sein *)
  VAR Hilf1 : ZeigTyp;
  BEGIN (* Loeschen *)
    Hilf1 := Anker^.Next;
    WHILE Hilf1^.Key # Nr DO  Hilf1 := Hilf1^.Next;  END;
                                                    (* suchen *)
    WITH Hilf1^ DO
       Prev^.Next := Next;   Next^.Prev := Prev;
    END (* WITH Hilf1^ *);
       DEALLOCATE (Hilf1, SIZE (ZeigRec));       (* loeschen *)
  END Loeschen;

  PROCEDURE ZeigKette;
  VAR Hilf1 : ZeigTyp;
  BEGIN (* ZeigKette *)
    Hilf1 := Anker^.Next;
    WHILE Hilf1 # Anker DO
       WriteCard (Hilf1^.Key, 3);   Hilf1 := Hilf1^.Next;
    END (* WHILE *);
```

2.4. Komplexe Datentypen

```
        WriteLn;
      END ZeigKette;

   BEGIN (* DoppelKette *)
      ALLOCATE (Anker, SIZE (ZeigRec));(* fliegenden Anker init. *)
      WITH Anker^ DO Key := 0; Next := Anker; Prev := Anker;   END;
      Einfuegen(7);  Einfuegen(1);   Einfuegen(4);
      Einfuegen(5);  Einfuegen(9);                   ZeigKette;
      Loeschen (1);  Loeschen (9);   Loeschen (5);   ZeigKette;
   END DoppelKette.
```

2.4.4.4 Anwendungen und Probleme dynamischer Variablen

Dynamische Variablen werden vor allem aus drei Gründen verwendet:
- Aufbau *beliebiger* dynamisch *änderbarer* Datenstrukturen
- von Elementen mit hohem oder unbestimmtem Speicherbedarf aus ansonsten „regelmäßigen" Datenstrukturen wie Arrays und Records
- Realisierung sogenannter *Abstrakter Datentypen* (werden in Kapitel 3 vorgestellt).

Für den ersten Fall wurden Listen bereits als Beispiele gezeigt; weitere folgen in Kapitel 6 (z.B. Baumstrukturen). Den zweiten Fall soll das folgende Beispiel anschaulich machen: Es sei eine sehr große, schwach besetzte Matrix gegeben. Dort, wo Felder besetzt sind, sei der Speicherbedarf hoch. Wir könnten nun die Matrix wie folgt aufbauen:

```
   TYPE MatrixElement = RECORD            (* Programm P2.49 *)
                CASE vorhanden : BOOLEAN OF
                 | FALSE : (* leer *)
                 | TRUE  : Inhalt : GrosserRecordTyp
                END (* CASE *)
              END (* RECORD *);
   VAR   Matrix : ARRAY [1..100], [1..100] OF MatrixElement;
```

Das führt aber dazu, daß *alle* Elemente für den ungünstigeren Fall (TRUE) ausgelegt werden müssen. Darum ist es oft vorteilhaft, in der Matrix nur Zeiger zu speichern:

```
   TYPE MatrixElement = POINTER TO GrosserRecordTyp;
```

Die Matrixelemente werden mit NIL initialisiert, und nur für diejenigen, die wirklich besetzt sind, wird (in der Halde) Speicherplatz belegt.

Probleme

Neben den genannten Vorteilen bringen dynamische Variablen auch *Nachteile* mit sich. Dazu zählen:

- Programme mit dynamischen Variablen lassen sich schwer *testen*.

Der Grund liegt darin, daß Bezeichner, die sich ausgeben ließen, fehlen. Man kann hier jedoch durch bewußte Testplanung (vgl. Abschnitt 4.3) vieles erleichtern.

- Programme mit dynamischen Variablen sind schwerer *verständlich* und *wartbar*.
  Natürlich kann ein Programmierer dieses Problem mit den üblichen Mitteln (gute Bezeichner, Kommentare, Gliederung, Dokumentation) wesentlich entschärfen.

- Dynamische Variablen lassen sich nur mit beträchtlichem Aufwand auf *externe Datenspeicher* bringen oder von solchen einlesen.
  Praxisnahe Programme arbeiten in fast allen Fällen mit Daten, die in externen Datenbanken oder in *Dateien* (Vorstellung im nächsten Abschnitt) gespeichert sind. Da auf solche Dateien mit Schreib- und Leseoperationen zugegriffen wird, wie wir sie ähnlich schon bisher verwendet haben, können wir Zeiger nicht auf diese Weise aus- und eingeben.
  Das Problem läßt sich nicht elegant lösen. Man muß entweder die Datenstruktur mit speziellen Programmen so ausgeben, daß sie sich (dank Hilfsinformationen) später *rekonstruieren* läßt (bei einfachen Listen eine triviale Aufgabe), oder man implementiert sich die Halde selbst (und damit im Kellerspeicher), indem man alle eigentlich dynamischen Variablen in ein großes *Feld* legt. An die Stelle der Zeiger treten dann Indizes. Die Ein- und Ausgabe des Feldes ist dann völlig unproblematisch. Dafür muß man die Speicherverwaltung selbst implementieren.
  In speziellen Fällen wird man das Problem durch hardware-nahe Lösungen angehen, die hier nicht behandelt werden können.

Das folgende *Beispiel* zeigt eine Variante des Programms zum Aufbau einer Kette, wobei die Halde simuliert wird. Die Prozedur BaueKette ist an BaueKette3 (Programm P2.46c) angelehnt. New und Dispose treten hier an die Stelle von NEW und DISPOSE. Die Verwaltung des Leerspeichers hat natürlich erst Sinn, wenn dieser nicht mehr wie hier im Anfangszustand ist.

```
          MODULE KetteMitFeld;                       (* Programm P2.50 *)
          (* Verkettete Liste; ohne dynam. Variablen realisiert *)
          FROM InOut IMPORT (* PROC *) WriteCard, WriteLn;
          CONST MaxLng  = 100;    (* Platz fuer maximal 100 Elemente
                                     in der Kette *)
                PNIL    = 0;                         (* Pseudo-NIL *)
                Anfang  = PNIL + 1;        (* Anfangsindex der Halde *)
                Ende    = Anfang + MaxLng - 1;  (* Endindex der Halde *)
          TYPE  ZeigTyp = [PNIL..Ende];            (* Pseudo-Zeiger *)
                ZeigRec = RECORD
                            Key : CARDINAL;
                            Next: ZeigTyp;
                         (* Cont: .             *)
                          END (* RECORD *);
          VAR   Halde : ARRAY [Anfang..Ende] OF ZeigRec; (* Ps.-Halde *)
                Anker, LeerListe : ZeigTyp;
```

2.4. Komplexe Datentypen

```
    PROCEDURE ZeigKette;              (* Kette (global) ausgeben *)
    VAR Hilf1 : ZeigTyp;
    BEGIN (* ZeigKette *)
      Hilf1 := Anker;
      WHILE Hilf1 # PNIL DO
        WriteCard (Halde[Hilf1].Key, 3);
        Hilf1 := Halde[Hilf1].Next;
      END (* WHILE *);   WriteLn;
    END ZeigKette;

    PROCEDURE InitLeer;      (* Initialisierung der Leerliste *)
    VAR i : ZeigTyp;
    BEGIN (* InitLeer *)
      FOR i := Anfang TO Ende-1 DO  Halde[i].Next := i+1;  END;
      Halde[Ende].Next := PNIL;   LeerListe := Anfang;
    END InitLeer;

    PROCEDURE New (VAR Neu: ZeigTyp);
    BEGIN (* New *)
      Neu := LeerListe;     (* Elem. aus LeerListe nehmen,
                                                    wenn vorh.*)
      IF LeerListe # PNIL THEN
        LeerListe := Halde[LeerListe].Next;
      END (* IF *);
    END New;

    PROCEDURE Dispose (Alt: ZeigTyp);
    BEGIN (* Dispose *)
      Halde[Alt].Next := LeerListe;
      LeerListe := Alt;   (* Alt an Anfang der LeerListe setzen *)
    END Dispose;

    PROCEDURE BaueKette (Lng: CARDINAL);
    (* Aufbau der Kette von hinten nach vorn *)
    (* Speicherueberlauf (New liefert PNIL) ist nicht
       abgefangen *)
    VAR Hilf1 : ZeigTyp;   i : CARDINAL;
    BEGIN (* BaueKette *)
      Anker := PNIL; (* Kette initialisieren *)
      FOR i := Lng TO 1 BY -1 DO      (* rueckwaerts wegen Key *)
        New (Hilf1);    (* Neues Element erzeugen und besetzen *)
        WITH Halde[Hilf1] DO  Key := i; Next := Anker;  END;
        Anker := Hilf1;       (* Neues Elem.wird vor die Kette
                                  gehaengt *)
      END (* FOR *);
    END BaueKette;

BEGIN (* KetteMitFeld *)
  InitLeer;   BaueKette (9);   ZeigKette;
END KetteMitFeld.
```

2.4.5 Dateien (Files)

Bis jetzt waren wir in der Ein-/Ausgabe von Daten stark eingeschränkt. Die *Eingabe* erfolgte über die Tastatur oder durch Konstantendeklarationen, das Ziel von *Ausgaben* war ausschließlich der Bildschirm. Oft wäre es jedoch vorteilhaft gewesen, wenn wir eine Möglichkeit gehabt hätten, die Daten längerfristig im Rechner aufzubewahren.

Auch in der Praxis ist es meist nötig, große Datenmengen *permanent* zu speichern. Dazu gibt es in den Rechnersystemen viele unterschiedliche Medien außerhalb des Hauptspeichers, beispielsweise Magnetbänder, Harddisks oder Disketten. Durch ihre Vielfalt und ihre starke Abhängigkeit von Hardware-Charakteristika läßt sich der Zugriff auf solche *peripheren* oder externen Speicher jedoch nicht *direkt* in eine (Hardware-unabhängige) Programmiersprache einbinden. Vollends *inkompatibel* werden die Merkmale, wenn man zu den Speichern auch die Geräte für interaktive Ein- und Ausgabe, also insbesondere Bildschirme, Tastaturen und „pointing devices" (wie eine Maus) hinzunimmt.

In seiner Allgemeinheit ist dieses Problem bis heute nicht befriedigend gelöst. Ein wichtiger Sonderfall, die (sequentielle) Datei (File), konnte aber soweit standardisiert werden, daß eine (weitgehend) rechner- und geräteunabhängige Lösung möglich wurde. Solche Dateien sollen in diesem Abschnitt kurz behandelt werden. Komfortablere (weil nicht auf den sequentiellen Zugriff beschränkte) Datenbankschnittstellen sind auch zunehmend normiert worden, können aber wegen ihrer Komplexität hier nicht behandelt werden.

2.4.5.1 Eigenschaften und formale Beschreibung

Alle bisherigen Datentypen haben einen endlichen Wertebereich (also eine endliche Kardinalität), der Datentyp File hingegen ist prinzipiell von unendlicher Kardinalität. Mathematisches Strukturprinzip von Files ist die *Folgenbildung*. Rekursiv lassen sich Files als Folgen über einem Grundtyp wie folgt definieren:

Sei T ein Datentyp (*Grundtyp*).
Dann ist ε (*leere Folge*: Folge, die kein Element enthält) eine (T-) *Folge*.
Die Verkettung einer (T-) Folge mit einem Wert aus T ist wieder eine (T-) Folge.

Notation: (1) $<\ >$ (oder ε) leere Folge.
(2) $<x_0>$ einelementige Folge.

Seien $x = <x_1, ..., x_n>$ und $y = <y_1, ..., y_m>$ Folgen eines beliebigen Grundtyps.

2.4. Komplexe Datentypen 149

(3) $x \circ y = <x_1,...,x_n, y_1,..., y_m>$ *Verkettung* zweier Folgen.
(4) first $(x) = x_1$ Bestimmung des *1. Folgenelements* falls $x = \varepsilon$, ist first (x) undefiniert.
(5) rest $(x) = <x_2,...,x_n>$ Bestimmung der *Restfolge*, der Folge ohne ihr 1. Element.
Aus (4) und (5) folgt: $x = <$first $(x)> \circ$ rest (x).

Eine Datei kann man sich also vorstellen als eine - prinzipiell *beliebig* lange - Kette von Variablen des gleichen Typs (ähnlich einem Feld). Anders als bei einem Feld kann aber jeweils nur auf *eine* der Variablen zugegriffen werden, so als ob die Kette nur durch ein Fenster sichtbar wäre, das jeweils den Blick auf ein einziges Glied freigibt. Das Fenster ist die (zum Programm gehörende) *File-Variable*, das sichtbare Glied ist durch einen unsichtbaren *Schreib-/Lesezeiger* markiert.

Gegenüber der Lese-Schreibtechnik einer Turingmaschine ist das Verarbeitungsmodell bei Files sogar noch eingeschränkt, denn es sind nur folgende Operationen möglich:
- Eine (existierende oder neue) Datei wird mit einer im Programm *deklarierten* (File-)Variablen verbunden.
- Der Schreib-/Lesezeiger der Datei wird auf den *Anfang* gesetzt.
- Ein Element der Datei (also ein Glied der Kette) wird *gelesen*: dabei wird der Schreib-/Lesezeiger um ein Feld weiterbewegt.
- Ein Element der Datei wird *geschrieben*: dieses Element bildet anschließend das Ende der Datei, ein eventuell vorher vorhandener Rest der Datei wird dabei zerstört.

In PASCAL sind solche (ähnliche) Operationen Teil der Sprache, während sie in Modula-2 über nichtnormierte (und damit implementierungsabhängige) Module bereitgestellt werden. Aus diesem Grund wird in den folgenden beiden Abschnitten die Dateiverarbeitung in PASCAL ausführlicher als die in Modula-2 beschrieben.

Bei der interaktiven Ein- und Ausgabe ist eine für den Menschen lesbare Form unbedingt notwendig. Dazu werden die im Rechner gespeicherten Bitmuster entsprechend ihrer Bedeutung *interpretiert* (formatiert), also beispielsweise als ganze Zahl, als Dezimalbruch oder als Zeichenkette. Das externe Medium (etwa der Drucker) zeigt in jedem Fall einen Text. Man spricht daher von einem *Textfile*. Die Elemente eines Textfiles sind also einzelne Zeichen (Objekte des Typs CHAR), die durch spezielle Zeichen wie END OF LINE oder CARRIAGE RETURN strukturiert sein können. Prinzipiell ist diese Struktur aber von untergeordneter Bedeutung.

Für die Speicherung auf einem Datenträger ist diese Formatierung nicht notwendig, vielmehr ist eine *unformatierte* Speicherung bezüglich Übertragungszeit und Speicherbedarf effizienter. Darum gibt es neben der formatierten Ein-/Ausgabe auch die Möglichkeit der unformatierten Ein-/Ausgabe.

2.4.5.2 Dateien in PASCAL

In diesem Abschnitt soll im Zusammenhang die Behandlung von Dateien in der Sprache PASCAL vorgestellt werden: Deklaration, Operationen und ein Anwendungsbeispiel.

Deklaration von Files

type fT = File of T;
Jeder File vom Typ fT ist eine Folge von null oder mehr Elementen vom Typ T.

Beispiele für Files:
type messreihe   = *file of* int;
type stapel   = *file of* Spielkarte;

Puffervariable
Mit der Deklaration eines Files f (*type* f = ...) ist implizit die Deklaration einer *Puffervariablen* f^ verbunden. f^ ist vom Typ, der als Grundtyp des Files vereinbart wurde.

f^ wird i.a. als „Fenster" auf das File benutzt, bestimmt das jeweils *zugreifbare* File-Element (Position des Lese-Schreib-Kopfes) und spaltet das File (jeweils relativ zu f^) in einen linken Teil f_L und einen rechten Teil f_R, d.h. $f = f_L \circ f_R$ mit f^ = first (f_R).

Zugriffsmodi
Files erlauben nur *sequentiellen Zugriff*, d.h. nur Zugriff auf das jeweils nächste oder (nach „Rücklauf") auf das erste Element des Files. Beim schrittweisen Durchlaufen eines Files werden Lesen und Schreiben strikt getrennt.

Operationen auf Files

Elementare File-Operationen
Seien durch var x : file of T_0 eine File-Variable f und die Puffervariable f^ (vom Typ T_0) definiert.

- *Öffnen* eines Files
  open (f)   Effekt: File wird geöffnet (für weitere Operationen zugänglich gemacht)

2.4. Komplexe Datentypen

- *Vereinbaren* eines *leeren* Files bzw. *Löschen* eines bestehenden Files
  rewrite (f)   Effekt: $f := <\ >$;

- *Erweitern* eines Files
  put (f)   Effekt: $f := f \circ f\hat{}\ $;

- *Initialisieren* des File-Durchlaufs
  reset (f)   Effekt: $f_L := <\ >$;
                               $f_R := f$;
                               $f\hat{} := \text{first}(f_R)$;

- *Fortsetzen* des File-Durchlaufs
  get (f)   Effekt: $f_L := f_L \circ \text{first}(f_R)$;
                               $f_R := \text{rest}(f_R)$;
                               $f\hat{} := \text{first}(f_R)$;

- *Testen auf End of File-Prädikat*
  eof (f)   Effekt: $\text{eof}(f) = (f_R =\ <\ >)$;

  eof (f) erhält also den Wert TRUE, wenn das Ende des Files bereits überschritten ist. Konsequenz: $f\hat{}\ $ ist undefiniert, weil $f_R =\ <\ >$! Einsichtiger wäre die Konvention $\text{eof}(f) = (\text{rest}(f_R) =\ <\ >)$. Dadurch bliebe $f\hat{}\ $ definiert, aber Standard-Algorithmen auf Files würden umständlicher.

- *Schließen* eines Files
  close (f)   Effekt: File wird geschlossen (und ist für weitere Operationen erst nach erneutem Öffnen wieder zugänglich)

Zusammengesetzte File-Operationen
Seien var f: file of T_0 und var v: T_0.

- *Beschreiben* des zugreifbaren File-Elementes
  write (f,v)   steht für $f\hat{} := v$; put (f);

- *Lesen* des zugreifbaren File-Elementes
  read (f,v)   Effekt: $v := f\hat{}$; get (f);

  Voraussetzung: not eof (f) vor Ausführung des read, damit kein undefiniertes Element gelesen wird. Beim letzten Durchlauf wird $f\hat{}\ $ undefiniert!

- *Schreiben* eines Files
  rewrite (f);
  while p *do*
      begin A (v); write (f,v)

end;

- *Lesen* eines Files
  reset (f);
  while not eof (f) *do*
    begin read (f,v); A' (v)
    end;

Anwendungsbeispiel: „Mischen zweier Files"

Das Beispiel „Mischen zweier Files" soll anhand folgender Schritte erläutert werden:
- Analyse der Problemstellung
- Entwurf einer Lösung
- Codierung.

Problemstellung
Gegeben seien zwei Files f und g mit Integer-Werten, die aufsteigend sortiert sind. Man „mische" f und g zu einem aufsteigend sortierten File h.

a) *Analyse* der Problemstellung
   Gegeben:

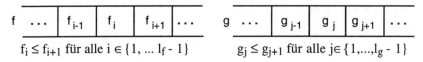

$f_i \leq f_{i+1}$ für alle $i \in \{1, \dots l_f - 1\}$ $\qquad$ $g_j \leq g_{j+1}$ für alle $j \in \{1, \dots, l_g - 1\}$

Ziel:

h ... | h_{k-1} | k_k | h_{k+1} | ...

mit 1. $h_k \leq h_{k+1}$ für alle $k \in \{1, \dots, l_f + l_g - 1\}$
     2. Alle Elemente von f und alle von g sind in h vorhanden.

Abb. 2.28   „Mischen zweier Files"

b) *Entwurf* einer Lösung (PASCAL-unabhängige Formulierung!)
   I. Vereinbarung eines leeren Files h;
       Initialisierung der File-Durchläufe für f und g.
   II. Solange f oder g noch nicht ganz gelesen sind:
         wenn f^ kleiner ist als g^,
         dann kopiere Inhalt von f^ nach h^,
         sonst kopiere Inhalt von g^ nach h^.
         Erweitere bisheriges h um h^.

2.4. Komplexe Datentypen

III. Wenn f ganz gelesen ist,
dann solange g noch nicht ganz gelesen ist:
kopiere Inhalt von g nach h^ ; erweitere h um h^,
sonst (d.h. wenn g ganz gelesen ist) solange f noch nicht ganz gelesen ist:
kopiere Inhalt von f nach h^, erweitere h um h^.

c) *Codierung* der Lösung (als PASCAL-Programm)

```
procedure file (f,g,h);                      (* Programm P2.51 *)
begin
   rewrite (h);
   reset (f);    reset (g);
   while not eof (f) and not eof (g) do
      begin
         if f^ < g^ then
            read (f,h^)
         else read (g,h^);
         put (h)
      end;
   if eof (f) then
      begin
         while not eof (g) do
            begin
               read (g,h^); put (h)
            end
      end
   else
      begin
         while not eof (f) do
            begin
               read (f,h^); put (h^)
            end
      end
end proc;
```

2.4.5.3 Dateien in Modula-2

Wegen der unvermeidlichen Systemabhängigkeit wurde in Modula-2 (anders als z.B. in PASCAL) folgendes Datei-Konzept gewählt: Die Dateien sind nicht Teil der Sprache, sondern werden von Modulen, die in der Regel als Teil des Modula-2-Systems vorgegeben sind, bereitgestellt. Die Dateien werden also „gekapselt", d.h. vor den sie nutzenden Prozeduren und Funktionen „verborgen" (vgl. auch Kapitel 3 zum Thema „Abstraktion"). Leider ist der Inhalt solcher *kapselnder Module* für Modula-2 nicht streng definiert, da unterschiedliche Systeme möglicherweise unterschiedliche Konzepte des Dateizugriffs verfolgen. Dieser Mangel macht Modula-2-Programme unnötig systemabhängig. Die „offizielle" Modula-2-Beschreibung von Wirth legt aber gewisse Eigenschaften dieser Module nahe.

Als primitives Basiskonzept dieser Module dient die sequentielle Datei, der sogenannte *Stream*. Die Prozeduren zur Verwaltung sequentieller Dateien werden aus dem Standard-Modul FileSystem importiert. Dieses stellt im strengen Sinne kein kapselndes Modul dar, weil die *interne* Struktur eines Files zugänglich ist. Dies macht zwar die Zugriffe effizienter und erlaubt in Sonderfällen das „Hineingreifen", man sollte davon aber wirklich nur in Sonderfällen Gebrauch machen und nur die angegebenen Standard-Prozeduren nutzen.

Für die *formatierte* Standard-Ein- /Ausgabe (typisch über Tastatur und Bildschirm) sind viele der vom Modul FileSystem angebotenen Operationen unnötig und komplizieren den Gebrauch. Auch führt die Behandlung der interaktiven Eingabe als Dateieingabe u.U. zu einem schwer verständlichen Verhalten des Systems. Darum sind spezielle Module (InOut und Terminal) für diesen Zweck geschaffen. InOut kapselt zwei Streams, die Textfiles in und out.

Als *Beispiel* für die Verwendung von Dateien in Modula-2 ist nachfolgend ein Programm gezeigt, das Zahlen von einem Textfile einliest und in einem anderen File unformatiert speichert, bevor die Zahlen schließlich wieder eingelesen und formatiert ausgegeben werden. In der Praxis wird die Datei i.a. von verschiedenen Programmen verwendet.

Im Beispiel wird der Datentyp BYTE verwendet. Dieser Datentyp repräsentiert die kleinste adressierbare Speichereinheit (i.a. 8 bit). Einem formalen Parameter vom Typ BYTE kann jeder Ausdruck zugewiesen werden, dessen Wert einen gleichgroßen Speicherplatz belegt.

```
MODULE UnformEA;                          (* Programm P2.52 *)
(* Beispiel zur formatierten und unformatierten Ein-/Ausgabe in
   Modula-2. Achtung, das Beispiel enthaelt einen beabsichtig-
   ten Typfehler (Ausgabe als Integer, Eingabe als Cardinal),
   vom Uebersetzer nicht erkannt werden kann.In realen Anwen-
   dungen sollten Typen bei Ein- und Ausgabe natuerlich gleich
   sein.
   Diese Implementierug ist ausserdem stark systemabhaengig. *)
FROM FileSystem IMPORT (* PROC *) Close, Lookup, File,
                                  ReadChar, WriteChar;
FROM SYSTEM     IMPORT (* TYPE *) BYTE;
FROM InOut      IMPORT (* PROC *) ReadInt, WriteString,
                                  WriteCard, WriteLn;

CONST FeldLng    = 10;
TYPE  FeldIT     = ARRAY [1..FeldLng] OF INTEGER;
      FeldCT     = ARRAY [1..FeldLng] OF CARDINAL;
  VAR UnformDatei : File;
      bool        : BOOLEAN;
      FeldC       : FeldCT; FeldI: FeldIT;
      i           : CARDINAL;
```

2.4. Komplexe Datentypen

```
      PROCEDURE ReadRecord (VAR structure: ARRAY OF BYTE);
      (* liest beliebige Datenstruktur (structure) von der Datei
         UnformDatei *)
      VAR i    : INTEGER;
          char : CHAR;
      BEGIN (* ReadRecord *)
        Lookup (UnformDatei, "Hilfsdatei", FALSE);  (* oeffnen *)
        FOR i := 0 TO HIGH (structure) DO
          ReadChar (UnformDatei, char);   structure [i] := char;
        END (* FOR *);
        Close (UnformDatei);
      END ReadRecord;

      PROCEDURE WriteRecord (structure: ARRAY OF BYTE);
      (* schreibt beliebige Datenstruktur auf UnformDatei *)
      VAR i    : INTEGER;
      BEGIN (* WriteRecord *)
        Lookup (UnformDatei, "Hilfsdatei", TRUE);  (* oeffnen *)
        FOR i := 0 TO HIGH (structure) DO
          WriteChar (UnformDatei, structure [i]);
        END (* FOR *);
        Close (UnformDatei);
      END WriteRecord;


  BEGIN (* UnformEA *)
    FOR i := 1 TO FeldLng DO          (*   formatierte Eingabe    *)
      WriteString ('Integer: >');
      ReadInt (FeldI [i]);
      WriteLn;
    END (* FOR *);
    WriteRecord (FeldI);              (* unformatierte Ausgabe    *)
    ReadRecord  (FeldC);              (* unformatierte Eingabe;
                                         Achtung,Typ-Inkonsistenz *)
    FOR i := 1 TO FeldLng DO
      WriteCard (FeldC [i], 10);      (*   formatierte Ausgabe    *)
      WriteLn;
    END (* FOR *);
  END UnformEA.
```

3. Abstraktion

3.1 Abstraktionskonzepte in Programmiersprachen

Gegen Ende der 40er Jahre stand mit der von-Neumann-Architektur (siehe Abschnitt 1.3.1) ein universelles, durch Gleichbehandlung der Daten und Instruktionen homogenes Konzept zur Verfügung, das modernen Rechnern heute noch zugrundeliegt. Damals gab es noch keine eigentlichen Programmiersprachen; die Steuerung der Abläufe, die Eingabe und Ausgabe erfolgten auf sehr primitive, durch die *Hardware* bestimmte Art und Weise.

Aber sehr rasch zeigte sich, daß für die Formulierung der Algorithmen spezielle Notationen zweckmäßig sind, und es begann die Entwicklung der Programmiersprachen.

Nach gut vierzig Jahren können wir als durchgängige Idee bei dieser Entwicklung die Tendenz erkennen, den Programmierern immer höhere *Abstraktionsmechanismen* zur Verfügung zu stellen, so daß sich die Darstellungsebene immer weiter von der (physikalischen) Hardware hin zu der (*logischen*) Betrachtungsebene des Programmierers verschob.

Der Weg zu den höheren Programmiersprachen

Der von-Neumann-Rechner wurde zunächst *binär* programmiert, wie der folgende (fiktive) Programmausschnitt zeigt:

```
0000 1010 0000 0000 0011 1100 1000 1010
0000 0011 0000 0000 0000 0000 0000 0001
0000 1011 0000 0000 0011 1100 1000 1010
```

Durch die Abstraktion von einzelnen Bits entstand daraus ein *Oktal-* oder *Sedezimalcode*:

```
0A00 3C8A
0300 0001
0B00 3C8A
```

Die darin enthaltenen Befehlscodes wurden durch *Operator-Symbole* (mnemonische, d.h. sinnfällige, bedeutungstragende Codes vor den Adressen) weiter vereinfacht:

```
LDA  3C8A
AAD  0001
SPA  3C8A
```

Eine ähnliche Abstraktion setzte anstelle der Speicheradressen symbolische *Marken* und *Bezeichner*:

```
MARK1 =    LDA   ARGUM
           ADD   1
           SPA   ARGUM
```

Damit war die Ebene der *Assemblersprachen* errreicht.

Eine weitere wichtige Abstraktion bestand darin, die Formulierung von *Ausdrücken* direkt im Programm zuzulassen, das von einem Übersetzer durch „Formula Translation" (wie in der Programmiersprache FORTRAN erstmals sehr deutlich wurde) in den *Maschinencode* übertragen wurde:

```
ARGUM = ARGUM + 1
```

Die folgenden Schritte sind in Kapitel 2 bereits beschrieben: Durch die Abstraktion von Berechnungsvorschriften und ihren speziellen Daten entstanden *Funktionen* und *Parameter*, wie das folgende Pascal-Programm zeigt:

```
FUNCTION Fakultaet (Arg : integer): integer;
BEGIN
    IF Argument = 0 THEN Fakultaet := 1
                    ELSE Fakultaet := Arg * Fakultaet (Arg-1)
END;
```

In ähnlicher Weise wurden Befehlssequenzen zu *Prozeduren* zusammengefaßt.

Datenabstraktion

Damit war der Stand erreicht, wie er *vor* Modula-2 durch die gängigen Programmiersprachen repräsentiert wurde: Auf der Seite der *Befehle* (der imperativen Programmierung) und der *Ausdrücke* (funktionale Programmierung) konnte Komplexes in einfachen Anweisungen (Prozedur- und Funktionsaufrufen) integriert werden. Auf diese Weise ließen sich auch sehr umfangreiche Programme so strukturieren, daß zum Verständnis ihrer Teile jeweils nur *überschaubare* Programmabschnitte betrachtet werden mußten.

Unbefriedigend war dagegen die Abstraktion der *Daten*. Bei den primitiven Datentypen (INTEGER, REAL, BOOLEAN, CHAR) ist in den Sprachen mit strenger Typbindung („strong typing") die Abstraktion vorgegeben: So stehen beispielsweise für eine BOOLEAN-Variable nur bestimmte Operationen zur Verfügung (z.B. die Negation, die Konjunktion und die Disjunktion durch die Operatoren NOT, AND und OR), während andere, z.B. die arithmetischen Operationen, nicht zugänglich sind. Bestimmte Daten und datenähnliche Betriebsmittel wie die Ein- und Ausgabe können

3.1. Abstraktionskonzepte in Programmiersprachen 159

nicht direkt manipuliert werden, sondern nur durch vorgegebene Anweisungen (wie Write usw.).

Diese Beschränkungen bringen zwei Vorteile: Zum einen kann der Übersetzer viele triviale Fehler anzeigen, die beim Codieren unterlaufen. Zum anderen können wir unsere Programme nicht auf spezielle Eigenschaften *unserer* Arbeitsumgebung zuschneiden, wenn diese Eigenschaften unsichtbar sind (*„information hiding"*). Damit tragen die Beschränkungen zur *Korrektheit* und *Portabilität* der Programme bei.

Dieser sinnvolle Schutz läßt sich auf Datenstrukturen, die vom Programmierer selbst geschaffen sind, nicht ohne weiteres übertragen, wie das folgende Beispiel zeigt:

Sei S ein Zeichenkette der Länge L, $0 \leq L \leq LMax$. Wir wollen als Operationen auf S erlauben:
- die Reduktion auf eine bestimmte Länge L1 ($0 \leq L1 \leq L$)
- die Verlängerung um ein Zeichen Z
- die Ausgabe.

Wir realisieren S als Record:

```
S : RECORD
      SCont: ARRAY [0..LMax-1] OF CHAR;   (* die Zeichenkette *)
      SL   : CARDINAL;                     (* ihre aktuelle Laenge *)
    END (* RECORD *);
```

Jede Prozedur P, die auf S Zugriff hat, kann auch auf die Komponenten SCont und SL zugreifen und diese auf beliebige und damit auch auf unerwünschte Art verändern. P ist damit nicht nur „gefährlich" für S, sondern auch auf diese spezielle Realisierung von S zugeschnitten und verbietet eine Änderung, beispielsweise die Darstellung durch eine Zeichenreihe mit Ende-Markierung, also ohne *explizite* Speicherung der Länge.

Datenabstraktion besteht nun darin, die Vorteile der vordefinierten Datentypen für die neu geschaffenen zu erhalten. Dies geschieht durch das *Verbergen* der Variablen S in einem *Modul*, so daß nur die Operationen auf S von außen sichtbar sind, nicht S selbst (*„Kapselung"*) Soll dieses Konzept von speziellen Variablen auf einen Typ ausgedehnt werden, so wird der Typ ohne Informationen über seine Realisierung zur Verfügung gestellt (*„Abstrakter Datentyp"*).

Abstraktionskonzepte in neueren Sprachen

In sogenannten *objektorientierten Sprachen* (z.B. Smalltalk-80 und C++) ist das oben skizzierte Konzept der Kapselung und der Abstrakten Datentypen noch einmal wesentlich erweitert worden. Die Operationen („*Methoden*" genannt) sind hier syntaktisch und logisch den *Typen* der Objekte, den *Klassen*, zugeordnet. Die sogenannte

Vererbung, d.h. die Übernahme der Merkmale und Operationen von einer Klasse in ihre Unterklassen, ist ein weiteres für die objektorientierten Sprachen charakteristisches Abstraktionskonzept.

Die Programmiersprache Ada ist zwar keine objektorientierte Sprache, bietet aber in Ansätzen ähnliche Möglichkeiten, und zwar

- durch *Overloading*, d.h. durch die Verwendung desselben Bezeichners für verschiedene Operationen, die durch den Kontext unterschieden werden (einfaches Beispiel: „+" für ganze oder komplexe Zahlen),

- durch *Generic Units*, also Programmteile, die insgesamt parametrisiert werden können, z.B. durch Typen oder Funktionen (einfaches Beispiel: Generischer Listentyp, der z.B. für die Erzeugung von INTEGER- oder REAL-Listentypen verwendet werden kann).

3.2 Abstraktion in Modula-2

In diesem Abschnitt werden zwei Prinzipien eingeführt, die der Abstraktion dienen und in Modula-2 sehr elegant integriert sind, nämlich
* die Auftrennung des Programms in mehrere Übersetzungseinheiten (*Modularisierung*) und
* die *Kapselung* von Daten und Typen.

3.2.1 Das Prinzip der separaten Übersetzung

Das Prinzip der getrennten Übersetzung wurde zwar schon in der Programmiersprache FORTRAN realisiert, doch gibt es dort keine *Schnittstellenprüfung* der getrennten Programmeinheiten.

Zur Erläuterung dieses Mangels diene folgendes Beispiel:
Nehmen wir an, eine Prozedur erhält als Wertparameter eine positive ganze Zahl (CARDINAL), die in der Prozedur als Code eines Zeichens interpretiert und weiterverarbeitet wird. Der Programmierer beschließt nun, anstatt des Codes das Zeichen selbst zu übergeben (CHAR). Die Prozedur wird dementsprechend umgestaltet, nur leider wird die Anpassung des Aufrufs in einem anderen Modul (d.h. einer anderen *Übersetzungseinheit*) vergessen. Zur Laufzeit würde dann einer Prozedur, die ein Zeichen erwartet, eine Zahl übergeben. Das besonders unangenehme ist nun, daß die Reaktion des Hauptprogramms völlig *unberechenbar* ist. Möglich wäre zum Beispiel, daß ein Teil der übergebenen Zahl als einzelnes Zeichen interpretiert wird, so daß die Prozedur ein falsches Ergebnis liefert. Ein „Programmabsturz" wäre aber genauso möglich! Solche Fehler sind sehr schwer zu lokalisieren.

In MODULA-2 dagegen erfolgt bei der *separaten Übersetzung* eine Schnittstellenprüfung, und es wäre (um beim Beispiel zu bleiben) gar nicht möglich, daß einer Prozedur, die eine Zahl erwartet, ein Zeichen übergeben wird.

Schnittstelle und Implementierung

Ziel bei der Konzeption von Modula-2 war es, die Module so unabhängig wie möglich zu machen. Insbesondere soll ein (*Kunden-*)Modul, das ein anderes (das *Dienst-*)Modul in Anspruch nimmt, nicht von den Details dessen Implementierung abhängen. Um trotzdem eine Schnittstellenprüfung zu erreichen, wird das Dienst-Modul in zwei Teile gegliedert (siehe Abb. 3.1):
* *Schnittstelle* („Definition Module") und
* *Implementierung* („Implementation Module").

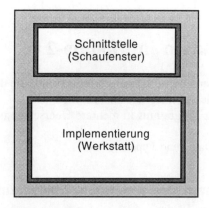

Abb. 3.1 Gliederung in Schnittstelle und Implementierung

Die logische Verknüpfung von Modulen erfolgt durch *Importieren* der Bezeichner aus *Schnittstellen* .

Diese Lösung hat u.a. folgende *Vorteile*:
- Die Schnittstellenprüfung kann ohne Kenntnis der Implementierung erfolgen.
- Eine Neuimplementierung der in der Schnittstelle deklarierten Prozeduren, bei der die Funktion unverändert bleibt, zieht keine Änderung des importierenden Moduls nach sich, auch keine Neuübersetzung.
- Bei den Prozeduren ist eine höhere Abstraktion erreicht, denn ihre Realisierung ist unsichtbar.
- Die Bearbeitung und Übersetzung ist jeweils auf relativ kleine, überschaubare und leicht zu handhabende Einheiten begrenzt.

Diesen Vorteilen steht als *Nachteil* gegenüber, daß die Konsistenz schwerer zu erreichen ist als ohne Modularisierung, weil Unklarheiten nicht anhand der Implementierung beseitigt werden können.

Daher sind besonders wichtig:
- aussagekräftige Bezeichner
- ausführliche Kommentare in den Schnittstellen, die die Funktion der Prozeduren beschreiben, auch für Fehler- und Sonderfälle.

Die *Syntax* für die Schnittstellen- und Implementierungsdefinition in Modula-2 läßt sich wie folgt beschreiben (für die vollständige Syntax siehe Syntaxdiagramme im Anhang B):

3.2. Abstraktion in MODULA-2

Schnittstelle	=	„DEFINITION" „MODULE" identifier „;" {import} {definition} „END" identifier „."
definition	=	{ „CONST" ConstDeclaration | „TYPE" TypeDefinition | „VAR" VariableDeclaration | ProcedureHeading }

Diese Festlegung der Syntax für Definitionen bedeutet, daß die Schnittstelle nur Konstanten- und Typdefinitionen, Variablendeklarationen und Prozedurköpfe enthalten darf, aber keine ausführbaren Anweisungen!

Implementierung	=	„IMPLEMENTATION" „MODULE" identifier „;" {import} block identifier „."

Der Anweisungsblock am Ende ist leer (d.h. auf END reduziert) oder enthält *Initialisierungsoperationen*, vor allem für lokale Variablen.

Eine Modula-2-System behandelt die Übersetzungseinheiten folgendermaßen:
- *Übersetzung:*   Schnittstelle   → Symboltabelle mit Zeitmarken
- *Übersetzung:*   Implementierung   → Objectcode
  Der Objectcode enthält die Zeitmarken aller in Anspruch genommenen Schnittstellen. Dazu gehört stets die *eigene* Schnittstelle.
- *Binden:*   Objectcode   → ausführbares Programm
  Der Binder (Linker) prüft die Konsistenz der Zeitmarken (die von einer bestimmten Schnittstelle stammende Zeitmarke muß im ganzen System einheitlich sein!).
- *Laden:*   ausführbares Programm   → Programmlauf, Ergebnisse
  Bei einigen Systemen ist der Linker im Laufzeitsystem enthalten, das Binden findet also im Standardfall bei Programmausführung implizit statt.

3.2.2 Modularisierung eines Programms

Jedes praxisrelevante, d.h. in größeren Softwareprojekten interessierende Programm besteht aus mehreren Modulen, von denen höchstens eines ein nicht in Schnittstelle und Implementierung gegliederter *Programmodul* sein kann. Dieses ist das *Hauptprogramm*.

Beim *Entwurf* der Module, d.h. der Modularisierung des Programms, sind folgende Gesichtspunkte zu beachten:

- Die Verwendung von Objekten aus anderen Modulen in einer Schnittstelle erfordert deren *Import*. Deren Gültigkeit beschränkt sich allerdings auf die Schnittstelle selbst. Werden diese Objekte auch in der Implementierung benutzt, so müssen sie dort erneut importiert werden (z.B. der Typ ADDRESS aus SYSTEM: Er wird manchmal bei Prozedurparametern benötigt und muß daher in den Importlisten der Schnittstelle *und* der Implementierung erscheinen).

- Die erste Regel gilt nur für Importe aus *anderen* Modulen, nicht für Konstanten, Typen und Variablen, die in der zugehörigen Schnittstelle deklariert sind. Diese dürfen *nicht* in der Implementierung desselben Moduls erneut deklariert werden, denn sie sind implizit importiert. Nur die Prozedurköpfe werden wiederholt.

- Ein *zyklischer* Import (Beispiel: die Schnittstelle eines Moduls M2 importiert aus Modul M1 und umgekehrt) zwischen Schnittstellen ist nicht möglich. Wohl erlaubt ist hingegen, daß die Implementierungen gegenseitig aus den Schnittstellen importieren.

Die Anweisungsblöcke der Module werden, soweit sie nicht leer sind, in einer durch den sogenannten *Import-Graphen* (siehe Abb. 3.2) bestimmten Reihenfolge ausgeführt: Wenn ein Kunden-Modul M aus M1 importiert, so wird zuerst M1 ausgeführt. Importiert M aus M1 und M2 oder importieren sich M1 und M2 gegenseitig, so ist die Ausführungsreihenfolge von M1 und M2 unbestimmt.

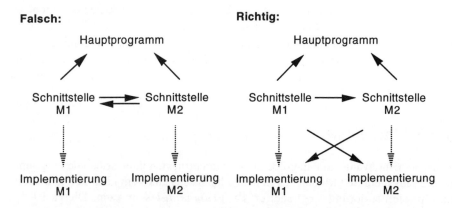

(„A ➤ B" heißt: „Modul B importiert aus A"; gestrichelt: impliziter Import)

Abb. 3.2 Falscher und richtiger Import-Graph

3.2. Abstraktion in MODULA-2

Bei der Verwendung der Module ist weiter zu beachten:

- Nur Objekte, die in der Schnittstelle *deklariert* (nicht importiert!) sind, werden *exportiert*.
  In älteren Modula-2-Systemen wurden die zu exportierenden Objekte explizit in einer *Export-Liste* angegeben; jetzt gibt es diese Liste nur noch bei den (hier nicht behandelten) geschachtelten Modulen.

- Beim Import von Aufzählungstypen, z.B. des Typs AT mit der Definition „AT = (u,v,w);", werden die Konstanten (hier also u,v,w) *implizit* importiert. Das gleiche gilt für die Selektoren bei Recordtypen.

- Der Basistyp eines importierten Sets wird dagegen nicht automatisch importiert (im folgenden Beispiel also Element zu SetTyp):

  ```
  Element= (gelb, gruen, rot); SetTyp = SET OF Element;
  ```

Die Importliste kann folgendermaßen aussehen:

- Import einzelner Objekte:

  ```
  FROM Modul1 IMPORT a,b,c;
  (* a,b und c muessen in der Schnittstelle
      von Modul1 deklariert sein *)
  ```

  Verwendung:
  ```
  ...; a := b + c; ....
  ```

- Import des ganzen Moduls:
  ```
  IMPORT Modul1;
  ```

  Verwendung einzelner Objekte:
  ```
  ...; Modul1.a := Modul1.b + Modul1.c; ...
  ```

Beispiel: Modularisierung von DoppelKette

Wir können Programm P2.48 (Modul DoppelKette) z.B. wie folgt in mehrere Module aufteilen und für ein Kunden-Modul zugänglich machen:

Schnittstelle

```
        DEFINITION MODULE EinfuegenUndLoeschen;    (* Programm P3.1a *)
        (* Modifizierte, gegliederte Form des Programms P2.48 *)
        TYPE ZeigTyp = POINTER TO ZeigRec;
             ZeigRec = RECORD
                        Key        : CARDINAL;
                        Prev, Next : ZeigTyp;
                        END (* RECORD *);
        VAR  Anker : ZeigTyp;
```

```
    PROCEDURE Einfuegen (Nr: CARDINAL);
    (* fuegt neues Element Nr in die geordnete Liste ein. *)

    PROCEDURE Loeschen (Nr: CARDINAL);
    (* loescht Element Nr in Liste (muss vorhanden sein)   *)

END EinfuegenUndLoeschen.
```

Implementierung

```
                                               (* Programm P3.1b *)
    IMPLEMENTATION MODULE EinfuegenUndLoeschen;
    FROM Storage   IMPORT (* PROC *) ALLOCATE, DEALLOCATE;

    PROCEDURE Einfuegen (Nr: CARDINAL);
    (* fuegt neues Element in die geordnete Liste ein.
    Element mit Key = Nr darf noch nicht vorhanden sein *)
    VAR Hilf1 : ZeigTyp;
    BEGIN (* Einfuegen *)
      Hilf1 := Anker^.Next;
      WHILE (Hilf1^.Key < Nr) AND (Hilf1 <> Anker) DO
        Hilf1 := Hilf1^.Next; (* Nachfolger des neuen Elem. ...*)
      END (* WHILE *);         (* ... oder Kettenende suchen    *)
      WITH Hilf1^ DO      (* der Nachfolger des neuen Elementes *)
        ALLOCATE (Prev^.Next, SIZE (ZeigRec));    (* neues Elememt
                                                       einfuegen *)
         WITH Prev^.Next^ DO
           Key:= Nr;
           Next:= Hilf1;
           Prev:= Hilf1^.Prev;
         END (* WITH *);         (* neues Element definiert     *)
         Prev := Prev^.Next;     (* neuen Vorgaenger anhaengen  *)
      END (* WITH *);
    END Einfuegen;

    PROCEDURE Loeschen (Nr: CARDINAL);
    (* loescht Element in Liste.
       Element mit Key = Nr muss vorhanden sein. *)
    VAR Hilf1 : ZeigTyp;
    BEGIN (* Loeschen *)
      Hilf1 := Anker^.Next;
      WHILE Hilf1^.Key # Nr DO
        Hilf1 := Hilf1^.Next;                    (* suchen *)
      END;
      WITH Hilf1^ DO
        Prev^.Next := Next;
        Next^.Prev := Prev;
      END (* WITH *);
      DEALLOCATE (Hilf1, SIZE (ZeigRec));  (* Element ist
                                                geloescht *)
    END Loeschen;
```

3.2. Abstraktion in MODULA-2

```
BEGIN (* EinfuegenUndLoeschen *)
(* Kette mit fliegendem Anker initialisieren *)
  ALLOCATE (Anker, SIZE (ZeigRec));
  WITH Anker^ DO
    Key := 0;   Next := Anker;   Prev := Anker;
  END (* WITH *);
END EinfuegenUndLoeschen.
```

Test-Modul

```
MODULE DoppelKette;                         (* Programm P3.1c *)
FROM InOut              IMPORT (* PROC *) WriteCard, WriteLn;
FROM EinfuegenUndLoeschen IMPORT (* TYPE *) ZeigTyp, ZeigRec,
                    (* VAR  *) Anker,
                    (* PROC *) Einfuegen, Loeschen;

PROCEDURE ZeigKette;
VAR Hilf1 : ZeigTyp;
BEGIN (* ZeigKette *)
  Hilf1 := Anker^.Next;
  WHILE Hilf1 # Anker DO
    WriteCard (Hilf1^.Key, 3);
    Hilf1 := Hilf1^.Next;
  END (* WHILE *);
  WriteLn;
END ZeigKette;

BEGIN (* DoppelKette *)
  Einfuegen(7);   Einfuegen(1);   Einfuegen(4);
  Einfuegen(5);   Einfuegen(9);                 ZeigKette;
  Loeschen (1);   Loeschen (9);   Loeschen (5); ZeigKette;
END DoppelKette.
```

Ein Problem bleibt bei dieser Art der Modularisierung noch ungelöst: Wir haben zwar von den Prozeduren, aber nicht von den Daten abstrahiert. Unsere Forderung lautet darum: Es sollen keine Daten und Typen mehr exportiert werden, es sei denn, sie dienen zur Kommunikation (als Parameter). Damit erreichen wir die Ebene der *Datenkapselung*.

3.2.3 Datenkapselung

Das Prinzip der vollständigen Datenkapselung läßt sich wie in Abb. 3.3 dargestellt grafisch veranschaulichen. Wir sehen, daß bei dieser vollständigen Kapselung keine Variable exportiert werden darf.

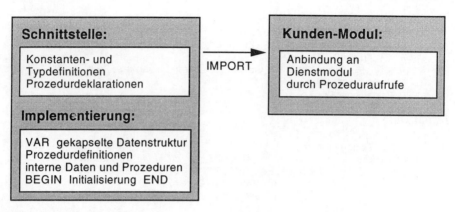

Abb. 3.3 Datenkapselung

Beispiel: Datenkapselung

Für das durchgängige Beispiel der DoppelKette muß die Prozedur ZeigKette in das kapselnde Modul „wandern". Es entstehen folgende Übersetzungseinheiten:

Schnittstelle

```
DEFINITION MODULE KettenKapsel;              (* Programm P3.2a *)
(* Besser strukturierte Variante des Programms P3.1 *)

  PROCEDURE Einfuegen (Nr: CARDINAL);
  (* fuegt neues Element in die geordnete Liste ein. *)

  PROCEDURE Loeschen (Nr: CARDINAL);
  (* loescht Elem. in Liste.
     Element mit Key = Nr muss vorhanden sein *)

  PROCEDURE ZeigKette;
  (* zeigt den aktuellen Stand der Kette auf dem Bildschirm *)

END KettenKapsel.
```

Implementierung

```
IMPLEMENTATION MODULE KettenKapsel;          (* Programm P3.2b *)
FROM Storage   IMPORT (* PROC *) ALLOCATE, DEALLOCATE;
FROM InOut     IMPORT (* PROC *) WriteCard, WriteLn;
TYPE ZeigTyp = POINTER TO ZeigRec;
TYPE ZeigRec = RECORD
                 Key          : CARDINAL;
                 Prev, Next   : ZeigTyp;
               END (* RECORD *);
VAR Anker      : ZeigTyp;
```

3.2. Abstraktion in MODULA-2

```
    PROCEDURE Einfuegen (Nr: CARDINAL);
       ... wie oben in Programm P3.1b ...
    END Einfuegen;

    PROCEDURE Loeschen (Nr: CARDINAL);
       ... wie oben in Programm P3.1b ...
    END Loeschen;

    PROCEDURE ZeigKette;
       ... wie oben in Programm P3.1c ...
    END ZeigKette;

    BEGIN (* KettenKapsel *)
       ... Initialisierung wie oben in Programm P3.1b ...
    END KettenKapsel.
```

Test-Modul für Kettenkapsel

```
    MODULE DoppelKette;                              (* Programm P3.2c *)
    (* Version mit Kapselung der Daten *)
    FROM KettenKapsel IMPORT (* PROC *) Einfuegen, Loeschen,
                                        ZeigKette;
    BEGIN (* DoppelKette *)
       ... Hauptprogramm wie in Programm P3.1c ...
    END DoppelKette.
```

ZeigTyp, ZeigRec und der Anker sind nun *private* Informationen der Implementierung, Informationen also, die anderen Modulen nicht bekannt sind und daher von diesen auch nicht *mißbraucht* werden können (hier geht es um den fahrlässigen, nicht den vorsätzlichen Mißbrauch!). Dieses Prinzip wurde 1972 von David Parnas unter der Bezeichnung „*information hiding*" eingeführt.

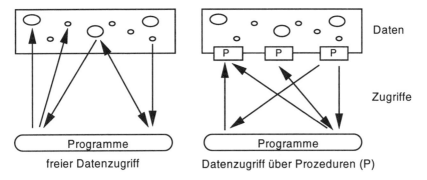

Abb. 3.4 Unkontrollierter und kontrollierter Datenzugriff

Abb. 3.4 stellt dem unkontrollierten, freien Datenzugriff die Lösung mit Kapselung, d.h. den kontrollierten Zugriff über Prozeduren gegenüber.

Die Kapselung hat folgende *Vorteile*: Die Datenstrukturen sind vor Fehlinterpretationen geschützt, Mißbrauch ist erschwert. Die gekapselte Datenstruktur kann ohne Auswirkung auf andere Module geändert werden. Ein *Nachteil* ist, daß die Datenzugriffe i.a. etwas weniger effizient sind.

Beispiel: Kettenkapsel mit Navigationsoperationen

Soll aus irgendeinem Grunde (der hier nicht gegeben ist) ZeigKette im Kunden-Modul bleiben, so müssen sogenannte *Navigationsoperationen* (hier InitLesen usw.) aus KettenKapsel exportiert werden, damit trotzdem eine vollständige Kapselung der Datenstruktur erreicht ist.

Schnittstelle

```
        DEFINITION MODULE KettenKapsel2;          (* Programm P3.3a *)
        (* Variante des Programms P3.2 mit Kapselung und Navigation  *)

            PROCEDURE Einfuegen (Nr: CARDINAL);
            (* fuegt neues Element in die geordnete Liste ein. *)

            PROCEDURE Loeschen (Nr: CARDINAL);
            (* loescht Element mit Key = Nr in Liste; muss vorh. sein *)

            PROCEDURE InitLesen;

            PROCEDURE TestEnde (): BOOLEAN;

            PROCEDURE LesenUndWeiter (VAR Schluessel: CARDINAL);
              (* InitLesen bereitet Lesen der Kette vor, TestEnde zeigt an,
                 ob das Ende erreicht ist. LesenUndWeiter liefert in
                 Schluessel den Schluessel des anstehenden Elements; war
                 zuvor TestEnde = FALSE, so wird der Lesezeiger weiterge-
                 setzt.Ist die Kette leer, liefert TestEnde stets TRUE *)

        END KettenKapsel2.
```

Implementierung

```
        IMPLEMENTATION MODULE KettenKapsel2;     (* Programm P3.3b *)
        FROM Storage    IMPORT (* PROC *) ALLOCATE, DEALLOCATE;
        TYPE ZeigTyp = POINTER TO ZeigRec;
             ZeigRec = RECORD
                         Key           : CARDINAL;
                         Prev, Next : ZeigTyp;
                       END (* RECORD *);
        VAR Anker, LeseZeiger : ZeigTyp;
```

3.2. Abstraktion in MODULA-2   171

```
        PROCEDURE Einfuegen (Nr: CARDINAL); wie oben in Programm
        P3.1b

        PROCEDURE Loeschen  (Nr: CARDINAL); wie oben in Programm
        P3.1b

        PROCEDURE InitLesen;
        BEGIN    LeseZeiger := Anker^.Next;   END InitLesen;

        PROCEDURE TestEnde (): BOOLEAN;
        BEGIN    RETURN LeseZeiger = Anker    END TestEnde;

        PROCEDURE LesenUndWeiter (VAR Schluessel: CARDINAL);
        BEGIN (* LesenUndWeiter *)
          Schluessel := LeseZeiger^.Key;
          IF NOT TestEnde() THEN LeseZeiger := LeseZeiger^.Next; END;
        END LesenUndWeiter;

    BEGIN (* KettenKapsel2 *)
      (* Kette mit fliegendem Anker initialisieren *)
      ALLOCATE (Anker, SIZE (ZeigRec));
      WITH Anker^ DO  Key := 0; Next := Anker; Prev := Anker;   END;
      InitLesen; (* damit TestEnde definierten Wert liefert *)
    END KettenKapsel2.
```

Test-Modul für Kettenkapsel2

```
        MODULE DoppelKette2;                     (* Programm P3.3c *)
        (* Version mit Kapselung der Daten und Navigation zum Lesen  *)
        FROM InOut            IMPORT (* PROC *) WriteCard, WriteLn;
        FROM KettenKapsel2    IMPORT (* PROC *) Einfuegen, Loeschen,
                                                InitLesen, TestEnde,
                                                LesenUndWeiter;

        PROCEDURE ZeigKette;
        VAR Schluessel : CARDINAL;
            Abbruch    : BOOLEAN;
        BEGIN (* ZeigKette *)
          InitLesen;
          WHILE NOT TestEnde () DO
            LesenUndWeiter (Schluessel);
            WriteCard (Schluessel, 3);
          END (* WHILE *);
          WriteLn;
        END ZeigKette;

    BEGIN (* DoppelKette2 *)
      ... Hauptprogramm wie in Programm P3.1c ...
    END DoppelKette2.
```

Beispiel: Warteschlange

Als ein weiteres Beispiel folgt die vollständige Kapselung einer Warteschlange, also einer Datenstruktur, in der Informationen (hier: CARDINAL-Werte) nach dem sogenannten *FIFO-Prinzip* (First In First Out) gespeichert werden können.

Schnittstelle

```
      DEFINITION MODULE SchlKapsel;              (* Programm P3.4a *)
      (* Demonstr. Kapselung: FIFO-Speicher fuer CARDINAL-Zahlen   *)

        PROCEDURE Bringen (Eintrag : CARDINAL);
        (* wenn istVoll vorher TRUE war, keine Wirkung;
           sonst wird Eintrag der Schlange zugefuegt *)

        PROCEDURE Holen    (VAR Eintrag : CARDINAL);
        (* wenn istLeer vorher TRUE war, keine Wirkung;
           sonst wird Par. Eintrag mit dem aeltesten Eintrag der
           Schlange besetzt, und dieser wird aus der Schlange
           entfernt *)

        PROCEDURE istLeer (): BOOLEAN;
        (* TRUE, genau wenn Schlange kein Element enthaelt *)

        PROCEDURE istVoll (): BOOLEAN;
        (* TRUE, genau wenn Schlange kein Element mehr
           aufnehmen kann    *)

      END Schlkapsel.
```

Implementierung

```
      IMPLEMENTATION MODULE SchlKapsel;           (* Programm P3.4b *)
      (* Demonstr. der Kapselung: FIFO-Speicher fuer CARDINAL-Zahlen
         Version mit Ringpuffer *)
      CONST MaxElemente = 100;
            Feldlaenge  = MaxElemente+1;       (* Minim. 1 Platz
                                                  bleibt frei     *)
      TYPE  SchlIndTyp = [0 .. Feldlaenge-1];
      VAR   Schlange   : ARRAY SchlIndTyp OF CARDINAL;
                                              (* die gekapselte *)
            AnfangVoll, AnfangLeer: SchlIndTyp;  (*  Datenstruktur *)

        PROCEDURE Nachfolger (Arg: SchlIndTyp) : SchlIndTyp;
        (* intern ,zyklische Nachfolgefunktion *)
        BEGIN (* Nachfolger *)
          RETURN (Arg + 1) MOD Feldlaenge
        END Nachfolger;
```

3.2. Abstraktion in MODULA-2   173

```
    PROCEDURE Bringen (Eintrag : CARDINAL);
    BEGIN (* Bringen *)
      IF NOT istVoll () THEN
        Schlange [AnfangLeer] := Eintrag;
        AnfangLeer := Nachfolger (AnfangLeer);
      END (* IF *);
    END Bringen;

    PROCEDURE Holen (VAR Eintrag : CARDINAL);
    BEGIN (* Holen *)
      IF NOT istLeer () THEN
        Eintrag := Schlange [AnfangVoll];
        AnfangVoll := Nachfolger (AnfangVoll);
      END (* IF *);
    END Holen;

    PROCEDURE istLeer () : BOOLEAN;
    BEGIN (* istLeer *)
      RETURN AnfangVoll = AnfangLeer
    END istLeer;

    PROCEDURE istVoll () : BOOLEAN;
    BEGIN (* istVoll *)
      RETURN Nachfolger (AnfangLeer) = AnfangVoll
    END istVoll;

BEGIN (* Initialisierung *)
  AnfangVoll := 0;
  AnfangLeer := 0;
END SchlKapsel.
```

Test-Modul für SchlKapsel

```
    MODULE KapselTest;                       (* Programm P3.4c *)
    FROM SchlKapsel IMPORT (* PROC *)   Bringen, Holen,
                            istLeer, istVoll;
    FROM InOut      IMPORT (* PROC *)   ReadCard, Write, WriteLn,
                                        WriteCard, WriteString;

    PROCEDURE WriteB (Value: BOOLEAN);
    (* Ausgabe von Wahrheitswerten *)
    BEGIN (* WriteB *)
      IF Value THEN Write ('T');  ELSE Write ('F');   END;
    END WriteB;

    VAR Wert : CARDINAL;

    BEGIN (* KapselTest *)
      WriteString ('*** Start Test-Programm f. SchlKapsel ***');
      WriteLn; WriteLn;  WriteString ('Gib Zahl ohne Vorzeichen,');
      WriteString (' 0 fuer Ausgabe, 999 fuer Ende');
      WriteLn; WriteLn;
```

```
            LOOP                  (* jeweils Ein- oder Ausgabe eines Wertes *)
              Write ('>');     ReadCard (Wert);    Write (' ');
              IF    Wert = 999 THEN EXIT           (* Abbruchbedingung *)
              ELSIF Wert =   0 THEN                (* Wert aus Schlange holen *)
                IF istLeer () THEN
                  WriteString ('   Schlange ist leer');
                ELSE
                  Holen (Wert);   WriteCard (Wert, 4);
                  WriteString ('       istLeer = ');   WriteB (istLeer ());
                END (* IF istLeer () *);
              ELSE                             (* Wert in Schlange setzen *)
                IF istVoll () THEN
                  WriteString ('   Schlange ist voll');
                ELSE
                  Bringen (Wert);
                  WriteString ('            istVoll = ');
               WriteB (istVoll ());
                END (* IF istVoll () *);
              END (* IF *);
              WriteLn;
            END (* LOOP *);
            WriteString ('*** Ende Test ***');   WriteLn;
          END KapselTest.
```

3.2.4 Abstrakte Datentypen

3.2.4.1 Das Prinzip des Abstrakten Datentyps

Wie ein Typ das Schema ist, aus dem beliebig viele Variablen gebildet werden können, so ist der Abstrakte Datentyp (ADT) ein allgemeines Schema zur Bildung geschützter Variablen im Sinne der Kapselung. Anschaulich betrachtet ist ein ADT
- der *Name eines Typs*, dessen innere Struktur nicht sichtbar ist, und
- die *Menge der zulässigen Operationen* auf Objekten dieses Typs.

Es handelt sich also nicht wie bei der Kapselung um ein einzelnes Objekt, sondern um einen Typ, von dem es (durch Deklarationen in anderen Modulen, die den Typ importieren) beliebig viele Variablen geben kann.
Die *Initialisierung* muß nun für jedes Objekt einzeln erfolgen, erfordert also in jedem Fall eine aufrufbare Operation. Wo die Initialisierung eine Speicherbelegung auf der Halde impliziert (in Modula-2 fast unvermeidlich), ist i.a. auch eine Lösch-Operation (zur Speicherfreigabe) nötig.

Graphisch läßt sich der ADT wie in der Abb. 3.5 dargestellt veranschaulichen.

3.2. Abstraktion in MODULA-2

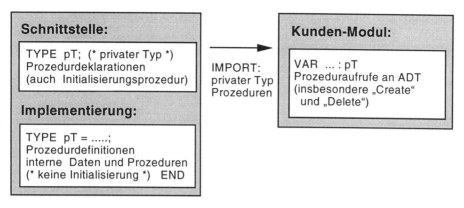

Abb. 3.5 Abstrakter Datentyp

Abstrakte Datentypen lassen sich durch die nachfolgenden *Charakteristika* präzisieren.

Einsatz:
- Beliebig erweiterbare Menge gekapselter Daten eines bestimmten Typs.

Prinzip:
- Der Typ, auf den sich die Operationen des ADT beziehen, wird in der Schnittstelle deklariert, nicht aber definiert. Es handelt sich hierbei also um einen *opaken* oder *privaten Typ*.
- Die Kunden-Module importieren den opaken Typ samt den Prozeduren und legen Variablen an.
- Die Initialisierung der Variablen kann nicht implizit im exportierenden Modul erfolgen, sondern bedarf einer eigenen Prozedur.
- *Alle* Operationen (also neben der Initialisierung z.B. auch Vergleich und Wertzuweisung) müssen durch das Modul ausgeführt werden, das den ADT exportiert. Die betreffenden Variablen werden als Parameter übergeben.

Vorteile:
- Durch die Kapselung der Datenstrukturen sind Fehlinterpretationen vermindert und ist Mißbrauch erschwert.
- Die Datenstruktur kann ohne Auswirkungen auf andere Module geändert werden.
- Die Zahl der Variablen, die aus einem ADT gebildet werden, bleibt offen. Diese Variablen können beispielsweise auch in rekursiven Prozeduren deklariert oder als Komponenten von Datenstrukturen verwendet werden.

Nachteile:
- Die Datenzugriffe sind im allgemeinen etwas weniger effizient.
- Durch die Art, wie ADTen in Modula-2 realisiert werden, entstehen Risiken bei der naiven Verwendung (ein Beispiel folgt in Abschnitt 3.2.4.4).

Damit in einer Programmiersprache ADTen gebildet werden können, sollten vier *Forderungen* erfüllt sein:

(1) Der Compiler muß in der Lage sein, Speicherplatz für die Variablen eines ADTs zu belegen, z.B. für K1, K2, F in

```
FROM KomplexLibrary IMPORT (* TYPE *) Komplex;
VAR  K1, K2 : Komplex;
     F      : ARRAY [1 .. 100] of Komplex;
```

(2) Die innere Struktur des Typs darf nicht eingeschränkt werden.

(3) Die innere Struktur des Typs darf nicht für andere Module sichtbar werden; eine Änderung darf sich dort nicht auswirken.

(4) Die Zugriffe auf Variablen eines ADTs sollten nicht wesentlich anders und etwa gleich effizient wie die auf Variablen anderer Typen sein.

Diese Forderungen lassen sich nicht miteinander vereinbaren. Bei Modula-2 wurden Abstriche bei Punkt (4) und vor allem bei Punkt (2) gemacht.

Der Speicherbedarf des opaken Typs wurde auf die Länge eines Pointers festgelegt. Man ist also in aller Regel gezwungen, den opaken Typ als POINTER TO BasisTyp zu implementieren. Entsprechend können die Datenstrukturen nicht im *Kellerspeicher* liegen, die Zugriffe sind etwas aufwendiger, und wegen der Zeiger bieten Wertparameter eines ADTs keinen Schutz vor Veränderung durch das Unterprogramm (siehe Abschnitt 3.2.4.3).

3.2.4.2 Abstrakte Datentypen Schlange und Stack

Nachfolgend werden zwei oft verwendete Speicherstrukturen als ADTen eingeführt:

- ADT Schlange zur Realisierung einer *FIFO-Speicherstruktur,*
- ADT Stack für die Realisierung einer *LIFO-Speicherstrktur* (Last In First Out).

ADT Schlange

Das folgende Modul ADTSchlange stellt einen ADT für Schlangen von CARDINAL-Zahlen zur Verfügung.

3.2. Abstraktion in MODULA-2

Schnittstelle

```
DEFINITION MODULE ADTSchlange;              (* Programm P3.5a *)
(* Demonstration eines ADTs:
   FIFO-Speicher fuer CARDINAL-Zahlen *)
TYPE SchlangenTyp;              (* ein privater (opaker) Typ *)

   PROCEDURE Bringen (VAR Schlange : SchlangenTyp;
                          Eintrag  : CARDINAL);
   (* wenn istVoll vorher TRUE war, keine Wirkung;
      sonst wird der Eintrag der Schlange zugefuegt *)

   PROCEDURE Holen (VAR Schlange : SchlangenTyp;
                    VAR Eintrag  : CARDINAL);
   (* wenn istLeer vorher TRUE war, keine Wirkung; sonst wird
      Eintrag mit dem aeltesten Eintrag der Schlange besetzt,
      und dieser wird aus der Schlange entfernt *)

   PROCEDURE istLeer (Schlange : SchlangenTyp): BOOLEAN;
   (* TRUE, wenn Schlange kein Element enthaelt *)

   PROCEDURE istVoll (Schlange : SchlangenTyp): BOOLEAN;
   (* TRUE, wenn Schlange kein Element mehr aufnehmen kann *)

   PROCEDURE Initial (VAR Schlange : SchlangenTyp);
   (* Initialisierung der Schlange *)

   PROCEDURE Loeschen (VAR Schlange : SchlangenTyp);
   (* Loeschen der Schlange *)

END ADTSchlange.
```

Implementierung

```
IMPLEMENTATION MODULE ADTSchlange;          (* Programm P3.5b *)
(* Demonstration eines ADTs:
   FIFO-Speicher fuer CARDINAL-Zahlen *)
FROM Storage   IMPORT (* PROC *) ALLOCATE, DEALLOCATE;
TYPE SchlangenTyp = POINTER TO ElementTyp;
     ElementTyp  = RECORD
                     Wert       : CARDINAL;
                     Nachfolger : SchlangenTyp;
                   END (* RECORD *);

   PROCEDURE Bringen (VAR Schlange : SchlangenTyp;
                          Eintrag  : CARDINAL);
   VAR NeuEintrag : SchlangenTyp;
   BEGIN (* Bringen *)(* Vorn neues Glied in Kette einfuegen *)
     ALLOCATE (NeuEintrag, SIZE (ElementTyp));
     WITH NeuEintrag^ DO
       Wert := Eintrag;
       Nachfolger := Schlange;
```

```
    END (* WITH *);
    Schlange := NeuEintrag;
  END Bringen;

  PROCEDURE Holen (VAR Schlange : SchlangenTyp;
                   VAR Eintrag  : CARDINAL);
  VAR Position, VorPosition : SchlangenTyp;
  BEGIN (* Holen *)      (* Letztes Glied der Kette entfernen *)
    IF Schlange <> NIL THEN
      Position := Schlange;
      VorPosition := NIL;
      WHILE Position^.Nachfolger # NIL DO
        VorPosition := Position;
        Position := Position^.Nachfolger;
      END (* WHILE *);
      Eintrag := Position^.Wert;
      DEALLOCATE (Position, SIZE (ElementTyp));
      IF VorPosition = NIL THEN
        Schlange := NIL;
      ELSE
        VorPosition^.Nachfolger := NIL;
      END (* IF *);
    END (* IF *);
  END Holen;

  PROCEDURE istLeer (Schlange : SchlangenTyp): BOOLEAN;
  BEGIN (* istLeer *)
    RETURN (Schlange = NIL)
  END istLeer;

  PROCEDURE istVoll (Schlange : SchlangenTyp): BOOLEAN;
  BEGIN (* istVoll *)
    RETURN FALSE      (* Haldenueberlauf ist nicht abgefangen *)
  END istVoll;

  PROCEDURE Initial (VAR Schlange : SchlangenTyp);
  BEGIN (* Initial *)
    Schlange := NIL;
  END Initial;

  PROCEDURE Loeschen (VAR Schlange : SchlangenTyp);
  VAR Hilf : SchlangenTyp;
  BEGIN (* Loeschen *)
    WHILE Schlange # NIL DO
      Hilf := Schlange;
      Schlange := Schlange^.Nachfolger;
      DEALLOCATE (Hilf, SIZE (ElementTyp));
    END (* WHILE *);
  END Loeschen;

END ADTSchlange.
```

3.2. Abstraktion in MODULA-2

Test-Modul für ADT Schlange

```
MODULE ADTTest;                           (* Programm P3.5c *)
(* Testrahmen fuer ADTSchlange: Deklaration von zwei Schlangen,
   die durch interaktive Bedienung gefuellt und geleert werden.
   Jede Eingabe besteht aus zwei Zahlen: a b
   a waehlt die Schlange 1 oder 2, 0 ist Programmabbruch.
   b (CARDINAL) wird in die Schlange gespeichert, wenn > 0;
     bei b = 0 wird der Schlange ein Element entnommen. *)
FROM ADTSchlange IMPORT     (* TYPE *) SchlangenTyp,
              (* PROC *) Initial, Loeschen,
                        Bringen, Holen,
                        istLeer, istVoll;
FROM InOut      IMPORT     (* PROC *) ReadCard, WriteLn,
                                      WriteCard, WriteString;
TYPE TestTyp = PROCEDURE (SchlangenTyp): BOOLEAN;
VAR  Schlangenpaar : ARRAY [1..2] OF SchlangenTyp;
     Nummer, Wert  : CARDINAL;

  PROCEDURE WriteB (Value: BOOLEAN);
  BEGIN  (* Eine Prozedur zur Ausgabe boolscher Werte *)
    IF Value THEN WriteString ('T');
            ELSE WriteString ('F');    END;
  END WriteB;

  PROCEDURE Schritt (VAR eineSchlange : SchlangenTyp;
                         SollHolen    : BOOLEAN;
                         Zahl         : CARDINAL);

    PROCEDURE TestSchritt (Test      : TestTyp;
                           stringteil : ARRAY OF CHAR);
    (* glob. Var.: lesend eineSchlange, veraendert Zahl *)
    BEGIN (* TestSchritt *)
      IF Test (eineSchlange)  THEN
         WriteString ('Schlange ');    WriteCard (Nummer, 1);
         WriteString (' ist bereits ');WriteString (stringteil);
      ELSE
         IF SollHolen THEN
           Holen (eineSchlange, Zahl);
         ELSE
           Bringen (eineSchlange, Zahl);
         END (* IF *);
         WriteCard (Zahl, 4); WriteString ('        ');
         WriteString (stringteil); WriteString (' = ');
         WriteB (Test (eineSchlange));
      END (* IF *);
      WriteLn;
    END TestSchritt;
```

```
      BEGIN (* Schritt *)
        IF SollHolen THEN
          TestSchritt (istLeer, 'leer');
        ELSE
          TestSchritt (istVoll, 'voll');
        END (* IF *);
      END Schritt;

   BEGIN (* Hauptprogramm *)
     WriteString ('*** Start Test ADTSchlange ***');   WriteLn;
     Initial (Schlangenpaar [1]);   Initial (Schlangenpaar [2]);
     WriteString ('Leer (1) und Voll (2) : ');
     WriteB (istLeer (Schlangenpaar [1]));   WriteString ('   ');
     WriteB (istVoll (Schlangenpaar [2]));   WriteLn;   WriteLn;
     WriteString ('Gib jeweils Nummer (1 oder 2) ');
     WriteString ('und Zahl oder 0!');
     WriteLn;
     LOOP
       WriteString ('>');  ReadCard (Nummer);  (* Prompten und
                                                  Einlesen *)
       IF Nummer = 0 THEN  EXIT  END;
       IF Nummer <= 2 THEN
         WriteString ("   #: ");  ReadCard (Wert);
         Schritt (Schlangenpaar [Nummer], Wert = 0, Wert);
       END (* IF *);
       WriteLn;
     END (* LOOP *);
     Loeschen (Schlangenpaar [1]);
     Loeschen (Schlangenpaar [2]);
     WriteString ('*** Ende Test ADTSchlange ***');   WriteLn;
   END ADTTest.
```

Alternative Implementierung des ADTs Schlange

Bei gleichem Definitions-Modul sind auch ganz andere Implementierungen möglich, z.B. mit folgender Datenstruktur (vgl. Beispiel zur Kapselung):

```
   IMPLEMENTATION MODULE ADTSchlange;           (* Programm P3.5d *)
   (* FIFO-Speicher fuer CARDINAL-Zahlen:
      Version mit Ringpuffer    *)
   FROM Storage IMPORT (* PROC *) ALLOCATE, DEALLOCATE;
   TYPE SchlangenTyp    = POINTER TO RingpufferTyp;
   CONST MaxElemente    = 100;
         Feldlaenge     = MaxElemente+1;  (* 1 Platz bleibt frei *)
   TYPE  SchlIndTyp     = [0 .. Feldlaenge-1];
         RingpufferTyp  = RECORD
                            Puffer : ARRAY SchlIndTyp OF CARDINAL;
                            AnfangVoll,
                            AnfangLeer : SchlIndTyp;
                          END (* RECORD *);
   usw.
```

3.2. Abstraktion in MODULA-2

ADT Stack

Ein *Stack* (*Keller*) ist eine variable Datenstruktur zur Verwaltung von mehreren Elementen des gleichen Typs nach dem LIFO-Prinzip.

Anschaulich kann man sich einen Stack als lineare Liste vorstellen, bei der alle Operationen Einfügen, Löschen und Abfrage jedoch nur an einem Ende der Liste ausgeführt werden. Auf Stacks sind i.a. folgende Operationen definiert:

Push (Element):	*Einfügen* eines neuen (dann obersten) Elementes,
Pop():	*Entfernen* des obersten Elementes,
Top():	Abfrage des *obersten* Elementes,
Empty():	Abfrage, ob der Stack *leer* ist.

In der folgenden Implementierung eines ADT Stack für CARDINAL-Zahlen werden außerdem noch Prozeduren zum Initialisieren und Löschen eines Stacks zur Verfügung gestellt.

Schnittstelle

```
DEFINITION MODULE ADTStack;              (* Programm P3.6a *)
(* Demonstration eines ADTs:
   LIFO-Speicher fuer CARDINAL-Zahlen *)
TYPE StackTyp;                 (* ein privater (opaker) Typ *)

   PROCEDURE Push (VAR Stack : StackTyp;
                   VAR Eintrag : CARDINAL);
   (* Speichern des uebergebenen Wertes als oberstes Stack-
      element *)

   PROCEDURE Pop ( VAR Stack    : StackTyp;
                   VAR istLeer : BOOLEAN ) : CARDINAL;
   (* Abfrage und Entfernen des obersten Stackelementes:
      wenn istLeer gleich FALSE, wird der Wert des obersten
      Stackelements zurueckgeliefert und das Element geloescht;
      sonst hat der Prozeduraufruf keine Wirkung und der Rueck-
      gabewert ist 0. *)

   PROCEDURE Top ( VAR Stack    : StackTyp;
                   VAR istLeer : BOOLEAN ) : CARDINAL;
   (* Abfrage des obersten Stackelementes:
      wenn istLeer gleich FALSE, wird der Wert des obersten
      Stackelementes zurueckgeliefert, sonst der Wert 0. *)

   PROCEDURE Empty (Stack : StackTyp): BOOLEAN;
   (* TRUE, genau wenn der Stack leer ist *)

   PROCEDURE Initial (VAR Stack : StackTyp);
   (* Initialisierung des Stacks *)
```

```
            PROCEDURE Delete (VAR Stack : StackTyp);
            (* Loeschen des Stacks, d.h. Loeschen aller Elemente *)

        END ADTStack.
```

Implementierung

```
        IMPLEMENTATION MODULE ADTStack;              (* Programm P3.6b *)
        (* Demonstration eines ADTs:
           LIFO-Speicher fuer CARDINAL-Zahlen *)
        FROM Storage    IMPORT (* PROC *) ALLOCATE, DEALLOCATE;
        TYPE StackTyp      = POINTER TO ElementTyp;
             ElementTyp    = RECORD
                              Wert       : CARDINAL;
                              Nachfolger : StackTyp;
                            END (* RECORD *);

          PROCEDURE Push (VAR Stack   : StackTyp;
                              Eintrag : CARDINAL);
          VAR NeuElement : StackTyp;
          BEGIN (* Push *) (* Neuen Eintrag als 1. Element einfuegen *)
            ALLOCATE (NeuElement, SIZE (ElementTyp));
            WITH NeuElement^ DO
              Wert := Eintrag;
              Nachfolger := Stack;
            END (* WITH *);
            Stack := NeuElement;
          END Push;

          PROCEDURE Pop (VAR Stack   : StackTyp;
                             istLeer : BOOLEAN ) : CARDINAL;
          VAR Eintrag : CARDINAL;
              Hilf    : StackTyp;
          BEGIN (* Pop *)  (* Erstes Element lesen und loeschen *)
            istLeer := Empty(Stack);
            IF istLeer THEN
              Eintrag := 0;
            ELSE
              Eintrag := Stack^.Wert;
              Hilf := Stack;
              Stack := Stack^.Nachfolger;
              DEALLOCATE (Hilf, SIZE (ElementTyp));
            END;
            RETURN Eintrag
          END Pop;

          PROCEDURE Top (VAR Stack   : StackTyp;
                             istLeer : BOOLEAN ) : CARDINAL;
          VAR Eintrag : CARDINAL;
```

3.2. Abstraktion in MODULA-2

```
BEGIN (* Top *)   (* Erstes Element lesen *)
  istLeer := Empty(Stack);
  IF istLeer THEN
    Eintrag := 0;
  ELSE
    Eintrag := Stack^.Wert;
  END;
  RETURN Eintrag
END Top;

PROCEDURE Empty (Stack : StackTyp): BOOLEAN;
BEGIN (* Empty *)
  RETURN (Stack = NIL)
END Empty;

PROCEDURE Initial (VAR Stack : StackTyp);
BEGIN (* Initial *)
  Stack := NIL;
END Initial;

PROCEDURE Delete (VAR Stack : StackTyp);
VAR Hilf : StackTyp;
BEGIN (* Delete *)
  WHILE Stack # NIL DO
    Hilf := Stack;
    Stack := Stack^.Nachfolger;
    DEALLOCATE (Hilf, SIZE (ElementTyp));
  END (* WHILE *);
END Delete;

END ADTStack.
```

Auf die Angabe des entsprechenden Test-Moduls für den ADT Stack wird hier verzichtet, da dieses die gleiche Struktur wie das Test-Modul für den ADT Schlange besitzt. Der wesentliche Unterschied besteht darin, daß für einen Stack eine Abfrage „IstVoll" wegen seiner potentiell unbeschränkten Kapazität (nur durch die Größe des Hauptspeichers begrenzt) entfallen kann.

3.2.4.3 Abstrakter Datentyp für große Zahlen

Ein weiteres Beispiel für einen ADT ist die Bearbeitung großer natürlicher Zahlen. Hier geht es darum, einige wenige, sehr große natürliche Zahlen zu berechnen, beispielsweise eine Fakultät, die den Rahmen der CARDINAL-Zahlen sprengt, wie z.B. Fakultät von 47 = 258 623 241 511 168 180 642 964 355 153 611 979 969 197 632 389 120 000 000 000.

Es kommt hier also nicht auf die Effizienz, sondern auf eine möglichst einfache Implementierung an.

Schnittstelle

```
DEFINITION MODULE Big;                          (* Programm P3.7a *)
(* Beispiel fuer ADT:. Abstrakter Datentyp fuer grosse Zahlen
   BIG stellt einen ADT fuer grosse natuerliche Zahlen bereit
   Bei Ueberlauf wird als Ergebnis die groesstmoegliche Zahl
   geliefert, ausserdem die Meldung "Ueberlauf" ausgegeben *)

TYPE BigNo;              (* Datentyp fuer grosse Zahlen, opak *)

  PROCEDURE Create (VAR Zahl: BigNo);
  (* Zahl existiert anschliessend, aber ist nicht definiert *)

  PROCEDURE Enter (VAR Zahl: BigNo; Wert: CARDINAL);
  (* besetzt existierende Zahl mit Wert, ist dann definiert *)

  PROCEDURE Add (S1, S2: BigNo; VAR Summe: BigNo);
  (* Addiert S1 und S2, liefert Summe
     S1 und S2 muessen definiert sein,
     Summe muss existieren, wird definiert. *)

  PROCEDURE Mul (F1, F2: BigNo; VAR Produkt: BigNo);
  (* Multipliziert F1 und F2, liefert Produkt
     F1 u. F2 muessen definiert sein,
     Produkt muss nicht existieren, wird definiert.*)

  PROCEDURE Power (Base: BigNo; Exp: CARDINAL;
                   VAR isPower: BigNo);
  (* liefert in isPower Base hoch Exp
     Base muss def. sein, isPower muss exist., ist dann def. *)

  PROCEDURE Out (Zahl : BigNo);
  (* gibt definierte Zahl in einer Zeile des Bildschirms aus
     Die Zahl erscheint rechtsbuendig, o. fuehrende Nullen. *)

END Big.
```

Implementierung

Bei Betrachtung der Implementierung beachte man, daß dieses Programm nur zum *einmaligen* Gebrauch, nicht für eine Programmbibliothek geschrieben wurde. Natürlich könnte man die Operationen wesentlich effizienter realisieren.

```
IMPLEMENTATION MODULE Big;                      (* Programm P3.7b *)
  FROM InOut    IMPORT (* PROC *) WriteLn, Write, WriteCard,
                    WriteString;
  FROM Storage IMPORT (* PROC *) ALLOCATE, DEALLOCATE;
  CONST MaxLng = 60;      (* 10 ** MaxLng muss ausreichen fuer
                             Typ CARDINAL *)
  TYPE  Digit   = [0 .. 9];
        StoreNo = ARRAY [1 .. MaxLng] OF Digit;
        BigNo   = POINTER TO StoreNo;
```

3.2. Abstraktion in MODULA-2

```
PROCEDURE Create (VAR Zahl : BigNo);
BEGIN (* Create *)
  ALLOCATE (Zahl, SIZE (StoreNo));
END Create;

PROCEDURE InitNo (VAR Zahl : BigNo);              (* intern *)
(* Zahl auf null setzen *)
VAR Index : CARDINAL;
BEGIN (* InitNo *)
  FOR Index := 1 TO MaxLng DO   Zahl^[Index] := 0;   END;
END InitNo;

PROCEDURE Put9 (VAR Zahl : BigNo);                (* intern *)
(* Zahl auf hoechste darstellbare Zahl setzen *)
VAR Index : CARDINAL;
BEGIN (* Put9 *)
  FOR Index := 1 TO MaxLng DO   Zahl^[Index] := 9;   END;
END Put9;

PROCEDURE CopyNo (No1: BigNo; VAR No2: BigNo);    (* intern *)
(* Wert von No1 nach No2 kopieren *)
BEGIN (* CopyNo *)
  No2^ := No1^;
END CopyNo;

PROCEDURE Out (Zahl : BigNo);
CONST Blank = ' ';     (* zur besseren Lesbarkeit *)
VAR    Index          : CARDINAL;
       FuehrendeNull  : BOOLEAN;
BEGIN (* Out *)
  FuehrendeNull := TRUE;    (* noch keine Ziffer ausgegeben *)
  FOR Index := 1 TO MaxLng DO
    (* Zahl in Dreiergruppen ausgeben. *)
    IF FuehrendeNull AND (Zahl^[Index] = 0)
                     AND (Index < MaxLng) THEN
      Write (Blank);       (* fuehrende Nullen unterdruecken *)
    ELSE
      WriteCard (Zahl^ [Index], 1);   FuehrendeNull := FALSE;
    END (* IF *);
    IF ((MaxLng - Index) MOD 3) = 0 THEN  Write (Blank); END;
                                (* Dreiergruppen bilden *)
  END (* FOR *);
  WriteLn;
END Out;

PROCEDURE Times10 (Zahl1 : BigNo; VAR Zahl2 : BigNo);
(* Zahl2 erhaelt den zehnfachen Wert von Zahl1 *)
VAR Index : CARDINAL;
BEGIN (* Times10 *)
  IF Zahl1^[1] # 0 THEN
    WriteString ('*** Times10 Ueberlauf ***');   WriteLn;
    Put9 (Zahl2);
```

```
    ELSE
      FOR Index := 2 TO MaxLng DO
        Zahl2^[Index-1] := Zahl1^[Index];
      END;
      Zahl2^[MaxLng] := 0;
    END (* IF *);
  END Times10;

  PROCEDURE Enter (VAR Zahl : BigNo; Wert: CARDINAL);
  VAR Index : CARDINAL;
  BEGIN (* Enter *)
    InitNo (Zahl); (* damit ist die Zahl auf 0 initialisiert *)
    Index := MaxLng;
    WHILE Wert > 0 DO      (* Zahl konvertieren, beginnend mit
                              der niedrigsten Ziffer *)
      Zahl^[Index] := Wert MOD 10;
      Wert := Wert DIV 10;   DEC (Index);
    END (* WHILE *);
  END Enter;

  PROCEDURE Add (S1, S2: BigNo; VAR Summe : BigNo);
  VAR Index,
      Zwischensumme (* Summe zweier Ziffern *) : CARDINAL;
  BEGIN (* Add *)
    Zwischensumme := 0;
    Index := MaxLng;
    WHILE (Index > 0) DO (* Ziffernweise von rechts nach
                            links addieren *)
      Zwischensumme := S1^[Index] + S2^[Index]
                     + Zwischensumme DIV 10  (* Uebertrag *);
      Summe^[Index] := Zwischensumme MOD 10;
      DEC (Index);
    END (* WHILE *);
    IF Zwischensumme > 9 THEN
       (* Ueberlauf in der hoechsten Ziffer *)
       Put9 (Summe);
       WriteString ('*** Add Ueberlauf ***');   WriteLn;
    END (* IF *);
  END Add;

  PROCEDURE Mul (F1, F2 : BigNo; VAR Produkt : BigNo);
  VAR   Index : CARDINAL;
        Prod  : BigNo; (* Zwischenspeicher fuer Ergebnis *)
        F2No  : StoreNo;
  BEGIN (* Mul *)
    F2No := F2^;
    ALLOCATE (Prod, SIZE (StoreNo));   InitNo (Prod);
    Index := 1;              (* 1. Ziffer ungleich 0 suchen *)
    WHILE (Index <= MaxLng) AND (F2No[Index] = 0) DO
      INC(Index);
    END;
```

3.2. Abstraktion in MODULA-2

```
      WHILE Index <= MaxLng DO
        Times10 (Prod, Prod);   (* Dezimal-Shift um eine Stelle *)
        WHILE F2No[Index] > 0 DO
          (* Multiplizieren durch wiederholtes Addieren. *)
          Add (F1, Prod, Prod);
          DEC (F2No[Index]);
        END (* WHILE *);
        INC (Index);
      END (* WHILE *);
      IF Produkt # NIL THEN
        DEALLOCATE (Produkt, SIZE (StoreNo));
      END (* IF *);
      Produkt := Prod;
    END Mul;

    PROCEDURE Power (    Base   : BigNo; Exp: CARDINAL;
                     VAR isPower: BigNo);
    VAR BaseCopy : BigNo;
    BEGIN (* Power *)
      ALLOCATE (BaseCopy, SIZE (StoreNo));
      CopyNo (Base, BaseCopy);    (* Entkopplung
                                     Parameter/Resultat *)
      Enter (isPower, 1);
      WHILE Exp > 0 DO
        (* Potenzieren durch wiederholtes Multiplizieren. *)
        Mul (BaseCopy, isPower, isPower);
        DEC (Exp);
      END (* WHILE *);
      DEALLOCATE (BaseCopy, SIZE (StoreNo));
    END Power;

END Big.
```

Die Verwendung der Variablen Prod und F2No in der Prozedur Mul sowie der Variablen BaseCopy in der Prozedur Power ist erforderlich, da bei der Implementierung eines ADTs als Zeiger auf eine Datenstruktur die Manipulation von Wertparametern auch Rückwirkung auf den aufrufenden Programmteil haben kann.

Grundsätzlich können die Prozeduren des ADTs auch als *Funktionsprozeduren* formuliert sein, um ein einzelnes Ergebnis zu liefern, denn es handelt sich ja stets um Zeiger. Das führt zu etwas eleganteren Formulierungen, beispielsweise für die Prozedur Add (die dann besser Summe heißt) zum Kopf

```
    PROCEDURE Summe (S1, S2: BigNo): BigNo;
    (* liefert Summe von S1 und S2 *)
    (* S1 und S2 muessen definiert sein *)
```

Aus dem Prozeduraufruf in Mul   `Add (F1, Prod, Prod);`
wird die Zuweisung   `Prod := Summe (F1, Prod);`

Diese Lösung hat aber einen schwerwiegenden Nachteil: der Programmierer kann nun dem Laufzeitsystem keine Unterstützung bei der Speicherverwaltung mehr geben. Während der Aufruf von Add keine weitere Belegung der Halde bewirkte, führt die Wertzuweisung dazu, daß die bisher mit Prod bezeichnete Datenstruktur *implizit* freigegeben wird.

3.2.4.4 Abstrakter Datentyp für komplexe Zahlen

Komplexe Zahlen sind ein weiteres klassisches Beispiel für die Bildung von ADTen.

Schnittstelle

```
DEFINITION MODULE KomplexM;               (* Programm P3.8a *)
(* KomplexM stellt Datenstruktur und Operat. fuer kompl. Zahlen
   Achtung, das Problem des Zahlenueber und -unterlaufs bei
   REAL-Operationen ist nicht abgefangen *)
TYPE Komplex;          (* Opaker Typ fuer komplexe Zahlen *)

  PROCEDURE Erzeugen (VAR X: Komplex);
  (* X entsteht als neue komplexe Zahl, exist. anschliessend *)

  PROCEDURE Loeschen (VAR X: Komplex);
  (* X wird als komplexe Zahl geloescht
     X muss existieren, existiert anschliessend nicht mehr *)

  PROCEDURE Setzen (VAR X: Komplex; RT, IT: REAL);
  (* X erhaelt RT als Realteil, IT als Imaginaerteil
     X muss existieren, ist anschliessend definiert *)

  PROCEDURE RT (X: Komplex): REAL;
  (* liefert den Realteil von X
     X muss definiert sein *)

  PROCEDURE IT (X: Komplex): REAL;
  (* liefert den Imaginaerteil von X
     X muss definiert sein *)

  PROCEDURE Summe (X, Y: Komplex; VAR Z: Komplex);
  (* Z erhaelt als Wert die Summe von X und Y
     X und Y muessen def. sein, Z muss exist., anschl. def.*)

  PROCEDURE Differenz (X, Y: Komplex; VAR Z: Komplex);
  (* Z erhaelt als Wert die Differenz von X und Y (d.h. X - Y)
     X und Y muessen def. sein, Z muss exist., anschl. def.*)

  PROCEDURE Produkt (X, Y: Komplex; VAR Z: Komplex);
  (* Z erhaelt als Wert das Produkt von X und Y
     X und Y muessen def. sein, Z muss exist., anschl. def.*)
```

3.2. Abstraktion in MODULA-2

```
  PROCEDURE Quotient (X, Y: Komplex; VAR Z: Komplex);
  (* Z erhaelt als Wert den Quotienten von X und Y (d.h. X / Y)
     Hat Y den Betrag null, so wird Z auf null gesetzt
     X und Y muessen def. sein, Z muss exist., anschl. def.*)

  PROCEDURE Betrag (X: Komplex): REAL;
  (* liefert den Betrag von X; X muss definiert sein *)

  PROCEDURE Gleich (X, Y: Komplex): BOOLEAN;
  (* TRUE, wenn X und Y exakt gleich
     X und Y muessen definiert sein *)

END KomplexM.
```

Implementierung

```
IMPLEMENTATION MODULE KomplexM;            (* Programm P3.8b *)
FROM Storage   IMPORT (* PROC *) ALLOCATE, DEALLOCATE;
FROM MathLib0  IMPORT (* PROC *) sqrt;
TYPE KomplexInt = RECORD Re, Im : REAL END;
     Komplex    = POINTER TO KomplexInt;
(*--------------------------------------------------------------*)
  PROCEDURE Erzeugen (VAR X: Komplex);
  BEGIN (* Erzeugen *)
    ALLOCATE (X, SIZE (KomplexInt));
  END Erzeugen;

  PROCEDURE Loeschen (VAR X: Komplex);
  BEGIN (* Loeschen *)
    DEALLOCATE (X, SIZE (KomplexInt));
    X := NIL;
  END Loeschen;
(*--------------------------------------------------------------*)
  PROCEDURE Setzen (VAR X: Komplex; RT, IT: REAL);
  BEGIN (* Setzen *)
    X^.Re := RT;   X^.Im := IT;
  END Setzen;

  PROCEDURE RT (X: Komplex): REAL;
  BEGIN    RETURN X^.Re    END RT;

  PROCEDURE IT (X: Komplex): REAL;
  BEGIN    RETURN X^.Im    END IT;
(*--------------------------------------------------------------*)
  PROCEDURE Summe (X, Y: Komplex; VAR Z: Komplex);
  BEGIN (* Summe *)
    Z^.Re := X^.Re+Y^.Re;
    Z^.Im := X^.Im+Y^.Im;
  END Summe;
```

```
    PROCEDURE Differenz (X, Y: Komplex; VAR Z: Komplex);
    BEGIN (* Differenz *)
      Z^.Re := X^.Re-Y^.Re;
      Z^.Im := X^.Im-Y^.Im;
    END Differenz;
(*--------------------------------------------------------------*)
    PROCEDURE Produkt (X, Y: Komplex; VAR Z: Komplex);
    VAR ZInt: KomplexInt;      (* fuer den Fall X = Z oder Y = Z *)
    BEGIN (* Produkt *)
      ZInt.Re := X^.Re * Y^.Re  -  X^.Im * Y^.Im;
      ZInt.Im := X^.Re * Y^.Im  +  X^.Im * Y^.Re;
      Z^ := ZInt;
    END Produkt;

    PROCEDURE Quotient (X, Y: Komplex; VAR Z: Komplex);
    VAR ZInt   : KomplexInt; (* fuer den Fall X = Z oder Y = Z *)
        Nenner : REAL;
    BEGIN (* Quotient *)
      IF Betrag (Y) = 0.0 THEN         (* Division durch null *)
        Setzen (Z, 0.0, 0.0);
      ELSE
        WITH Y^ DO
          Nenner := Re * Re  +  Im * Im;
        END (* WITH *);
        ZInt.Re := (X^.Re * Y^.Re  +  X^.Im * Y^.Im) / Nenner;
        ZInt.Im := (X^.Im * Y^.Re  -  X^.Re * Y^.Im) / Nenner;
        Z^ := ZInt;
      END (* IF *);
    END Quotient;
(*--------------------------------------------------------------*)
    PROCEDURE Betrag (X: Komplex): REAL;
    BEGIN (* Betrag *)
      WITH X^ DO
        RETURN sqrt (Re*Re + Im*Im)
      END (* WITH *);
    END Betrag;

    PROCEDURE Gleich (X, Y: Komplex): BOOLEAN;
    BEGIN (* Gleich *)
      RETURN (X^.Re = Y^.Re) AND (X^.Im = Y^.Im)
    END Gleich;

END KomplexM.
```

Test-Modul für Komplex M
Der folgende Rahmen zeigt, daß mit Objekten eines ADTs vorsichtig umgegangen werden muß. Insbesondere sollten Wertzuweisung und Vergleich nicht verwendet werden, obwohl der Compiler dies nicht verhindert.

3.2. Abstraktion in MODULA-2

```
MODULE TestKomplex;                       (* Programm P3.8c *)
(* Anwendung des Moduls KomplexM, JL, 1986- 5-13
   Achtung, der Inhalt dieses Moduls ist voellig unsinnig. *)
FROM KomplexM IMPORT (* TYPE *) Komplex,
                     (* PROC *) Erzeugen, Setzen, RT, IT,
                Summe, Differenz;
FROM InOut    IMPORT (* PROC *) WriteString, WriteLn;
VAR A, B, C : Komplex;

BEGIN (* TestKomplex *)
  Erzeugen (A);   Erzeugen (B);   Erzeugen (C);
  Setzen (A, 1.0, 0.0);   Setzen (B, 1.0, 0.0);
  IF A = B THEN                   (* unsinniger Vergleich *)
    C := A; WriteString ("Zweig 1"); (* und                *)
  ELSE                            (* unsinnige            *)
    C := B; WriteString ("Zweig 2"); (* Wertzuweisungen    *)
  END;
  WriteLn;
END TestKomplex.
```

4. Semantik, Verifikation und Test

Eines der zentralen Probleme der Informatik besteht darin sicherzustellen, daß ein Programm genau das bewirkt, was beabsichtigt war. Allgemein ist dieses Problem algorithmisch nicht lösbar; bis heute ist auch kein Verfahren bekannt, um Software realistischer Komplexität garantiert fehlerfrei zu konstruieren.

In dieser Situation müssen wir von Fall zu Fall versuchen, einen plausiblen Kompromiß zwischen dem Fehlerrisiko einerseits und dem alltäglichen Nutzen andererseits zu finden:

- Reduzieren wir mit hohem Aufwand und durch enge Randbedingungen die Zahl der Fehler, so wird die Software in vielen Fällen zu spät fertig, zu teuer und zu wenig komfortabel.

- Vernachlässigen wir dagegen die Korrektheit, weil wir vor allem viele Funktionen und höchste Leistung der Programme anstreben, so erhalten wir ein unzuverlässiges und nutzloses, unter Umständen gefährliches Resultat.

Die hohe Leistung moderner Rechner einerseits, die weitreichenden Wirkungen der Programme andererseits führen dazu, daß die relative Bedeutung der Korrektheit laufend steigt, nicht nur bei offenkundig sicherheitsrelevanten technischen Anwendungen wie Kraftwerksüberwachungen, sondern auch bei typischen Informationssystemen wie einem Auskunftssystem, das Fragen nach der Kreditwürdigkeit eines Kunden beantwortet. Natürlich müssen auch mittelbar beteiligte Programme, z.B. Übersetzer, korrekt sein.

Darum befassen wir uns in den Abschnitten 4.2 und 4.3 mit zwei Methoden, deren Anwendung – auf der Ebene des Programmcodes – zur Korrektheit beiträgt: mit der *Verifikation* und dem *Test*. Beide benötigen als Grundlage eine exakte Definition der beabsichtigten Funktion, d.h. die *Semantik* muß klar sein, was wir in Abschnitt 4.1 diskutieren.

Verifikation und Test sind komplementär: während die Verifikation darauf abzielt, die Korrektheit mit mathematischen Mitteln nachzuweisen, versucht man beim Test, durch Ausführung des Programms mit vorgegebenen Sollresultaten Fehler aufzudecken.

Beide Verfahren haben, wenn sie richtig verstanden sind, auch Auswirkungen auf die Software-*Konstruktion*. Es sollte aber von Beginn an klar sein, daß diese Maßnahmen nur im Zusammenhang eines umfassenden, alle Phasen der Entwicklung beeinflussenden Software Engineering möglich und sinnvoll sind.

4.1 Konzepte für eine Semantikdefinition

4.1.1 Semantik: Begriff und Motivation

Die *Semantik* einer Sprache ist die Festlegung, welche Bedeutung die syntaktisch korrekten Sätze der Sprache haben (vgl. Kap. 1). Sie ergänzt also z.B. Grammatiken oder Syntaxdiagramme, durch die die Syntax definiert ist; ohne Semantik wissen wir nur, *ob* eine bestimmte Zeichenreihe ein Programm ist, aber nicht, welche Berechnung sie ggf. beschreibt.

Mangels formaler Beschreibungsmethoden wurde die Semantik von Programmiersprachen früher nahezu ausschließlich *informell* erklärt. Seit 1970 wurden die formalen Verfahren jedoch erheblich weiterentwickelt und damit auch praktisch anwendbar gemacht. Während aber eine (teilweise) formale Definition der Syntax, z.B. durch EBNF-Grammatiken, den meisten Informatikern geläufig, ja selbstverständlich ist, wird die entsprechende Behandlung der Semantik eher als typisch akademische, praxisferne Übung betrachtet. Gerade weil die gängigen Programmiersprachen vor allem an bekannte Notationen der Mathematik anknüpfen, meint man, die Wirkung auch ohne präzise Definition zu kennen. Dieses Problem verstärkt sich in dem Maße, in dem man Programmiersprachen in einer gewissen Fertigkeit beherrscht und sich beim Erlernen einer neuen Programmiersprache auf die Syntax konzentriert (in der Tat werden neue Sprachen oft „vergleichend" eingeführt, indem man nur die Unterschiede zu einer als bekannt vorausgesetzten Sprache anführt), ohne sich um die Semantik zu kümmern. Dieses „intuitive" Sprachverständnis versagt jedoch in Grenz- und Zweifelsfällen, wie sie beim Programmieren dann und wann entstehen; es bietet auch keine Grundlage zur Verifikation, also zur formalen Bearbeitung der Semantik.

Auch die Konstruktion von *Übersetzern* erfordert eine möglichst genaue Semantikdefinition. Ein Übersetzer wandelt Programme der einen Programmiersprache *(Quellprogramme)* in Programme einer anderen Programmiersprache *(Zielprogramme)* um. Quellprogramm und Zielprogramm müssen die gleiche Wirkung haben, wenn man sie auf einer Rechenanlage ausführt, d.h. sie müssen semantisch gleichwertig *(äquivalent)* sein.

Wir benötigen also eine exakt und formal definierte Semantik, um zweifelsfrei entscheiden zu können, wie ein Programm zu interpretieren ist, und um Übersetzer bauen zu können, die dieser Interpretation entsprechend das Programm in ein semantisch äquivalentes Zielprogramm umsetzen.

4.1. Konzepte für die Semantikdefinition

Beispiel
Gegeben sei der folgende Programmtext in einer PASCAL-Codierung:

```
program p (input, output);           (* Programm P4.1 *)
var n, i, s: integer;
begin
  read (n);   s:= 1;
  for i := 2 to n do s := s * i;
  write(s)
end.
```

Ohne Semantik ist dieser Text eine sinnleere Folge von Zeichen. Um seine Bedeutung zu klären, muß man wissen, um welche Programmiersprache es sich handelt und was darin die einzelnen Wörter und Zeichen besagen. Zum Beispiel hat „:=" die Bedeutung „Die Variable auf der linken Seite erhält den Wert des Ausdrucks auf der rechten Seite". Ist die Bedeutung aller Zeichen bekannt, so kann man die Bedeutung des ganzen Programms bestimmen. Man erkennt dann, daß das Programm p – im Rahmen des INTEGER-Zahlenbereichs – die folgende Funktion berechnet (n! bezeichnet die Fakultät):

$f_p(n) = 1$, falls $n \leq 0$
$f_p(n) = n!$, falls $n > 0$.

Das heißt: Die Bedeutung von p ist die durch p berechnete Funktion, hier als f_p bezeichnet. Um den Schluß von p auf f_p nicht nur intuitiv, sondern nachvollziehbar und überprüfbar ziehen zu können, um also nicht nur zu vermuten, sondern auch zu beweisen, daß p die Funktion f_p berechnet, benötigt man Methoden der Verifikation, die auf der Definition der Semantik von Programmiersprachen aufbauen.

4.1.2 Grundprinzipien von Semantiknotationen

Zur Beschreibung der Semantik von Programmiersprachen gibt es verschiedene *Ansätze*. Die wichtigsten sind

- die Übersetzersemantik
- die operationale Semantik
- die denotationale Semantik
- die axiomatische Semantik.

Die Grundprinzipien dieser – nicht immer scharf unterscheidbaren – Ansätze sollen nachfolgend vorgestellt werden.

In den folgenden Beispielen ist die Beschränkung des Zahlenbereichs im Computer nicht berücksichtigt; in der Praxis ist das natürlich nicht sinnvoll.

Übersetzersemantik

Dieser Ansatz geht von der Idee aus, die Bedeutung von Anweisungen einer *neu* zu definierenden Programmiersprache P_N durch die Bedeutung von Anweisungen einer bereits bezüglich Syntax und Semantik bekannten „*alten*" Programmiersprache P_A festzulegen. Das Grundprinzip ist also die formale *Zurückführung* einer jeden Anweisung von P_N in eine äquivalente Anweisung oder Anweisungsfolge aus P_A (1:n-Abbildung, d.h. einer Anweisung aus P_N entspricht eine Folge von P_A-Anweisungen).

Die Bedeutung eines P_N-Programms wird dann bei der Übersetzersemantik als Bedeutung des durch Zurückführung gewonnenen, als äquivalent definierten P_A-Programms festgelegt. Dieser Nachweis muß durch formale Methoden (z.B. *Simulation* einer die Sprache P_N erkennende Maschine durch eine die Sprache P_A erkennenden Maschine) geführt werden.

Eine praktische Verwendung der Übersetzersemantik findet man, wie der Name schon suggeriert, im *Compilerbau*.

Operationale Semantik

Man definiert bei der operationalen Semantik eine (mathematische) *Maschine* (auch *Automat* genannt) für eine Programmiersprache, die aus Eingabedaten durch schrittweise Abarbeitung des Programms die Ausgabedaten erzeugt. Das Adjektiv „operational" verdeutlicht, daß ein konkretes *Verfahren* angegeben wird, *wie* der Ausgabewert durch eine Folge von Rechenschritten (Operationen) effektiv aus der Eingabe erzeugt werden kann. Zur exakten Definition der Maschine eignen sich verschiedene Modelle.

Eine praktische Verwendung der operationalen Semantik findet man in der Entwicklung von Sprachinterpretern, z.B. für die Sprache BASIC. Wir werden den operationalen Semantikansatz in 4.1.3 noch ausführlich vorstellen.

Denotationale Semantik

Beim operationalen Semantikansatz scheint insofern ein unverhältnismäßig großer technischer Aufwand notwendig zu sein, als im Prinzip ja nicht alle Zwischenzustände bei der Abarbeitung eines Programms wichtig sind, sondern nur das *Endergebnis* der durch ein Programm berechneten *Funktion* interessiert.

Bei der denotationalen Semantik wird daher von einem konkreten Maschinenmodell (wie es bei der operationalen Semantik notwendig war) abstrahiert und nur die *Wirkung* von Anweisungen in Form veränderter *Variablenbelegungen* untersucht. Eine praktische Verwendung der denotationalen Semantik findet man ebenfalls in der Entwicklung von Sprachinterpretern, z.B. für die Sprache LISP.

Wenn Z_P also die Menge aller möglichen Zustände ist, die bei der Ausführung eines Programms P durchlaufen werden können

4.1. Konzepte für die Semantikdefinition

(formal: $Z_P \subseteq W(v_1) \times W(v_2) \times ... \times W(v_n)$, wobei $v_1, ..., v_n$ die in P auftretenden Variablen und $W(v_i)$ der Wertebereich von v_i, d.h. die Menge aller Werte, die v_i annehmen kann, sind),

dann ist die Wirkung einer Anweisung a ∈ P eine Abbildung F [a] : $Z_P \to Z_P$, die einem Zustand z ∈ Z_P einen Folgezustand z' ∈ Z_P zuordnet. z' unterscheidet sich von z nur durch die von a veränderten Variablenbelegungen.

Beispiel: Sei V = {x, y} und P = „...; x := y + 1; ...".
Falls vor Erreichen der Zuweisung der Zustand z = (x = undef., y = 5) gilt, gilt nach der Anweisung der Zustand z' = (x = 6, y = 5).
Formal: F[x:= y + 1] (undef., 5) = (6, 5).

F ordnet also einer Anweisung (hier: x:= y + 1) eine *Zustandsänderung* als Bedeutung in Form veränderter Variablenbelegung zu. F wird daher auch *semantische Funktion* genannt.

Das Grundprinzip der denotationalen Semantik besteht nun darin, für *alle* möglichen Anweisungen einer neu zu definierenden Programmiersprache deren jeweilige semantische Funktion festzulegen, ohne auf eine zugrundeliegende Sprache (wie bei der Übersetzersemantik) oder ein basierendes Maschinenmodell (wie bei der operationalen Semantik) angewiesen zu sein. Natürlich müssen die semantischen Funktionen insgesamt „verträglich" (d.h. vollständig und widerspruchsfrei) definiert sein.

Axiomatische Semantik

In Fortführung des Abstraktionsprozesses beim Übergang von der operationalen zur denotationalen Semantik wird bei der axiomatischen Semantik nur noch auf *Eigenschaften* von Zuständen und nicht mehr – wie bei der denotationalen – auf konkrete Zustände selbst Bezug genommen.

Statt einer semantischen Funktion, die Zustände auf Zustände abbildet, wird bei der axiomatischen Semantik die Wirkung einer Anweisung a durch ein Tripel (P, {a}, Q) definiert, wobei P und Q *Prädikate* (Bedingungen) sind. Wenn P *vor* Ausführung von a gilt (P heißt deshalb auch *Vorbedingung*), dann muß Q *nach Ausführung* von a gelten (Q heißt deshalb auch *Nachbedingung*), allerdings unter der wichtigen Voraussetzung, daß a terminiert, d.h. nach endlich vielen Schritten hält.

Beispiele: 1. $-1000 < x \leq 0$ { x := x - 1 } $-1000 \leq x < 0$,

2. $2 \leq y < 999$ { *if* $x \neq 0$ *then* y := y + 1 *else* y := y - 1 *end* }
   $(3 \leq y \leq 999 \land x \neq 0) \lor (1 \leq y \leq 997 \land x = 0)$.

Eine praktische Verwendung der axiomatischen Semantik findet man u.a. in sogenannten „Wissensbasierten Systemen", einem Grundlagengebiet der *Künstlichen Intelligenz* (KI).

Der axiomatische Semantikansatz ist geeignet, Eigenschaften von Programmen zu beweisen, z.B. deren *Korrektheit* bezüglich einer vorgegebenen, spezifizierten Funktion. Diese *Verifikationstechnik* werden wir im Abschnitt 4.2 „Spezifikation und Verifikation von Programmen" detailliert kennenlernen.

Zusammenfassung der Semantikansätze

Semantikansatz	Grundprinzip: Bedeutung einer Anweisung a einer neu zu definierenden Programmiersprache P_N wird durch ...	Abstrahierungsvorgang
Axiomatische Semantik	Tripel (\{P\}, a, \{Q\}) definiert: wenn P „vor" a gilt, dann gilt „nachher" Q.	Abstrahierung von konkreten Zuständen
Denotationale Semantik	semantische Funktion F mit F [a] z = z' definiert, wobei z' sich von z durch die „durch" a veränderten Variablen unterscheidet.	Abstrahierung vom konkreten Maschinenmodell
Operationale Semantik	math. Maschine M definiert: M ändert ihre Konfiguration bei effektiver Ausführung von a.	Verzicht auf Existenz einer bekannten Sprache, aber Abhängigkeit von einem Maschinenmodell
Übersetzersemantik	Zurückführung von a auf Anweisung(en) einer bereits bekannten Sprache definiert.	keine Abstrahierung, Nachteil: Abhängigkeit von (der Semantik) einer bekannten Sprache

Tab. 4.1 Die verschiedenen Semantikansätze im Überblick

4.1.3 Ein Beispiel für die operationale Semantik

Die Programmiersprache MINI

Der Ansatz der operationalen Semantik soll anhand einer einfachen Programmiersprache (MINI genannt) etwas ausführlicher erläutert werden. In MINI gibt es nur Variablen des Typs INTEGER, die mit den verfügbaren Anweisungen eingelesen, verändert und ausgegeben werden können.

4.1. Konzepte für die Semantikdefinition

Die *Syntax* von MINI sei durch die folgenden Produktionsregeln einer EBNF-Grammatik gegeben (ε bezeichnet die leere Anweisung, ein senkrechter Strich („|") alternative Ableitungsmöglichkeiten auf der rechten Seite einer Regel).

Programm	=	„read" Variablenliste „;" Anweisung „;" „write" Variablenliste „.".
Variablenliste	=	Bezeichner I Bezeichner „," Variablenliste.
Bezeichner	=	„a" I „b" I „c" I ... I „z".
Anweisung	=	ε
		I Bezeichner „:=" „0"
		I Bezeichner „:=" Bezeichner „+1"
		I Bezeichner „:=" Bezeichner „-1"
		I Anweisung „;" Anweisung
		I „if" Bezeichner „= 0" „then" Anweisung „else" Anweisung „end"
		I „while" Bezeichner „≠ 0" „do" Anweisung „end".

Kommentare, Zeilenwechsel usw. sind hier nicht formal definiert, sollen aber ebenfalls (ohne semantische Wirkung) in der Sprache enthalten sein.

Beispiel: Das folgende Programm in MINI liefert die Summe zweier Zahlen a und b, falls b ≥ 0 ist; andernfalls terminiert es nicht.

```
read x, y;                              (* Programm P4.2 *)
while y ≠ 0 do x := x + 1; y := y - 1 end;
write x.
```

Definition einer mathematischen Maschine

Eine *mathematische Maschine* M ist ein 7-Tupel M = (I, O, K, α, ω, τ, π); darin sind

I	die Eingabe, d.h. *Programmanweisungen* und *Eingabedaten*,
O	eine Menge von *Ausgabedaten*,
K	eine Menge von *Konfigurationen*,
α: I → K	eine *Eingabefunktion*,
ω: K → O	eine *Ausgabefunktion*,
τ: K → K	eine *Übergangsfunktion*,
π: K → {0, 1}	ein *Halteprädikat*.

Nachfolgend wird eine Maschine konstruiert, die Programme der Programmiersprache MINI ausführt (interpretiert).

Die Menge der Konfigurationen K dieser Maschine definiert man formal als kartesisches Produkt K = A × Z, wobei gilt:

A   ist die Menge aller *Anweisungsfolgen* von MINI,
Z   ist die Menge der *Zustände*, die ein Programm annehmen kann.

Eine Konfiguration ist also durch die zu bearbeitende Anweisungsfolge und den aktuellen Maschinenzustand charakterisiert.

Der *Zustand* einer Programmausführung ist durch die Menge der Bezeichner der Programmvariablen und deren Werte bestimmt. Ein Zustand $z \in Z$ läßt sich also durch eine *Tabelle* beschreiben, die zu jedem Bezeichner seinen aktuellen Wert enthält. Eine Endkonfiguration liegt vor, wenn alle Anweisungen abgearbeitet sind, d.h. wenn nur noch die leere Anweisung ε folgt. Daher gilt: $\pi(a, z) = 1$ genau dann, wenn $a = \varepsilon$ ist.

Um A und Z nicht weiter formalisieren zu müssen, wird vorausgesetzt, daß
- bei jeder Anweisung $a \in A$ die Anweisung bis zum nächsten Semikolon (sofern vorhanden) erkannt werden kann;
- es in Z einen Anfangszustand z_0 gibt;
- jedem Zustand $z \in Z$ und jedem Bezeichner $b \in B$ einer Variablen ein Wert $z(b)$ zugeordnet ist, der den Wert der Variablen b im Zustand z angibt; für alle $b \in B$ gilt $z_0(b) = 0$, d.h. zu Beginn eines Programms haben alle Variablen den Wert 0;
- jedem Zustand $z \in Z$, allen Bezeichnern $b_1, b_2 \in B$ und jeder ganzen Zahl $w \in Z$ ein neuer Zustand $z < b_1 \leftarrow w >$ zugeordnet wird, wobei gilt:

    $z < b_1 \leftarrow w > (b_2) = w$, falls $b_1 = b_2$, und $z(b_2)$ sonst;

    $z < b_1 \leftarrow w >$ bezeichnet also den Zustand, den man erhält, wenn man im Zustand z den Wert der Variablen b_1 auf w setzt; die Werte aller übrigen Variablen bleiben unverändert.

Eine operationale Semantik für MINI

Die für die Definition der operationalen Semantik zentrale Übergangsfunktion τ kann man wie folgt beschreiben: $\tau: (a, z) \rightarrow (a', z')$.

Die einzelnen Werte von τ gibt die Tabelle 4.2 an; a, a_1 und a_2 stehen dabei für beliebige Anweisungen, b_1, b_2 usw. für beliebige Bezeichner. Dabei genügt es, immer nur *zwei* aufeinanderfolgende Anweisungen für a zu betrachten, da sich durch iterative Fortsetzung damit *beliebige* Anweisungsfolgen konstruieren lassen.

Die Tabelle gibt genau die schrittweise Abarbeitung von Anweisungen wieder: Wenn z.B. die Anweisung „$b_1 := b_2 + 1$; a" (3. Zeile) auszuführen ist, dann wird die zu b_1 gehörende Komponente eines Zustands z auf den Wert von $b_2 + 1$ gesetzt. Danach verbleibt nur noch die Anweisung a (letzte Spalte der Tabelle) zur weiteren Interpretation.

4.1. Konzepte für die Semantikdefinition

Die letzte Zeile der Tabelle ist folgendermaßen zu deuten: Falls die while-Bedingung nicht erfüllt ist (b = 0), wird nur die leere Anweisung (ε) ausgeführt, und man macht unmittelbar mit a_2 weiter. Im anderen Fall führt man einmal den Rumpf a_1 der while-Schleife aus und anschließend erneut die gesamte Schleife.

alte Anweisungsfolge	alter Zustand	neuer Zustand	verbleibende Anweisungsfolge
ε; a	z	z	a
b:= 0; a	z	z $<b \leftarrow 0>$	a
$b_1 := b_2 + 1$; a	z	z $<b_1 \leftarrow z(b_2) + 1>$	a
$b_1 := b_2 - 1$; a	z	z $<b_1 \leftarrow z(b_2) - 1>$	a
if b = 0 then a_1 else a_2 end; a	z	z	a_1; a, falls z(b) = 0 a_2; a, falls z(b) ≠ 0
while b ≠ 0 do a_1 end; a_2	z	z	a_2, falls z(b) = 0 a_1; while b ≠ 0 do a_1 end; a_2, falls z(b) ≠ 0

Tab. 4.2 Übergangsfunktion τ für MINI

Die *Eingabe* des Interpreters besteht aus dem Programm und den Daten.
MINI-Programme haben die Form „read $b_1, ..., b_r$; a_1; a_2; ... a_n; write $c_1, ..., c_s$."
Eingabedaten bzw. Ausgabedaten sind Folgen der Form $b_1, ..., b_r$ bzw. $c_1, ..., c_s$.
Bezeichnet P die Menge aller korrekten Programme, so ist $I = P \times \mathbb{Z}^*$ und $O = \mathbb{Z}^*$.
$\mathbb{Z}^*$ ist die Menge aller endlichen Folgen ganzer Zahlen.

Die Eingabe I des Interpreters besteht also aus allen Paaren $(p, x_1 ... x_r)$, wobei p ein Programm in der Programmiersprache MINI ($p \in P$) und $x_1 ... x_r \in \mathbb{Z}^*$ die Eingabedaten bezeichnet. Die Ausgabemenge O besteht aus der Menge aller endlichen Folgen ganzer Zahlen, den Ausgabewerten eines Programms.

Unter Verwendung dieser Bezeichnungsweise sind die Eingabefunktion $\alpha: I \to K$ und die Ausgabefunktion $\omega: K \to O$ wie folgt definiert:
$\alpha (p, x_1, ..., x_r) = (a; \varepsilon, z_0 <b_1 \leftarrow x_1> ... <b_r \leftarrow x_r>)$,
$\omega (\varepsilon, z) = (z(c_1), ..., z(c_s))$.

Dabei sind $c_1, ..., c_s$ die im Zustand z kodierten Bezeichner der Programmvariablen, die in p hinter write aufgelistet sind.

Man beachte, daß a die in p enthaltene Folge von Anweisungen (ohne read- und write-Anweisungen) ist. Die obere Gleichung besagt im wesentlichen, daß im Zustand z_0 (alle Variablen gleich null) die Variablen $b_1, ..., b_r$ mit den Eingabewerten $x_1, ..., x_r$ belegt werden (*Initialisierung*) und daß a um die leere Anweisung ε ergänzt wird. Die Funktion ω gibt die Werte der Variablen $c_1, ..., c_s$ im Zustand z aus.

Die Berechnung kann also nachvollzogen werden, indem man zunächst α anwendet, dann τ, bis nur noch ε übrigbleibt, d.h. bis π (a, z) = 1 gilt, und schließlich ω.

Der Interpreter ist damit *vollständig* definiert.

Die *berechnete Funktion* f : $P \times \mathbb{Z}^* \to \mathbb{Z}^*$ ist die Semantik von MINI.

Beispiel: Man betrachte das folgende Programm p (mit der Eingabe 2, 1):

```
read x, y;                              (* Programm P4.3 *)
if y = 0 then x := 0
         else while y ≠ 0 do y := y - 1 end
end;
write x, y.
```

Durch α wird folgende Startkonfiguration hergestellt:
(if y = 0 then x := 0 else
   while y ≠ 0 do y := y - 1 end end; ε, z_1).   Zustand $z_1(x) = 2$, $z_1(y) = 1$.

Da $z_1(y) \neq 0$ ist, liefert die Übergangsfunktion τ
in einem Schritt die Folgekonfiguration:
(while y ≠ 0 do y := y - 1 end; ε, z_1).   Keine Zustandsänderung.

Als nächste Konfiguration erhält man durch
einmaliges Ersetzen der while-Anweisung:
(y := y - 1; while y ≠ 0 do y := y - 1 end; ε, z_1).   Keine Zustandsänderung.

Nun wird durch die Subtraktion zum ersten Mal
auch der Zustand verändert:
(while y ≠ 0 do y := y - 1 end; ε, z_2).   Zustand $z_2(x) = 2$, $z_2(y) = 0$.

Wegen y = 0 folgen die Konfigurationen (ε; ε, z_2) und (ε, z_2).
Es ist eine *Endkonfiguration* erreicht. Das Ergebnis lautet daher:
ω (ε, z_2) = (2, 0), d.h. es werden die Zahlen 2 und 0 ausgegeben.

4.1. Konzepte für die Semantikdefinition

Durch algebraische Anwendung der Transformationen kann man zeigen, daß das Programm p folgende Funktion berechnet:

$$f_P: \mathbb{Z} \times \mathbb{Z} \to \mathbb{Z} \times \mathbb{Z} \text{ mit}$$

$$f_P(x, y) = \begin{cases} (x, 0), & \text{falls } y > 0 \\ (0, 0), & \text{falls } y = 0 \\ \text{undefiniert}, & \text{falls } y < 0. \end{cases}$$

4.2 Spezifikation und Verifikation von Programmen

In diesem Abschnitt soll gezeigt werden, daß es formale Möglichkeiten gibt, Programme zu *spezifizieren* („Was soll das Programm leisten?") und zu *verifizieren* („Tut das Programm das, was es leisten soll?").
Es sollen hier einige *Prinzipien* vorgestellt werden, die in der Programmierung – auch ohne formale Verifikation – hohe Bedeutung haben. Die wesentlichen Punkte sind:

- Zwischen der Programmiersprachen-Definition, der Programm-Spezifikation und der Programm-Verifikation besteht ein enger *Zusammenhang*.
- Korrektheit kann in ein Programm konstruktiv *„eingebaut"* werden.
- Trotz der Dynamik, mit der Algorithmen ausgeführt werden, kann ihre Wirkung *statisch* beschrieben werden.

Vorbemerkungen: Als Beispiel einer Programmiersprache diene Modula-2. Generell gilt für diesen Abschnitt, daß das Problem des *Zahlenüberlaufs* ignoriert wird, wo es nicht speziell erwähnt ist. Wir tun also so, als sei der INTEGER-Bereich unbeschränkt.

4.2.1 Vor- und Nachbedingungen

Von jeder Berechnung, beispielsweise in einer Funktionsprozedur, erwarten wir ein bestimmtes Ergebnis; dieses wird als *Zusicherung* (*postcondition*) formuliert. Für die Funktionsvorschrift Doppelt (aus Abschnitt 2.2.4) lautet sie z.B.: Doppelt (x) = 2 · x.

Man beachte, daß die Übereinstimmung mit der Realisierung keineswegs zwingend ist; das Ergebnis könnte ebensogut durch Addition oder auf andere Weise berechnet werden. Hier geht es *nur* um eine Aussage über das *Resultat*.

Damit die Zusicherung auch gilt, müssen bestimmte *Vorbedingungen* (*preconditions*) erfüllt sein, z.B. x ∈ INTEGER ∧ |x| ≤ MAX (INTEGER) / 2.

Man beachte, daß es sich hier um eine *Aussage*, nicht um ein Programm handelt. Darum sind Modula-2-fremde Zeichen und die Division mit „/" hier zulässig. Auch *strengere* Vorbedingungen stellen ein korrektes Ergebnis sicher,
z.B. x ∈ INTEGER ∧ 0 ≤ x ≤ MAX (INTEGER) / 4.

Um eine Funktionsvorschrift voll „auszuschöpfen", suchen wir aber die *schwächste Vorbedingung* (*weakest precondition* oder *wp*).

4.2. Spezifikation und Verifikation von Programmen

Eine Funktionsvorschrift läßt sich bezüglich ihres *Effektes* also beschreiben durch
- die Zusicherung für das Ergebnis (Q) und
- die Vorbedingung (P).

Diese Angaben gehören in den *Kopfkommentar* eines entsprechenden Algorithmus, und sie spielen bei der Verifikation eine zentrale Rolle.

Beispiele („≡" bezeichnet die logische Äquivalenz zwischen zwei Prädikaten):

1. Doppelt Q ≡ Doppelt $(x) = 2 \cdot x$
   P ≡ $x \in$ INTEGER $\wedge$ $|x| \leq$ MAX (INTEGER) $/ 2$
   Kommentar: Liefert das Doppelte einer Zahl, deren Betrag MAX (INTEGER) / 2 nicht übersteigt.

2. SQRT Q ≡ SQRT $(x) \approx \sqrt{x}$
   P ≡ $x \in$ REAL $\wedge$ $x \geq 0$
   Kommentar: Liefert die Quadratwurzel für nichtnegative Parameter.
   Die Zusicherung muß, wenn sie exakt formuliert werden soll, auf die Ungenauigkeit der REAL-Arithmetik Rücksicht nehmen:
   Q ≡ $|SQRT (x) - \sqrt{x}| < \sqrt{x} / 1000$
   Dadurch wird ein maximaler relativer Fehler von 1‰ beschrieben.

Notation, Definitionen

Vor- und Nachbedingungen sollen nun formal eingeführt werden.

Sei S ein Programm oder der Teil eines Programms. Sei ferner P eine Aussage über die Variablen des Programms, die vor Ausführung von S gilt, Q eine Aussage, die nach Ausführung von S gilt (Parameter werden im weiteren nicht von Variablen unterschieden, P und Q können also auch Parameter betreffen). Dann beschreiben wir diesen Zusammenhang durch

$$P \{ S \} Q$$

P wird als *Vorbedingung*, Q als *Nachbedingung* bezeichnet.

Wir können diese Aussage (nachfolgend A genannt) je nach Kontext für drei verschiedene Zwecke verwenden:

(a) Ist S eine einzelne Anweisung, so dient A der *Definition* (Abk. DEF) dieser Anweisung. Indem wir solche Definitionen für alle Anweisungen einer Programmiersprache geben, definieren wir ihre *axiomatische Semantik*. Für denjenigen, der einen Übersetzer baut, ist A die Vorgabe (*Übersetzer-Spezifikation*).

(b) Ist S ein Programm (oder ein Programm-Fragment), so kann A aus den Definitionen der einzelnen Befehle *synthetisiert* werden. A ist dann die *Beschreibung* (Abk. BES) des Programms.

(c) Ist S ein noch zu schaffendes Programm (oder Programm-Fragment), so ist A die *Spezifikation* (Abk. SPEC) des Programms.

Im allgemeinen klärt der Kontext, welche Bedeutung gemeint ist. Wo Unklarheiten entstehen könnten, zeigen wir durch den Index DEF, BES oder SPEC an, was gemeint ist.

Den Nachweis, daß Spezifikation und Beschreibung verträglich sind, bezeichnet man als *Verifikation* des Programms (*Programm-Beweis*). Formal: ein Programm ist verifiziert, wenn wir für dieses Programm beweisen können, daß

$$P_{SPEC} \Rightarrow P_{BES} \wedge Q_{BES} \Rightarrow Q_{SPEC}.$$

Durch die spezifizierte Vorbedingung muß also die Vorbedingung des realisierten Programms impliziert sein, und die Nachbedingung des realisierten Programms muß die spezifizierte Nachbedingung implizieren. Da wir natürlich daran interessiert sind, mit einem Programm eine bestimmte Wirkung zu erzielen, ist uns in der Regel Q_{SPEC} *vorgegeben*; in vielen Fällen wird unsere Aufgabe einfacher, wenn wir Q_{SPEC} zu Q_{BES} verallgemeinern (d.h. Q_{BES} ist eine einfache, allgemeine Aussage, in der Q_{SPEC} enthalten ist). Suchen wir nach der Vorbedingung P_{BES}, so wünschen wir, diese so schwach wie möglich zu machen, wir suchen darum nach der *schwächsten Vorbedingung* eines Programms S zur Erlangung von Q_{BES} und schreiben

$$P_{BES} \equiv wp\,(S, Q_{BES}).$$

Wir gehen also bei der Ableitung einer Programmbeschreibung nach Möglichkeit *rückwärts* vor, von den angestrebten Nachbedingungen zu den unvermeidlichen Vorbedingungen („wir bemühen uns, etwas, das wir uns wünschen, zu einem möglichst niedrigen Preis zu erhalten").

Ein Programm ist um so *flexibler* und robuster, je weniger Vorbedingungen es stellt; ideal ist die Vorbedingung TRUE, die nicht durch irgendwelche speziellen Daten gefährdet werden kann. Das andere Extrem ist die schwächste Vorbedingung FALSE: In diesem Fall liefert das Programm unter keinen Umständen das richtige Ergebnis.

Später wird sich zeigen, daß in bestimmten Situationen der umgekehrte Ansatz Vorteile hat, also der Weg von einer Vorbedingung zu der *stärksten Nachbedingung* („wir bemühen uns, für einen bestimmten Einsatz möglichst viel zu bekommen").

4.2. Spezifikation und Verifikation von Programmen

Beispiel (in natürlicher Sprache):

In einem Feld F mit der Indizierung 1 bis 1.000 und dem Elementtyp INTEGER kommen nur Werte im Bereich 0 bis 20 vor, jeder davon mehrfach. Alle Elemente eines bestimmten Wertes a ∈ {0, ..., 20} sollen im Feld gesucht werden.

Aus der Problemstellung folgt die Nachbedingung
$Q_{SPEC} \equiv i \in \{1, ..., 1.000\} \land F[i] = a$.
Zur Realisierung ist es einfacher, das *erste* Vorkommen (oder das *letzte*) zu suchen:
$Q_{BES} \equiv Q_{SPEC} \land (F[j] = a \Rightarrow j \geq i)$.
Q_{BES} impliziert also Q_{SPEC}.

Vorbedingung ist offenbar, daß a in F vorkommt:
$P_{BES} \equiv \exists i \in \{1, ..., 1.000\}: F[i] = a \land a \in$ INTEGER.
Dies ist durch die Problemstellung impliziert:
$P_{SPEC} \equiv \exists i,j \in \{1, ..., 1.000\}: F[i] = F[j] = a \land i \neq j \land a \in \{0, ..., 20\}$.
Also gilt: $P_{SPEC} \Rightarrow P_{BES}$.

4.2.2 Schwächste Vorbedingungen

Nachfolgend werden für einige Anweisungen jeweils ihre schwächste Vorbedingung definiert. Diese Definitionen können später als *Axiome* verwendet werden.

Die leere Anweisung

Die leere Anweisung wird hier zur besseren Lesbarkeit durch ε dargestellt. In Programmen kommt sie immer dann vor, wenn ein redundantes Semikolon steht.
Semantik: wp (ε, Q) ≡ Q
Informell: Was nach Ausführung von ε gelten soll, muß vorher bereits gelten.

Die Wertzuweisung

Die Semantik der Wertzuweisung ist kompliziert, wenn man alle *Fehlersituationen* berücksichtigt. Hier wird vorausgesetzt, daß der Ausdruck auf der rechten Seite einen definierten, in endlich vielen Schritten berechenbaren Wert hat und daß dieser mit dem Typ der Variablen auf der linken Seite kompatibel ist.
Semantik: wp (x:=E, Q(x)) ≡ ∃ E ∈ TYP(x) ∧ Q(E)
 (meist reduziert auf: wp (x:=E, Q(x)) ≡ Q(E))

Informell: E muß definiert und typkompatibel mit x sein. Dann ist die Vorbedingung gleich der Nachbedingung, in der alle Vorkommen von x durch den Ausdruck E ersetzt sind. E kann x enthalten (keine rekursive Ersetzung).

Man beachte, daß das Problem der REAL-Arithmetik hier nicht berücksichtigt wurde.

Die Sequenz

Semantik: wp $(S_1; S_2, Q) \equiv$ wp $(S_1,$ wp $(S_2, Q))$

Informell: Die schwächste Vorbedingung der letzten Anweisung ist die Nachbedingung der vorletzten (d.h. hier der ersten) Anweisung. Die Semantik einer Sequenz beliebig vieler Anweisungen ergibt sich durch rekursive Schachtelung.

Die Alternative

Semantik: wp (IF B THEN S_1 ELSE S_2 END, Q)
$\equiv (B \Rightarrow$ wp$(S_1, Q)) \wedge (\neg B \Rightarrow$ wp $(S_2, Q))$
$\equiv (B \wedge$ wp$(S_1, Q)) \vee (\neg B \wedge$ wp $(S_2, Q))$

Informell: Wenn die Bedingung B gilt, hat die Alternative die Semantik des THEN-Zweiges, andernfalls die Semantik des ELSE-Zweiges. Die beiden formalen Beschreibungen sind äquivalent.

Die bedingte Anweisung

Die Semantik der bedingten Anweisung ergibt sich, wenn die Definition der Semantik der leeren Anweisung herangezogen wird:

Semantik: wp (IF B THEN S END, Q)
$\equiv (B \Rightarrow$ wp$(S, Q)) \wedge (\neg B \Rightarrow Q)$
$\equiv (B \wedge$ wp$(S, Q)) \vee (\neg B \wedge Q)$

Informell: Wenn die Bedingung B gilt, hat die bedingte Anweisung die Semantik des THEN-Zweiges, andernfalls ist die schwächste Vorbedingung gleich der Nachbedingung.

Beispiele zur schwächsten Vorbedingung

1. Gegeben sei die folgende Anweisung S:
   ```
   IF x < 0 THEN x := -x ELSE x := x-1 END
   ```
   mit x ∈ INTEGER und die Nachbedingung $Q \equiv x \geq 0$.
   Dann ergibt sich die schwächste Vorbedingung von S bezüglich der Nachbedingung Q zu

4.2. Spezifikation und Verifikation von Programmen

$$\begin{aligned}
\text{wp}(S, Q) &\equiv ((x < 0) \land \text{wp}(x := -x, x \geq 0)) \\
&\quad \lor ((x \geq 0) \land \text{wp}(x := x-1, x \geq 0)) \\
&\equiv ((x < 0) \land (-x \geq 0)) \lor ((x \geq 0) \land (x-1 \geq 0)) \\
&\equiv ((x < 0) \land (x \leq 0)) \lor ((x \geq 0) \land (x > 0)) \\
&\equiv (x < 0) \lor (x > 0) \\
&\equiv x \neq 0
\end{aligned}$$

Die schwächste Vorbedingung, um nach Ausführung der Anweisung die Nachbedingung zu erfüllen, ist also $x \neq 0$. Eine Vorbedingung $x > 10$ wäre demnach hinreichend (weil dies $x \neq 0$ impliziert), $x < 10$ wäre es nicht.

2. Gesucht ist die schwächste Vorbedingung einer Anweisungssequenz S
   ```
   t := t * x; i := i+1
   ```
   mit i,n ∈ INTEGER und der Nachbedingung $Q \equiv i \leq n \land t = x^i$.
   Dann gilt (mit der Nebenbedingung $x \neq 0$):

$$\begin{aligned}
\text{wp}(S_1; S_2, Q) &\equiv \text{wp}(S_1, \text{wp}(S_2, Q)) \\
&\equiv \text{wp}(t := t \cdot x, \text{wp}(i := i+1, i \leq n \land t = x^i)) \\
&\equiv \text{wp}(t := t \cdot x, i+1 \leq n \land t = x^{i+1}) \\
&\equiv i+1 \leq n \land t \cdot x = x^{i+1} \\
&\equiv i < n \land t = x^i
\end{aligned}$$

Bemerkenswert an diesem Resultat ist, daß die Vorbedingung im zweiten Teil mit der Nachbedingung exakt übereinstimmt. Der Zusammenhang $t = x^i$ wird also durch die Anweisungssequenz S nicht verändert, obwohl sowohl t als auch i verändert werden. Man bezeichnet ein solches Prädikat als *Invariante*. Darauf wird später noch Bezug genommen.

4.2.3 Die Verifikation iterativer Programme

Ein iteratives Programm kann prinzipiell – i.a. aber relativ mühevoll – nach der gleichen Methode verifiziert werden. Das wesentliche Problem dabei ist aber die in der schwächsten Vorbedingung auftretende *Rekursion*. Im nachfolgenden P4.4a wird gezeigt, wie ein Programm mit den bisher vorgestellten Mitteln verifiziert werden kann. Wir nehmen die WHILE-Schleife als typischen Baustein eines iterativen Programms; später werden wir auf andere Schleifenformen übergehen.

Verifikation einer Iteration mit der schwächsten Vorbedingung

Gegeben ist das folgende Programm-Fragment F mit x, n, t, i ∈ INTEGER; x und n sind (hier) konstant.

```
WHILE i <= n DO                        (* Programm P4.4a *)
  t := t * x;   i := i + 1;  (* Anweisungssequenz S *)
END (* WHILE *);
```

Damit soll x^n berechnet werden; die Nachbedingung lautet also $Q(t,i) \equiv t = x^n$.
Wir suchen nun nach der schwächsten Vorbedingung von F. Wird die Anweisungssequenz S (*Schleifenrumpf*) *nicht* durchlaufen, so lautet sie

$wp_0 (F, Q(t,i)) \equiv i > n \land Q(t,i)$

(Durch i > n ist dafür gesorgt, daß S nicht ausgeführt wird.)

Wird S *einmal* durchlaufen, so gilt:

$wp_1 (F, Q(t,i)) \equiv i \leq n \land wp(S, i > n \land Q(t,i))$

und entsprechend für *zweimaliges* Durchlaufen

$wp_2 (F, Q(t,i)) \equiv i \leq n \land wp(S, i \leq n \land wp(S, i > n \land Q(t,i)))$

Die Bedingung i ≤ n garantiert, daß die Schleife ausgeführt wird. Die Bedingung für den Abbruch muß *nach* der letzten Ausführung von S erfüllt sein und steht darum in der Nachbedingung des letzten (tiefstgeschachtelten) S.

Da die Schleife prinzipiell *beliebig* oft durchlaufen werden kann, ist die Menge der wp_i, die wir zu betrachten haben, nicht endlich. Daher gilt:

$wp(F, Q(t,i)) \equiv wp_0(F, Q) \lor wp_1(F, Q) \lor wp_2(F, Q) \lor wp_3(F, Q) \lor \ldots$

Einsetzen von S ergibt (vgl. Wertzuweisungen):

$wp_1 (F, Q(t,i)) \equiv i \leq n \quad \land \quad wp(t := t \cdot x; i := i+1, i > n \land Q(t,i))$

$\equiv i \leq n \quad \land \quad i+1 > n \land Q(t \cdot x, i+1)$

$\equiv i = n \quad \land \quad Q(t \cdot x, i+1)$

$wp_2 (F, Q(t,i)) \equiv i \leq n \quad \land \quad wp(t := t \cdot x; i := i+1, i \leq n \land$
$\qquad\qquad\qquad\qquad\qquad wp(t := t \cdot x; i := i+1, i > n \land Q(t,i)))$

$\equiv i \leq n \quad \land \quad wp(t := t \cdot x; i := i+1, i = n \land Q(t \cdot x, i+1))$

$\equiv i \leq n \quad \land \quad i+1 = n \land Q(t \cdot x^2, i+2)$

$\equiv i+1 = n \quad \land \quad Q(t \cdot x^2, i+2)$

Offensichtlich lautet damit die *allgemeine Form* für alle positiven ganzzahligen j:

$wp_j (F, Q(t,i)) \equiv i+j-1 = n \land Q(t \cdot x^j, i+j)$

4.2. Spezifikation und Verifikation von Programmen

Die Disjunktion aller wp_j läßt sich damit wie folgt ausdrücken:

$$wp\ (F, Q(t,i)) \equiv wp_0\ (F, Q) \lor wp_1\ (F, Q) \lor wp_2\ (F, Q) \lor wp_3\ (F, Q) \lor \ldots$$
$$\equiv (i > n \land Q(t,i)) \lor \exists j \in \mathbb{N}: (i+j-1 = n \land Q\ (t \cdot x^j, i+j))$$

Damit haben wir eine *endliche* Beschreibung erreicht.

In diese setzen wir nun die Nachbedingung $Q\ (t,i) \equiv t = x^n$ ein und erhalten:

$$wp\ (F, Q(t,i)) \equiv (i > n \land t = x^n) \lor \exists j \in \mathbb{N}: (i+j-1 = n \land t \cdot x^j = x^n)$$
$$\equiv (i > n \land t = x^n) \lor (n+1-i > 0 \land t \cdot x^{n+1-i} = x^n)$$
$$\equiv (i > n \land t = x^n) \lor (i \leq n \land (t = x^{i-1} \lor x = 0))$$

In Worten bedeutet dies: Entweder ist die Nachbedingung $t = x^n$ schon vor Eintritt in F erfüllt, dann wird durch $i > n$ garantiert, daß sie erfüllt bleibt, oder i ist nicht größer als n, und zu Beginn muß $t = x^{i-1}$ oder $x = 0$ gelten.

Dies ist die schwächste Vorbedingung; um sie zu erfüllen, suchen wir nun eine stärkere, die einfacher ist. Die erste Alternative ist in der Regel nicht zu erfüllen, denn sie erfordert (wegen $t = x^n$), daß wir schon *a priori* das Ergebnis kennen. Für spezielle Werte ($x = 1$ oder $x = 0$) ist dies der Fall, aber im allgemeinen ist es leichter, die zweite Alternative zu erfüllen. Wir wählen als Vorbedingung

$$P \equiv i = 1 \land t = 1 \land n \geq 0$$

Wie man sieht, gilt die Implikation $P \Rightarrow wp\ (F, Q(t,i))$, denn für $n = 0$ ist die erste Alternative, für $n > 0$ die zweite erfüllt. Um P zu garantieren, initialisieren wir i und t entsprechend; $n \geq 0$ muß durch den Kontext sichergestellt werden. Damit lautet das erweiterte Programm-Fragment zum Potenzieren (, wobei wir im Falle $x = 0$ für $n = 0$ das Ergebnis $o^0 = 1$ geliefert bekommen):

```
(* Vorbedingung: n >= 0 *)           (* Programm P4.4b *)
i := 1;    t := 1;
WHILE i <= n DO
   t := t * x;     i := i+1;
END (* WHILE *);
(* Nachbedingung:  t = x hoch n *)
```

Will man ein *robustes* Programm schreiben, so muß man die Vorbedingung auf TRUE reduzieren (d.h. es kann nichts mehr „schiefgehen"). Hier ist dies durch eine entsprechende Eingangsprüfung möglich:

```
(* Vorbedingung TRUE *)              (* Programm P4.4c *)
IF n >= 0 THEN
   (* n>=0 ist sicher, P4.4b *) ...
ELSE
   (* Fehlermeldung *) ...
END (* IF *)
```

Partielle und totale Korrektheit

Wir haben gesehen, daß bei Einhaltung der Vorbedingung(en) nie ein falsches Ergebnis entsteht (*partielle Korrektheit*). Das ist nicht ausreichend, denn wir wollen sicherstellen, daß wir stets das richtige Ergebnis erhalten (*totale Korrektheit*). Dafür ist es notwendig, das *Terminieren* zu beweisen.

Dieser Nachweis ist im Programm P4.4b trivial: Wir müssen zeigen, daß die Schleife nicht oder nur endlich oft ausgeführt wird, und daß der Inhalt der Schleife selbst stets nur endlich viele Schritte erfordert. Für n = 0 gilt das erste, für n > 0 das zweite (n Durchläufe), wobei jeder Durchlauf aus zwei arithmetischen Operationen und zwei Wertzuweisungen besteht. Daß nicht in jedem Falle aus der partiellen die totale Korrektheit folgt, zeigt das folgende einfache Beispiel:

```
P ≡ k ∈ IN ∧ a ∈ IN
{ WHILE (k MOD a) > 0 DO k := (k+2) MOD a END }
Q ≡ k MOD a = 0
```

Wie man sieht, wird die Iteration nur abgebrochen, wenn die Nachbedingung erfüllt ist. Sind aber zu Beginn k ungerade und a gerade, so endet die Iteration nie, das Programm terminiert nicht. Es ist darum nur partiell korrekt.

Der Schleifenrumpf als Variablen-Transformator

Gegeben sei die Schleife
```
WHILE B(V) DO S END
```

Darin ist V der *Vektor aller Variablen*, die von S verändert werden, B eine von V abhängige *Wiederholbedingung*. Wir beschreiben die Änderung von V bei *einer* Ausführung von S bei insgesamt k Variablen durch

$V' = h(V) = [h_1(V), h_2(V), \ldots, h_k(V)]$

wobei h der durch den Schleifenrumpf realisierte *Variablen-Transformator* und h_i die Projektion auf die i-te Variable ist. Im Programm P4.4a besteht V aus t und i (x ist konstant). Bei jeder Ausführung von S wird t durch t · x ersetzt, i durch i+1.

Damit gilt: $h(t, i) = [t \cdot x, i+1]$.

j Ausführungen der Schleife entsprechen j Anwendungen von h:

$V_j = h(V_{j-1}) = h(h(V_{j-2})) = h(h(h(\ldots h(V_0) \ldots))) = H(V_0, j)$, wobei

V_0 der Variablen-Vektor nach 0 Durchläufen, also vor der erstmaligen Ausführung der Schleife ist,

$H(V_0, j)$ vereinfachend die j-malige Anwendung von h auf V_0 beschreibt, mit dem Sonderfall j = 0 (identische Abbildung $H(V_0, 0) = V_0$).

4.2. Spezifikation und Verifikation von Programmen

Im Programm P4.4a gilt $H(t, i, j) = [t \cdot x^j, i+j]$.

Beispiel: Maximales Element eines Feldes finden

Gegeben ist das folgende Programm-Fragment; A sei indiziert mit 1 bis n, $n \geq 1$.

```
WHILE B(i) DO                        (* Programm P4.5a *)
  IF A[i] > x THEN   x := A[i];   END;
  i := i + 1;
END (* WHILE *);
```

Die Wiederholbedingung ist hier allgemein als Funktion von i beschrieben:
$h(x, i) = [\max(x, A[i]), i+1]$

Bei jedem Durchlauf wird x also durch das Maximum von x und A[i] und i durch i+1 ersetzt. Für j Durchläufe folgt:
$H(x, i, j) = [\max(x, A[i], A[i+1], A[i+2], ..., A[i+j-1]), i+j]$.

Sei nun die Nachbedingung
$Q(x, i) \equiv x = \max(A[1], A[2], ..., A[n])$.

Annahme: Die Nachbedingung ist nach j Durchläufen erfüllt, d.h.
$\max(x, A[i], ..., A[i+j-1]) = \max(A[1], A[2], ..., A[n])$.

Natürlich gibt es auch hier wieder verschiedene Vorbedingungen, um diese Bedingung zu erfüllen; eine einfache, für den allgemeinen Fall gültige ergibt sich, wenn wir die Argumente in der Klammer paarweise gleichsetzen:
$(x = A[1] \wedge n = 1) \vee (i = 2 \wedge i+j-1 = n \wedge j \geq 1)$.

Tatsächlich können wir auch j = 0 zulassen, denn für n = 1 wird der Anfangswert von x gleichzeitig sein Endwert (d.h. das einzige Element des Feldes ist zugleich sein größtes). Wir eliminieren j = n-1 und erhalten:
$x = A[1] \wedge i = 2 \wedge n > 0$.

B(i) muß nun so gewählt werden, daß die Schleife genau j mal durchlaufen wird, daß also gilt

B (i+j)	$\equiv$ B (n+1)	$\equiv$ FALSE
B (i+j-1)	$\equiv$ B (n)	$\equiv$ TRUE

Offensichtlich ist $B(i) \equiv i \leq n$ eine geeignete Funktion von i.

Wir haben also ermittelt: Mit der Anfangsbedingung $x = A[1] \wedge i = 2 \wedge n > 0$ und der Wiederholbedingung $i \leq n$ bei global gegebenem n realisiert FMax eine Funktion, die in x den Wert des maximalen Elementes von Feld A liefert, was der Nachbedingung entspricht.

```
                                          (* Programm P4.5b *)
PROCEDURE FMax (A : TestfeldTyp) : REAL;
VAR x : REAL;           (* Vertreter von FMax in der Funktion *)
    i : [1..Feldlaenge];
BEGIN (* FMax *)
  x := A[1];   i := 2;
  WHILE i <= n DO
    IF A[i] > x THEN   x := A[i];   END;
    i := i + 1;
  END (* WHILE *);
  RETURN x
END FMax;
```

Verifikation verschiedener Schleifenformen

Die bisherigen Konzepte für die Schleife mit vorangehender Prüfung, die WHILE-Schleife also, lassen sich auf die übrigen Schleifenarten übertragen.

Die Lauf-Schleife
Die Lauf- oder FOR-Schleife kann durch eine Transformation als WHILE-Schleife dargestellt werden. Das Problem des Terminierens besteht bei der FOR-Schleife nicht, die Syntax garantiert das Terminieren, wenn der Rumpf der Schleife terminiert.

Im Programm P4.4a (ergänzt um die Initialisierung mit Wertzuweisungen an i und t) sollte statt
```
i := 1;   t := 1;
WHILE i <= n DO   t := t * x;   i := i+1;   END;
```
besser formuliert werden:
```
t := 1;
FOR i := 1 TO n DO   t := t * x;   END;
```

Im Programm P4.5b ist besser als
```
i := 2;
WHILE i <= n DO IF A[i] > x THEN x := A[i] END;   i := i + 1;
END;
```
die äquivalente, aber verständlichere FOR-Schleife:
```
x := A [1];
FOR i := 2 TO n DO
  IF A[i] > x THEN   x := A[i];   END;
END (* FOR *);
```

Die Schleife mit nachfolgender Prüfung
Die Schleife
```
REPEAT S UNTIL B;
```

ist gleichbedeutend mit

4.2. Spezifikation und Verifikation von Programmen   215

```
S; WHILE NOT B DO S END;
```

Die Schleife ohne Wiederholungsprüfung
Die Schleife ohne Wiederholungsprüfung (LOOP) läßt sich nur in einfachen Fällen schematisch in eine WHILE-Schleife überführen. Beispielsweise gilt:
  wp (LOOP S1; IF B THEN EXIT END; S2 END, Q)
  $\equiv$ wp (S1; WHILE NOT B DO S2; S1 END, Q).

Bei mehreren oder in geschachtelten Anweisungen auftretenden EXIT-Anweisungen ist eine kompliziertere Umsetzung notwendig, auf die hier nicht näher eingegangen werden soll. Man beachte aber allgemein den Grundsatz, daß alles, was schwer zu verifizieren ist (beispielsweise eine Schleife mit mehreren Ausgängen), auch schwer verständlich und daher fehlerträchtig ist.

4.2.4 Beschreibung einer Schleife durch eine Invariante

In diesem Abschnitt wird ein anderer Ansatz für die Verifikation eines iterativen Programms gezeigt, der sich wesentlich leichter anwenden läßt.

Das Prinzip der Invariante

Wir haben bereits *Transformatoren* h(V) und H(V, j) eingeführt, um die Semantik des Schleifenrumpfes zu beschreiben. Eine *(Schleifen-) Invariante* INV ist eine Aussage über V, die *stets* gültig ist, wenn die Wiederholbedingung geprüft wird. Es gilt also
  INV (V_0) $\equiv$ TRUE,

außerdem unter der Bedingung $B(V_0) \wedge B(V_1) \wedge ... \wedge B(V_m)$ auch
  INV (h (V_m)) $\equiv$ INV (V_{m+1}) $\equiv$ TRUE .

Natürlich ist „$\equiv$ TRUE" überflüssig; wir können die Invariante also charakterisieren durch
  INV (V_0) $\wedge$ $B(V_0)$ $\wedge$ $B(V_1)$ $\wedge$ ... $\wedge$ $B(V_m)$ $\Rightarrow$ INV (h (V_m)).

Die Invariante beschreibt also einen *Zusammenhang der Variablen*, der erhalten bleibt, solange die Schleife durchlaufen wird. Beim *Abbruch* der Iteration ist B(V) nicht mehr gegeben. Damit gilt an diesem Punkt:
  INV (V_j) $\wedge \neg$ B (V_j).

Bei richtiger Wahl der Invariante läßt sich daraus die Nachbedingung Q ableiten:
  (INV (V_j) $\wedge \neg$ B (V_j)) $\Rightarrow$ Q (V_j).

Wir sehen hier, daß eine geeignete Invariante drei verschiedene Bedingungen erfüllen muß:
- Sie muß zu Beginn gelten.
- Sie muß, sofern B erfüllt war, unter Anwendung von h tatsächlich invariant sein.
- Sie muß hinreichend aussagekräftig sein, um nach Abbruch den Schluß auf Q zu gestatten.

Das letzte Kriterium wird z.B. nicht erfüllt von der Invariante INV (V) $\equiv$ TRUE, die natürlich eine Invariante jeder Schleife ist.

Beispiel:

Im Programm P4.4a ist die Invariante
$$\text{INV}(i, t) \equiv i \leq n+1 \wedge t = x^{i-1}.$$

Dies läßt sich durch *Induktion* beweisen:
Seien die Invariante und die Wiederholbedingung gültig für i_m und t_m, die Werte von i und m nach dem m-ten Schleifendurchlauf. Dann gilt also
$$\text{INV}(i_m, t_m) \wedge B(i_m) \equiv i_m \leq n+1 \wedge t_m = x^{i_m-1} \wedge i_m \leq n.$$
Wegen h(t, i) = [t · x, i+1] gilt:
$$t_{m+1} = t_m \cdot x = x^{i_m-1} \cdot x = x^{i_m} \wedge i_{m+1} = i_m+1$$
also nach Übergang auf i_{m+1}:
$$t_{m+1} = x^{i_{m+1}-1} \wedge i_{m+1} \leq n+1 \equiv \text{INV}(i_{m+1}, t_{m+1}),$$
was zu beweisen war.

Dafür, daß die Invariante am Anfang x^{i_m-1} tatsächlich erfüllt ist, ist eine hinreichende Vorbedingung
$$P(i, t, n) \equiv [i = 1 \wedge n \geq 0 \wedge t = 1] \Rightarrow \text{INV}(i, t).$$

Mit der Wiederholbedingung $B(i) \equiv i \leq n$ folgt als Nachbedingung
$$\text{INV}(V) \wedge \neg B(V) \equiv$$
$$i \leq n+1 \wedge t = x^{i-1} \wedge i > n \equiv i = n+1 \wedge t = x^{i-1} \Rightarrow t = x^n \equiv Q(i, t).$$

Im Programm P4.5 kann analog gezeigt werden:
$$\text{INV}(i, x) \equiv 2 \leq i \leq n+1 \wedge x = \max(A[1], A[2], ..., A[i-1])$$
$$P(i, x, n) \equiv n > 0 \wedge i = 2 \wedge x = A[1] \Rightarrow \text{INV}(i, x)$$
$$B(i, x) \equiv i \leq n.$$

Damit folgt für den Abbruch der Iteration:
$$\text{INV}(i, x) \wedge \neg B(i, x)$$
$$\equiv 2 \leq i \leq n+1 \wedge x = \max(A[1], A[2], ..., A[i-1]) \wedge i > n$$

4.2. Spezifikation und Verifikation von Programmen

$\equiv i = n+1 \wedge x = \max (A[1], A[2], ..., A[i-1])$
$\Rightarrow x = \max (A[1], A[2], ..., A[n]).$

4.2.5 Konstruktion iterativer Programme

Die bisher gezeigte Anwendung der Invarianten zur Verifikation eines Programms *a posteriori* ist in der Praxis nicht sinnvoll. Dort geht es vielmehr darum, Schleifen korrekt zu *konstruieren*. Das bei dieser Schleifenkonstruktion anzuwendende Verfahren wird durch das *Schema* in Abb. 4.1 deutlich, das die zur Konstruktion einer Schleife durchzuführenden sechs Schritte zusammenfaßt.

---

1. Festlegung der *Nachbedingung* Q (als Ziel der Konstruktion).

2. „Entdeckung" einer geeigneten *Invariante* INV.

   Dies ist ein schöpferischer Akt! Er besteht darin, eine Zerlegung des Problems in Teilprobleme zu finden, deren Lösung jeweils die Invariante erfüllt.

3. Festlegung der *Vorbedingung* P und Ableitung der notwendigen *Initialisierung* (Eingangsprüfungen oder Anforderungen an vorangehende Programmteile), d.h. *Nachweis*, daß P die Invariante impliziert.

4. Festlegung der *Wiederholbedingung* B.

5. *Nachweis*, daß die in 2. bestimmte Invariante wirklich eine Invariante ist, d.h. bei gültiger Wiederholbedingung auch nach Durchlaufen des Schleifenrumpfes weiterhin gilt.

6. *Nachweis*, daß bei nicht mehr gültiger Wiederholbedingung die Nachbedingung Q gilt.

   Ist Schritt 6 nicht erfolgreich, so wiederholt man den Prozeß ab Schritt 2.

Abb. 4.1 Schrittweise Konstruktion einer Schleife

Nachfolgend soll die Lösung zweier Probleme (Fakultät, Mittelwertbildung) jeweils durch Konstruktion einer Schleife anhand einer Invariante gezeigt werden.

Beispiel A: Iteratives Fakultät-Programm

(die Numerierung verweist auf die notwendigen sechs Schritte)

1. $Q \equiv \text{Resultat} = n\,!$

2. $INV \equiv \text{Resultat} = i\,! \wedge 0 \leq i \leq n$

    Implementierung des Rumpfes S:
    ```
    i := i+1; Resultat := Resultat * i
    ```

    $$\begin{aligned} wp\,(S, Q) &\equiv wp\,(i := i+1,\ wp\,(\text{Resultat} := \text{Resultat} \cdot i,\ Q\,(i, \text{Resultat}))) \\ &\equiv wp\,(i := i+1,\ Q\,(i, \text{Resultat} \cdot i\,)) \equiv Q\,(i+1, \text{Resultat} \cdot (i+1)) \end{aligned}$$

    Daraus folgt die Transformation $h\,(i, \text{Resultat}) = [\ i+1,\ \text{Resultat} \cdot (i+1)\ ]$, die (zusammen mit der noch zu definierenden Wiederholbedingung B) die Invariante garantiert. Man beachte, daß S bei umgekehrter Reihenfolge falsch wäre, denn h(V) verletzt dann die Invariante.

3. $P \equiv \text{Resultat} = 1 \wedge i = 0 \wedge n \geq 0$

    $P \Rightarrow INV$?

    Beweis: $\text{Resultat} = 1 = i\,! \wedge 0 = i \leq n$

4. $B \equiv i < n$

5. $INV(V) \wedge B(V) \Rightarrow INV(V')$?

    Beweis: $\text{Resultat} = i\,! \wedge 0 \leq i \leq n \wedge i < n$

    $\Rightarrow \text{Resultat} \cdot (i+1) = \text{Resultat}' = i\,! \cdot (i+1) = i'\,! \wedge i+1 = i' \leq n$

6. $INV(V) \wedge \neg B(V) \Rightarrow Q(V)$?

    Beweis: $\text{Resultat} = i\,! \wedge 0 \leq i \leq n \wedge i \geq n$

    $\Rightarrow \text{Resultat} = i\,! \wedge i = n \Rightarrow \text{Resultat} = n\,!$

Damit ist das Programm erfolgreich konstruiert. Natürlich ist es hier sinnvoll, die Einschränkung $n \geq 0$ in der Vorbedingung P von Anfang an zu machen, denn für negative Argumente ist die Fakultät nicht definiert. Die Einschränkung ergibt sich aber in jedem Fall, wenn man versucht, $P \Rightarrow INV$ zu beweisen.

4.2. Spezifikation und Verifikation von Programmen

Wir können nun die komplette *Implementierung* zusammenstellen:

```
IF n >= 0 THEN
    Resultat := 1;   i := 0;
    WHILE i < n DO   i := i+1;   Resultat := Resultat * i;   END;
ELSE
    (* Fehlermeldung *) ...
END (* IF *);
```

In diesem Fall ist eine FOR-Schleife angebracht. Wir müssen dazu die *Inkrementierung* von i ans Ende des Schleifenrumpfes bringen:

```
WHILE i < n DO
    Resultat := Resultat * (i+1);   i := i+1;
END (* WHILE *);
```

Nun ersetzen wir noch zur Vereinfachung i+1 durch j (oder i durch j-1) und erhalten nach trivialen Vereinfachungen:

```
Resultat := 1; j := 1;
WHILE j <= n DO   Resultat := Resultat * j;   j := j+1;   END;
```

Hierfür kann nun die Laufschleife geschrieben werden:

```
Resultat := 1;
FOR j := 1 TO n DO   Resultat := Resultat * j;   END;
```

Bei dieser Lösung fällt ins Auge, daß es eine etwas effizientere Lösung gibt, bei der j nicht von 1, sondern von 2 an läuft. Die entsprechende Initialisierung mit

$$P \;\equiv\; \text{Resultat} = 1 \wedge i = 1 \wedge n \geq 0$$

impliziert aber nicht mehr die Invariante. Um sie zu verifizieren, benötigen wir eine kompliziertere Invariante, in der der Fall, daß die Lösung schon zu Beginn in Resultat steht, separat behandelt ist:

$$\text{INV} \;\equiv\; (\text{Resultat} = n! \wedge i \geq n) \vee (\text{Resultat} = i! \wedge 0 \leq i \leq n).$$

Implementierung mit FOR-Schleife:

```
Resultat := 1;
FOR j := 2 TO n DO   Resultat := Resultat * j;   END;
```

Als Prozedur sieht die Fakultät-Funktion damit wie folgt aus (mit Umbenennung von Resultat):

```
(* Iterative Berechnung der Fakultaet; *) (* Programm P4.6 *)
(* Der Typ ArgBereich ist global.        *)

PROCEDURE Fakultaet (Argument: ArgBereich): CARDINAL;
VAR Produkt : CARDINAL; (* Vertreter von Fakultaet in der
                                  Funktion *)
    Index   : ArgBereich;
BEGIN (* Fakultaet *)
  Produkt := 1;
  FOR Index := 2 TO Argument DO
    Produkt := Produkt * Index;
  END (* FOR *);
  RETURN Produkt
END Fakultaet;
```

Beispiel B: Mittelwert über die positive Sequenz eines Arrays

In diesem Beispiel soll ein Programm konstruiert werden, das feststellt, wieviele aufeinanderfolgende Elemente eines Arrays (ab Index 1) positiv sind, und zusätzlich den Mittelwert dieser Elemente liefert. Ist die Zahl der positiven Elemente null, so hat der Mittelwert einen vordefinierten Wert. Die Behandlung dieses Beispiels erfolgt weniger detailliert als beim Programm P4.6, es soll vor allem das Prinzip angedeutet werden.

Das Feld sei F: ARRAY [1..LngF] OF REAL (mit LngF $\geq$ 1); es wird unterstellt, daß alle Elemente des Arrays definierte Werte haben. Die Probleme des Überlaufs und der Rundungsfehler bei der REAL-Addition werden ignoriert.

Im 1. Schritt legen wir wieder die bereits umgangssprachlich formulierte *Nachbedingung* präzise fest. Gesucht ist k, so daß gilt:

$Q \equiv 0 \leq k \leq LngF$

$\land \quad \forall j \in \{1 \ldots k\}: F[j] > 0 \land (F[k+1] \leq 0 \lor k = LngF)$

$\land \quad (k = 0 \lor Mittelwert = \frac{1}{k} \sum_{i=1}^{k} F[i])$

Man beachte die Bedingung k = LngF, die den Fall abdeckt, in dem alle Elemente des Feldes positiv sind. Dann ist die Bezugnahme auf F[k+1] nicht möglich.

Wir bilden nun in den Schritten 2-4 wieder *Invariante*, *Initialisierung* und *Wiederholbedingung*:

$INV \equiv 0 \leq k \leq LngF$

$\land \quad \forall j \in \{1 \ldots k\}: F[j] > 0$

$\land \quad (k = 0 \lor Mittelwert = \frac{1}{k} \sum_{i=1}^{k} F[i])$

4.2. Spezifikation und Verifikation von Programmen

Damit zeigt k+1 stets auf das zu prüfende Element des Feldes oder auf ein fiktives hinter dem Ende. Implementierung:

```
Mittelwert := (Mittelwert * FLOAT (k) + F[k+1]) / FLOAT (k+1);
k := k+1;
```

$P \equiv k = 0$ (Implementierung: $k := 0$)
$B \equiv F[k+1] > 0 \wedge k < LngF$

Implementierung:

Die naive Umsetzung in die Bedingung „(F[k+1] > 0.0) AND (k < LngF)" ist logisch korrekt, ergibt jedoch ein falsches Programm, da sie nach den Regeln der Sprache Modula-2 von links nach rechts bearbeitet wird und daher am Ende des Feldes zur Auswertung eines undefinierten Ausdrucks „F[LngF+1]", also zu einem Laufzeitfehler führt.

Bei undefinierten Teilausdrücken sind die logischen Operatoren im Programm *nicht* kommutativ, denn „TRUE OR undef." hat den Wert TRUE, „FALSE AND undef." den Wert FALSE, wogegen „undef. OR TRUE" und „undef. AND FALSE" undefiniert sind! Wir implementieren also B korrekt durch „(k < LngF) AND (F[k+1] > 0.0)".

Daß die Invariante bei gültiger Wiederholbedingung erhalten bleibt (5. Schritt), ist unmittelbar einsichtig. Die *Nachbedingung* geht wie in Programm P4.6 aus INV und ¬B hervor (Schritt 6).

Das Programm P4.7 lautet damit insgesamt:

```
k := 0;                                        (* Programm P4.7a *)
WHILE (k < LngF) AND (F[k+1] > 0.0) DO
    Mittelwert := (Mittelwert * FLOAT(k) + F[k+1]) / FLOAT(k+1);
    k := k+1;
END (* WHILE *);
```

Der Rumpf der Schleife sieht eleganter aus, wenn man die Inkrementierung von k vorzieht:

```
k := k+1;
Mittelwert := (Mittelwert * FLOAT(k-1) + F[k]) / FLOAT(k);
```

Obwohl dieses Programm verifiziert werden kann, hat es zwei *Mängel*:
- Es ist formal unschön, daß „Mittelwert" zu Beginn undefiniert ist.
- Die laufende Multiplikation und Division ist ineffizient und verstärkt den Einfluß von Rundungsfehlern. Darum ist es praktisch wesentlich besser, die Division nur

einmal hinter der Schleife durchzuführen. Die Initialisierung der Zwischensumme ist dann zwingend notwendig.

Eine in diesem Sinne verbesserte Programmvariante ist:

```
k := 0;   Summe := 0.0;                          (* Programm P4.7b *)
WHILE (k < LngF) AND (F[k+1] > 0.0) DO
   k := k+1;   Summe := Summe + F[k];
END (* WHILE *);
IF k > 0 THEN
   Mittelwert := Summe / FLOAT(k);
ELSE
   Mittelwert := 0.0;
END (* IF *);
```

Natürlich gelten für dieses Programm jeweils eine andere Invariante, Vor- und Nachbedingung.

Eine FOR-Schleife kommt hier kaum in Frage, sie hätte gegenüber der Lösung oben nur Nachteile. Anwendbar ist hingegen die REPEAT-Schleife, denn eine Abfrage, ob das Feld mindestens ein Element enthält, ist in jedem Falle nötig. In P4.7c ist der Algorithmus als Funktion formuliert.

```
PROCEDURE Mittelwert () : REAL;                  (* Programm P4.7c *)
VAR k : INTEGER;   Summe : REAL;
BEGIN (* Mittelwert *)
   IF F[1] > 0.0 THEN
      k := 0;   Summe := 0.0;
      REPEAT
         k := k+1;   Summe := Summe + F[k];
      UNTIL (k = LngF) OR (F[k+1] <= 0.0);
      RETURN Summe / FLOAT(k)
   ELSE
      RETURN 0.0
   END (* IF *);
END Mittelwert;
```

4.2.6 Zusammenfassung

Die Beschreibung der Semantik kann u.a. folgenden Zwecken dienen:
- Axiomatische *Definition* einer Programmiersprache
- Programm*beschreibung* (Was tut das Programm?)
- Programm*spezifikation* (Was soll das Programm tun?)
- Programm*verifikation* (Tut das Programm das, was es soll?).

4.2. Spezifikation und Verifikation von Programmen

Die *Definition* ist die Vorschrift für denjenigen, der ein Sprachsystem (Interpreter, Compiler) implementiert; ein Programmierer wird in der Regel unterstellen, daß die Implementierung der Sprache den Axiomen genügt.

Eine *Spezifikation* ist eine Präzisierung der Anforderungen an ein Programm („Pflichtenheft").

Die *Beschreibung* des Programms entsteht dann durch Zusammensetzung der Axiome entsprechend dem Programmaufbau. Sie setzt also die formale Definition der Programmiersprache voraus.

Die *Verifikation* setzt voraus, daß eine Spezifikation und eine Beschreibung aufgestellt wurden. Sie besteht im Nachweis, daß Beschreibung und Spezifikation verträglich sind.

4.3 Test

4.3.1 Begriffsbildung und Prinzipien

4.3.1.1 Begriffliche Abgrenzung

Formale Beweise, wie sie bei der Verifikation von Programmen geführt werden, sind im allgemeinen sehr aufwendig und in der Praxis nur für kleinere Programme durchführbar. Auch sind vielen Programmierern die notwendigen Semantikdefinitionen und die formalen Beweistechniken gar nicht bekannt. Daher führt man meist Tests durch, mit denen man hofft, Fehler und Schwachstellen zu entdecken.

Wie in der Einleitung des vierten Kapitels gesagt wurde, zielt ein Test darauf, *Fehler zu entdecken*; Testen heißt also: Spuren suchen. Ein Test ist erfolgreich, wenn eine Spur, das Symptom eines Fehlers, entdeckt wurde. War dies der Fall, wurde also eine Spur gefunden, so folgt die Spurenverfolgung (*Fehlersuche*) und schließlich das Entfernen des unerwünschten Eindringlings (*Fehlerbehebung*).

Die beiden letzten Tätigkeiten, die oft im Wort „Debugging" (engl. „Entwanzen") zusammengefaßt sind, gehören aber nicht zum Test und sind von diesem aus gutem Grunde strikt zu trennen: Auch der Arzt beginnt nicht sofort mit der Therapie, wenn er das erste Symptom bemerkt hat, sondern führt seine Untersuchung zunächst systematisch zu Ende. Andernfalls könnten die weiteren Untersuchungsergebnisse durch die Therapie verfälscht werden; vielleicht zeigen die weiteren Resultate auch, daß eine ganz andere Therapie angezeigt ist.

Dieser Abschnitt befaßt sich also mit dem Test im engeren Sinne, mit der Suche nach Hinweisen auf Fehler. Ein Programm oder Programmteil enthält einen *Fehler*, wenn es
- nicht das tut, was es soll,
- etwas tut, was es nicht soll.

Folgende *Korrektheitsebenen* lassen sich unterscheiden:

1. Ebene: Das Programm „läuft", d.h. es entspricht der Syntax der gewählten Programmiersprache und wird vom Rechner nicht abgewiesen. Für eine bestimmte Eingabe läuft das Programm bis zum Ende durch. Diese Ebene erreicht man mit wenig Mühe: Der Übersetzer prüft automatisch die *syntaktische Korrektheit* der Programme.

4.3. Test

2. Ebene: Das Programm liefert für *einige* ausgewählte Eingabewerte korrekte Ergebnisse. Typisch sind Eingaben, wie sie in der Einsatzumgebung überwiegend auftreten.
3. Ebene: Das Programm liefert für *irgendwelche* Eingaben (zufällig erzeugte oder „Spielfälle", auch boshaft gewählte) eine korrekte Ausgabe.
4. Ebene: Das Programm liefert für *alle* zulässigen Eingabewerte korrekte Ergebnisse.

Wenn allgemein von Korrektheit die Rede ist, meint man die vierte Ebene.

4.3.1.2 Aufgabenteilung und Zielsetzung

Tests werden im Zuge der Software-Entwicklung in verschiedenen Stadien durchgeführt. Wer ein Programm (oder eine Komponente) fertiggestellt hat, wird dieses selbst „ausprobieren", also feststellen, ob es überhaupt plausible Ergebnisse liefert (erste oder zweite Ebene). Ein Test im Sinne der Definition aber kann erst beginnen, wenn das Programm stabil ist, also weder „abstürzt" noch offensichtlich Unsinn produziert.

Tester und Programmierer verfolgen dieselben übergeordneten Ziele: die Verbesserung des Programms und die Erhöhung des Vertrauens in das Programm. Auf den einzelnen Programmlauf bezogen sind die Ziele aber gegensätzlich: Die Erfolge dessen, der testet, sind die Mißerfolge dessen, der das Programm entwickelt hat, und umgekehrt. Für den Programmierer ist ein Programmlauf mit einer bestimmten Eingabe erfolgreich, wenn das Programm die korrekten Resultate liefert. Dagegen ist der Programmlauf für den Tester erfolgreich, wenn das Programm mit seiner Eingabe Fehlverhalten zeigt.

Dieser Gegensatz hat Konsequenzen für die Organisation des Tests: Der Programmierer sträubt sich, meist unbewußt, dagegen, sein eigenes Werk als fehlerhaft zu überführen, er ist in erster Linie daran interessiert, *keine* Fehler zu finden. Auch wird er sehr wahrscheinlich beim Test von denselben Irrtümern und Mißverständnissen ausgehen wie bei der Implementierung. Darum sollte der „richtige" Test – als eigens geplante und budgetierte Aktivität – möglichst von anderen Personen durchgeführt werden. Bei der Arbeit in Gruppen testen die Mitglieder ihre Programmteile gegenseitig. Auch hier gilt das Prinzip des *egoless programming*, d.h., Ziel ist die Korrektheit des Gesamtsystems, nicht die Verteidigung des eigenen Programms und die Schuldzuweisung an andere.

Ein solcher Test ist wie die übrigen Aktivitäten außerhalb der Codierung Gegenstand des Software Engineerings, er kann daher hier nur oberflächlich behandelt werden (vgl. Frühauf et al., 1991). Nachfolgend werden einige technische Hinweise zum Test weitergegeben, die – als Gegenstück und Ergänzung der Verifikation – auch vom einzelnen Entwickler mit Vorteil angewandt werden können.

4.3.1.3 Material und Resultate des Tests

Für einen Test sind erforderlich:

- der Prüfling, das zu testende Programm (als ausführbarer Code),
- Testdaten, bestehend aus einer Testmenge von Eingabedaten und Soll-Resultaten.

Die Spezifikation ist für beides Voraussetzung und damit – wie bei der Verifikation – der Dreh- und Angelpunkt. Natürlich wird in der Praxis nur selten eine *formale* Spezifikation vorliegen. Aber auch eine informelle Definition der Aufgabe ist ein viel besserer Ausgangspunkt für die Prüfung als die vage Vorstellung, was das Programm leisten soll.

Formal stellt das Soll-Resultat ein Prädikat über das Ist-Resultat dar: Wenn Ist und Soll nicht übereinstimmen, liegt ein Fehler vor. In vielen Fällen ist man aber kaum in der Lage, das Soll-Resultat präzise vorzugeben; man denke etwa an den Test eines Compilers, bei dem der erzeugte Code vorzugeben wäre. In diesen Fällen wird das Soll-Resultat durch ein schwächeres Prädikat ersetzt, z.B. bei einem Übersetzer durch die Resultate bestimmter Prüfungen, die am erzeugten Code vorgenommen werden. Wenn nachfolgend von Soll-Resultaten gesprochen wird, ist diese allgemeinere Möglichkeit stets eingeschlossen. Beispielsweise kann bei einem numerischen Algorithmus gefordert werden, daß das Resultat in einem bestimmten Intervall liegt. Bei einem Compiler wird typisch gefordert, daß er gewisse Programme übersetzen kann und daß die Ausführung des dabei erzeugten Codes bestimmte Resultate hat.

Die Prüfung der *Ist-Resultate*, d.h. der vom Programm bezüglich aller Eingabedaten gelieferten Ergebnisse, gegen die *Soll-Resultate* leistet am sichersten ein (auf den meisten Rechnern verfügbares) *Vergleichsprogramm*. Bei der reinen Sichtprüfung ist akribische Sorgfalt nötig, denn nur wenige Fehler springen ins Auge.

Alle Rahmenbedingungen des Tests sowie die Testdaten und -resultate sind präzise zu *dokumentieren*. Andernfalls kann es passieren, daß man tagelang nach einem Fehler sucht, der in Wirklichkeit in der neuen Betriebssystem- oder Compilerversion liegt oder durch das Anbinden der falschen Bibliothek entstanden ist. Bei späteren Tests – etwa nach Programm-Modifikationen – kann man auch mit Vorteil auf die alten Resultate zurückgreifen (*Regressionstest*), sie dienen dann als Soll-Resultate (wobei je nach Art der Programm-Modifikation bestimmte Änderungen der Resultate zu erwarten sind).

Viele Probleme beim Test rühren daher, daß keine Spezifikation vorliegt und die Soll-Resultate nicht *vor* dem Test ermittelt worden sind. Wir halten also fest: Eine Programmausführung ohne Soll-Resultate ist ein Probelauf, aber kein Test. Die Hoffnung, daß man es dem Ergebnis schon ansehen werde, ob es stimmt, ist unbegründet.

4.3.2 Grenzen des Testens

Ist die formale Verifikation ein „pessimistisches" Verfahren („Ich halte das Programm nicht für korrekt, bis es verifiziert ist"), so erscheint der Test als „optimistischer" Ansatz („Wenn ich keinen Fehler finde, ist das Programm vermutlich korrekt"). Dieser Schluß ist logisch falsch, er beruht auf einer unzulässigen Umkehrung der Implikation. Sei F die Aussage, daß ein Fehler entdeckt wurde, und K die Aussage, daß das Programm korrekt ist. Offenbar gilt:

$$F \Rightarrow \neg K$$

Wenn man Voraussetzung und Folgerung negiert, muß man die Implikation herumdrehen:

$$\neg F \Leftarrow K$$

Das ist die banale Aussage, daß in einem korrekten Programm keine Fehler zu finden sind. Die *angestrebte* Aussage, daß nämlich aus $\neg F$ ein Schluß auf K möglich ist, setzt voraus, daß wir aus der Implikation oben eine Äquivalenz machen:

$$F \Leftrightarrow \neg K$$

Da wir spezielle Ergebnisse nicht verallgemeinern dürfen, müssen dazu *alle möglichen Eingabekombinationen* getestet worden sein. Dies ist praktisch nur in sehr wenigen, extrem einfachen Fällen möglich, beispielsweise bei einer Funktion mit einem einzigen ganzzahligen Parameter, etwa bei der Funktion ODD (n), die uns sagt, ob eine Zahl ungerade ist. Wir durchlaufen zum Test den (positiven und negativen) Zahlbereich zweimal in Zweierschritten, einmal ab 0, einmal ab 1. Im ersten Fall muß das Resultat stets FALSE, im zweiten stets TRUE sein.

Schon bei zwei Parametern ist ein vollständiger Test praktisch ausgeschlossen: Kann (bei 32 bit Wortlänge) jede der Zahlen 2^{32} verschiedene Werte annehmen, so gibt es insgesamt $2^{64} > 10^{19}$ Kombinationen. Beachtet man, daß drei Jahre etwa 10^8 s haben, dann wird die Aussichtslosigkeit des Unterfangens deutlich.

Noch weniger läßt sich durch Test zeigen, daß die zu prüfende Komponente nichts tut, was sie *nicht* tun soll, also beispielsweise nicht Daten eines anderen Programms verfälscht. Nur bei vorsätzlichem oder versehentlichem Einbau falscher Programmteile (z.B. zur Sabotage oder zum Betrug) hilft der Glass-Box-Test (siehe unten); wo korrekte Anweisungen u.U. falsch zusammenwirken, ist Testen fast aussichtslos.

„Austesten" ist also weitaus (um viele Größenordnungen) unrealistischer als die sprichwörtliche Suche nach der Stecknadel im Heuhaufen. Ein Test kann eben nur, wie es Dijkstra formuliert hat, die *Anwesenheit*, aber nicht die *Abwesenheit* von Fehlern zeigen. In der Regel ist eine *konstruktive Lösung*, wo immer sie in Frage kommt, dem Test vorzuziehen. So können bestimmte logische Beziehungen

(Prädikate wie Vor- und Nachbedingungen, Invarianten) im Programm dynamisch geprüft werden und damit Fehler automatisch signalisieren. Wo eine Kapselung realisiert wurde, besteht keine Gefahr des falschen Zugriffs auf lokale Variablen des Moduls von außen.

Trotzdem ist Testen nach allen Erfahrungen notwendig und nützlich; nur in Fällen, in denen eine Verifikation gelungen ist, könnte man darauf verzichten; allerdings müßte dann auch die Verifikation selbst über jeden Zweifel erhaben sein. Wir dürfen aber keinesfalls aus einem erfolglosen, d.h. keine Fehler aufzeigenden Test eine Korrektheitsaussage ableiten.

Der schlimmste Feind des Testers ist offensichtlich die kombinatorische Vielfalt der Parameter, Randbedingungen, globalen Variablen usw. Darum wird der Test um so einfacher (und relativ erfolgreicher) sein, je überschaubarer diese Vielfalt ist. Hier liegt erneut eine Motivation für das Prinzip der hohen Lokalität, das der Bildung von Prozeduren, Modulen, Kapselungen und abstrakten Datentypen zugrundeliegt. Wir testen zweckmäßig bottom-up, also mit kleinsten Einheiten beginnend, die nach dem Test zu größeren Einheiten kombiniert und erneut getestet werden.

4.3.3 Die Konstruktion von Testdaten

Eine *ideale* Testmenge zu einem Programm hätte zwei Eigenschaften:

- Wenn das Programm korrekt ist, dann liefert es für *alle* Eingaben aus der Testmenge korrekte Ergebnisse.
- Wenn umgekehrt das Programm für alle Eingaben aus der Testmenge korrekt arbeitet, so ist das Programm auch für alle anderen Eingaben korrekt.

Es gibt nun zwar kein allgemeines Verfahren zur Bestimmung einer idealen Testmenge, jedoch eine Vielzahl von Verhaltensregeln und Rezepten, wie man „halbwegs ideale" Testmengen bestimmt, also Testmengen, die so gewählt sind, daß man, wenn das Programm sie ohne Fehler verarbeitet, auf seine Korrektheit hoffen kann. Diese Rezepte haben häufig die Form „Man sollte ..." oder „Es empfiehlt sich ..."; keines von ihnen führt jedoch zwingend zum Erfolg. Darum bleibt der Kern des Tests, die Wahl der Testdaten, eine sehr *kreative* Tätigkeit, die viel Erfahrung voraussetzt und ausgesprochen zeitaufwendig ist.

Wie bei der Spurensuche kann man beim Testen entweder völlig unsystematisch vorgehen oder gezielt solche Punkte prüfen, die erfahrungsgemäß oder aufgrund der Programmkonstruktion fehlerträchtig sind. Natürlich verbessert der zweite Ansatz die Chancen auf einen erfolgreichen Test beträchtlich; darum soll er nachfolgend näher betrachtet werden.

4.3. Test

Folgende Überlegungen und Beobachtungen liegen der *Auswahl* von Testfällen zugrunde:

(a) Anforderungen der Spezifikation werden leicht übersehen oder mißverstanden.

(b) Grenzfälle (z.B. die Verarbeitung einer leeren Liste oder einer Liste maximaler Länge) sind bei der Implementierung oft nicht korrekt behandelt, z.B. weil eine Schleife einmal zu oft oder zu wenig durchlaufen oder weil eine kombinierte Abbruchbedingung in der falschen Reihenfolge ausgewertet wird.

(c) Fehlersituationen werden bei der Programmkonzeption weniger sorgfältig bedacht als der erwünschte Normalfall.

(d) Fehler, die in bestimmten Anweisungen oder Verzweigungen stecken, können nur auffallen, wenn diese durchlaufen werden.

(e) Jede Veränderung des Pfades, auf dem ein Programm durchlaufen wird, kann Fehler offenbaren. Beispielsweise kann eine Initialisierung umlaufen oder eine Inkrementierung fälschlich durchgeführt werden.

Die Verfahren, nach denen man Testfälle auswählt, lassen sich grob in *Black-Box-Test* (*Schnittstellentest*) und *Glass-Box-Test* (*programmabhängiger Test*) klassifizieren. Steht das Programm nur als lauffähiges System, nicht mit seinem Programmcode zur Verfügung, so läßt es sich nur an seinen Schnittstellen, d.h. bezüglich der Spezifikation testen. Die Aspekte (d) und (e) aus der obigen Liste lassen sich allerdings nur berücksichtigen, wenn auch der Code zur Verfügung steht. In diesem Fall kann man Testfälle so konstruieren, daß ein möglichst großer Teil der Anweisungen, Verzweigungen oder Pfade durchlaufen werden. Diesen Anteil bezeichnet man als die durch den Test erzielte *Überdeckung* (*Coverage*).

Black-Box- oder Schnittstellentest

Man könnte vermuten, daß es nur Nachteile hat, wenn man ohne Kenntnis des Quellcodes testet. Tasächlich hat der Schnittstellentest aber einige Vorzüge gegenüber dem programmabhängigen Test: Er läßt sich bereits vorbereiten, wenn die Spezifikation vorliegt, und wird nicht durch die Realisierung beeinflußt. Wurde beispielsweise eine Anforderung bei der Realisierung außerachtgelassen, so bietet dieses Verfahren die besseren Chancen; der Glass-Box-Test prüft vor allem, was vorhanden ist, nicht das, was eventuell fehlt. Die Testdaten bleiben nutzbar, solange die Spezifikation unverändert bleibt. Jeder umfassende Test beginnt darum mit dem Schnittstellentest und wird durch den programmabhängigen Test ergänzt.

Testdaten erzeugt man nach folgendem Prinzip:

- Mindestens eine Prüfung pro spezifizierter Anforderung

    Beispiel: Sei die Anforderung, daß eine Fehlermeldung ausgegeben wird, wenn als Name ein leerer String eingegeben wird. Dann muß der leere String unter den Testdaten sein (mit einer Fehlermeldung als Soll-Resultat).

- „Ränder" der Bereiche von beiden Seiten prüfen

    Beispiel: Soll eine Telefonnummer zwischen 2 und 18 Ziffern enthalten können, so sind Nummern mit 2 und 18 sowie 1 und 19 Ziffern zu testen. Fehleingaben sollten, wenn wie üblich robustes Verhalten des Programms gefordert ist, zu einer akzeptablen Reaktion führen.

- Normalfälle testen

    Neben den Grenzfällen sollte jeweils auch ein „normaler" Fall getestet werden.

    Beispiel: Hier wäre eine Telefonnummer aus 10 Ziffern einzugeben.

- Fehlerfälle einzeln testen

    Während sich Normalfälle im Test weitgehend kombinieren lassen, müssen Fehlerfälle in der Regel einzeln behandelt werden, da die Erkennung eines Fehlers typisch zu einer Sonderbehandlung führt und weitere Fehler darum nicht mehr erkannt werden können.

    Beispiel: In Fortsetzung des Beispiels müssen die Fälle „Nummer enthält Buchstaben" und „Nummer ist zu lang" einzeln getestet werden.

- Und niemals die Soll-Resultate vergessen!

Überdeckungskriterien und Überdeckungsgrad

Wie die Überlegungen in Kapitel 4.3.2 gezeigt haben, ist ein vollständiger Test nicht erreichbar, wenn „vollständig" bedeutet, daß alle möglichen Situationen einzeln getestet werden. Fassen wir aber ähnliche Fälle in einer *Klasse* von Situationen zusammen, so haben wir durchaus die Chance, mit dem Test alle Klassen oder einen hohen Anteil von ihnen zu überdecken. Beim Black-Box-Test können solche Überdeckungen mit Bezug auf die verschiedenen Eingabearten, Ausgabearten und Funktionen definiert werden.

Beispiel: Wenn alternativ ein Name oder eine Nummer eingegeben werden kann, so sind das zwei Eingabeklassen. Die Ausgabe des Resultats oder einer Fehlanzeige (wenn die gewünschte Information nicht gespeichert ist) oder einer Fehlermeldung sind drei Ausgabeklassen.

4.3. Test

Beim Glass-Box-Test orientiert sich die Definition der (Äquivalenz-) Klassen an den Anweisungen, Bedingungen und Verzweigungen im Programm (dargestellt z.B. in einem Programmablaufplan), nicht an den speziellen Daten. Man kann dieses Verfahren darum auch als *Programmstruktur-abhängigen* Test bezeichnen.

Ein *Programmablaufplan* zu einem Programm ist eine graphische Darstellung, die nach folgenden Regeln aufgebaut ist:

- Jede elementare Anweisung (Zuweisung, Ein-/Ausgabe, Prozeduraufruf) wird durch einen *Kasten* dargestellt, in den man die zugehörige Anweisung schreibt (Abb. 4.2). Pfeile verbinden die Kästen in der Reihenfolge ihrer Ausführung.

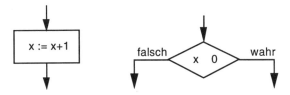

Abb. 4.2 Elementare Anweisung   **Abb. 4.3** Verzweigung

- Jede Verzweigung wird durch eine *Raute* dargestellt, in der die zugehörige Bedingung steht (Abb. 4.3). Der mit „falsch" bzw. mit „wahr" markierte Pfeil weist auf das Symbol der Anweisung oder Verzweigung, die ausgeführt wird, wenn die Auswertung des Ausdrucks in der Raute *FALSE* bzw. *TRUE* ergibt. Fallunterscheidungen werden analog dargestellt.

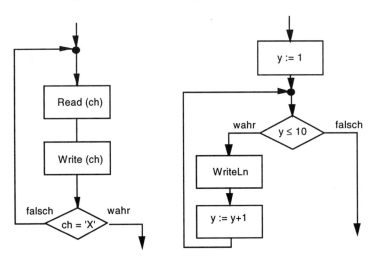

Abb. 4.4 Beispiele für REPEAT- und FOR- bzw. WHILE-Schleifen

Damit lassen sich auch Sprünge und Schleifen darstellen, Abb. 4.4 zeigt z.B. eine REPEAT-Schleife und eine FOR-Schleife. Die schwarzen Punkte führen nur die Pfeile zusammen, die zur selben Anweisung führen.

- Zwei weitere Symbole *START* und *STOP* repräsentieren den Anfang bzw. das Ende des Programms (Abb. 4.5). Der START-Knoten wird mit der *ersten*, der STOP-Knoten mit jeder als *letzte* auszuführenden Anweisung verbunden.

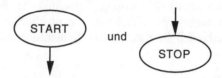

Abb. 4.5 START- und STOP-Knoten

Enthalte ein Programmablaufplan eines zu testenden Programms x Anweisungen (oder Bedingungen). Seien die Testdaten so beschaffen, daß davon y mindestens einmal durchlaufen werden (also x - y nicht durchlaufen werden). Dann erzielen die Testdaten den *Überdeckungsgrad* y/x. Wir streben natürlich 100 %, also vollständige Überdeckung an. Die Erfahrung zeigt aber, daß dieses scheinbar naheliegende Ziel bei großen Programmen in der Praxis kaum erreichbar ist, weil einige Programmteile nur in Sonderfällen zur Ausführung kommen. Daher sind Überdeckungen von 90 % durchaus respektabel (und weit besser als der Durchschnitt).

Ob eine bestimmte Überdeckung erreicht wurde, läßt sich praktisch nur mit Hilfe eines Werkzeugs feststellen, das das Programm *instrumentiert*, also mit zusätzlichen Initialisierungs- und Zählanweisungen versieht. Damit kann man nach dem Test (oder auch nach einer Serie von Tests) feststellen, welche Anweisungen oder Bedingungen wie oft durchlaufen bzw. ausgewertet wurden. Man zeichnet also nicht wirklich den Ablaufplan, sondern setzt das Werkzeug ein und läßt sich melden, welche Bereiche noch nicht getestet sind.

Anweisungsüberdeckung

Wird bei Anwendung aller Testdaten ein bestimmter Anteil c der Anweisungen ausgeführt, so haben wir die Anweisungsüberdeckung c erreicht. Bei c = 100 % können wir erwarten, alle Fehler zu erkennen, die darin bestehen, daß Anweisungen individuell eine offensichtlich falsche Wirkung haben, d.h. zu falschen Resultaten oder zum „Absturz" führen.

Die Anweisungsüberdeckung ist von allen Überdeckungen die anspruchsloseste, sie ist bei einfachen Algorithmen oft schon mit einem einzigen Testlauf zu erreichen. Allerdings bleiben die logischen Aspekte des Programms weitgehend ungeprüft;

4.3. Test

insbesondere fällt es nicht auf, wenn Anweisungen unter gewissen Umständen ausgeführt werden, aber nicht ausgeführt werden sollten.

Zweigüberdeckung

Wir definieren darum ein stärkeres Kriterium als die Anweisungsüberdeckung, die Zweigüberdeckung: Eine Testmenge für ein Programm P heißt *zweigüberdeckend*, wenn jeder aus einer Verzweigung führende Pfeil im Programmablaufplan von P mindestens einmal durchlaufen wurde. Dazu gehören insbesondere auch die leeren Alternativen bedingter Anweisungen (IF-THEN-Anweisungen ohne ELSE). Wenn das Programm keinen „toten Code" enthält, der gar nicht erreichbar ist, impliziert die vollständige Zweigüberdeckung die Anweisungsüberdeckung. Toter Code kann aber auf andere Weise recht leicht erkannt werden (auch vom Compiler).

Bedingungsüberdeckung

Wenn die logischen Bedingungen, von denen die Verzweigung in IF-Anweisungen gesteuert wird, aus mehreren, durch AND oder OR verknüpften Ausdrücken zusammengesetzt sind, ist es zweckmäßig, im Test dafür zu sorgen, daß jeder dieser Teilausdrücke mindestens einmal zur Wirkung kommt. War dies der Fall, so ist *Bedingungsüberdeckung* erreicht.

Pfadüberdeckung

Die Testmenge T eines Programms P heißt *pfadüberdeckend*, wenn es zu jedem Pfad W durch den Programmablaufplan von P (d.h. für jede Folge von Anweisungen und Bedingungen, beginnend beim START- und endend beim STOP-Knoten), mindestens eine Eingabe in T gibt, bei deren Verarbeitung der Pfad W durchlaufen wird.

Eine vollständige Pfadüberdeckung setzt voraus, daß die Zahl der Pfade endlich und relativ klein ist und sich für jeden Pfad Eingabedaten finden lassen. *Endlich* ist sie (konzeptionell) nicht, wenn das Programm Rekursion oder Schleifen enthält, für die keine obere Grenze angegeben werden kann. *Klein* ist sie nur, wenn es nicht zu viele unabhängige Verzweigungen gibt. Die Vorgabe *geeigneter* Eingabedaten kann nahezu unmöglich sein, wenn der Programmcode auch auf komplizierte, nur selten entstehende Situationen zugeschnitten ist. Aus diesen Gründen ist die – grundsätzlich anzustrebende – Pfadüberdeckung nur für triviale Programme erreichbar. Aber selbst sie garantiert keine Korrektheit.

Beispiel

An einem kleinen Beipiel wollen wir zeigen, wie ein Test konstruiert werden kann. Das Programmbeispiel Stringanalyse sei wie folgt spezifiziert:

```
PROCEDURE Stringanalyse
           (S: ARRAY OF CHAR; VAR Lng, Caps: INTEGER);
(* zaehlt die Zeichen in einem String ohne Leerzeichen am Ende
   und ohne das Stringende-Zeichen (0C), liefert in Lng diese
   Zahl, liefert ausserdem in Caps die Zahl der Grossbuchstaben
   im String. Die Laenge des Strings ist (inkl. Leerzeichen)
   auf 30 Zeichen beschraenkt, was darueber hinaus geht, wird
   ignoriert. *)
```

Um einen systematischen, reproduzierbaren Test durchführen zu können, entwerfen wir einen Testrahmen, beispielsweise wie folgt:

```
PROCEDURE Rahmen                              (* Programm P4.8a *)
           (S: ARRAY OF CHAR; LSoll, CSoll: INTEGER);
VAR L, C: INTEGER;
BEGIN (* Rahmen *)
  WriteString ('Teststring = [');
  WriteString (S); WriteString ('];');

  Stringanalyse (S, L, C);

  IF (L = LSoll) AND (C = CSoll) THEN
    WriteString ('      OK')
  ELSE
    WriteLn; WriteString
      ('*** Resultat inkonsistent mit Soll-Vorgabe ***');
    WriteLn; WriteString ('Sollwerte: ');
    WriteInt (LSoll, 4); WriteInt (CSoll, 4);
    WriteLn; WriteString ('      Istwerte: ');
    WriteInt (L, 4); WriteInt (C, 4);
  END (* IF *);
  WriteLn;
END Rahmen;
```

In „Rahmen" wird der Prüfling aufgerufen, die Resultate werden mit den Soll-Resultaten verglichen. Bei einem größeren Prüfling würde man bei negativem Befund, wenn also *keine* Inkonsistenz festgestellt wurde, auf die Ausgabe verzichten und stattdessen die Gesamtzahl der durchgeführten Tests melden. Auch ginge die Ausgabe besser in eine Datei als direkt auf den Bildschirm.

Nun können leicht die Testfälle formuliert werden. Darin sollten enthalten sein:

- Strings innerhalb und außerhalb der zulässigen Länge
- Strings mit und ohne Leerzeichen am Ende
- Strings mit oder ohne Großbuchstaben darin

und das, soweit es sinnvoll erscheint, in allen denkbaren Kombinationen, auch für die erfahrungsgemäß interessanten Grenzfälle (String leer, String mit 30 oder 31 Zeichen; 0, 30 oder 31 Großbuchstaben; kein oder nur ein Zeichen vor den Leerzeichen; auch Leerzeichen am Anfang).

4.3. Test

Das folgende Hauptprogramm enthält eine sinnvolle Menge von Testfällen. Jeder ist als Aufruf an Rahmen implementiert. Aus dem Verdacht, daß das Zählen am Ende des Bereichs von 30 Zeichen schiefgehen könnte, sind dafür verschiedene Testfälle enthalten. Man kann sich darüber streiten, ob diese sämtlich sinnvoll sind, doch ist es bei einem Test, dessen Durchführung keinen Aufwand verursacht, im Zweifel stets richtig, die Testfälle aufzunehmen.

Die oben angegebene Prozedur „Rahmen" ist nur angedeutet. Der Prüfling sei von einem Modul „StrAn" exportiert.

```
MODULE TestDemo;                          (* Programm P4.8 *)
(* JL, 94-08-14, Modula-2 auf MacMETH 3.2 *)
(* MacOS D1-7.1 auf Macintosh Quadra 650,
   kein virtueller Speicher *)

FROM InOut IMPORT WriteString, WriteInt, WriteLn, Read;
FROM StrAn IMPORT Stringanalyse;
(*-------------------------------------------------*)

PROCEDURE Rahmen (...) ...

VAR ch: CHAR;
BEGIN (* TestDemo *)
   WriteString ("Start TestDemo"); WriteLn;
             (*1234567890123456789012345678 90*)
   Rahmen ('Normalfall ohne Blanks', 22, 2);
   Rahmen ('NORMALFALL MIT BLANKS    ', 21, 19);
   Rahmen ('es folgt ein leerer String', 26, 1);
   Rahmen ('', 0, 0);
   Rahmen ('es folgt der string "z"', 23, 0);
   Rahmen ('z', 1, 0);
   Rahmen ('es folgt der String "A"', 23, 2);
   Rahmen ('A', 1, 1);
   Rahmen ('   jetzt mit Leerzeichen', 23, 1);
   Rahmen ('z                 ', 1, 0);
   Rahmen ('A                              ', 1, 1);
   Rahmen ('DREISSIGZEICHENDREISSIGZEICHEN', 30, 30);
   Rahmen ('30            zeichen', 30,  0);
   Rahmen ('30            zeichen ', 30,  0);
   Rahmen ('EINUNDDREISSIGZEICHENXXXXXXXXXX', 30, 30);
   Rahmen ('einunddreissigzeichenxxxxxxxxxx', 30,  0);
   Rahmen ('Dies ist eine viel zu lange Zeichenkette', 30, 2);
   Rahmen ('Diese ist auch zu lang.          ', 23, 1);
   Rahmen ('Schnitt zwischen AA       AA          ', 30, 4);
   Rahmen ('Schnitt zwischen xA       xA', 30, 2);
   Rahmen ('schnitt zwischen xx       xx', 30, 0);
   Rahmen ('            Etwas zu lang', 30,  1);
   Rahmen ('            ETWAS ZU LANG', 30, 10);
   Rahmen ('ETWAS ZU LANG           ', 13, 11);
   WriteString ("Ende  TestDemo"); Read (ch)
END TestDemo.
```

Wie die Autoren bei der Konstruktion des Beispiels festgestellt haben, findet man mit diesem Test eine Reihe simpler Fehler. Beispielsweise wurde beim ersten Implementierungsversuch der leere String nicht korrekt behandelt.

Will man zum Glass-Box-Test übergehen, so benötigt man den Quellcode der Prozedur „Stringanalyse". Hier ist eine Implementierung angegeben. Der Kommentar am Anfang ist weggelassen.

```
PROCEDURE Stringanalyse                         (* Programm P4.9 *)
        (S: ARRAY OF CHAR; VAR Lng, Caps: INTEGER);

CONST MaxL = 30;
VAR i: INTEGER;

BEGIN (* Stringanalyse *)
  Lng := HIGH (S);
  IF Lng >= MaxL THEN Lng := MaxL-1 END;         (* abschneiden *)
  WHILE (Lng >= 0) AND ((S[Lng] = 0C) OR (S[Lng] = ' ')) DO
     DEC (Lng) (* 0C und Leerstellen am Ende nicht mitzaehlen *)
  END (* WHILE *);
  INC (Lng);
  Caps := 0;                                     (* Initialisierung *)
  FOR i := 0 TO Lng-1 DO         (* Grossbuchstaben zaehlen *)
     IF (S[i] >= 'A') AND (S[i] <= 'Z') THEN INC (Caps) END;
  END (* FOR *);
END Stringanalyse;
```

Es zeigt sich, daß in diesem Falle der Glass-Box-Test keine zusätzlichen Testdaten liefert. Befehls-, Zweig- und Bedingungsüberdeckung sind bereits durch die Daten des Black-Box-Tests gegeben. Pfadüberdeckung ist hier nicht mehr erreichbar, denn schon die zweite Schleife mit der Alternative im Rumpf erlaubt mehr als 2^{30} Pfade.

So unergiebig ist der Glass-Box-Test, wenn die Implementierung geradlinig der Spezifikation folgt (wie es gerade bei kleinen Programmen oft der Fall ist). Wenn der Prüfling aber aus irgendwelchen Gründen Merkmale aufweist, die in keinem offensichtlichen Zusammenhang mit der Spezifikation stehen, geht der Glass-Box-Test über den Black-Box-Test hinaus.

Unterstellen wir zunächst, daß im Code ein Relikt aus der Entwicklung vergessen wurde: Weil der Codierer einen Fehler gesucht hatte, wird bei bestimmten Werten (z.B. Lng = 25 und Caps = 24) eine Meldung ausgegeben. Der Black-Box-Test ist hier praktisch chancenlos, der Glass-Box-Test wird den Fehler bei Befehlsüberdeckung und auch bei allen „besseren" Überdeckungen sicher anzeigen.

Komplizierter ist der folgende Fall. Nehmen wir dazu an, daß die Stringanalyse den String aus Effizienzgründen (Speicherung von Bytes in 64-bit-Wörtern) in Gruppen zu je acht Zeichen verarbeitet. Dies geschehe mit der folgenden (kaum sinnvollen) Konstruktion:

4.3. Test   237

```
        IF Lng > 0 THEN                          (* Programm P4.10 *)
          k := 0;
          REPEAT
            ...  (* Verarbeitung einer Achtergruppe *)
            k := k + 8;
          UNTIL k > Lng;  (* muesste lauten: UNTIL k >= Lng *)
        END (* IF *)
```

Dieser Algorithmus wird vermutlich ein falsches Resultat liefern, wenn Lng 8, 16 oder 24 ist. Beim Black-Box-Test gab es keinen Anlaß, speziell diese Werte auszuwählen, so daß mit unseren Testdaten der Fehler unentdeckt durchginge.

Aber auch im Glass-Box-Test fällt der Fehler nur auf, wenn Daten für die Grenzfälle des Ausdrucks (k > Lng) gewählt werden. Das wäre aufgrund des allgemeinen Mißtrauens gegen Grenzfälle angeraten. Die Überdeckungen lassen sich hier auch erreichen, ohne daß der Fehler auffällig wird.

Nehmen wir schließlich an, daß im Code des Prüflings die Initialisierung für Caps vergessen wäre. Dieser Fehler läßt sich durch Test u.U. gar nicht aufdecken. Denn es kann sein, daß der Testrahmen im Kellerspeicher zufällig, aber reproduzierbar für Caps eine mit null besetzte Speicherzelle bereitstellt. Der Prüfling funktioniert also fehlerfrei. Wird die Prozedur später in ein Programm eingebunden, so kann es trotzdem (und *nicht* reproduzierbar) falsche Ergebnisse liefern. Besonders, wenn diese Situation erst nach Jahren auftritt, weil an anderer Stelle des Systems etwas geändert wurde, ist ein solcher Fehler extrem schwer zu erkennen.

Hier werden die Grenzen des Tests sehr deutlich. Alle drei genannten Fehler fallen sehr wahrscheinlich demjenigen auf, der das Programm sorgfältig liest. Lesen ist also effizienter als Testen, der Test sollte die „Sichtprüfung" nur ergänzen, auf keinen Fall ersetzen.

4.3.4   Zusammenfassung

Testen von Programmen trägt, wenn es systematisch geplant und durchgeführt wird, zur Erkennung und damit zur Reduktion der Fehler bei; Korrektheit läßt sich durch Testen nicht nachweisen. Ein unsystematischer Test läßt nicht einmal die Hoffnung zu, daß die banalen Fehler aufgedeckt werden.

Darum sollte auch der Test, den der Entwickler selbst vornimmt, gewissen minimalen Anforderungen genügen, vor allem bezüglich Testdatenauswahl einschließlich Vorgabe der Soll-Resultate. Sind die Testbedingungen und Resultate sorgfältig dokumentiert, so kann der Test später mit geringem Aufwand ergänzt und wiederholt werden. Ein Programm sollte erst getestet werden, nachdem es gründlich inspiziert wurde. Der Test sollte nicht mit Fehlersuche und Korrektur vermischt werden.

5. Programmierparadigmen und -sprachen

Abschnitt 5.1 zeigt, wie ein bestimmtes Problem (das „Oldenburger Milchkannen-Problem") durch Programme gelöst werden kann. Dabei werden fünf verschiedene Stile (*Programmierparadigmen*) angewendet. Dies soll zeigen, daß der Stil von Modula-2 nur einer unter mehreren möglichen ist. Abschnitt 5.2 enthält eine kurze Übersicht über die Entwicklung und Verbreitung von Programmiersprachen.

5.1 Programmierparadigmen

Jeder Programmiersprache liegt ein bestimmtes Konzept zugrunde, ein bestimmtes Begriffssystem, mit dem die Lösung gefaßt (konzipiert) wird. Dieses Konzept nennt man auch (nach Kuhn) ihr *Paradigma* (griechisch, eigentlich: „*Musterbeispiel*"). Das Paradigma ist die Denkwelt, in der wir – meist unreflektiert – leben, die Aufgabe begreifen und eine Lösung formulieren.

Nehmen wir an, daß ein kleines Volk von einem Nachbarstaat bedroht wird und darauf reagieren muß. Fragt man verschiedene Personen, z.B. einen Industriellen, einen Geistlichen, einen General, einen Psychologen, einen Pfadpfinder und einen Rentner danach, wie das Problem angegangen werden sollte, so werden diese entsprechend ihrem jeweiligen „Paradigma", also ihrer unterschiedlichen Prägung und Zielsetzung, sehr verschiedene Lösungen anbieten. Es ist kaum möglich, diese Lösungen abstrakt zu werten, etwa in der Art, daß es in jedem Fall am besten sei, dem Geistlichen zu folgen; in manchen Fällen mag sogar der General recht haben. Welcher Ansatz angemessen ist, hängt eben auch sehr stark vom Problem und seinen Randbedingungen ab.

Darum kann dieser Abschnitt den Paradigmen-Vergleich nur sehr unvollkommen leisten: Jedes, auch das Oldenburger Milchkannen-Problem, legt die Anwendung des einen Paradigmas nahe und erschwert die des anderen; bei einer anderen Aufgabe mag es umgekehrt sein. Der Vergleich anhand eines bestimmten Problems suggeriert unvermeidlich auch falsches.

Die Tabelle 5.1 zeigt eine gängige Klassifikation der Programmiersprachen. Die ausgewählten Repräsentanten (**fett** in der Spalte Beispiele) wurden gewählt, weil sie – uns oder allgemein – besonders bekannt sind. In der Praxis finden sich auch Mischformen; z.B. ist C++ eine imperative Sprache, die um objektorientierte Elemente erweitert ist. Modula-2, hier als Repräsentant der imperativen Sprachen verwendet (obwohl eine alte Assembler-Sprache dafür am besten taugte), bietet auch

Elemente der funktionalen und der objektorientierten Programmierung (etwa die Verwendung von Funktionen als Parameter und die Bildung abstrakter Datentypen), ohne daß Modula-2 darum schon funktional oder objektorientiert wäre.

Paradigma	im Vordergrund stehen	Beispiele
imperativ	Variablen, die einzelnen oder mehreren Speicherzellen des Rechners entsprechen, und Anweisungen („Befehle") als Abstraktionen der Prozessor-Funktionen	Assembler-Sprachen, FORTRAN, COBOL, **Modula-2**
funktional	(mathematische) Funktionen, die einem Vektor von Parametern (darunter evtl. auch Funktionen) einen Wert zuordnen	Miranda, **LISP**
Logik-basiert	logische Aussagen, die im allgemeinen freie Variablen enthalten und von denen geprüft wird, ob und ggf. wie sie sich durch eine geeignete Bindung dieser Variablen verifizieren lassen	**PROLOG**
objektorientiert	autonome, interagierende Objekte, die durch Botschaften kommunizieren und mit anderen, ähnlichen Objekten in Klassen zusammengefaßt sind	Eiffel, C++, Oberon, **SMALLTALK-80**
Regel-basiert	Paare aus Bedingungen und Anweisungen (Wenn-Dann-Regeln), die bestimmten Situationsmustern Reaktionen zuordnen	OPS 5

Tab. 5.1 Programmierparadigma, ihre Charakteristik und Beispiele

Turing-Mächtigkeit

Alan Turing hat gezeigt, daß seine „Turing-Machine" einen brauchbaren Algorithmenbegriff liefert (siehe 1.1). Alle gängigen Programmiersprachen sind grundsätzlich (d.h. bis auf das Problem des unendlich großen Speichers) geeignet, um darin eine Turing-Machine zu realisieren. Sie haben daher *Turing-Mächtigkeit* und leisten *formal* gleichviel, weil in jeder Sprache jede andere simuliert werden kann.

Das hat aber kaum praktische Auswirkungen. Denn damit eine Sprache eingesetzt wird, muß sie *direkt* brauchbare Konzepte bieten. Wenn nachfolgend also Sprachen verglichen werden, so kommt es nicht auf die *theoretische* Möglichkeit an, einen bestimmten Algorithmus um jeden Preis (d.h. Aufwand) zu implementieren. Wir benutzen die typischen Sprachelemente, nicht die Tricks zur Nachahmung anderer Sprachen.

5.1. Programmierparadigmen

Problemstellung

Es handelt sich um ein alltägliches Problem, wie es einem in Oldenburg und Umgebung (immer noch, aber seltener werdend) begegnet.

Jemand betritt einen Milchladen mit einer Kanne K, die genau die Menge V_K (z.B. $V_K = 7$ l) faßt, und möchte die Menge Soll kaufen (mit $0 <$ Soll $\leq V_K$, z.B. Soll = 4 l). Der Milchverkäufer hat nur einen Eimer E, der es erlaubt, die Menge V_E (mit $V_E \geq V_K$, z.B. $V_E = 10$ l) abzumessen. Frage: Kann man mit diesen beiden Gefäßen aus einer großen Milchwanne die gewünschte Menge abfüllen oder nicht? Und falls ja, wie soll das vor sich gehen?

Die Lösung soll also möglichst für beliebige Werte von V_K, Soll $\leq V_K$ und $V_E \geq V_K$ anwendbar sein; der Fall $V_E < V_K$ läßt sich durch Tausch der Gefäße analog behandeln. Der Einfachheit halber nehmen wir an, daß es sich stets um ganze Liter handelt, daß wir also V_K, Soll und V_E durch natürliche Zahlen darstellen können. Da wir nur mit Vielfachen des Volumens 1 l zu tun haben, können wir die Einheit weglassen.

Wenn Soll null oder V_K ist, ist die Lösung trivial; andernfalls läßt sich das Problem immer dann lösen, wenn die gewünschte Menge Soll ein Vielfaches des größten gemeinsamen Teilers von V_K und V_E ist; das ist sicher der Fall, wenn V_K und V_E teilerfremd sind. Denn wenn man das größere Gefäß (mit dem Volumen V_E) n mal füllt und schrittweise in das kleinere (mit Volumen V_K) gießt, dieses immer wieder in die Wanne ausleert, dann entstehen im kleineren Gefäß alle Werte im Bereich 0 bis V_K-1, die darstellbar sind durch

$$f(n) = (n \ast V_E) \bmod V_K.$$

Wie man leicht zeigen kann, bildet f(n) den Bereich $\{0, 1, \ldots, V_K-1\}$ bijektiv auf sich selbst ab, wenn V_K und V_E teilerfremd sind. Es gibt also für jedes zulässige Soll eine Lösung für n in diesem Bereich. Ist Soll dagegen nicht durch den ggT von V_K und V_E teilbar, so gibt es keine Lösung, denn der ggT bleibt in f(n) stets als Faktor erhalten.

Im Falle $V_K = 7$, Soll = 6 und $V_E = 10$ muß unser Programm feststellen, daß die Aufgabe lösbar ist, und eine Anweisung wie die folgende ausgeben:

Wenn K und E leer sind, dann fülle E, schütte E nach K, leere K, schütte E nach K, fülle E, schütte E nach K, leere K, schütte E nach K. In K sind nun 6 l Milch.

Dabei sind die wiederkehrenden Floskeln wie folgt definiert:

fülle X	Das Gefäß X wird aus der Milchwanne voll gefüllt.
schütte X nach Y	Der Inhalt von X wird, soweit das möglich ist, nach Y geschüttet. anschließend kann in X ein Rest bleiben, wenn Y nicht den ganzen Inhalt aufnehmen konnte.
leere X	Der ganze Inhalt von X wird in die Milchwanne geleert.

Tab. 5.2 Aktivitäten eines Milchverkäufers

Arbeitet der Milchverkäufer nach dieser Anweisung, so verändern sich die Inhalte von Eimer und Kanne wie folgt:

	E (Inhalt Eimer)	K (Inhalt Kanne)
Anfangszustand	0	0
fülle E	10	0
schütte E nach K	3	7
leere K	3	0
schütte E nach K	0	3
fülle E	10	3
schütte E nach K	6	7
leere K	6	0
schütte E nach K	0	6

Tab. 5.3 Abfüllen von 6 Litern Milch mit $V_K = 7$ und $V_E = 10$

Das gleiche Resultat kann man auch erzielen, indem man von der Kanne in den Eimer schüttet, in diesem Fall dauert es nur sehr viel länger, man benötigt die Schritte

Wenn K und E leer sind, dann fülle K, schütte K nach E, fülle K, schütte K nach E, leere E, schütte K nach E, fülle K, schütte K nach E, leere E, schütte K nach E, fülle K, schütte K nach E, fülle K, schütte K nach E, leere E, schütte K nach E, fülle K, schütte K nach E, leere E, schütte K nach E, fülle K, schütte K nach E, fülle K, schütte K nach E, leere E.
In K sind nun 4 l Milch.

Für unsere Betrachtungen genügt aber ein korrektes Resultat, so daß wir die beiden Lösungswege als gleichwertig betrachten. Je nach den speziellen Zahlenwerten ist der erste oder der zweite Weg kürzer.

5.1. Programmierparadigmen

Nachfolgend werden für die aufgezählten Programmierparadigmen die jeweils typischen Konzepte am Beispiel des Oldenburger Milchkannen-Problems (OMP) vorgestellt. Die Lösung besteht aus einer Antwort JA oder NEIN auf die Frage, ob das Problem überhaupt lösbar ist, und im Falle JA außerdem aus einer Folge von Befehlen an den Milchverkäufer. Wie unten deutlich wird, ruft der erste Teil der Frage nach funktionaler Programmierung, der zweite nach imperativer. In den anderen Ansätzen wird man unvermeidlich diese Elemente mit den verfügbaren nachbilden.

5.1.1 Imperatives Programmieren

Bei den imperativen Sprachen besteht ein Programm im wesentlichen aus einer Folge von *Befehlen* wie z.B. „Setze in die Variable a den Wert 3", „Springe an die Stelle q im Programm", „führe Unterprogramm P aus". Wesentlich an diesen Sprachen ist das *Variablen-Konzept*: Eingabewerte und Zwischenergebnisse werden in Variablen gespeichert. In diesen Sprachen spiegelt sich die Architektur des *Von-Neumann-Rechners*. Darum läßt sich aus Programmen in diesen Sprachen für konventionelle Rechner typisch besonders effizienter Code erzeugen. Überall, wo der von-Neumann-Rechner durchscheinen darf oder soll, sind diese Sprachen besonders geeignet.

Im Beispiel oben sieht man deutlich, daß sich gewisse Handlungen wiederholen, die Lösungen enthalten Zyklen mit kleinen Modifikation.

In imperativen Sprachen können wir das etwa so ausdrücken:

Stelle sicher, daß die Gefäße leer sind.
Falls Soll = V_K , dann
    fülle K,
sonst
    wiederhole, solange in K nicht die Menge Soll ist:
        fülle E,
        wiederhole, solange E nicht leer ist:
            schütte E nach K,
            falls K voll ist, dann leere K

In Modula-2 wird das fast genauso dargestellt:

```
PROCEDURE GibAnleitung;                  (* Programm 5.1 a *)
BEGIN
  E := 0; K := 0;
  IF Soll = VK THEN
    fuelleK;
  ELSE
    WHILE K # Soll DO
      fuelleE;
      WHILE E # 0 DO
        schuetteEnachK;
```

```
        IF K = VK THEN leereK END;
      END (* WHILE *);
    END (* WHILE *);
  END (* IF *);
END GibAnleitung;
```

Hier sind die elementaren Arbeitsschritte als Unterprogramm-Aufrufe formuliert. Die Unterprogramme sind – in einfachster Form – so zu realisieren:

```
PROCEDURE Aus (S: ARRAY OF CHAR);            (* Programm 5.1 b *)
BEGIN WriteString (S); WriteLn; END Aus;

PROCEDURE fuelleE;
BEGIN E := VE; Aus ('fuelle E'); END fuelleE;

PROCEDURE fuelleK;
BEGIN K := VK; Aus ('fuelle K'); END fuelleK;

PROCEDURE leereK;
BEGIN K := 0; Aus ('leere K'); END leereK;

PROCEDURE schuetteEnachK;
BEGIN
  WHILE (E > 0) AND (K < VK) DO DEC (E); INC (K); END;
  Aus ('schuette E nach K');
END schuetteEnachK;
```

Dabei ist die stets wiederkehrende Aufgabe, einen String und einen Zeilenvorschub auszugeben, an die Prozedur Aus delegiert, vor allem, weil bei einem weiteren Ausbau des Programms dort auch der Zwischenstand ausgegeben werden kann. Der Rahmen, eine Prozedur, die eine Kopfmeldung ausgibt, und das Hauptprogramm machen die einfache Lösung komplett:

```
MODULE OMP1;                                 (* Programm 5.1 c *)
(* einfache Loesung des OMP *)
(* JL, 94-08-16, Modula-2 auf MacMETH 3.2 *)

FROM InOut IMPORT Read, WriteString, WriteInt, WriteLn;

  CONST VE = 10; VK = 7; Soll = 4;
  VAR E, K: INTEGER;

    (* ... die oben gezeigten Prozeduren, auch GibAnleitung *)

PROCEDURE Vorbereitung;
BEGIN
  Aus ('Programm OMP1');
  WriteString ('Volumen E und K, gwuenschte Menge: ');
  WriteInt (VE, 6); WriteInt (VK, 6); WriteInt (Soll, 6);
  WriteLn; WriteLn;
END Vorbereitung;

  VAR ch : CHAR;
BEGIN Vorbereitung; GibAnleitung; Read (ch) END OMP1.
```

5.1. Programmierparadigmen 245

Damit wird die folgende (hier platzsparend umformatierte) Ausgabe erzeugt:

```
Programm OMP1
Volumen E und K, gewuenschte Menge:    10    7    6
        fülle E           schütte E nach K
        leere K           schütte E nach K
        fülle E           schütte E nach K
        leere K           schütte E nach K
```

An diesem Programm und seiner Funktion läßt sich noch manches verbessern. Die Bezeichner sind nicht sehr aussagekräftig, die Ausgabe sollte eine Numerierung der Schritte und den jeweiligen Zwischenstand angeben, und die als konstant angenommenen Werte „VE", „VK", „Soll" sollten als Variablen implementiert werden.

Dann muß aber eine Prüfung vorgesehen werden, die verhindert, daß bei unglücklicher Wahl der Zahlenwerte (z.B. 39 l-Eimer, 33 l-Kanne und Sollwert 16 l) in endloser Iteration Unmögliches versucht wird. Beispielsweise kann man eine Funktion ggT hinzufügen, die dann angewendet wird durch den Aufruf

```
IF Soll MOD ggT (VK, VE) = 0
  THEN (* Lösung *) ELSE (* Fehlerbehandlung *) END;
```

Unter Umständen ist es auch vorteilhaft, nicht von einem festen Sortiment an Gefäßen auszugehen, sondern die Menge der Gefäße als Aufzählungstyp vorzusehen. Allerdings werden die Prozeduren dann etwas aufwendiger. Der Vorteil einer solchen Lösung ist, daß sich Erweiterungen des Programms sehr viel leichter vornehmen lassen, etwa im Fall, daß bei einer veränderten Aufgabenstellung noch weitere Gefäße hinzukommen.

Damit erhalten wir das folgende Programm; die Änderungen wirken sich vor allem so aus, daß einige neue Definitionen und Deklarationen in den Programmkopf kommen, auf die in den schon vorhandenen Programmteilen Bezug genommen wird. Die zusätzliche Funktionalität steckt vor allem in der Prozedur „Vorbereitung".

```
MODULE OMP2;                              (* Programm 5.2 *)
  (* allgemeine Loesung des OMP *)
  (* JL, 94-08-16, Modula-2 auf MacMETH 3.2 *)

  FROM InOut IMPORT Read, ReadInt,
                    Write, WriteString, WriteInt, WriteLn;

  CONST MaxVol = 40; (* maximales Volumen eines Behaelters *)
  TYPE  Gefaesse = (K, E); Gefaess = [K..E];
  VAR   Vol, Inh: ARRAY Gefaess OF INTEGER;
        Soll    : INTEGER; (* Sollwert fuer die Menge *)

  CONST Tab = 30;    (* Spalte, wo der Stand ausgegeben wird *)
        ZLng = 6;    (* Laenge der Zahlen in der Ausgabe *)
  VAR   Col : INTEGER; (* aktuelle Laenge der Ausgabezeile *)
        Step: INTEGER; (* Nr. des auszugebenden Schritts *)
```

```
(*************************************************************)

PROCEDURE Vorbereitung;

  PROCEDURE ZahlEin (* positive Zahl bis MaxZ einlesen *)
           (Prompt: ARRAY OF CHAR; MaxZ: INTEGER): INTEGER;
    VAR Zahl: INTEGER;
  BEGIN
    LOOP
      WriteString (Prompt); ReadInt (Zahl);
      IF (0 < Zahl) AND (Zahl <= MaxZ) THEN EXIT END;
      WriteString (' *** Eingabe unzulaessig ***'); WriteLn;
    END (* LOOP *);
    WriteLn; RETURN Zahl
  END ZahlEin;

  PROCEDURE ggT (A, B: INTEGER): INTEGER;
  BEGIN        (* Euklidischer Algorithmus, Variante fuer MOD *)
    IF B = 0 THEN RETURN A ELSE RETURN ggT (B, A MOD B) END;
  END ggT;

BEGIN (* Vorbereitung *)
  WriteString ('Programm OMP2'); WriteLn; WriteLn;
  LOOP
    Vol[E] := ZahlEin ('Eimer-Volumen:    ', MaxVol);
    Vol[K] := ZahlEin ('Gefaess-Volumen:  ', Vol[E]);
    Soll   := ZahlEin ('gewuenschte Menge: ', Vol[K]);
    WriteLn;

    IF Soll MOD ggT (Vol[E], Vol[K]) = 0 THEN EXIT END;
    WriteString ('*** nicht loesbar ***'); WriteLn;
  END (* LOOP *);

  WriteString ('Schritt');     (* bringt Ausgabe bis Spalte 7 *)
  FOR Col := 8 TO Tab-2 DO Write (' ') END;
         (* 'Inhalt E' ist 2 Zeichen laenger als ZLng *)
  WriteString ('Inhalt E und K'); WriteLn; WriteLn;
  Step := 0;
END Vorbereitung;

(*************************************************************)

PROCEDURE Schritt;
BEGIN
  WriteInt (Step, ZLng); INC (Step); WriteString ('      ');
  Col := ZLng+5; (* Laenge Zahl + Laenge des Abstands *)
END Schritt;

PROCEDURE AusS (S: ARRAY OF CHAR);          (* String ausgeben *)
BEGIN WriteString (S); Col := Col + HIGH (S) + 1 END AusS;
```

5.1. Programmierparadigmen 247

```
PROCEDURE AusK (Beh: Gefaess);        (* Kennzeichen ausgeben *)
BEGIN
  IF Beh = E THEN Write ('E') ELSE Write ('K') END;
  INC (Col);
END AusK;

PROCEDURE AusRest ();  (* ausrichten auf Tab und Stand ausg. *)
BEGIN
  WHILE Col < Tab DO Write (' '); INC (Col); END;
  WriteInt (Inh[E], ZLng); WriteInt (Inh[K], ZLng); WriteLn;
END AusRest;

(***************************************************************)

PROCEDURE fuelle (Behaelter: Gefaesse);
BEGIN
  Inh[Behaelter] := Vol[Behaelter];
  Schritt; AusS ('fuelle '); AusK (Behaelter); AusRest;
END fuelle;

PROCEDURE leere (Behaelter: Gefaesse);
BEGIN
  Inh[Behaelter] := 0;
  Schritt; AusS ('leere '); AusK (Behaelter); AusRest;
END leere;

PROCEDURE schuette (Beh1, Beh2: Gefaesse);
BEGIN
  WHILE (Inh[Beh1] > 0) AND (Inh[Beh2] < Vol[Beh2]) DO
    DEC (Inh[Beh1]); INC (Inh[Beh2]);
  END (* WHILE *);
  Schritt; AusS ('schuette '); AusK (Beh1);
  AusS (' nach '); AusK (Beh2); AusRest;
END schuette;

(***************************************************************)

PROCEDURE GibAnleitung;
BEGIN
  Inh[E] := 0; Inh[K] := 0;
  Schritt; AusS ('Anfangszustand '); AusRest;
  IF Soll = Vol[K] THEN
    fuelle (K);
  ELSE
    WHILE Inh[K] # Soll DO
      fuelle (E);
      WHILE Inh[E] # 0 DO
        schuette (E, K);
        IF Inh[K] = Vol[K] THEN leere (K) END;
      END (* WHILE *);
    END (* WHILE *);
  END (* IF *);
END GibAnleitung;

(***************************************************************)
```

```
    VAR ch : CHAR;

BEGIN
  Vorbereitung; GibAnleitung; Read (ch)
END OMP2.
```

Eine typische Ausgabe sieht so aus:

```
Programm OMP2

Eimer-Volumen:       20
Gefaess-Volumen:     21    *** Eingabe unzulaessig ***
Gefaess-Volumen:     12
gewuenschte Menge:    5

*** nicht loesbar ***
Eimer-Volumen:       39
Gefaess-Volumen:     33
gewuenschte Menge:   16

*** nicht loesbar ***
Eimer-Volumen:       39
Gefaess-Volumen:     33
gewuenschte Menge:   15

Schritt                   Inhalt E und K

   0    Anfangszustand         0    0
   1    fuelle E              39    0
   2    schuette E nach K      6   33
   3    leere K                6    0
   4    schuette E nach K      0    6
   5    fuelle E              39    6
   6    schuette E nach K     12   33
   7    leere K               12    0
   8    schuette E nach K      0   12
   9    fuelle E              39   12
  10    schuette E nach K     18   33
  11    leere K               18    0
  12    schuette E nach K      0   18
  13    fuelle E              39   18
  14    schuette E nach K     24   33
  15    leere K               24    0
  16    schuette E nach K      0   24
  17    fuelle E              39   24
  18    schuette E nach K     30   33
  19    leere K               30    0
  20    schuette E nach K      0   30
  21    fuelle E              39   30
  22    schuette E nach K     36   33
  23    leere K               36    0
  24    schuette E nach K      3   33
  25    leere K                3    0
  26    schuette E nach K      0    3
```

5.1. Programmierparadigmen

```
27      fuelle E                    39      3
28      schuette E nach K            9     33
29      leere K                      9      0
30      schuette E nach K            0      9
31      fuelle E                    39      9
32      schuette E nach K           15     33
33      leere K                     15      0
34      schuette E nach K            0     15
```

An dieser Lösung kann man folgende Beobachtungen machen:

- Die erste Frage, ob das Problem lösbar ist, wird durch eine rekursive Funktion und einen boolschen Ausdruck beantwortet. Das ist nicht typisch imperativ (siehe unten).

- Der zweite Teil der Aufgabe, die Erzeugung einer Anleitung, ist dagegen völlig imperativ, das zeigt sich schon im erzeugten Text („fülle", „schütte" usw.). Denn was beschrieben wird, ist ein Ablauf, ein Prozeß. Hier ist der imperative Stil am besten geeignet. Stünde uns ein Roboter zur Verfügung, so könnten wir ihm direkt die Kommandos geben, statt sie auszudrucken.

- Die allgemeinere Fassung des Programms ist deutlich aufwendiger, aber auch sehr viel komfortabler und leichter zu ändern und zu erweitern. Es hängt also vor allem von der erwarteten Nutzungs- und damit Wartungsdauer eines Programms ab, wie allgemein man es fassen sollte.

5.1.2 Funktionales Programmieren

Beim funktionalen Programmieren werden Programme als *mathematische Funktionen* betrachtet, die die Eingabewerte („Parameter") auf ein Resultat abbilden. An die Stelle des *Effekts* im imperativen Stil tritt also das *Resultat*. Da es aber ohne Effekte nicht geht, enthalten funktionale Sprachen unvermeidlich auch imperative Elemente, z.B. für die Ausgabe, die das ermittelte Resultat mitteilt.

Das Musterbeispiel eines Effekts ist die Wertzuweisung; sie steht daher in der (rein) funktionalen Programmierung nicht zur Verfügung, also auch die Variable nicht. Damit können auch keine Zwischenergebnisse gespeichert und mehrfach benutzt werden. Dieses Problem wird in modernen funktionalen Sprachen dadurch gemildert, daß sich das System die Funktionsresultate unsichtbar „merkt" und bei erneuter Berechnung einsetzt.

Einige Grundfunktionen sind vorgegeben; aus diesen werden im Programm höhere Funktionen gebildet, schließlich eine Funktion, die das Anwendungsproblem löst.

Funktionale Sprachen sind praktisch immer auch *applikativ*, d.h. die Funktionen sind nicht nur (wie schon in den modernen imperativen Sprachen) direkt verwendbar, sondern können auch als Parameter an andere Funktionen übergeben werden.

Die Modula-Lösung (Programm 5.2) enthält mit der Funktion ggT bereits ein funktionales Element: ggT erhält Parameter, benutzt keine Variablen und liefert ein Resultat. Wie in diesem Beispiel wird in der funktionalen Programmierung sehr intensiv von der Rekursion Gebrauch gemacht. In LISP läßt sich ggT entsprechend sehr knapp formulieren (links der Code, rechts drei Aufrufe):

```
(defun ggT (a b)   ; Programm 5.3 a          (ggT 27 14)
   (if (= b 0)                                1
      a                                      (ggT 35 14)
      (ggT b (mod a b))                       7
   )                                         (ggT 14 28)
)                                             14
```

Jede Klammer enthält eine Liste; in der übergeordneten Liste deutet der LISP-Interpreter das erste Element als Operator (Funktionsbezeichner), die weiteren Elemente als Operanden. Hier kennzeichnet der Operator „defun" eine Funktionsdefinition, das zweite Element ist der Name („ggT"), das dritte die Parameterliste und das vierte die eigentliche Funktion, die Definition des Resultats. Darin ist wieder „if" ein Operator mit drei Operanden; ergibt die Auswertung des ersten TRUE, so ist der zweite Operand („a") das Resultat, sonst der dritte. Der als Bedingung dienende Ausdruck schließlich ist die Funktion „= b 0", also der Vergleich von b und null. Hat er den Wert nil (entsprechend FALSE), so wird „ggt b (mod a b)" ausgewertet, dem in Modula die Anweisung „RETURN ggT (B, A MOD B)" entspricht.

Auf diese Weise können wir auch eine Funktion realisieren, die uns angibt, wieviele Schritte erforderlich sind, um die gewünschte Menge abzumessen. Dabei bekommen wir allerdings keine Anleitung, wie das zu geschehen hat. Man erkennt darin, wie die verschiedenen möglichen Situationen durch eine if-Kaskade behandelt werden. Wenn der gewünschte Zustand schon erreicht ist, braucht kein weiterer Schritt ausgeführt zu werden (Resultat 0), sonst wird als Resultat die um 1 erhöhte Zahl der vom Folgezustand aus nötigen Schritte geliefert.

```
(defun Schritte (E K VE VK Soll)                 ; Programm 5.3 b
   (if (= K Soll)
      0
      (+ 1
         (if (= K VK)
            (Schritte E 0 VE VK Soll)
            (if (= E 0)
               (Schritte VE K VE VK Soll)
               (if (>= (+ E K) VK)
                  (Schritte (+ (- E VK) K) VK VE VK Soll)
                  (Schritte 0 (+ E K) VE VK Soll)
) ) ) ) ) )
```

Man beachte, daß „Schritte" eine *partielle* Funktion ist: Wenn die Aufgabe nicht lösbar ist, wird kein Resultat geliefert. Praktisch führt dieser Fall zu einem Keller-Überlauf und damit zum Abbruch der Auswertung. Erfolgreiche Aufrufe sind beispielsweise:

5.1. Programmierparadigmen

```
(Schritte 0 0 40 31 27)
12
(Schritte 0 0 7 10 5)
16
```

Für die Erzeugung sequentieller Anweisungen ist die funktionale Programmierung offensichtlich nicht besonders gut geeignet. Wir erreichen unser Ziel aber durch einen Trick: Die gewünschte Anweisungsliste muß das Resultat einer Funktion „Anleitung" sein. Das erreichen wir, indem wir einen String liefern, der im Zuge der Funktionsauswertung aufgebaut wird.

```
(defun Anleitung (E K VE VK Soll)
    ... hier folgt die Definition der Anleitung
)
```

Das läßt sich prinzipiell wie folgt darstellen: Wenn in einer bestimmten Situation beispielsweise der Eimer leer und darum zu füllen ist, dann ist die gleiche Anleitung zu erzeugen, wie wenn der Eimer bereits voll wäre, linksseitig ergänzt um die Anweisung „Fülle Eimer".

```
(if (= E 0)
    (concat "fuelle E, "
        (Anleitung VE K VE VK Soll))
    (... Behandlung der übrigen Fälle)
)
```

Wenn die Kanne bereits die gewünschte Menge enthält, wird die Anweisung durch „fertig" abgeschlossen; falls nötig, wird vorher noch der Eimer geleert. Damit erhalten wir das folgende LISP-Programm:

```
(defun Anleitung (E K VE VK Soll)                  ; Programm 5.3 c
  (if (= K Soll)
    (concat (if (> E 0) "leere E, " "") "fertig")
    (if (= K VK)
      (concat "leere K, "
              (Anleitung E 0 VE VK Soll))
      (if (= E 0)
        (concat "fuelle E, "
                (Anleitung VE K VE VK Soll))
        (concat "schuette E nach K, "
                (if (< (+ E K) VK)
                    (Anleitung 0 (+ E K) VE VK Soll)
                    (Anleitung (- (+ E K) VK) VK VE VK Soll)
) ) ) )    )
```

Ein Aufruf und das (leicht formatierte) Ergebnis sind:

```
(Anleitung 0 0 40 31 27)
"fuelle E, schuette E nach K, leere K, schuette E nach K,
 fuelle E, schuette E nach K, leere K, schuette E nach K,
 fuelle E, schuette E nach K, leere K, schuette E nach K,
 fertig"
```

Ähnlich wie bei der imperativen Lösung fangen wir die Fehlerfälle durch eine übergeordnete Funktion ab, zu der noch die oben gezeigte Funktion ggT kommt::

```
(defun Antwort (VE VK Soll)                          ; Programm 5.3 d
   (if (< VK 1)
      "Gefaess nicht vorhanden."
      (if (> Soll VK)
         "Gefaess zu klein."
         (if (< Soll 0)
            "Negative Menge nicht moeglich."
            (if (> VK VE)
               (concat "Rollentausch: Groesster Wert wird Eimer. "
                       (Antwort VK VE Soll))
               (if (/= (mod Soll (ggT VE VK)) 0)
                  "Keine Loesung moeglich."
                  (Anleitung 0 0 VE VK Soll)
) ) ) ) )                )
```

Auch hier sollen Aufruf und Ergebnis den Algorithmus illustrieren:

```
(Antwort 7 10 5)
"Rollentausch: Groesster Wert wird Eimer. fuelle E,
 schuette E nach K, leere K, schuette E nach K, fuelle E,
 schuette E nach K, leere K, schuette E nach K, fuelle E,
 schuette E nach K, leere K, schuette E nach K, leere K,
 schuette E nach K, fuelle E, schuette E nach K, leere K,
 schuette E nach K, fertig"
```

5.1.3 Logik-basiertes Programmieren

Die Rätselfrage, ob ein Sohn meines Vaters existiert, der nicht mein Bruder ist, hat die Antwort: „Ja. Dieser Sohn bin ich selbst." Nach diesem Prinzip arbeitet man auch beim *Logik-basierten* oder (kurz und unpräzise) *logischen Programmieren*: Wir formulieren unsere Programme als Fragen an ein PROLOG-System. PROLOG („Programming in Logic") ist die wichtigste Sprache für diesen Ansatz. Das System antwortet entweder mit „yes" und den Bedingungen, unter denen diese Antwort zustandekommt, oder mit „failed", d.h. es ist nicht gelungen, die positive Antwort zu erreichen. (Meist bedeutet „failed" praktisch „no", aber nicht immer, denn es ist prinzipiell nicht möglich, alle Lösungen zu ermitteln.)

Fakten lassen sich durch einfache Aussagen der Form R (X, Y) angeben, d.h. es besteht für das Tupel X, Y die (frei benannte, für PROLOG bedeutungslose) Beziehung R. In PROLOG bezeichnen Zeichenfolgen, die mit einem Großbuchstaben beginnen, stets Variablen. Wenn also bestimmte Personen genannt werden sollen, müssen wir Kleinschreibung verwenden, z.B. in einer bekannten Familie am Lake Tahoe

```
vater(joe, ben).    vater(hoss, ben).    vater(adam, ben).
```

5.1. Programmierparadigmen

Usw. Verschiedene Männer mit demselben Vater sind Brüder, d.h. es gilt Bruder (A, B) genau dann, wenn es einen Vater V gibt, für den gilt: Vater (A, V) und Vater (B, V) und A ≠ B. Wir drücken das durch eine *Regel* aus:

```
bruder(A, B):- vater(A, V), vater(B, V), A \= B.
```

A, B und V sind hier *Variablen*, die in der ganzen Regel konsistent zu besetzen sind. A und B sind durch ihr Vorkommen links gebunden, V ist frei, kann also beliebig besetzt werden, damit eine Aussage wahr wird. Das Komma steht in PROLOG für die Konjunktion (Und-Verknüpfung), im Beispiel müssen also alle drei Aussagen rechts bewiesen sein, damit die Aussage links bewiesen ist.

Wollen wir z.B. prüfen, ob Hoss und Ben Brüder sind, so fragen wir das PROLOG-System:

```
?- bruder(hoss, ben).
```

Das System findet aber in den vorgegebenen Fakten keine Bindung für V, durch die sich diese Aussage verifizieren läßt, und antwortet „failed". Dagegen führt

```
?- bruder(hoss, adam).
```

zur Reaktion „Yes", nachdem V an Ben gebunden wurde.

Wenn in der Anfrage Variablen gestanden hatten, dann wird ihre Bindung, mit der die Aussage wahr wird, angegeben. Das können auch viele verschiedene sein.

Joe kann damit die Rätselfrage vom Anfang wie folgt formulieren:

```
?- vater(joe, V), vater(X, V), not(bruder(joe, X)).
yes
     V = ben, X = joe
```

D.h. die Antwort lautet: "Ja, dieser Sohn bin ich selbst (und mein Vater ist Ben)".

Allgemein versucht man bei der logik-basierten Programmierung, das Problem durch seine *Eigenschaften* („Prädikate") in Form von *Fakten* und *Regeln* (zusammen bilden sie die *Klauseln*) zu erfassen. Der „Aufruf" ist dann eine Frage der Art: „*Kannst Du zeigen, daß die folgende (konkrete oder abstrakte) Aussage unter gewissen Umständen zutrifft?*" Wir beginnen also mit der gewünschten Aussage, und das PROLOG-System versucht, sich von dort rückwärts zu den Fakten zu „hangeln" (*Rückwärtsverkettung*).

Dieser Ansatz ist offensichtlich für Probleme wie das genannte (Verwandtschaftsbeziehungen) gut geeignet; es wird nicht gerechnet, sondern ein Beziehungsnetz ausgewertet. Dabei spielt die Reihenfolge, in der die Aussagen gemacht werden, *grundsätzlich* keine Rolle (praktisch ist es nicht ganz so, weil das PROLOG-System ja eine Reihenfolge bestimmen muß, in der es die Lösung sucht.) Für das OMP eignet sich PROLOG eigentlich nicht, denn wir haben arithmetische Zusammenhänge vor uns – nicht gerade eine Domäne der logischen Programmierung.

Formulieren wir auch hier zuerst den (modifizierten) Euklidischen Algorithmus. Die eingeklammerten Buchstaben links dienen nur der Kennzeichnung, sie gehören nicht zu PROLOG.

```
(a)   ggT(A, 0, A) :- !.                        /* Programm 5.4 a */
(b)   ggT(A, B, X) :- C is A mod B, ggT(B, C, X).
```

Das Tupel in der Klammer ist hier so zu interpretieren, daß die dritte Angabe den ggT der beiden ersten darstellt. Die Regel (a) besagt dann, daß der ggT von A und null stets A ist, für beliebiges A, und daß in diesem Falle keine weitere Lösung gesucht werden soll (das Ausrufezeichen rechts, der sog. Cut-Operator). Regel (b) besagt, daß genau dann ggT (A, B) = X ist, wenn es ein C gibt, das A mod B ist und für das gilt: ggT (B, C) = X. Die Anfrage

```
?- ggT(27, 33, X).
```

wird in folgenden Schritten verifiziert: Regel (a) ist nicht anwendbar, weil 33 ≠ 0 ist. Also kommt (b) zum Zug, C wird auf 27 MOD 33 = 27 gesetzt (liefert stets yes), dann muß die Verifikation von ggT(33, 27, X) versucht werden. Dazu muß rekursiv ggT(27, 6, X), dann ggT(6, 3, X), dann ggT(3, 0, X) verifiziert werden. Die letzte Aussage ist laut (a) korrekt, wenn X den Wert 3 hat, und wegen des Cut-Operators wird keine weitere Lösung gesucht. Damit sind auch (jeweils mit X = 3) die vorstehenden Aussagen korrekt bis zurück zur Anfrage. Das Resultat lautet also

```
yes. X = 3
```

Für das OMP kommen wir nur zu einer akzeptablen Lösung, wenn wir die Frage an das System angemessen formulieren. Sie lautet hier: Kannst Du zeigen, daß sich die gewünschte Menge durch Umschütten erreichen läßt? Da wir die Regeln so fassen, daß wir ggf. einen *konstruktiven* Beweis erhalten, also Beweisschritte, die mit den Arbeitsschritten korrespondieren, steckt in der Antwort die gewünschte Anleitung.

Zunächst können wir einige Situationen beschreiben, die bereits das Ziel darstellen:

```
(c)   kannenproblem( _,  _,   0) :- !.          /* Programm 5.4 b */
(d)   kannenproblem( _, VK,  VK) :- !.
```

Bei „kannenproblem" stehen also die Volumina (Eimer und Kanne) auf den beiden ersten Positionen, die Sollmenge auf der dritten. Die Sollmenge 0 bedarf keiner Handlungen (c), sie liegt unabhängig (ausgedrückt durch die Striche) von den Volumina a priori vor. Wird die volle Kanne gewünscht (d), so ist die Aufgabe unabhängig vom Eimer-Volumen lösbar. In den übrigen Fällen (e) wird mit ggT geprüft, ob sich die Sollmenge herstellen läßt. Dazu muß „0 is Soll mod X" verifiziert werden,

5.1. Programmierparadigmen

was nur gelingt, wenn der ggT Soll teilt; andernfalls ist die Antwort „failed". Gibt es eine Lösung, so wird schließlich die letzte Klausel mit den folgenden Regeln sicher verifiziert.

```
(e)   kannenproblem(VE, VK, Soll) :-           /* Programm 5.4 c */
      ggT(VK, VE, X), 0 is Soll mod X, abmessen(0, 0, VE, VK, Soll).
```

Man beachte, daß in allen folgenden Regeln ein Cut-Operator vorkommt, weil wir nur eine einzige, möglichst kurze Lösung suchen. Dieser Cut-Operator wird immer dann wirksam, wenn die Zusammenhänge zwischen den Variablen der linken Seite stimmen. Wenn die Werte der zweiten und der fünften Variablen übereinstimmen (Kanne enthält Soll-Menge), wird Regel (f) angewandt und keine andere. Nur bei Regel (i) muß zusätzlich die Bedingung erfüllt sein, daß der Eimer-Inhalt noch ganz in die Kanne paßt, andernfalls wird Regel (k) mit gleicher linker Seite angewendet.

```
(f)   abmessen( _,Soll,_,_,Soll) :- !.          /* Programm 5.4 d */
(g)   abmessen( 0, K,VE,VK,Soll) :- !, /* Eimer ist leer - fuellen */
      abmessen(VE, K,VE,VK,Soll).
(h)   abmessen( E,VK,VE,VK,Soll) :- !, /* Kanne ist voll - leeren. */
      abmessen( E, 0,VE,VK,Soll).
(i)   abmessen( E, K,VE,VK,Soll) :- K2 is K + E, K2 =< VK, !,
      abmessen( 0,K2,VE,VK,Soll). /* Eimer-Inh. ganz in die Kanne */
(k)   abmessen( E, K,VE,VK,Soll) :- !, E2 is E - (VK - K),
      abmessen(E2,VK,VE,VK,Soll). /* Kanne aus Eimer auffuellen. */
```

Genau betrachtet haben wir in der angegebenen Lösung eine doppelte Umkehrung vor uns: PROLOG bietet uns die *Rückwärtsverkettung*, die wir hier *rückwärts* auf das Problem anwenden – denn wir verifizieren den Anfangszustand durch den gewünschten Endzustand, zeigen also, daß der Anfangszustand eine Situation ist, von der aus wir den Endzustand erreichen können. (Umgekehrt geht es nicht, weil die Addition von Volumina eindeutig ist, ihre Zerlegung nicht.) Auf diese Weise haben wir *scheinbar* eine Lösung, die den Weg vom Anfangs- zum Endzustand zeigt.

Dieses Programm antwortet auf eine Anfrage wie

```
?- kannenproblem(10, 7, 6).
```

einfach mit „yes", den Lösungsweg erfahren wir so einfach nicht. Wir müssen daher dem PROLOG-Interpreter beim „Kombinieren" zuschauen. Dazu gibt es vor allem zwei Möglichkeiten:

1. Wir können ein *Trace* verlangen, also eine Protokollierung der Schritte. Dabei sehen wir, welche Aussagen mit welchen Bindungen der Variablen in welcher Reihenfolge und Schachtelung verifiziert werden sollen. Das liefert uns die erwünschte Folge von Schritten und eine Menge anderer Informationen, darunter auch die Rekursionstiefe und eine laufende Nummer der „Clause", deren Verifikation gerade versucht wird. „Call" markiert jeweils den Start, „Exit" den

erfolgreichen Abschluß einer solchen Verifikation, „Fail" und „Redo" markieren die Reaktionen auf Sackgassen.

```
?- kannenproblem(10, 7, 6).
 (1:0) Call: kannenproblem(10,7,6)
 |(2:1) Call: ggT(7,10,_3)
 | (3:2) Call: _8 is 7 mod 10
 | (3:2) Exit: 7 is 7 mod 10
 | (3:2) Call: ggT(10,7,_3)
 | |(4:3) Call: _12 is 10 mod 7
 | |(4:3) Exit: 3 is 10 mod 7
 | |(4:3) Call: ggT(7,3,_3)
 | | (5:4) Call: _17 is 7 mod 3
 | | (5:4) Exit: 1 is 7 mod 3
 | | (5:4) Call: ggT(3,1,_3)
 | | |(6:5) Call: _21 is 3 mod 1
 | | |(6:5) Exit: 0 is 3 mod 1
 | | |(6:5) Call: ggT(1,0,_3)
 | | | (7:6) Call: !
 | | | (7:6) Exit: !
 | | |(6:5) Exit: ggT(1,0,1)
 | | (5:4) Exit: ggT(3,1,1)
 | |(4:3) Exit: ggT(7,3,1)
 | (3:2) Exit: ggT(10,7,1)
 |(2:1) Exit: ggT(7,10,1)
 |(2:6) Call: 0 is 6 mod 1
 |(2:6) Exit: 0 is 6 mod 1
 |(2:6) Call: abmessen(0,0,10,7,6)
 | (3:7) Call: !
 | (3:7) Exit: !
 | (3:7) Call: abmessen(10,0,10,7,6)
 | |(4:8) Call: _34 is 0 + 10
 | |(4:8) Exit: 10 is 0 + 10
 | |(4:8) Call: 10 =< 7
 | |(4:8) Fail: 10 =< 7
 | (3:7) Redo: abmessen(10,0,10,7,6)
 | |(4:8) Call: !
 | |(4:8) Exit: !
 | |(4:8) Call: _34 is 10 - (7 - 0)
 | |(4:8) Exit: 3 is 10 - (7 - 0)
 | |(4:8) Call: abmessen(3,7,10,7,6)
```

usw. bis hin zu den abschließenden Zeilen, die die gewünschte Information enthalten:

```
 | | | | |(10:14) Call: abmessen(0,6,10,7,6)
 | | | | | (11:15) Call: !
 | | | | | (11:15) Exit: !
 | | | | |(10:14) Exit: abmessen(0,6,10,7,6)
 | | | | (9:13) Exit: abmessen(6,0,10,7,6)
 | | | |(8:12) Exit: abmessen(6,7,10,7,6)
 | | | (7:11) Exit: abmessen(10,3,10,7,6)
 | | |(6:10) Exit: abmessen(0,3,10,7,6)
 | | (5:9) Exit: abmessen(3,0,10,7,6)
 | |(4:8) Exit: abmessen(3,7,10,7,6)
 | (3:7) Exit: abmessen(10,0,10,7,6)
```

5.1. Programmierparadigmen

```
|(2:6) Exit: abmessen(0,0,10,7,6)
(1:0) Exit: kannenproblem(10,7,6)
   yes
```

2. Wir können ähnlich wie in der LISP-Lösung in allen konstruktiven Regeln eine zusätzliche Variable nutzen, um darin ein Protokoll aufzubauen. Damit wird z.B. aus (h)

(h)   abmessen(E,VK,VE,VK,Soll) :- !, abmessen(E, 0,VE,VK,Soll).

die erweiterte Regel

(h')   abmessen(E,VK,VE,VK,Soll, ['Kanne leeren' | Weg]) :- !,
abmessen(E, 0,VE,VK,Soll,   Weg).

„Weg" bringt von rechts die Beschreibung der restlichen Schritte mit und wird bei Anwendung dieser Regel durch die Konkatenation in der eckigen Klammer links um den String „Kanne leeren" ergänzt. Damit können wir beispielsweise das folgende Resultat erhalten:

```
?- kannenproblem(10, 7, 6, Weg).
   yes
   Weg = ['Eimer fuellen.','Aus Eimer Kanne auffuellen.',
          'Kanne leeren.','Eimer in Kanne leeren.',
          'Eimer fuellen.','Aus Eimer Kanne auffuellen.',
          'Kanne leeren.','Eimer in Kanne leeren.','Fertig.']
```

Das grundsätzliche Problem von PROLOG liegt darin, daß man einen Interpreter entwickeln und implementieren muß, der *alle* Möglichkeiten *durchmustert*. Hierfür hat man bei PROLOG spezielle Techniken erarbeitet, die jedoch auf die Sprache zurückwirken. Für die Effizienz, u.U. auch für die Frage, ob überhaupt eine Lösung gefunden wird, spielt es z.B. eine große Rolle, in welcher Reihenfolge die einzelnen Fakten und Regeln durchgemustert werden und wie man die Regeln abarbeitet. Wenn man dies nicht beachtet, kann man den Interpreter (z.B. bei rekursiven Regeln) leicht in eine nichtterminierende Suche schicken, wo auf anderem Wege auch eine terminierende, womöglich effiziente Suche realisierbar gewesen wäre.

5.1.4 Objektorientiertes Programmieren

Die Grundidee der objektorientierten Programmierung ist die Abbildung der realen Welt im (objektorientierten) Programm. Dazu werden die Objekte der realen Welt auf Objekte des Programms abgebildet. Ein solches Objekt ist daher eine Menge individueller Informationen und Verhaltensweisen („Methoden"). Beispielsweise könnte man Fußballmannschaften als Objekte darstellen. Die Namen der Spieler, der Punktestand und die Torschützen sind individuell für jede Mannschaft gespeichert. Die Strukturen und Verhaltensmuster sind dagegen grundsätzlich bei allen Mannschaften gleich (z.B. die Zahl der Spieler, die Effekte eines Spielresultats auf den Punktestand, die Auswirkungen beim Feldverweis eines Spielers usw.), sie werden darum nicht für jede Mannschaft einzeln definiert, sondern für die *Klasse* der Fußballmannschaften. Aber auch die Mannschaften anderer Ballspiele haben große Ähnlichkeit. Darum werden ähnliche Klassen unter einer gemeinsamen *Oberklasse* zusammengefaßt, der alle *gemeinsamen* Merkmale der *Unterklassen* zugeordnet sind. Die Merkmale gelten dann durch *Vererbung* auch für die Unterklassen.

Das Konzept der Objekte beruht auf dem *information hiding*, d.h. kein Objekt hat die Möglichkeit, direkt auf Informationen (Variablen) des anderen zuzugreifen. Es kann nur eine *Botschaft* schicken, auf die das andere Objekt durch Ausführung einer *Methode* reagiert. Beispielsweise könnte man einer Mannschaft die Botschaft schicken, daß sie ein Spiel gewonnen hat. Die Mannschaft kann dann gemäß den Regeln ihres Sports mit der entsprechenden Änderung ihres Punktestandes reagieren.

Das ergibt einen sehr flexiblen Ansatz. Wenn beispielsweise Polo in Deutschland eingeführt wird, so kann man für die Polo-Mannschaften eine neue Klasse als Unterklasse der Hockey-Mannschaften bilden. Die Vererbung sorgt dafür, daß alles möglich ist, was bislang für Hockey-Teams definiert war. Das Polo-spezifische kann hinzugefügt werden.

Beim OMP läßt sich der objektorientierte Ansatz ganz gut anwenden. Wir haben mehrere Gefäße (Milchwanne, Eimer, Kanne), die sich als Objekte darstellen lassen. Ihre gemeinsame Klasse ist *Gefäß*. Ein Gefäß hat als individuelle Merkmale seinen Namen, sein Volumen und seinen momentanen Inhalt. Wie die Analyse zeigt, ist die Modellierung der Milchwanne überflüssig, denn wir haben ja angenommen, daß diese zu keinem Zeitpunkt leer oder ganz voll ist, sie bleibt also passiv und ohne Einfluß. Wenn ein Objekt weder Wirkungen hat, noch in irgendeiner Weise für uns interessant ist, brauchen wir es nicht zu modellieren. Dem „handelnden" Gefäß geben wir auch noch die Information, welches andere Gefäß im System verfügbar ist („Partner").

Ein Gefäß kann auf verschiedene Botschaften sinnvoll reagieren:

Botschaft an ein Gefäß	mögliche Reaktionen
Stelle x Liter Milch bereit	Das kann ich nicht, oder
	Hier ist die gewünschte Menge
Gib mir höchstens x Liter Milch	Hier sind y Liter (mit $0 < y \leq x$)
Fülle dich	(nur Zustandsänderung)
Leere dich aus	(nur Zustandsänderung)

Tab. 5.4 Mögliche Botschaften an die Klasse „Eimer"

Mit diesem Sortiment können wir nun das OMP lösen, jedenfalls für Situationen, in denen es überhaupt lösbar ist.

5.1. Programmierparadigmen 259

Auf die genannten Botschaften reagiert ein Objekt der Klasse Gefäß so:

Stelle x Liter bereit
    Wenn x = Volumen, dann
        Fülle x
    Sonst
        Wiederhole bis x = Inhalt:
            Botschaft an Partner:
                Gib mir höchstens (Volumen - Inhalt)
                (Das Gefäß meldet die tatsächlich übergebene Menge y)
            Inhalt := Inhalt + y
            Wenn Inhalt = Volumen, dann
                Botschaft an sich selbst:
                    Leere dich aus
    Meldet „hier sind x Liter!"

Gib mir höchstens x Liter
    Wenn Inhalt = 0 dann
        Botschaft an sich selbst:
        Fülle dich
    Wenn Inhalt < x dann
        Rest := Inhalt
        Inhalt := 0
        Melde übergebene Menge ist Rest
    Sonst
        Inhalt := Inhalt - x
        Melde übergebene Menge ist x

Fülle dich
    Inhalt := Volumen

Leere dich aus
    Inhalt := 0

Man beachte, daß jedes Gefäß nur seine eigene Information verwaltet, die Situation des anderen Gefäßes ist ihm gemäß dem Prinzip des *information hiding* völlig unbekannt.

Habe der Eimer das Volumen 10 l, die Kanne 7 l; beide sind leer.

Schicken wir (d.h. der Bediener des Systems) nun an die Kanne die Botschaft „Stelle 3 l Milch bereit", so entwickelt sich die in Tabelle 5.5 dargestellte Aktionsfolge (die Einrückung markiert Rekursion).

Wir formulieren diese Algorithmen nun in Smalltalk-80, also in der Sprache, die die Entwicklung zur objektorientierten Programmierung erst ermöglicht hat.

Ein Smalltalk-Programm läßt sich nur schlecht in der sequentiellen Form darstellen, die ein Buch erzwingt; am Bildschirm verwendet man einen *Browser*, der durch seine verschiedenen Fenster den Überblick erleichtert. Hier sind stattdessen Striche und Doppelstriche eigefügt, um die Gruppen und Methoden optisch voneinander abzugrenzen. (Kommentare sind als "Kommentare" markiert.)

Objekt Kanne bekommt Botschaft	und tut	Objekt Eimer bekommt Botschaft	und tut
„Stelle 3 Liter bereit"			
	schickt an Eimer:	„Gib mir max. 7"	
			schickt an sich:
		„Fülle Dich"	
			Inhalt := 10
			Inhalt := 10 - 7
			„ich übergebe 7"
	Inhalt := 0 + 7		
	schickt an sich:		
„Leere dich"			
	Inhalt := 0		
	schickt an Eimer:	„Gib mir max. 7"	
			Rest := 3
			Inhalt := 0
			„ich übergebe 3"
	Inhalt := 0 + 3		
	„hier sind 3 Liter "		

Tab. 5.5 Aktionsfolge bei der Botschaft „Stelle 3 l Milch bereit"

Als erstes wird die Klasse „Gefaess" eingeführt, die wesentliche Klasse dieses Systems. Wie sich unten zeigt, handelt es sich eigentlich nicht um eine objektorientierte, sondern um eine *Klassen-orientierte Programmierung*, denn die Objekte werden erst ganz unten erwähnt. Alles andere bezieht sich allgemein auf die Objekte der Klasse „Gefaess".

```
Object subclass: #Gefaess
    instanceVariableNames: 'volumen name inhalt partner '
```

Nun werden die Methoden definiert, die die Objekte selbst benötigen. Sie werden später angesprochen, indem sich die Objekte die betreffende Botschaft selbst schicken

5.1. Programmierparadigmen

(Adressat „self"). Wir lassen die Objekte zusätzlich „sprechen", sie erzeugen also jeweils Meldungen, in denen sie ihre Aktionen mitteilen.

```
Gefaess methodsFor: 'privat'            " Programm 5.5 a "
fuellen
    inhalt := volumen.
    self sage: 'Ich fuelle mich.'.
    self sagStand.
leeren
    inhalt := 0.
    self sage: 'Ich leere mich aus.'.
    self sagStand.
sage: einString
    Transcript cr; show: name, ': ', einString withCRs.
sagStand
    self sage: 'Ich enthalte ', inhalt printString, ' Liter.'.
```

Wenn das Objekt z.B. die Botschaft „fuellen" bekommt, verändert es seine Variable inhalt und schickt sich selbst die Botschaft „sage" mit dem Parameter „Ich fülle mich.", danach „sagStand", die den neuen Stand angibt.

Ein neues Objekt ist zunächst undefiniert, wir brauchen also auch eine Methode, um es mit seinen Merkmalen anzulegen.

```
Gefaess methodsFor: 'initialisieren'    " Programm 5.5 b "
anlegen: bezeichner groesse: vol
    name := bezeichner.
    volumen := vol.
    inhalt := 0.
```

Die eigentliche Problemlösung steckt in den Methoden „stelleBereit" und „gibMax".

„stelleBereit" wird vom Benutzer an die Kanne geschickt, mit der gewünschten Menge als Parameter. „raum" ist eine lokale Variable, die mit dem Wert des freien Raums im Gefäß besetzt wird. Nach Erzeugung einer Anfangsmeldung wird zunächst geprüft, ob die volle Kanne das Problem löst. Andernfalls wird der oben skizzierte Algorithmus verwendet.

Es ist hier interessant zu sehen, wie eine scheinbar simple Verzweigung in Smalltalk realisiert ist: Die Klammer (soll = volumen) ist nicht wie in Modula ein Ausdruck, der ausgewertet wird, sondern Botschaft „=" an „soll" mit dem Parameter „volumen". Da der Wert von „soll" eine Zahl ist (d.h. zur Klasse der Zahlen gehört), wird dies als Aufforderung zum Vergleich interpretiert und führt dazu, daß Objekt true oder false zurückgegeben wird. Damit entsteht eine Botschaft an true oder an false, die zur

Ausführung der Angaben hinter „ifTrue" bzw. hinter „ifFalse" führt. Die Botschaft „whileTrue" wirkt entsprechend.

In „gibMax" wird in der temporären Variable „menge" die tatsächlich geliefert Menge notiert.

```
Gefaess methodsFor: 'austausch'               " Programm 5.5 c "

deinPartnerIst: anderesGefaess
    partner := anderesGefaess.

stelleBereit: soll
    | raum |                                  "eine temporaere Variable"
    self sage:
            'Du brauchst also: ', soll printString, ' Liter \'.
    (soll = volumen)
        ifTrue:
            [self fuellen]
        ifFalse:
            [ [inhalt ~= soll] whileTrue:      " ~= ist ungleich"
                [   raum := volumen - inhalt.
                    Transcript cr.             "Ausgabe einer Leerzeile"
                    self sage: 'Ich uebern. max.',
                                    raum printString, ' Liter.'.
                    inhalt := inhalt + (partner gibMax: raum).
                    self sagStand.
                    (inhalt = volumen)
                        ifTrue:
                            [self leeren].
                ]
            ].
            Transcript cr.
            self sage:
                    'Hier sind ', soll printString, ' Liter!'.

gibMax: mengeMax
    | menge |
    self sagStand.
    (inhalt = 0) ifTrue: [self fuellen].
    (inhalt >= mengeMax )
        ifTrue: [menge := mengeMax]
        ifFalse: [menge := inhalt].
    self sage: 'Ich gebe ', menge printString, ' Liter ab.'.
    inhalt := inhalt - menge.
    self sagStand.
    ^menge
```

Nun brauchen wird noch die Objekte, die von der Klasse „Gefaess" geschaffen werden, und ihre Initialisierung für ein konkretes Beispiel:

5.1. Programmierparadigmen

```
Gefaess class                             " Programm 5.5 d "
    instanceVariableNames: ''
```

```
Gefaess class methodsFor: 'gefaesse erzeugen'
```
```
mitVolumen: vol namens: bezeichner
    | behaelter |
    ^behaelter := self new anlegen: bezeichner groesse: vol.
```

```
Gefaess class methodsFor: 'beispiel'
```
```
beispiel1
    | gefaess1 gefaess2 |
    gefaess1 := Gefaess mitVolumen:  7 namens: 'Kanne'.
    gefaess2 := Gefaess mitVolumen: 10 namens: 'Eimer'.
    gefaess1 deinPartnerIst: gefaess2.
```

Schicken wir jetzt als Botschaft an den Smalltalk-Interpreter

```
        gefaess1 stelleBereit: 5
```

so erhalten wir folgendes Protokoll:

```
Kanne: Du brauchst also: 5
Liter
                                    Kanne: Ich uebern. max.7 Liter.
                                    Eimer: Ich enthalte 6 Liter.
                                    Eimer: Ich gebe 6 Liter ab.
Kanne: Ich uebern. max.7 Liter.     Eimer: Ich enthalte 0 Liter.
Eimer: Ich enthalte 0 Liter.        Kanne: Ich enthalte 6 Liter.
Eimer: Ich fuelle mich.
Eimer: Ich enthalte 10 Liter.       Kanne: Ich uebern. max.1 Liter.
Eimer: Ich gebe 7 Liter ab.         Eimer: Ich enthalte 0 Liter.
Eimer: Ich enthalte 3 Liter.        Eimer: Ich fuelle mich.
Kanne: Ich enthalte 7 Liter.        Eimer: Ich enthalte 10 Liter.
Kanne: Ich leere mich aus.          Eimer: Ich gebe 1 Liter ab.
Kanne: Ich enthalte 0 Liter.        Eimer: Ich enthalte 9 Liter.
                                    Kanne: Ich enthalte 7 Liter.
Kanne: Ich uebern. max.7 Liter.     Kanne: Ich leere mich aus.
Eimer: Ich enthalte 3 Liter.        Kanne: Ich enthalte 0 Liter.
Eimer: Ich gebe 3 Liter ab.
Eimer: Ich enthalte 0 Liter.        Kanne: Ich uebern. max.7 Liter.
Kanne: Ich enthalte 3 Liter.        Eimer: Ich enthalte 9 Liter.
                                    Eimer: Ich gebe 7 Liter ab.
Kanne: Ich uebern. max.4 Liter.     Eimer: Ich enthalte 2 Liter.
Eimer: Ich enthalte 0 Liter.        Kanne: Ich enthalte 7 Liter.
Eimer: Ich fuelle mich.             Kanne: Ich leere mich aus.
Eimer: Ich enthalte 10 Liter.       Kanne: Ich enthalte 0 Liter.
Eimer: Ich gebe 4 Liter ab.
Eimer: Ich enthalte 6 Liter.        Kanne: Ich uebern. max.7 Liter.
Kanne: Ich enthalte 7 Liter.        Eimer: Ich enthalte 2 Liter.
Kanne: Ich leere mich aus.          Eimer: Ich gebe 2 Liter ab.
Kanne: Ich enthalte 0 Liter.        Eimer: Ich enthalte 0 Liter.
```

```
Kanne: Ich enthalte 2 Liter.           Kanne: Ich enthalte 0 Liter.

Kanne: Ich uebern. max.5 Liter.        Kanne: Ich uebern. max.7 Liter.
Eimer: Ich enthalte 0 Liter.           Eimer: Ich enthalte 5 Liter.
Eimer: Ich fuelle mich.                Eimer: Ich gebe 5 Liter ab.
Eimer: Ich enthalte 10 Liter.          Eimer: Ich enthalte 0 Liter.
Eimer: Ich gebe 5 Liter ab.            Kanne: Ich enthalte 5 Liter.
Eimer: Ich enthalte 5 Liter.
Kanne: Ich enthalte 7 Liter.           Kanne: Hier sind 5 Liter!
Kanne: Ich leere mich aus.
```

Wenn wir wie bei den anderen Programmiersprachen auch hier den Fall abfangen wollen, daß keine Lösung existiert, müssen wir die Volumina von Kanne und Eimer einer zentralen Instanz mitteilen, die dann die Prüfung vornimmt. Das ist nicht ganz im Sinne der objektorientierten Programmierung. Wir wählen daher eine Kompromiß-Lösung und überlassen es dem Eimer festzustellen, ob mit einem bestimmten Kannen-Volumen die gewünschte Menge erreichbar ist. Unter Verwendung der Methode „gcd" (= ggT), die im System vorhanden ist, realisieren wir für die Gefäße eine weitere Methode „mit erreichbar" und fügen in „stelleBereit" an den Anfang die Botschaft an den Eimer („„partner"), die FALSE liefert, wenn keine Lösung existiert.

```
mit: vol erreichbar: soll                   " Programm 5.5 e "
    ^(soll <= vol) and: [(soll rem: (volumen gcd: vol)) = 0]
```
```
stelleBereit: soll
    | raum |
    self sage: ...

    (partner mit: volumen erreichbar: soll)
        ifTrue:
            [ ... der alte Inhalt von stelleBereit ]
        ifFalse:
            [self sage: 'Das ist nicht moeglich!!'].!
```

Mit der entsprechenden Veränderung der Angaben in der Initialisierung (Volumina 50 und 30 l) erhalten wir dann das Protokoll:

```
Kanne: Du brauchst also: 25 Liter

Kanne: Das ist nicht moeglich!
```

Wie man an diesem Beispiel sieht, läßt sich alles sehr schön ausdrücken, was in den Objekten lokal bearbeitet werden kann; zentrale Funktionen widersprechen dem Geist der objektorientierten Programmierung.

5.1. Programmierparadigmen

5.1.5 Regel-basiertes Programmieren

Beim regelbasierten Programmieren beschreibt man den Ausschnitt der Welt, der für die Aufgabenstellung von Bedeutung ist, durch *Datenbereiche*, und man verknüpft Handlungen auf diesen Datenbereichen mit *Regeln* der Form
WENN < Liste von Bedingungen > DANN < Folge von Änderungen >.

Wie bei den imperativen Sprachen operieren wir also auf einem Zustandsraum; werden dort aber die Aktionen im Laufe der Abarbeitung eines Programms ausgeführt, so kommen sie hier zum Zuge, wenn ihre Vorbedingungen erfüllt sind. Dieser Programmierstil mischt Elemente der logischen Programmierung, die die Formulierung der Vorbedingungen prägen, mit den imperativen Elementen für die Aktionen.

Den Zustandsraum kann man sich hier als eine Wandtafel vorstellen, an der die momentane Situation beschrieben ist. Sie enthält also neben den Volumina der Gefäße (VE und VK) die Mengen, die sich gerade darin befinden (E und K) und die Zielgröße (Soll). Eine *Anfangssituation* lautet z.B.

$$\text{Situation}_0: VE = 10, VK = 7, E = 0, K = 0, \text{Soll} = 3.$$

Die Aktionen bestehen nun darin, daß wir Aussagen an der Tafel *streichen* und/oder neue *merken*. Außerdem steht uns ein „Logbuch" zur Verfügung, in das wir *protokollieren* können.

Für die Aktionen des OMPs brauchen wir folgende Regeln (Programm 5.6):

(1) WENN K = x und VK = z und Soll = z DANN
streiche Bedingung1, merke („K = VK"), protokolliere („fülle K,").

(2) WENN VK = x und K = x und Soll = z und Soll ≠ x DANN
streiche Bedingung2, merke („K = 0"), protokolliere („leere K,").

(3) WENN E = 0 und Soll = z und K ≠ z DANN
streiche Bedingung1, merke („E = VE"), protokolliere („fülle E,").

(4) WENN K = x und E = y und E ≠ 0 und x + y ≤ VK und Soll = z DANN
streiche Bedingung1 und Bedingung2, merke („K = x + y", „E = 0"),
protokolliere („schütte E ganz nach K,").

(5) WENN K = x und x ≠ VK und E = y und y ≠ 0 und x + y > VK und Soll = z DANN
streiche Bedingung1 und Bedingung3, merke („K = VK", „E = y - VK + x"),
protokolliere („schütte E nach K,").

(6) WENN Soll = x und K = x DANN
streiche Bedingung1, protokolliere („fertig").

(7) WENN K = x und VK = x und Soll = z und Soll ≠ x und E = 0 DANN
streiche Bedingung1, protokolliere („gib auf.").

Wie wertet nun ein *Interpreter* ein solches WENN-DANN-Schema aus? Er vergleicht die hinter WENN stehenden Bedingungen mit den Aussagen an der Tafel, die die Situation beschreiben, und versucht, diese durch geeignete Bindung der Variablen (hier: x, y, z) zur Deckung zu bringen. Wo dies gelingt, wird die Regel ausgeführt. Im Beispiel ist in der Anfangssituation Regel 3 anwendbar, wobei z an 6 gebunden wird. Die Aussage „E = 0" wird gelöscht und durch „E = 10" ersetzt, und ins Protokoll wird eingetragen „fülle E,". Dann kann Regel 5 angewandt werden, wobei x den Wert 0, y den Wert 10 und z den Wert 6 hat. Als Effekt werden „K = 0" und „E = 10" gelöscht, „K = 7" und „E = 3" werden eingetragen, denn die Werte von x und y sind durch die Bedingung festgelegt. Das Protokoll wird um die Aussage „schütte E nach K," erweitert. So entwickeln sich die Inhalte der Tafel und des Protokolls weiter (siehe Tabelle 5.6), bis Regel 6 angewendet wird. Diese löscht die Aussage über den Sollwert, so daß keine Regel mehr anwendbar ist. Hier wird sichtbar, daß die Bedingung „Soll = ..." in allen Regeln enthalten ist, damit sie nicht mehr anwendbar sind, nachdem das Ziel erreicht ist.

Sit. Nr.	VE	VK	E	K	Soll	Re-gel	x	y	z	Protokoll
0	10	7	0	0	6	3			6	fülle E,
1	10	7	10	0	6	5	0	10	6	schütte E nach K,
2	10	7	3	7	6	2	7		6	leere K,
3	10	7	3	0	6	4	0	3	6	schütte E ganz nach K,
4	10	7	0	3	6	3			6	fülle E,
5	10	7	10	3	6	5	3	10	6	schütte E nach K,
6	10	7	6	7	6	2	7		6	leere K,
7	10	7	6	0	6	4	0	6	6	schütte E ganz nach K,
8	10	7	0	6	6	6	6			fertig.
9	10	7	0	6	—	—				

Tab. 5.6 Änderung der Tafel beim Abfüllen von 6 Litern

Die Tabellen-Darstellung vereinfacht die Situation, indem sie unterstellt, daß grundsätzlich nur über die Werte bestimmter Variablen Aussagen gemacht werden. Allgemein kann sich die Situation aber wesentlich freier verändern. Die Streichung der Aussage über den Sollwert (am Schluß) deutet diese Möglichkeit an.

Im hier gezeigten kleinen Beispiel ist die Anwendung der Regeln eindeutig: Bis das Ziel erreicht ist, läßt sich jeweils genau *eine* Regel anwenden. Im allgemeinen ist das keineswegs so, es können mehrere Regeln anwendbar sein. Wenn wir einen Fall betrachten, in dem die Aufgabe nicht lösbar ist, weil wir z.B. mit einem 10 l-Eimer und einer 5 l-Kanne 7 l abmessen wollen, erreichen wir eine solche Situation:

5.1. Programmierparadigmen

Sit. Nr.	VE	VK	E	K	Soll	Regel	x	y	z	Protokoll
0	10	5	0	0	7	3			7	fülle E,
1	10	5	10	0	7	5	0	10	7	schütte E nach K,
2	10	5	5	5	7	2	7		7	leere K,
3	10	5	5	0	7	4	0	3	7	schütte E ganz nach K,
4	10	5	0	5	7	2, 7				

Tab. 5.7 Konfliktsituation bei der Regelanwendung

Hier ist sowohl Regel 2 („leere K") als auch Regel 7 („gib auf") anwendbar. In solchen Fällen können verschiedene Strategien angewandt werden, um eine der Regeln auszuwählen. Zwei wichtige Strategien sind

- die zufällige Wahl (wodurch das System nichtdeterministisch wird)
- die Wahl derjenigen Regel, die die meisten Bedingungen enthält und damit die vorliegende Situation am speziellsten beschreibt.

Die zweite Strategie führt im genannten Beispiel dazu, daß der Versuch nach wenigen Schritten abgebrochen wird, weil er als sinnlos erkannt ist, während bei Anwendung der ersten Strategie unbestimmt lange weitergearbeitet wird, bis zufällig die Alternative „gib auf" zum Zuge kommt.

Während in diesem Beispiel die deterministische Variante offensichtlich sinnvoller ist, kann in anderen Situationen auch eine nichtdeterministische Strategie angemessen sein, z.B. wenn es durchaus unklar ist, welche von mehreren möglichen Entscheidungen die „richtige" ist.

Die Beschreibung oben ist inhaltlich, wenn auch nicht syntaktisch, einer Darstellung in OPS-5 äquivalent. OPS-5 wurde Anfang der achtziger Jahre entwickelt, um Konfigurationsprobleme zu lösen, also z.B. die Aufgabe, einem Kunden mit bestimmten Anforderungen eine geeignete Rechnerkonfiguration zusammenzustellen. Hier sieht man, daß es meist nicht eine einzige richtige Lösung gibt, sondern daß man in der Regel von einer Ausgangssituation zu verschiedenen Konfigurationen kommt, die geeignet wären.

5.1.6 Programmierung von Mehrprozessor-Systemen

Überall in diesem Buch, auch bei den Beispielen für Programmierparadigmen in 5.1, wird die sequentielle Ausführung der Algorithmen angenommen. Diese Strategie entspricht der Arbeitsweise der allermeisten Rechner, deren Architektur auch nach über vierzig Jahren der Rechnerentwicklung noch grundsätzlich so aussieht wie beim von-Neumann-Rechner, der einen Befehl nach dem anderen aus dem Speicher holt und ausführt.

Das ist heute zwar noch die wichtigste, aber nicht mehr die einzig mögliche Rechnerstruktur. Speziell Mehrprozessor-Systeme, in denen mehrere Prozessoren gleichzeitig („parallel") arbeiten, werden zukünftig erhebliche Bedeutung erlangen, weil sie höhere Leistung und Zuverlässigkeit zu geringerem Preis bieten können.

Um einen solchen Rechner zu programmieren, müssen die Algorithmen über die Prozessoren verteilt werden, sie laufen dann als parallele Prozesse ab. Prozesse müssen untereinander über gemeinsame Variablen oder durch Austausch von Nachrichten *kommunizieren*, um gemeinsam an der Lösung der Gesamtaufgabe des Programms zu arbeiten. Dabei müssen sie ihre Arbeit zeitlich synchronisieren, um u.a. die Zugriffsreihenfolge auf gemeinsam genutzte Variablen und andere Betriebsmittel zu organisieren. Dieser Ansatz, der z.B. in Sprachen wie OCCAM und PEARL verfolgt wird, erfordert also viele zusätzliche Überlegungen bei der Programmierung.

Neuere Ansätze zur Programmierung von Mehrprozessor-Systemen gehen von den in 5.1 vorgestellten Ansätzen aus und fügen den Aspekt der Parallelität hinzu. Damit sind parallele objektorientierte Sprachen wie POOL oder ABCL, auch parallele funktionale und Logik-basierte Sprachen wie PARLOG entstanden.

5.2 Übersicht über Programmiersprachen

Die Welt der Programmiersprachen stellt sich in der Praxis wesentlich anders als in der Hochschule dar. Das hat viele Gründe: Zum einen gibt es in der Hochschule viele Leute, die ein besonderes berufliches Interesse an den neuesten Konzepten haben, zum anderen sind dort kaum alte Programme zu warten, die noch in archaischen Sprachen abgefaßt sind. Es ist darum nicht sinnvoll, Vorwürfe auszutauschen im Stile von „Ihr lebt ja noch in der Steinzeit der Informatik" contra „Ihr habt ja keine Ahnung von der Praxis". So falsch es wäre, wenn man alle alten Programme, in denen gewaltiges Kapital steckt, überstürzt löschte, so falsch wäre es auch, wenn die Hochschule ihre Forschung und Lehre an Konzepten orientierte, die aus gutem Grunde als überholt gelten.

Die folgende Graphik, die – ohne Quellenangabe und daher nicht überprüfbar – in dieser oder ähnlicher Form durch die Zeitschriften geistert, zeigt die relative praktische Bedeutung verbreiteter Programmiersprachen, gemessen am Arbeitsaufwand für Erstellung und Wartung von Programmen in diesen Sprachen.

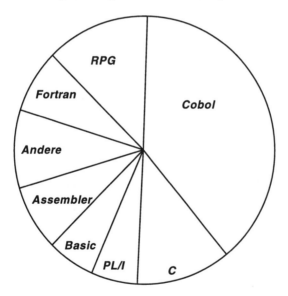

Abb. 5.1 Wirtschaftliche Bedeutung von Programmiersprachen

Auch wenn man der Aussage dieses Torten-Diagramms mit begründeter Skepsis gegenübersteht: Die veralteten, „niedrigen" Programmiersprachen dominieren, die modernen spielen nur eine Nebenrolle oder sind völlig unbekannt. Wenn man also von „wichtigen Programmiersprachen" redet, muß man schon erklären, ob sie wichtig für die Forschung und die zukünftige Entwicklung oder für die heutige Praxis sind.

5.2. Übersicht über Programmiersprachen

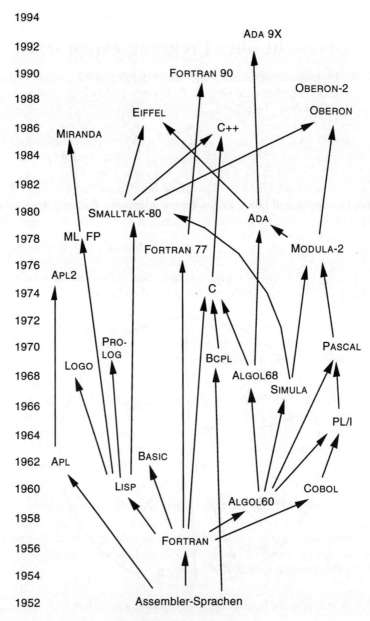

Abb. 5.2 Entwicklung der Programmiersprachen

Abb. 5.2 zeigt – entlang einer Zeitachse von 1952 bis 1994 für das ungefähre Entstehungsjahr – einige bekannte Programmiersprachen und ihre wichtigsten Beziehungen; beispielsweise ist C ein Nachfolger von BCPL, der auch von FORTRAN und

5.2. Übersicht über Programmiersprachen

von ALGOL 68 beeinflußt wurde. Natürlich ist die Auswahl durch die akademische Sicht geprägt und teilweise willkürlich.

Die Entwicklungstendenzen bei den Programmiersprachen sind u.a. durch folgende Aspekte der mit ihnen zu entwicklenden Programme beeinflußt:

- *Abstraktion*: Man geht zu immer mächtigeren, anwendungsnäheren Sprachen über, mit denen man mit wenig Aufwand immer kompliziertere Zusammenhänge bearbeiten kann. Die Sprachelemente sind dabei auf die zu bearbeitenden Problem- und Anwendungsbereiche zugeschnitten. Beispiele finden sich in allen Anwendungsgebieten, z.B. im mathematisch-naturwissenschaftlich-technischen Bereich, bei den Bürosystemen, den Expertensystemen, in der Prototypenentwicklung usw.

- *Strukturierung*: Waren früher Programme nur amorphe Befehlsfolgen, so müssen sie heute klare Strukturen aufweisen, d.h. z.B. eine klare Trennung zwischen „Wissen" und „Handeln". Modularisierung, Objektorientierung, Gliederung bzgl. Parallelität, Kommunikationsstrukturen und Zugriff auf anderweitiges Wissen (Daten- und Methodenbanken) sind wichtige Struktureigenschaften, die von den Sprachen unterstützt werden müssen.

- *Sicherheit*: Dies betrifft zum einen die Fehlerfreiheit und Robustheit der Programme, die in Software-Entwicklungsumgebungen geprüft, in wenigen Fällen auch bewiesen werden kann, zum anderen auch die aufgabengerechte Einbindung der Programme in großen Software-Systemen.

- *Software statt Hardware:* Mehr und mehr werden Aufgaben der Hardware von Software übernommen. Das wichtigste Beispiel sind die RISC-Rechner, die nicht mehr mikroprogrammiert sind, weil mit modernen Übersetzern der gleiche Effekt besser und effizienter erzielt wird. Hier ist also die Software (oder eine Schicht der Software) der Hardware angepaßt. Die gegenläufige Bewegung, Spezialrechner für bestimmte Programmiersprachen wie LISP oder PROLOG zu bauen, war nicht erfolgreich.

- *Mensch-Maschine-Schnittstelle*: Stichwörter sind hier Dialogsysteme, Kommunikationsunterstützung, Graphik, vertraute Umgebung, leichte Erlernbarkeit usw. In großen Software-Systemen macht heute die Benutzungsoberfläche einen erheblichen, oft den größten Teil aus. Darum ist die Unterstützung dieser Funktionen durch die Programmiersprache sehr wichtig.

Denken vollzieht sich zum größten Teil auf der Grundlage einer Sprache und darum in ihren Begriffen – Das gilt für die „natürlichen" Sprachen wie für die Programmiersprachen. Die Programmiersprache legt die Denkwelt fest, in der man Probleme mit Hilfe von Rechnern löst. Wer professionell mit Rechnern umgeht, sollte sich nicht auf *eine* Sprachwelt, ein Paradigma, beschränken; es könnte ihm sonst den Blick auf neue Entwicklungen verstellen und ihn daran hindern, die Rechner der nächsten Generation, ihre Sprachen und Systeme verstehen und einsetzen zu können.

6. Datenstrukturen und Algorithmen

In den vorausgegangenen Kapiteln haben wir uns „nur" um die Konstruktion effektiver und sauber strukturierter Programme bemüht. Im Vordergrund standen also qualitative, funktionale Aspekte des Algorithmenentwurfs, ohne *quantitative* Aspekte, also z.B. ohne die *Effizienz* von Programmen zu betrachten.

Aber gerade um die Effizienz geht es in diesem Kapitel, das sich vorrangig mit Algorithmen zum Suchen und Sortieren sowie zur Speicherverwaltung beschäftigt. Irgendein Such- oder Sortierverfahren ist oft schnell gefunden, das jedoch bei großen zu durchsuchenden oder zu sortierenden Datenbeständen inakzeptabel lange dauert oder (allerdings seltener) unvertretbar viel Speicherplatz beansprucht.

Deshalb soll als Vorbereitung auf die spätere *Analyse* von Algorithmen zum Suchen und Sortieren in Abschnitt 6.1 das Thema „Komplexität und Effizienz" behandelt werden. „Komplex" hat hier nicht die umgangssprachliche Bedeutung „kompliziert", sondern ist die formale Definition von minimalem, durchschnittlichem oder maximalem „Aufwand zur Berechnung".

In Abschnitt 6.2 stellen wir *Graphen* und *Bäume* als universelle rekursive Datenstrukturen vor, die das *Suchen* in gegebenen (Abschnitt 6.3) oder dynamisch sich ändernden (Abschnitt 6.4) Datenbeständen und das *Sortieren* von Elementfolgen (Abschnitt 6.5) effizient unterstützen können. Abschnitt 6.6 widmet sich schließlich algorithmischen Konzepten zur *Speicherverwaltung*.

6.1 Komplexität und Effizienz

6.1.1 Motivation und Begriffsbildung

Komplexität und Effizienz sind nicht trennbare, auf die *Bewertung* von Funktionen und Algorithmen zielende Begriffe. Dabei bezieht sich die Komplexität auf eine *Funktion* (mitunter auch auf einen Algorithmus), die Effizienz hingegen immer auf einen konkreten *Algorithmus* (der eine Funktion realisiert).

Bewertungskriterien für die Effizienz von Algorithmen sind die jeweils in Anspruch genommenen *Ressourcen* wie *Zeit* und *Speicher*. Dagegen wird die Komplexität von Funktionen (und auch Algorithmen) durch die Zahl notwendiger Operationen in Abhängigkeit von der Größe des zu lösenden Problems beschrieben. Typischerweise schätzt die Komplexität durch eine *untere* Schranke die Effizienz von Algorithmen

„von unten her" ab, d.h. alle eine Funktion realisierenden Algorithmen beanspruchen *mindestens* den durch die untere Schranke vorgegebenen Aufwand. Umgekehrt ist die Effizienz eines Algorithmus immer *obere* Schranke für die Komplexität der durch den Algorithmus realisierten Funktion.

Von einem eher praktischen Standpunkt versucht man immer effizientere Algorithmen zu finden, von einem eher theoretischen Standpunkt zielt man auf immer exaktere (d.h. höhere) untere Schranken. Beide Vorhaben treffen sich in dem Bestreben, die Lücke zwischen den effizientesten Algorithmen und der Komplexität der dadurch realisierten Funktion möglichst klein werden zu lassen.

Das Beschleunigen von Algorithmen wird uns in den späteren Abschnitten mehr interessieren. Wir lernen typische Verfahren zur Effizienzsteigerung (z.B. „Teile und Herrsche") kennen. Doch sollen nachfolgend nicht nur die Grundlagen zur Berechnung der Effizienz von Algorithmen gelegt (Abschnitt 6.1.2), sondern auch einige Elemente der *Komplexitätstheorie* behandelt werden (Abschnitt 6.1.3).

6.1.2 Effizienz und Komplexität von Algorithmen

Wir interessieren uns zunächst für die Effizienz von Algorithmen in Form von Programmen einer Programmiersprache. Dabei sollte man nicht vergessen, daß die Effizienz mit anderen Eigenschaften, beispielsweise mit der Lesbarkeit und mit der Portabilität *konkurriert*. Global gesehen geht es bei der Programmerstellung immer um eine *Minimierung* der Kosten (oder um eine Maximierung des Nutzens). Die Effizienz spielt dabei i. a. keine herausragende Rolle, „schneller" und „besser" sind keinesfalls synonym.

Allerdings gibt es Algorithmen, die sehr oft ausgeführt werden und daher starken Einfluß auf die Leistung eines Rechners haben, beispielsweise im Kern des Betriebssystems, im Editor oder im Übersetzer. Für solche zentralen Programme lohnt sich die sorgfältige Wahl effizienter Algorithmen allemal.

Beim Vergleich verschiedener Algorithmen will man eine möglichst *allgemeine* Antwort erhalten, also eine, die vom eingesetzten Rechner und von der Repräsentation der Daten möglichst unabhängig ist.

Verschiedene Methoden der Effizienzbeurteilung

Solange Rechner und Daten festliegen (siehe Zeile 1 in Tab. 6.1), genügt eine *Zeitmessung* (mit der „eingebauten Uhr" des Rechners oder auch von Hand). *Zählt* man stattdessen die einzelnen Operationen, so kann man vom Rechner, oder allgemeiner vom zugrundeliegenden Maschinenmodell, abstrahieren (Zeile 2 in Tab. 6.1): der konkrete Zeitbedarf ergibt sich dann wieder durch Berücksichtigung der Ausführungszeiten auf einem konkreten Maschinenmodell oder Rechner.

6.1. Komplexität und Effizienz

Um auch von den Eingabedaten abstrahieren zu können (Zeile 3 in Tab. 6.1), *berechnet* man die Zahl notwendiger Operationen, statt sie zu zählen. Dabei gehen in der Regel Parameter ein, die die Größe des Problems beschreiben (z.B. die Anzahl der Elemente bei einem Sortierproblem). Damit hat man dann eine *abstrakte* Beschreibungsform gefunden, um Algorithmen zu vergleichen. Das Resultat des Vergleichs hängt aber noch immer von der konkreten Parametrisierung ab.

Rechner/Maschine	Eingabedaten	Methode der Beurteilung
festgelegt	festgelegt	Zeitmessung
abstrakt	festgelegt	Zählung
abstrakt	abstrakt	Berechnung
abstrakt	$\to \infty$	asymptotische Abschätzung

Tab. 6.1 Methoden der Effizienzbeurteilung

Frage: Sei V die Zahl der Vergleiche und W die der Wertzuweisungen in einem Algorithmus, der eine Datenstruktur der Größe n bearbeitet. Für zwei Algorithmen A_1 und A_2 gelte:
Aufwand für A_1: $V_1 = W_1 = n \cdot \log(n)$, Aufwand für A_2: $V_2 = n^2$, $W_2 = n$. Welcher der Algorithmen ist schneller?

Offenbar kann die Frage nur mit Kenntnis von n und der Ausführungszeiten für Vergleich und Wertzuweisung beantwortet werden. Aber auch ohne diese Daten läßt sich *eine* Aussage sicher treffen: Übersteigt n einen „break-even point", so ist der Algorithmus A_1 schneller, denn sein Zeitbedarf wächst nur proportional $n \cdot \log(n)$, nicht proportional n^2. Damit ist die Abstraktionsstufe der *asymptotischen Aufwandsabschätzung* erreicht (Zeile 4 in Tab. 6.1), die später noch ausführlich behandelt wird.

Experimentell läßt sich der Vergleich von Algorithmen nicht durchführen. Sei beispielsweise der Rechenaufwand eines Algorithmus in Abhängigkeit einer Felddimension n beschrieben durch $T(n) = 100 n + n^2 + 10^{n/1000-2}$.

In diesem Fall dominiert für Werte unter 100 der lineare Summand, darüber zunächst der quadratische; erst bei sehr hohen Werten (über 10.000) wird der dramatische Effekt der exponentiellen Komponente deutlich. Woher soll man ohne Kenntnis der Funktion T(n) wissen, bis zu welchen Werten von n zu messen ist? Eine solche Frage kann also nur nach einer *Analyse* des Algorithmus beantwortet werden.

Programme enthalten i.a. verschiedene Operationen, deren Ausführungszeiten variieren, vielfach um Größenordnungen. Beispielsweise kann eine REAL-Division so aufwendig wie die Summe vieler INTEGER-Operationen sein. Bei der Aufwandsanalyse

sind vor allem zu berücksichtigen (und jeweils mit den Typen der Daten zu gewichten):
- Wertzuweisungen
- Vergleiche
- Rechenoperationen
- Prozeduraufrufe und Sprünge im Maschinencode.

Die Organisation von Schleifen erfordert pro Durchlauf typisch je einen Vergleich, eine Addition, eine Wertzuweisung und einen Sprung.

In den weiteren Abschnitten dieses Kapitels enthalten die Algorithmen vor allem *Such-* und *Verschiebeoperationen* im Speicher, so daß dort zwei Operationstypen dominieren, nämlich Vergleiche und Wertzuweisungen. Bei beiden hängt der Aufwand natürlich noch stark von den Typen ab: der Vergleich zweier natürlicher Zahlen oder eine Wertzuweisung zwischen einzelnen Zeichen ist sehr „billig", der Vergleich von Zeichenreihen oder die Wertzuweisung von Records kann sehr „teuer" sein.

Die Frage, wie sich die Rechenzeit mit den Daten *prinzipiell* ändert, wird, wie oben bereits ausgeführt, durch *asymptotische Abschätzung* beantwortet, d.h. das am schnellsten wachsende Glied der Funktion T(n) wird bestimmt. Im Beispiel oben wäre dies das letzte Glied; da man nur an der Art der Funktion, nicht an konstanten Faktoren interessiert ist, kann man sagen, daß T von der Ordnung $10^{n/1000}$ ist, denn die „-2" im Exponenten entspricht einem konstanten Faktor 1/100. Im Vergleich zu den anderen Summanden genügt sogar die Aussage, daß T exponentiell wächst, denn dieses Wachstum „schlägt" alle Terme mit polynomialem Wachstum.

Im folgenden werden wir uns dem Sprachgebrauch anschließen, auch Algorithmen und nicht nur Funktionen eine Komplexität (nämlich gerade ihre Effizienz) zuzuordnen.

Asymptotische Abschätzung

Die von einem Algorithmus verarbeitbaren Eingaben bilden eine *Sprache*. Aus diesem Grund werden die weiteren Aussagen über die Komplexität bzw. Effizienz von Algorithmen auf die Verarbeitung von Sprachen bezogen. Eingaben sind dann Wörter über einem der Sprache zugrundeliegenden Alphabet Σ.

Sei A ein Algorithmus, dessen elementare Anweisungen und Bedingungen höchstens eine *Zeiteinheit* zur Ausführung benötigen (Abstrahierung von Maschine und konkreten Sprachelementen). Wir betrachten hier nur Algorithmen A, die für jede Eingabe terminieren.

Die von A verwendete *Eingabe* sei ein Element aus Σ^* für ein Alphabet Σ. Für jeden Eingabewert $w \in \Sigma^*$ sei
s (w) = Anzahl der Schritte, die der Algorithmus A bei Eingabe des Wortes w benötigt, bis er anhält.

6.1. Komplexität und Effizienz

Setze $s_A : \mathbb{N}_0 \to \mathbb{N}_0$ mit

$$s_A(n) = \max\{s(w) \mid w \in \Sigma^*, |w| = n\}.$$

$s_A(n)$ gibt also die *maximale Schrittzahl* an, die zur Verarbeitung eines Wortes der Länge n vom Algorithmus A benötigt wird.

Die maximale Schrittzahl ist das übliche Effizienzmaß bei der Analyse von Algorithmen: man
- interessiert sich für die *Laufzeit*,
- möchte nur eine Aussage über den *schlechtesten*, d.h. am längsten dauernden Fall,
- berücksichtigt *nicht* Details der zugrundeliegenden Programmiersprache bzw. der Maschine, auf der der Algorithmus abläuft.

Mit diesem Effizienzbegriff werden also drei Annahmen getroffen:

(a) Effizienz wird durch *Zeitkomplexität* (Schrittzahl) definiert,
(b) man betrachtet eine *obere Schranke* (max-Bildung),
(c) Komplexität ist weitgehend *unabhängig von der Zielmaschine*.

zu (a) Man kann auch *Speicherkomplexität* definieren:
p(w) = Anzahl der Speicherplätze, die A bei Eingabe des Wortes w benötigt.
$p_A : \mathbb{N}_0 \to \mathbb{N}_0$ mit
$$p_A(n) = \max\{p(w) \mid w \in \Sigma^*, |w| = n\}.$$

zu (b) Man kann neben einer oberen auch eine untere Schranke definieren und eine relativ „exakte" Effizienzabschätzung versuchen. Dies ist jedoch oft sehr schwierig, da komplizierte wahrscheinlichkeitstheoretische Untersuchungen notwendig sind.
Sei $f : \mathbb{N}_0 \to \mathbb{N}_0$. Dann ist f für folgende Mengen von Funktionen

$O(f) = \{g : \mathbb{N}_0 \to \mathbb{N}_0 \mid \exists c > 0 \; \exists n_0$ mit
$g(n) \le c \cdot f(n)$ für alle $n \ge n_0\}$ *obere Schranke*,

$U(f) = \{g : \mathbb{N}_0 \to \mathbb{N}_0 \mid \exists c > 0 \; \exists n_0$ mit
$g(n) \ge c \cdot f(n)$ für alle $n \ge n_0\}$ *untere Schranke*,

$EX(f) = \{g : \mathbb{N}_0 \to \mathbb{N}_0 \mid \exists c > 0 \; \exists n_0$ mit
$1/c \cdot f(n) \le g(n) \le c \cdot f(n)$ für alle $n \ge n_0\}$ *exakte Schranke*.

Praktisch heißt das z.B., daß eine Funktion f genau dann eine obere Schranke von g ist, wenn von irgendeinem definierten Wert für n an g nicht über c·f steigt (für eine positive Konstante c).

zu (c)   Man kann *maschinen- oder sprachabhängige* Komplexitätsuntersuchungen durchführen, indem man z.B. Turing-Maschinen (deterministische und nichtdeterministische) oder die konkrete Programmiersprache mit Aussagen über deren Elementaranweisungen auf konkreten Datenstrukturen mit relativem oder sogar absolutem Zeitbedarf zugrundelegt.

Definition von Zeitkomplexitätsklassen

Ein Algorithmus A lese ein Wort $w \in \Sigma^*$ ein und gebe ein Wort $v \in \Delta^*$ aus. A berechnet also eine Funktion $f_A : \Sigma^* \to \Delta^*$. Wir setzen voraus, daß A für alle Eingaben anhält. Man unterscheidet i.a. folgende drei zentralen *Zeitkomplexitätskassen*:

A heißt *linear-zeitbeschränkt*, wenn $s_A \in O(n)$
 (d.h. $\exists\, c > 0\; \exists\, n_0 \in \mathbb{N}_0\; \forall n \geq n_0 : s_A(n) \leq c \cdot n$).

A heißt *polynomial-zeitbeschränkt*, wenn ein $k \in \mathbb{N}$ existiert, so daß $s_A \in O(n^k)$
 (d.h. $\exists\, c > 0\; \exists\, n_0 \in \mathbb{N}_0\; \forall\, n \geq n_0 : s_A(n) \leq c \cdot n^k$).

A heißt *exponentiell-zeitbeschränkt*, wenn ein $k \in \mathbb{N}$ existiert, so daß $s_A \in O(k^n)$
 (d.h. $\exists\, c > 0\; \exists\, n_0 \in \mathbb{N}_0\; \forall\, n \geq n_0 : s_A(n) \leq c \cdot k^n$).

Von besonderem Interesse, da in dieser Klasse viele in der Praxis interessierende Algorithmen liegen, sind die polynomial-zeitbeschränkten Algorithmen.

Nichtdeterminismus

Man nennt einen Algorithmus A *nichtdeterministisch*, wenn A das folgende Sprachelement *OR* (in beliebiger Anzahl) enthält:

α *OR* β soll bedeuten, daß man entweder mit der Anweisung α oder mit der Anweisung β fortfahren kann, wenn man bei der Abarbeitung eines Algorithmus auf ein solches Sprachelement stößt. Die Auswahl zwischen den beiden Alternativen ist dabei *willkürlich*.

Anschaulich kann man sich die Ausführung nichtdeterministischer Algorithmen so vorstellen, daß bei mehreren Fortsetzungsmöglichkeiten stets die richtige „*geraten*" wird. Mit Hilfe eines solchen – natürlich fiktiven – Vorgehens könnte man beispielsweise den Weg zum Ausgang eines Labyrinths in der kürzest möglichen Zeit finden.

Weiterhin möge der Algorithmus A ohne Beschränkung der Allgemeinheit nur das Ergebnis TRUE oder FALSE liefern, also wie eine *boolesche Funktion* arbeiten. Es interessieren nun „kürzeste" Berechnungen solcher Algorithmen, wozu wieder die Schrittzahlfunktion herangezogen werden kann.

6.1. Komplexität und Effizienz

Für $w \in \Sigma^*$ sei

$$s(w) = \begin{cases} \text{die minimale Anzahl von Schritten, in der A bei Eingabe von w und} \\ \text{„geschickter" Auswahl an jedem } OR \text{ TRUE liefert, bzw.} \\ 0, \text{ falls TRUE nicht erzeugt werden kann.} \end{cases}$$

Diese Definition der Schrittzahlfunktion s ist nur für die Wörter $w \in \Sigma^*$ sinnvoll, für die der Algorithmus A für irgendeine Auswahl an den OR-Alternativen den Wert TRUE liefert. Die Wörter, die stets FALSE liefern, werden in der Schrittzahlfunktion *im Gegensatz zum deterministischen Fall* nicht berücksichtigt. (Dies hat Konsequenzen für das Komplement von Sprachen in NP, siehe unten.)

Man verwechsele das Denkmodell des nichtdeterministischen Algorithmus nicht mit einer Realisierungsidee; als Denkmodell benötigen wir es, weil es offenbar von realen Algorithmen nicht übertroffen werden kann und darum eine sichere obere Schranke bezüglich des Rechenaufwandes darstellt.

Auch für nichtdeterministische Algorithmen abstrahieren wir vom konkreten Eingabewort und gehen zur *maximalen Schrittzahl* für gleichlange Worte über:

$$s_A(n) = \max\{s(w) \mid w \in \Sigma^* \text{ und } |w| = n\}.$$

Wir betrachten im folgenden wieder polynomial-zeitbeschränkte Algorithmen, die auch im nichtdeterministischen Fall interessanter als die linear- oder exponentiell-zeitbeschränkten sind.

Ein nichtdeterministischer Algorithmus A heißt *nichtdeterministisch polynomial-zeitbeschränkt*, wenn es ein $k \in \mathbb{N}$ mit $s_A \in O(n^k)$ gibt.

6.1.3 Komplexität von Funktionen und Sprachen

Oft abstrahiert man von einem konkreten Algorithmus (der ja sehr „ungeschickt", d.h. in dieser Beziehung sehr ineffizient realisiert sein kann) und geht zur Charakterisierung der Komplexität von *Funktionen* über.

Eine (totale) Funktion $f : \Sigma^* \to \Delta^*$ heißt *polynomial-zeitberechenbar* (pzb) :$\Leftrightarrow$ es gibt einen polynomial-zeitbeschränkten Algorithmus A mit $f = f_A$.

In einem weiteren Schritt kann man nun die Komplexität von Sprachen charakterisieren, indem man als Kriterium den Aufwand für die Entscheidung nimmt, ob ein Wort zu dieser Sprache gehört oder nicht.

Es sei Σ ein Alphabet und $L \subseteq \Sigma^*$.
$C_L : \Sigma^* \to \{0, 1\}$ mit $C_L(w) = 1$, falls $w \in L$, bzw. 0, falls $w \notin L$
heißt *charakteristische Funktion* von L.
L heißt *pzb-Sprache* wenn C_L pzb ist.

pzb-Sprachen und -Funktionen

$P := \{ L \subseteq \Sigma^* \mid L$ ist pzb und Σ ist ein Alphabet$\}$ heißt *Klasse der pzb-Sprachen*,

$\underline{P} := \{ f : \Sigma^* \to \Delta^* \mid f$ ist pzb und Σ, Δ sind Alphabete$\}$ heißt *Klasse der pzb-Funktionen*.

Nichtdeterminismus

Eine Sprache L heißt *nichtdeterministisch polynomial-zeitberechenbar* (npzb), wenn C_L von einem nichtdeterministisch polynomial-zeitbeschränkten Algorithmus berechnet wird.
Genauer: ..., wenn es einen nichtdeterministischen Algorithmus A gibt mit
- $\forall w \in L$ gilt: Es gibt eine geschickte Auswahl an jedem *OR*, so daß A bei Eingabe von w TRUE ausgibt.
- $\forall w \notin L$ gilt: Für jede Auswahl an jedem *OR* gelangt der Algorithmus A bei Eingabe von w stets zur Ausgabeanweisung für FALSE.
- A ist nichtdeterministisch polynomial-zeitbeschränkt.

$NP := \{L \subseteq \Sigma^* \mid L$ ist npzb und Σ ist ein Alphabet$\}$ heißt *Klasse der npzb-Sprachen*.

Beispiel einer Sprache aus NP:

Sei $L = \{w \in \{0, 1\}^* \mid$ die durch (die Binärzahl) w dargestellte Dezimalzahl *w* ist keine Primzahl$\}$.
Wir wollen zeigen, daß $L \in NP$ gilt. Hierzu „raten" wir eine Dezimalzahl $v \neq 1$ mit $v < w$ und testen, ob *v* die Dezimalzahl *w* teilt. Falls ja, geben wir TRUE aus, sonst FALSE.

„Beweis" durch Angabe eines nichtdeterministisch polynomial-zeitbeschränkten Algorithmus in Pseudo-Modula-2:
In einem beliebig langen Feld stehe nur die Binärzahl w.

6.1. Komplexität und Effizienz

```
                                    (* Programm P6.1 *)
    NONDETERMINISTIC PROCEDURE Nichtprim
                 (Zahlw : ARRAY OF BOOLEAN) : BOOLEAN;
    VAR i, w, v, rest : INTEGER;
    BEGIN
       w := 0; v := 0;
       FOR i := 0 TO HIGH (Zahlw) DO       (* Zahl w berechnen *)
          w := w * 2;
          IF Zahlw [i] THEN INC (w); END;
          (v := 2 * v) OR (v := 2 * v + 1);  (* Teiler v von w *)
       END (* FOR *);                        (* raten *)
       IF (v # 0) AND (v # 1) AND (v < w) THEN
          rest := w MOD v;      (* Pruefung, ob v Teiler von w *)
       ELSE
          rest := 1;
       END (* IF *);
       RETURN rest = 0            (* Ergebnis zurueckgeben *)
    END Nichtprim;
```

Durch die FOR-Schleife wird irgendeine Dezimalzahl v zwischen 0 und 2^m-1 geraten. Die Ausgabe TRUE wird erreicht, wenn eine solche Zahl ($\neq 0$, $\neq 1$, $< w$) die eingelesene Zahl teilt. Ist w nicht prim, so existiert mindestens eine solche Zahl, womit TRUE in $O(m) = O(|w|)$ Schritten erreicht wird. (Hierbei wird aber angenommen, daß die Restbildung MOD ebenfalls in $O(|w|)$ Schritten erfolgen kann.) Andernfalls kann TRUE nicht erreicht werden, womit die drei obigen Bedingungen für eine npzb-Sprache nachgewiesen sind. Es folgt also: (Nichtprim) $L \in NP$.

Bemerkungen:
1. Man beachte, daß hierdurch nichts über das Komplement Comp(L) von L ausgesagt ist, also über die Sprache
   Comp(L) = {w ∈ {0, 1}* | die durch w dargestellte Zahl w ist eine Primzahl}.
   Denn die Schrittzahlfunktion des obigen nichtdeterministischen Algorithmus in Programm P6.1 berücksichtigt nicht die Wörter, die in Comp(L) liegen.

2. Bis heute ist ungelöst, ob L in P liegt oder nicht. Ein sehr bekanntes ungelöstes Problem der Theoretischen Informatik ist die Frage P=NP? („P-NP-Problem"). Die vermutete Antwort „Nein" konnte bis heute nicht bewiesen werden.

Problemreduktion

Häufig versucht man, eine (neue) Sprache (sprich ein Problem) auf eine (schon bekannte) andere Sprache (sprich ein anderes Problem) zu „*reduzieren*", dessen Komplexität man schon kennt, um damit auch die neue Sprache in ihrer Schwierigkeit einzuschätzen. In der interessanten Klasse der *NP-Sprachen* interessiert man sich besonders für die polynomial-zeitbeschränkte (man bleibt also in polynomialem Bereich!) *Reduzierbarkeit* auf bekannte Sprachen, die evtl. selbst in NP liegen.

Definitionen

1. L, L' ⊆ Σ^* seien Sprachen.
    L' heißt mit *polynomialem Aufwand auf L reduzierbar* : ⇔
    es existiert eine pzb Funktion f: $\Sigma^* \to \Sigma^*$, so daß für alle w ∈ Σ^* gilt:
    (w ∈ L' ⇔ f(w) ∈ L).
    Schreibweise hierfür: L' $\leq_p$ L

2. Eine Sprache L heißt *NP-hart* (bzgl. $\leq_p$) : ⇔
    für *jede* Sprache L' ∈ NP gilt: L' $\leq_p$ L.

3. Eine Sprache L heißt *NP-vollständig* (bzgl. $\leq_p$) : ⇔
    L ist NP-hart und L ∈ NP.

Man kennt heute über 1.000 NP-vollständige Sprachen („Probleme"). Viele von ihnen (z.B. Transport- und Logistikprobleme) sind für die Praxis von großer Bedeutung. Ein sehr anschauliches NP-vollständiges Problem ist z.B. das *Rucksackproblem*:

Gegeben ist eine Folge von natürlichen Zahlen $a_1, a_2, a_3, ..., a_n, b$.

Gesucht ist eine Indexmenge I ⊆ {1, 2, ..., n} mit $\sum_{i \in I} a_i = c \leq b$ und b-c ist minimal (anschaulich „Packe den Rucksack mit Volumen b mit den Gegenständen a_i möglichst voll").

Beispiel:
Gegeben sei das Rucksackproblem mit folgenden n = 8 Zahlen: $a_1 = 17$, $a_2 = 26$, $a_3 = 28$, $a_4 = 36$, $a_5 = 45$, $a_6 = 46$, $a_7 = 52$, $a_8 = 57$ und das Volumen b = 195. Durch Ausprobieren stellt man als maximales c ≤ b fest: c = 193 = 17 + 28 + 45 + 46 + 57. Eine gesuchte Indexmenge lautet also I = {1, 3, 5, 6, 8}.

6.2 Graphen und Bäume

Graphen und (als Spezialfall) Bäume sind sehr universelle Strukturen/Modelle, mit denen sich viele Probleme und Methoden in der Informatik beschreiben lassen. Anschaulich bestehen *Graphen* aus Punkten (*Knoten* genannt), die durch Linien (*Kanten* genannt) verbunden sind. Je nachdem, ob diese Kanten eine Richtung (*Orientierung*) haben, spricht man von gerichteten oder von ungerichteten Graphen.

Bäume (zusammenhängende Graphen, die keine zyklischen Linienverbindungen enthalten dürfen) werden später in den Abschnitten über *Suchen* und *Sortieren* als für solche Algorithmen häufig geeignete Datenstrukturen sehr intensiv verwendet.

Der Abschnitt 6.2.1 beschränkt sich auf die notwendigen Definitionen und enthält bis auf das Beispiel des Auffindens sogenannter starker Zusammenhangskomponenten in Graphen nur wenige algorithmische Elemente.

6.2.1 Graphen

1. $G = (V, E)$ heißt *ungerichteter Graph* :$\Leftrightarrow$
   (i) $V \neq \emptyset$ ist endliche Menge. V heißt *Knotenmenge*, Elemente von V heißen *Knoten*.
   (ii) E ist eine Menge ein- und zweielementiger Teilmengen von V. E heißt *Kantenmenge*, ein Paar $\{u, v\} \in E$ heißt *Kante*. Eine Kante $\{u\}$ heißt *Schlinge*.
   Zwei Knoten u und v heißen *benachbart* :$\Leftrightarrow \{u, v\} \in E \vee (u = v \wedge \{u\} \in E)$. Durch die verbindende Kante werden Knoten also zu Nachbarn, durch eine Schlinge auch von sich selbst.

2. Sei $G = (V, E)$ ein ungerichteter Graph. Wenn E keine Schlingen enthält, so heißt G *schlingenlos*.
   Seien $G = (V_G, E_G)$ und $H = (V_H, E_H)$ ungerichtete Graphen.
   H heißt *Teilgraph* von G ($H \subset G$): $\Leftrightarrow V_H \subset V_G$, $E_H \subset E_G$ und H ist ein Graph.
   H heißt *vollständiger Teilgraph* von G :$\Leftrightarrow$
   $H \subset G$ und $[\{u,v\} \in E_G$ mit $u, v \in V_H \Rightarrow \{u,v\} \in E_H]$.
   In H fehlen also nur diejenigen Kanten aus G, zu denen Endknoten fehlen.

Im weiteren werden wir Kanten $\{u, v\}$ als Paare (u, v) oder (v, u) und Schlingen $\{u\}$ als Paar (u, u) schreiben, um später nicht Definitionen für ungerichtete und gerichtete Graphen differenzieren und notationell unterscheiden zu müssen.

Beispiel 1 (vgl. Abb. 6.1)

G = (V$_G$, E$_G$) mit V$_G$ = {1, 2, 3, 4} und
E$_G$ = {(1, 2), (1, 3), (1, 4), (2, 3), (2, 4), (3, 4)}.

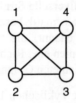 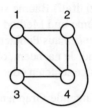

Abb. 6.1 Graphische Repräsentierungen von G aus Beispiel 1

3. G = (V, E) heißt *gerichteter Graph* : ⇔
    (i) V ≠ ∅ ist endliche Menge. V heißt Knotenmenge, Elemente von V heißen Knoten.
    (ii) E ⊆ V × V heißt Kantenmenge. Elemente von E heißen Kanten.
    Schreibweise: (u, v) oder u → v.
    u ist die *Quelle*, v das *Ziel* der Kante u → v.
    Eine Kante (u, u) heißt Schlinge.

Beispiel 2 (vgl. Abb. 6.2)

G = (V$_G$, E$_G$) mit V$_G$ = {1, 2, 3, 4} und
E$_G$ = {1 → 2, 1 → 3, 1 → 4, 2 → 3, 2 → 4, 3 → 4}

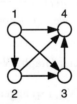

Abb. 6.2 Darstellung von G aus Beispiel 2

4. Sei G = (V$_G$, E$_G$) ein (un)gerichteter Graph und G' = (V$_{G'}$, E$_{G'}$) mit V$_{G'}$ ⊂ V$_G$ und E$_{G'}$ ⊂ E$_G$ (G' muß also kein Graph sein!).
    H = (V$_H$, E$_H$) *entsteht* aus G *durch Weglassen* von G', wenn
    V$_H$ = V$_G$ \ V$_{G'}$ und
    E$_H$ = {(u, v) | (u, v) ∈ E$_G$ \ E$_{G'}$ und u, v ∈ V$_H$ }.
    Schreibweise: H = G - G'.

6.2. Graphen und Bäume

5. Seien $G = (V_G, E_G)$ und $G' = (V_{G'}, E_{G'})$ (un)gerichtete Graphen.
Der Graph $H = (V_H, E_H)$ *entsteht* aus G *durch Hinzufügen* von G', wenn $V_H = V_G \cup V_{G'}$ und $E_H = E_G \cup E_{G'}$ ist.
Schreibweise: $H = G + G'$.

Sei für die folgenden Punkte 6. bis 9. $G = (V, E)$ ein (un)gerichteter Graph und $k = (v_0, ..., v_n) \in V^{n+1}$ eine Folge von n+1 Knoten.

6. k heißt *Kantenfolge* der Länge n (also $|k| = n$) von v_0 nach v_n, wenn für alle $i \in \{0, ..., n-1\}$ gilt: $(v_i, v_{i+1}) \in E$.
Im gerichteten Graphen ist v_0 der *Startknoten* und v_n der *Endknoten*, im ungerichteten Graphen sind v_0 und v_n die Endknoten von k.
$v_1, ..., v_{n-1}$ sind die *inneren Knoten* von k.
Ist $v_0 = v_n$, so ist die Kantenfolge *geschlossen*.

7. k heißt *Kantenzug* der Länge n von v_0 nach v_n, wenn k Kantenfolge der Länge n von v_0 nach v_n ist und wenn für alle $i, j \in \{0, ..., n-1\}$ mit $i \neq j$ gilt: $(v_i, v_{i+1}) \neq (v_j, v_{j+1})$. Im Kantenzug kommt also keine Kante mehrfach vor.

8. k heißt *Weg* der Länge n von v_0 nach v_n, wenn k Kantenfolge der Länge n von v_0 nach v_n ist und wenn für alle $i, j \in \{0, ..., n\}$ mit $i \neq j$ gilt: $v_i \neq v_j$. Im Weg kommt also kein Knoten mehrfach vor.

9. k heißt *Zyklus* oder *Kreis* der Länge n, wenn k geschlossene Kantenfolge der Länge n von v_0 nach v_n und wenn $k' = (v_0, ..., v_{n-1})$ ein Weg ist.
Ein Graph ohne Zyklus heißt *kreisfrei*, *zyklenfrei* oder *azyklisch*.

Beispiel 3 (vgl. Abb. 6.3)

(1, 2, 3, 4, 5, 2, 3) ist Kantenfolge (aber nicht Kantenzug) der Länge 6 von 1 nach 3.
(1, 2, 5, 4, 2, 3) ist Kantenzug (aber nicht Weg) der Länge 5 von 1 nach 3.
(1, 2, 5, 4, 3) ist Weg der Länge 4 von 1 nach 3.
(2, 3, 4, 5, 2) ist Zyklus der Länge 4.

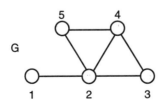

Abb. 6.3 Graph G für Beispiel 3

10. Sei G = (V, E) ein ungerichteter Graph.

    G heißt *zusammenhängend* : ⇔

    ∀ v, w ∈ V: es existiert eine Kantenfolge k von v nach w, d.h. k = (v, ..., w) ist Kantenfolge in G, es sind also alle Knoten miteinander verbunden.

    Ein zusammenhängender vollständiger Teilgraph T heißt *Zusammenhangskomponente* oder *Komponente* von G, wenn er maximal ist, d.h. es existiert kein Knoten v ∈ G ∧ v ∉ T, so daß der um v erweiterte Graph T zusammenhängend und vollständig wäre.
    Mit C (G) bezeichnen wir die *Menge der Komponenten* von G.

11. Sei G = (V, E) ein gerichteter Graph.
    G heißt *zusammenhängend*, wenn der zu G gehörende ungerichtete Graph zusammenhängend ist, d.h. für alle u, v ∈ V mit u ≠ v eine Kantenfolge $(v_0, v_1, ..., v_n)$ existiert mit $u = v_0$, $v = v_n$ und für jedes i ($0 \leq i \leq n-1$) gilt: $(v_i, v_{i+1}) \in E$ oder $(v_{i+1}, v_i) \in E$..
    Analog wird die Zusammenhangskomponente definiert.

    G heißt *stark zusammenhängend*, wenn für alle u, v ∈ V mit u ≠ v eine Kantenfolge von u nach v und von v nach u existiert.
    Analog wird starke (Zusammenhangs)komponente definiert:

Beispiel 4 (vgl. Abb. 6.4)

G' ist zusammenhängend, aber nicht stark zusammenhängend.
G" ist stark zusammenhängend.

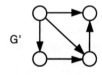

Abb. 6.4 Graphen für Beispiel 4

12. Seien G = (V, E) ein (un)gerichteter Graph, M_V und M_E Mengen und f : V → M_V und g : E → M_E Abbildungen.
    G' = (V, E, f) heißt *knotenmarkierter* Graph.
    G" = (V, E, g) heißt *kantenmarkierter* Graph.
    G'" = (V, E, f, g) heißt *knoten- und kantenmarkierter* Graph.
    M_V und M_E sind die *Markierungsmengen* (meistens Alphabete, freie Monoide oder Zahlen).

6.2. Graphen und Bäume

Wichtige algorithmische Probleme für Graphen

Wenn im folgenden keine Einschränkung vereinbart ist, sei G = (V, E) ein (un)gerichteter Graph.

- Man entscheide, ob G *zusammenhängend* ist.
- Man entscheide, ob G *azyklisch* ist.
- Man entscheide, ob G einen *Hamiltonschen Zyklus* besitzt, d.h. einen Zyklus der Länge |V|, also über alle Knoten.
- Man entscheide, ob G einen *Eulerschen Zyklus* besitzt, d.h. einen geschlossenen Kantenzug, in dem jede Kante genau einmal verwendet wird.
- *Färbungsproblem*: Man entscheide zu vorgegebener Zahl $k \in \mathbb{N}$, ob es eine Knotenmarkierung $\mu : V \to \{1, 2, ..., k\}$ so gibt, daß für alle $(v, w) \in E$ gilt: $\mu(v) \neq \mu(w)$.
- *Cliquenproblem*: Man entscheide für ungerichteten Graphen G zu gegebener Zahl $k \in \mathbb{N}$, ob es einen Teilgraphen G' von G mit k Knoten gibt, dessen Knoten alle paarweise durch Kanten verbunden sind.
- *Kürzeste Wege* : Gegeben sei ein kantenbewerteter (ungerichteter) Graph $G = (V, E, \gamma)$ mit $\gamma : E \to \mathbb{R}^+$.
  Es sei $W = (v_0, v_1, ..., v_m)$ ein Weg. Dann heißt
  $$C(W) = \sum_{i=1}^{m} \gamma(\{v_{i-1}, v_i\})$$ die *Länge* oder das *Gewicht* des Weges W.
  - Suche zu $v, w \in V$ einen kürzesten Weg W_{min} von v nach w, d.h. $C(W_{min}) \leq C(W)$ für alle Wege W von v nach w.
  - Suche zu $v \in V$ und zu jedem $w \in V$ einen kürzesten Weg von v nach w.
- *Längste Wege:* Man finde zu zwei Knoten $v, w \in V$ einen *längsten Weg* von v nach w (evtl. bzgl. Kantenmarkierung).
- *Matching-Problem*: Eine Teilmenge $M \subseteq E$ der Kanten eines Graphen $G = (V, E)$ heißt Matching, wenn jeder Knoten von V zu höchstens einer Kante aus M gehört. Problem: finde ein *maximales Matching*, d.h. die Teilmenge(n) M mit größtmöglicher Kantenzahl, die die geforderte Eigenschaft erfüllt.

Unter den aufgezählten Problemen sind viele bekannte *NP-vollständige Probleme* (siehe Abschnitt 6.1), z.B. das Cliquenproblem, das Färbungsproblem, die Hamilton-Eigenschaftsprüfung und die Bestimmung längster Wege.

Darstellung von Graphen

Es gibt verschiedene Verfahren, um einen (un)gerichteten Graphen G = (V, E) mit |V| = n und |E| = m darzustellen und zu implementieren; z.B. die *Adjazenzmatrix*:

Sei V = {1, 2, ..., n}. Setze

$$a_{ij} = \begin{cases} \text{TRUE,} & \text{falls } (i, j) \in E \\ \text{FALSE,} & \text{falls } (i, j) \notin E \end{cases}$$

Dann läßt sich G durch eine quadratische Matrix der Ordnung n (Elemente vom Typ BOOLEAN) darstellen.

Bei großen Werten von n belegt die Adjazenzmatrix viel Speicher, obwohl sie meist nur sehr spärlich besetzt ist. In solchen Fällen bevorzugt man *Listendarstellungen*, die jeweils relevante Knoten und/oder Kanten verknüpfen.

Starke Zusammenhangskomponenten

An einem Beispiel wollen wir uns ansehen, wie graphentheoretische Probleme gelöst werden können. Zur Vorbereitung des Algorithmus zur Bestimmung starker Zusammenhangskomponenten (ZHK) folgen einige Begriffsbildungen und Aussagen.

1. Es sei G = (V, E) ein gerichteter Graph.
   H (G) = (V, E') heißt *transitive Hülle* von G : $\Leftrightarrow$
   E' = {(v, w) | v, w $\in$ V und es existiert eine Kantenfolge von v nach w}.

2. Sei G = (V_G, E_G) ein gerichteter Graph, u, v $\in$ V_G.
   u ~ v (*wegäquivalent*): $\Leftrightarrow$
   es gibt eine Kantenfolge von u nach v und eine von v nach u.

3. ~ ist eine Äquivalenzrelation auf V, also reflexiv, symmetrisch und transitiv.
   K [u] bezeichne die *Äquivalenzklasse* von u, d.h. K[u] = {v $\in$ V | u ~ v}.

4. Sei G = (V_G, E_G) ein gerichteter Graph.

   (i) $\forall$ v $\in$ V_G : G' = (K[v], E_G $\cap$ (K[v] $\times$ K[v]))
        ist eine starke Zusammenhangskomponente von G.

   (ii) G' = ($V_{G'}$, $E_{G'}$) starke Zusammenhangskomponente von G
        $\Rightarrow$ $\forall$ v $\in$ $V_{G'}$: $V_{G'}$ = K[v].

   (iii) Es seien K_1, K_2,..., K_r die Äquivalenzklassen bzgl. ~.
        Dann gilt $V_G = \bigcup_{i=1}^{r} K_i$ und für i $\neq$ j: $K_i \cap K_j = \emptyset$.

6.2. Graphen und Bäume

Beispiel:
Man betrachte den Graphen G = (V, E) mit V = {1, 2, 3, 4, 5, 6, 7} und
E = {(1,2), (1,4), (2,3), (3,1), (3,4), (3,6), (4,5), (5,6), (5,7), (7,5)}.
Die Äquivalenzklassen lauten dann:
K_1 = {1, 2, 3}, K_2 = {5, 7}, K_3 = {4}, K_4 = {6}.
Offensichtlich können diese Äquivalenzklassen angeordnet werden: Man kann im Graphen von Knoten aus K_1 zu Knoten in K_3 kommen, aber nicht umgekehrt. Wir notieren dies im Punkt 5(ii) durch $K_3 \leq K_1$.

5. Sei G = (V_G, E_G) ein gerichteter Graph.
   (i) K (G) := {K_1, K_2, ..., K_r}. K_i wie oben eingeführt.
   (ii) $K_i \leq K_j :\Leftrightarrow \exists u \in K_j \, \exists v \in K_i$: es existiert ein Weg von u nach v.

   „$\leq$" ist eine Halbordnung auf K (G), denn „$\leq$" ist antisymmetrisch: Da die K_i jeweils starke Zusammenhangskomponenten sind, kann kein Weg zurückführen.

6. Es existiert mindestens eine starke Zusammenhangskomponente von G, aus der keine Kante in andere Komponenten führt, nämlich ein K_i aus K(G), das bzgl. „$\leq$" minimal ist.

7. Es sei G = (V, E) und K (G) = {K_1, K_2, ..., K_r}.
   Bilde G_i = (V \ K_i, E ∩ ((V \ K_i) × (V \ K_i))), also den Graphen ohne K_i.
   Dann gilt : K (G_i) = K (G) \ {K_i}.

Algorithmus zur Bestimmung aller starken Zusammenhangskomponenten

Wir wollen nach den Vorbereitungen des letzten Abschnitts die starken Zusammenhangskomponenten (ZHK) in einem gerichteten Graph bestimmen.

Grundsätzliches Vorgehen (nach Punkten 6. und 7. oben):

(1) Ermittle eine starke ZHK, aus der keine Kanten herausführen. Sei diese K.

(2) Bilde (V \ K, E ∩ ((V \ K) × (V \ K))), d.h. lösche K und alle inzidenten Kanten, und setze das Verfahren mit diesem Graphen fort.

Wir werden jeden Knoten zunächst als eigene ZHK auffassen, alle seine Nachfolger untersuchen usw., bis sich ein Zyklus ergibt; alle Knoten auf dem Zyklus müssen in der gleichen ZHK liegen, sie werden daher zu einer Komponente zusammengefaßt. Indem man die bereits untersuchten, aber noch nicht zu einer ZHK ausgelagerten Knoten auf einem *Stack* (siehe Abschnitt 3.2.4.2) ablegt, kann man sich die in Schritt (1) gewonnenen Erkenntnisse merken und in Schritt (2) direkt weiter verwerten (siehe Algorithmus).

290   Kapitel 6. Datenstrukturen und Algorithmen

Sei G = (V, E) ein gerichteter Graph.
Im Algorithmus werden die Knoten und die Kanten von G *gefärbt* („markiert"), und zwar bedeuten:

Knoten k ist *blau* gefärbt:	Knoten k wurde noch nicht untersucht;
Knoten k ist *rot* gefärbt:	k gehört bereits zu einer erkannten ZHK;
Knoten k ist *grün* gefärbt:	k wird noch untersucht und gehört vorläufig zu einer aufzubauenden ZHK;
Kante e ist *blau* gefärbt:	e wurde noch nicht untersucht;
Kante e ist *rot* gefärbt:	e wurde bereits untersucht und wird nicht mehr betrachtet.

Sei $V = V_b \cup V_r \cup V_g$	(die Vereinigung ist disjunkt, V_b enthält die blauen, V_r die roten, V_g die grünen Knoten),
$E = E_b \cup E_r$	(die Vereinigung ist disjunkt, E_b enthält die blauen, E_r die roten Kanten).

Die grünen Knoten werden auf einem Stack abgelegt. Die Nachfolgeknoten des jeweils zuletzt im Stack abgelegten Knotens werden im nächsten Schritt untersucht.

Beispiel

Die Knoten sind durch B (für blau), R (für rot) und G (für grün), die Kanten durch b (für blau) und r (für rot) gekennzeichnet.

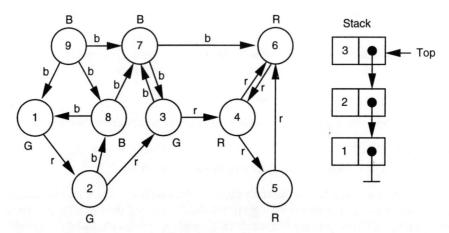

Abb. 6.5 Zustand A von Graph und Stack

Der in Abb. 6.5 dargestellte Zustand A möge bereits vorliegen: der rechte, rot gefärbte Teil mit den Knoten 4, 5 und 6 ist bereits als ZHK erkannt, die Knoten wurden in der Reihenfolge 1, 2, 3, 4, 5, 6 untersucht und 1, 2, 3 liegen bereits auf dem Stack. Der

6.2. Graphen und Bäume

Stack wird hier als lineare Liste dargestellt, in der die Schreib- und Leseoperationen auf dem gleichen Ende operieren.

Als nächstes sind die Nachfolger von 3 (= oberster Knoten im Stack) zu untersuchen, zu denen eine blau gefärbte Kante führt (hier: nur noch Knoten 7). Knoten 7 wird grün gefärbt und auf den Stack gebracht; Kante 3 → 7 ist rot zu färben. Nun wird mit Knoten 7 genauso verfahren. Ein Nachfolgerknoten, zu dem eine blau markierte Kante führt, ist der Knoten 6. Die Kante 7 → 6 wird rot gefärbt. Da aber 6 bereits zur ZHK gehört, wird dieser Knoten nicht weiter betrachtet. Der resultierende Zustand B von Graph und Stack ist in Abb. 6.6 repräsentiert.

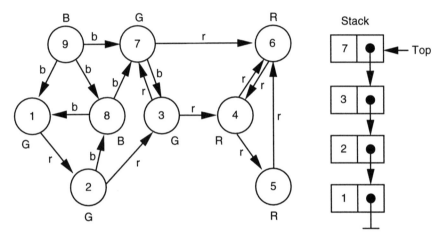

Abb. 6.6 Zustand B von Graph und Stack

Als nächstes ist Kante 7 → 3 zu untersuchen und rot zu färben; man stellt fest, daß die Kante auf einen grünen (d.h. besuchten) Knoten führt, also ist ein Zyklus gefunden worden.

Alle Zykluselemente (vom Top-Element des Stacks bis zum Zielknoten der Kante) gehören zur gleichen Komponente und werden im Stack zusammengefaßt (siehe Zustand C von Graph und Stack in Abb. 6.7).

Von den zusammengefaßten Knoten auf der obersten Kellerebene gehen nur noch rote Kanten aus, d.h. es liegt eine vollständige ZHK vor; deren Knoten sind rot zu färben und das oberste Stack-Element ist zu löschen. Daraus resultiert der in Abb. 6.8 dargestellte Zustand D von Graph und Stack.

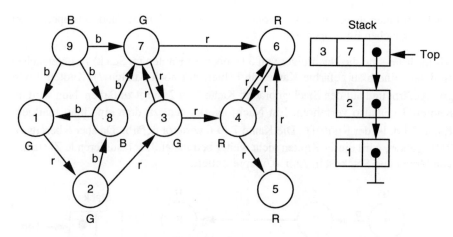

Abb. 6.7 Zustand C von Graph und Stack

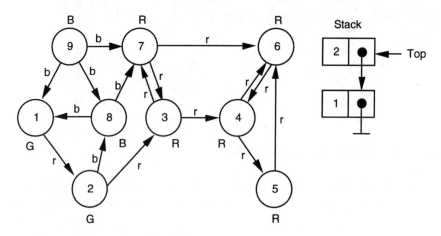

Abb. 6.8 Zustand D von Graph und Stack

Nun folgt mit Knoten 8 der Nachfolgeknoten von 2 auf den Stack usw.

Algorithmusentwurf

```
                                                     (* Programm P6.2 *)
    E_b := E; E_r := Ø;
    V_b := V; V_r := Ø; V_g := Ø;             (* Initialisierung *)
    WHILE V_b ≠ Ø DO   (* an dieser Stelle ist der Stack leer *)
       waehle irgendeinen Knoten v ∈ V_b aus;
       V_b := V_b \ {v}; faerbe v gruen, d.h. V_g := V_g ∪ {v};
       initialisiere den Stack mit v, d.h. Push (v);
```

6.2. Graphen und Bäume

```
WHILE stack ≠ empty (entspricht V_g ≠ ∅) DO
    v := ein Knoten aus dem obersten Stack-Element;
    WHILE ∃ e = v → w : e ist blaue Kante DO
        faerbe e rot, d.h. E_b := E_b \ {e}; E_r := E_r ∪ {e};
        CASE Farbe von w OF
        | rot   : (* nichts tun *)
        | gruen : (* Zyklus gefunden *)
                  fasse alle Elemente des Stacks von oben bis zum
                  Element, in dem w liegt, zum neuen obersten
                  Element zusammen;
        | blau  : faerbe w gruen;
                  V_b := V_b \ {w}; V_g := V_g ∪ {w};
                  Push (w);
        END (* CASE *);
    END (* WHILE *);
    entferne oberstes Stack-Element als neue Komponente und
    faerbe alle seine Knoten rot; aktualisiere die Mengen V_g
    und V_r entsprechend.
END (* WHILE *);
END (* WHILE *);
```

6.2.2 Bäume

Häufig sind Graphen wegen möglicher Zyklen für effiziente Algorithmen ungeeignete Datenstrukturen, da der Zyklentest zeitaufwendig ist und zusätzlichen Speicher für die Datenverwaltung erfordert. Außerdem lassen sich durch zyklenfreie Graphen die in der Informatik häufig anzutreffenden *Hierarchie*-Beziehungen und *konstruktive* Methoden (z.B. Erzeugungs- und Berechnungsverfahren) adäquat beschreiben. Deshalb werden als spezielle Graphen die sogenannten Bäume eingeführt, die *zyklenfrei* sind und einen eindeutigen „Einstiegspunkt" (die *Wurzel*) besitzen.

Nachfolgend werden Bäume nur als Spezialfälle gerichteter Graphen eingeführt. Es kann aber auch sinnvoll sein, „ungerichtete" Bäume zu betrachten.

1. Ein gerichteter Graph $G = (V_G, E_G)$ heißt *Baum*, wenn er keine Zyklen enthält und wenn es einen Knoten $r \in V_G$ gibt, so daß für alle $v \in V_G$ genau ein Weg von r nach v existiert.
   r heißt die *Wurzel* von G.

2. Ein Graph heißt *Wald*, wenn seine Komponenten Bäume sind.
   Ein geordnetes m-Tupel von Bäumen $(T_1, T_2, ..., T_m)$ heißt *geordneter Wald*.

3. Jeder Baum T läßt sich in der Form $(r; T_1, ..., T_m)$ schreiben, wobei r die Wurzel von T ist und $T_1, ..., T_m$ die an r „hängenden" *Teilbäume* von T sind.

   $T = (r; T_1, ..., T_m)$ heißt *geordnet*, wenn eine Anordnung $T_1 < T_2 < ... < T_m$ vorgegeben ist, und wenn für $i \in \{1, ..., m\}$ die T_i selbst geordnet sind.

Im folgenden sei T = (V, E) ein Baum.

4. Unter dem *Grad* $d_T(v)$ eines Knotens v versteht man die Anzahl der von v ausgehenden Kanten.

5. T heißt *k-beschränkt* : $\Leftrightarrow \forall\ v \in V: d_T(v) \leq k$.

6. Ein 2-beschränkter, geordneter Baum heißt *Binärbaum*.

7. T heißt *k-gleichverzweigt* (oder auch: *vollständiger k-Baum*) : $\Leftrightarrow$

    $\forall\ v \in V: d_T(v) = k$ oder $d_T(v) = 0$.

8. $v \in V$ heißt *Blatt*: $\Leftrightarrow d_T(v) = 0$.
   $v \in V$ heißt *innerer Knoten* : $\Leftrightarrow d_T(v) \neq 0$.

9. Unter der *Höhe lev eines Knotens* v versteht man den um 1 erhöhten Abstand zur Wurzel r, d.h. lev(v) = 1, falls v die Wurzel ist, bzw. lev(u) + 1, falls u Vater von v ist.

10. h(T) : = max {lev (v) | v $\in$ V} heißt *Höhe eines Baumes*.

11. Ein Baum heißt *ausgeglichen* : $\Leftrightarrow$
    für alle Blätter v $\in$ V gilt : lev(v) = h (T) oder lev(v) = h (T) - 1.

    Ein Baum heißt *vollständig ausgeglichen* : $\Leftrightarrow$
    für alle inneren Knoten v $\in$ V gilt: die Anzahl der Knoten in den Teilbäumen von v unterscheidet sich höchstens um 1 und
    für alle Blätter v $\in$ V gilt: lev(v) = h (T) oder lev(v) = h (T) - 1.

12. T besitzt genau |V|-1 Kanten.

13. Jeder Knoten v, der nicht Wurzel ist, besitzt genau einen Vorgänger u, den sog. *Vater(knoten)*, von dem aus eine gerichtete Kante auf v verweist. v heißt dann *Sohn(knoten)* von u. Haben v_1 und v_2 den gleichen Vater, so ist v_1 *Bruder(knoten)* von v_2 und umgekehrt.

In Abb. 6.9 ist jeder Knoten mit seiner Höhe markiert, die Höhe des Baumes ist 3, und an den Knoten stehen die jeweiligen Höhen der Knoten.

6.2. Graphen und Bäume

Beispiele (τ ist jeweils die Wurzel)

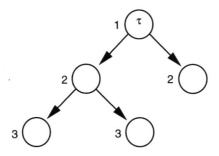

Abb. 6.9 2 - beschränkt, 2 - gleichverzweigt

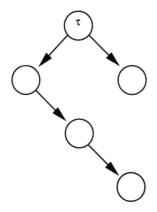

Abb. 6.10 2 - beschränkt, aber nicht 2 - gleichverzweigt

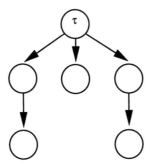

Abb. 6.11 ausgeglichen, 3 - beschränkt, aber nicht 3 - gleichverzweigt

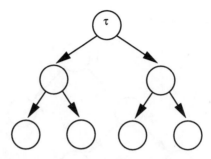

Abb. 6.12 2 - beschränkt, 2 - gleichverzweigt, vollständig ausgeglichen

Darstellung von k-beschränkten Bäumen

Eine für k-beschränkte Bäume mit wenigen Knoten und/oder kleinem k durchaus adäquate Darstellung ist die folgende:

```
TYPE    KPtr  =  POINTER TO Ktree;
        Ktree =  RECORD
                    key : INTEGER;
                    t1  : KPtr;
                    ...
                    tk  : KPtr;
                 END (* RECORD *);
```

Der Nachteil bei k >> 2 oder vielen Knoten und nicht vollständig ausgeglichener Struktur ist offensichtlich: die *maximale* Anzahl von Söhnen *eines* Knoten bestimmt die Anzahl der Zeiger für alle Knoten und impliziert daher einen möglicherweise unangemessen großen Speicherplatz wegen vieler NIL-Zeiger.

Die übliche, effiziente Darstellung durch *Binärbäume* beruht auf der Beobachtung, daß sich ein (geordneter) Baum durch Wurzel und eine Menge (Liste) disjunkter Unterbäume eindeutig beschreiben läßt:

$T = (r; T_{r_1}, T_{r_2}, \ldots T_{r_k})$, wobei T_{r_i} jeweils der Unterbaum mit der Wurzel r_i ist.

Dies legt folgende Struktur des binären Baumes nahe: linker Verweis auf einen Sohn, rechter Verweis auf einen Bruder (des nichtbinären Baums):

```
TYPE    BPtr = POINTER TO B;
        B    = RECORD
                    node  : inhalt;
                    left  : BPtr;
                    right : BPtr;
               END;
```

Ein Beispiel zeigt Abb. 6.13, wobei im oberen Teil ein 3-beschränkter Baum steht, der in eine normierte Binärbaum-Darstellung transformiert wird.

6.2. Graphen und Bäume

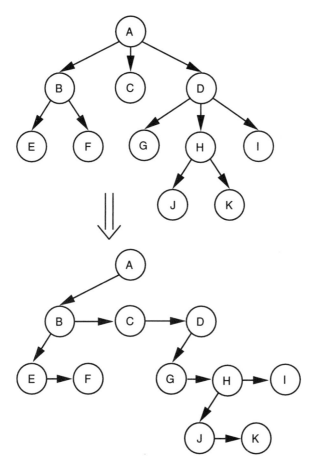

Abb. 6.13 Transformation eines allgemeinen Baums in einen Binärbaum

Traversierungs-Algorithmen

Eine häufig gewünschte komplexe Operation auf binären Bäumen ist ein „Durchlaufen" (*Traversieren*) in der Art, daß jeder Knoten genau einmal besucht wird. Man unterscheidet dabei *Inorder-*, *Preorder-* und *Postorder-* Durchlauf.

Die Eingabe ist jeweils ein Binärbaum, die Ausgabe die

- Inorder (erst linker Sohn, dann Vater, dann rechter Sohn)- bzw.
- Preorder (erst Vater, dann linker Sohn, dann rechter Sohn)- bzw.
- Postorder (erst linker Sohn, dann rechter Sohn, dann Vater)-

Reihenfolge seiner Knoteninhalte.

Die nachfolgenden Prozeduren zeigen die verschiedenen Durchlaufarten. Wie man sieht, ist nur die „Behandlung des Vaters" (durch eine „Action" genannte Operation) unterschiedlich eingeordnet.

Inorder - Durchlauf

```
PROCEDURE Inorder (ptr : NodePtr);       (* Programm P6.3a *)
(* Infix - Notation *)
BEGIN (* Inorder *)
  IF ptr # NIL THEN
    Inorder(ptr^.left);
    Action(ptr);   (* Beliebige Operation auf ptr - Element *)
    Inorder(ptr^.right);
  END (* IF *);
END Inorder;
```

Preorder - Durchlauf

```
PROCEDURE Preorder (ptr : NodePtr);      (* Programm P6.3b *)
(* Prefix - Notation *)
BEGIN (* Preorder *)
  IF ptr # NIL THEN
    Action(ptr);   (* Beliebige Operation auf ptr - Element *)
    Preorder(ptr^.left);
    Preorder(ptr^.right);
  END (* IF *);
END Preorder;
```

Postorder - Durchlauf

```
PROCEDURE Postorder (ptr : NodePtr);     (* Programm P6.3c *)
(* Postfix - Notation *)
BEGIN (* Postorder *)
  IF ptr # NIL THEN
    Postorder(ptr^.left);
    Postorder(ptr^.right);
    Action(ptr);   (* Beliebige Operation auf ptr - Element *)
  END (* IF *);
END Postorder;
```

Verschiedene Durchläufe erzeugen i.a. (nur zu Listen entartete Bäume bilden eine Ausnahme) natürlich auch unterschiedliche Ergebnisse. Für das Beispiel in Abb. 6.14 erhält man folgende Ergebnisse:

Inorder: D B E A H F I C G
Preorder: A B D E C F H I G
Postorder: D E B H I F G C A

6.2. Graphen und Bäume

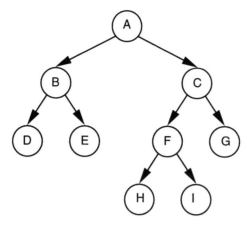

Abb. 6.14 Beispiel eines Binärbaumes

Für den Inorder-Durchlauf (Programm P6.3a) wollen wir nachfolgend eine nichtrekursive Implementierung angeben.

```
PROCEDURE Inorder (q : BPtr);              (* Programm P6.3d *)
(* Stack s ist eine globale Variable.*)
VAR p : BPtr;
BEGIN
   p := q;
   REPEAT
      WHILE p # NIL DO
         Push (p, s);
         p := p^.left;
      END (* WHILE *);
      IF NOT Empty (s) THEN
         p := Top(s);
         Pop (s);
         WriteInt (p^.node);   WriteLn;
         p := p^.right;
      END (* IF *);
   UNTIL Empty(s) AND (p = NIL);
END Inorder;
```

Die Analyse des Algorithmus ergibt, daß die maximale Länge des Stacks der Höhe des Baumes entspricht. Die n Knoten eines Baumes werden je einmal auf den Stack gelegt und wieder entfernt.

Auf die Abfrage p = NIL stößt man (n + 1)-mal, so daß sich wie für die rekursive Prozedur als asymptotische Zeitkomplexität O(n) ergibt. Die kompliziertere Lösung bringt also kein Vorteile.

Fädelung

In einem binären Baum mit n Knoten sind n+1 Zeiger auf NIL gesetzt. Diesen Speicherplatz kann man nutzen, um Durchläufe effizienter zu gestalten, indem man diese Felder zu Referenzen („*Fäden*") auf die bezüglich der Durchlaufart ausgezeichneten Vorgänger- und Nachfolger-Knoten nutzt. Ein solches Vorgehen nennt man *Fädelung*.

Um die „echten" Zeiger auf Söhne von den „unechten" Fäden zu bezüglich der Durchlaufart vorhergehenden oder nachfolgenden Knoten zu unterscheiden, muß für jeden der beiden Zeiger ein korrespondierendes Bit entsprechend gesetzt sein.

Ein *Beispiel* einer Inorder-Fädelung zeigt Abb. 6.15. Durchgezogene Kanten sind Zeiger auf Söhne, gestrichelte Kanten sind Fäden zu Inorder-Vorgänger und/oder -Nachfolger. Der Inorder-Vorgänger von D zeigt konsequenterweise auf NIL, ebenso der Inorder-Nachfolger von I.

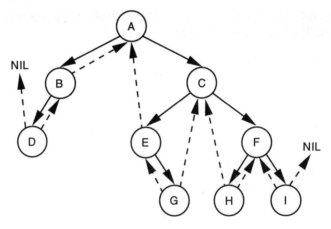

Abb. 6.15 Inorder-Fädelung

Als Datenstruktur benutzen wir

```
TYPE    KPtr    = POINTER TO Knoten;
        Knoten  = RECORD
                    inhalt : M;
                    lt, rt : KPtr;
                    lbit, rbit : BOOLEAN;
                  END;
```

Mit lbit, rbit unterscheiden wir, ob das jeweilige Zeigerfeld einen normalen Zeiger (TRUE) oder einen Faden (FALSE) enthält.

6.2. Graphen und Bäume

Die nachfolgende Tabelle stellt den ungefädelten und den gefädelten Fall für den Pre-, In- und Postorder-Durchlauf gegenüber, wobei

x-pred (p) = Zeiger auf Vorgänger von p^ bei x-Durchlauf bzw.
x-suc (p) = Zeiger auf Nachfolger von p^ bei x-Durchlauf, x ∈ {pre, in, post}.

ungefädelt	gefädelt
p^.lt = NIL	¬p^.lbit ∧ p^.lt = x-pred (p)
p^.lt = g	p^.lbit ∧ p^.lt = g
p^.rt = NIL	¬p^.rbit ∧ p^.rt = x-suc (p)
p^.rt = g	p^.rbit ∧ p^.rt = g

Algorithmus zum Auffinden des Inorder-Nachfolgers eines Knoten p in einem gefädelten Baum:

```
      VAR q : KPtr;                         (* Programm P6.4 *)
      BEGIN
         q := p^.rt;
         IF p^.rbit = TRUE THEN
            WHILE q^.lbit = TRUE DO
               q := q^.lt;
            END (* WHILE *);
         END (* IF *);
      END;
```

Weitere Darstellungsformen von Bäumen

Auch die vorgestellte Binärdarstellung von Bäumen bzw. Wäldern benötigt noch sehr viel überflüssigen Speicherplatz, denn bei Verzicht auf Fädelungskonzepte gibt es bei n Knoten mit 2n Zeigern n+1 NIL-Zeiger. Eine naheliegende Idee ist deshalb, sich nur die Repräsentierung einer *Traversierung* des Baumes zu merken, um darauf zu operieren bzw. bei Bedarf den Baum zu (re-)konstruieren. Das Problem ist, daß *nur* aus der Darstellung z.B. eines Inorder-, Preorder- oder Postorder-Durchlaufs der Baum *nicht eindeutig* rekonstruierbar ist.

Eine Möglichkeit zur Verbesserung der Grundidee und zur Sicherung der Eindeutigkeit ist die, neben dem Traversierungsprotokoll noch *Zusatzinformationen* zu notieren. Nachfolgend stellen wir vier solche Darstellungsarten vor.

Postorder-Grad-Darstellung
Sei W ein Wald und B_W der zu W gehörende Binärbaum. Dann gilt: Der Postorder-Durchlauf von B_W und die Angabe des Grades zu jedem Knoten im Wald W genügen, um W eindeutig zu rekonstruieren. Für diese Darstellungsart wird der Postorder-Durchlauf sinngemäß auf Wälder erweitert.

Abb. 6.16 zeigt als Beispiel einenWald aus 3 Bäumen.

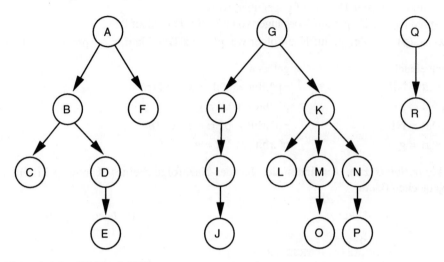

Abb. 6.16 Wald mit 3 Bäumen

Der Postorder-Durchlauf von B_W ergibt folgende Knoten-Reihenfolge:
C E D B F A J I H L O M P N K G R Q.

Die Tabelle 6.2 gibt zu jedem Knoten seinen Grad im Wald W an.

	1	2	3	4	5	6	7	8	9	10	11	12	13	14	15	16	17	18
Knoten	C	E	D	B	F	A	J	I	H	L	O	M	P	N	K	G	R	Q
Grad	0	0	1	2	0	2	0	1	1	0	0	1	0	1	3	2	0	1

Tab. 6.2 Grad der Knoten im Wald

Family-order-sequentielle Darstellung
Die Family-order-sequentielle Darstellung erinnert an einen „Breitendurchlauf" eines Baumes. Es werden stets Brüder unmittelbar nebeneinander gesetzt. Das Ende der Brüder wird durch „•" markiert. Die Verweise zeigen auf die am weitesten links stehenden Söhne.

```
ARRAY [1..N] OF RECORD
              inhalt : T;
              Bruderende : BOOLEAN;
              Sohn : 0..N;
         END;
```

Eine lineare Darstellung (ebenfalls für das Beispiel aus Abb. 6.16) zeigt Abb. 6.17.

6.2. Graphen und Bäume 303

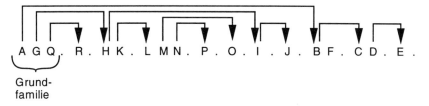

Grund-
familie

Abb. 6.17 Family-order-sequentielle Darstellung

Diese Darstellung eignet sich ebenfalls gut für Wälder. Man hat Freiheiten, in welcher Reihenfolge man die Unterbäume der Brüder notiert.

Kombinierte Preorder-Postorder-Darstellung
Die kombinierte Preorder-Postorder-Darstellung basiert auf der Angabe von Preorder- und Postorder-Durchlauf des zugehörigen Binärbaums:

```
ARRAY [1..N] OF RECORD pre, post : T END;
```

Hier wird vorausgesetzt, daß die Markierung den Knoten eindeutig bestimmt. Abb. 6.18 zeigt ein Beispiel eines Baumes und dessen Pre- und Postorder-Traversierung.

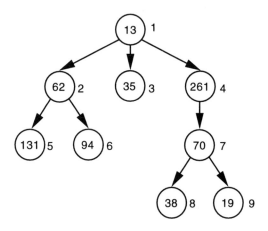

```
pre:   13  62  131  94  35  261  70  38  19
post: 131  94   62  35  38   19  70 261  13
```

Abb. 6.18 Kombinierte Preorder-Postorder-Darstellung

Preorder-sequentielle Darstellung
Die Preorder-sequentielle Darstellung beruht auf der Idee, daß sich die übliche Darstellung eines Binärbaums mit einem Sohn- und einem Bruder-Zeiger komprimieren läßt, indem man als Sohn stets den nächsten Knoten in der Reihenfolge nimmt und „kein Sohn" (= Blatt) durch einen Boolean-Wert darstellt:

```
ARRAY [1..N] OF RECORD
            inhalt : T;
            Blatt  : BOOLEAN;
            Bruder : 0..N;
         END;
```

Dies setzt eine Umnummerierung der Knoten voraus. Wenn man das Beispiel aus Abb. 6.18 in Preorder-Reihenfolge durchläuft, ergibt sich in linearer Schreibweise (• = true) und als Array notiert die in Abb. 6.19 gezeigte Darstellung.

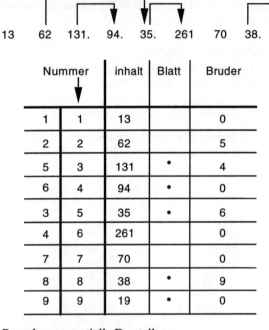

Nummer	inhalt	Blatt	Bruder
1	1	13		0
2	2	62		5
5	3	131	•	4
6	4	94	•	0
3	5	35	•	6
4	6	261		0
7	7	70		0
8	8	38	•	9
9	9	19	•	0

Abb. 6.19   Preorder-sequentielle Darstellung

Die 1. Spalte zeigt die alte, die 2. Spalte die neue Reihenfolge (gegeben durch Preorder). Auf diese Weise kann man auch einen Wald leicht darstellen, indem man die Wurzeln der einzelnen Bäume als Brüder auffaßt.

6.3 Suchen in gegebenen Datenstrukturen

Das Suchen nach bestimmten Daten ist eine häufige Operation in Programmen. Ein *Suchverfahren* ist ein Algorithmus, der – angewandt auf einen Datenbestand – für einen bestimmten *Schlüssel* (das *Suchargument*) die zugehörige Information, den eigentlich interessierenden *Inhalt*, ermittelt, falls ein Objekt mit diesem Schlüssel vorhanden ist. Im positiven Fall wird das *erste* „passende" Objekt als Ergebnis der erfolgreichen Suche geliefert, im negativen Fall wird die Suche erfolglos beendet.

Im Abschnitt 6.3 gehen wir aber davon aus, daß die Datenmenge, in der ein Element gesucht werden soll, gegeben ist und sich *nicht* mehr ändert. Das Thema „Suchen in sich ändernden Datenmengen" werden wir anschließend in Abschnitt 6.4 behandeln.

6.3.1 Suchen in Tabellen

Das Suchen von Daten in einem *Feld* (i.a. als *Array* repräsentiert) ist eine häufige Operation in Programmen. Gegeben sei folgender Datentyp für ein Feld, dessen Elemente jeweils aus einem *Schlüssel* (im folgenden jeweils vom Typ CARDINAL) und dem eigentlichen Inhalt bestehen :

```
TYPE   FeldTyp =   RECORD
                      Schluessel: SchluesselTyp;
                                  (* z.B. CARDINAL *)
                      Inhalt : ...
                   END (* RECORD *);
VAR    F        :  ARRAY [1..FLaenge] OF FeldTyp;
       Wert     :  SchluesselTyp;
```

Das Ziel des Suchens ist, im Feld F einen Eintrag mit dem Schlüssel Wert zu finden. Wir benötigen also einen möglichst effizienten Algorithmus, der uns entweder den *Index* des (ersten) Elements ausgibt, dessen Schlüssel mit Wert übereinstimmt, oder uns mitteilt, daß dieses Element nicht vorhanden ist.

Den folgenden Algorithmen legen wir das oben definierte Feld F zugrunde. Da nicht immer das ganze Feld durchsucht werden muß (eventuell ist es ja nicht vollständig belegt), führen wir als Index für das letzte tatsächlich belegte Element von F eine Variable n ein, für die gilt: $0 \leq n \leq$ FLaenge.

Lineares Suchen

Liegen keine näheren Informationen über die *Ordnung* (z.B. eine aufsteigende Sortierung) des Feldes vor, so bleibt uns nichts anderes übrig, als es *sequentiell* zu durchlaufen und Element für Element zu prüfen:

```
i:=1;
WHILE (i <= n) AND (F[i].Schluessel # Wert) DO INC (i) END;
gefunden := (i <= n);
```

Verifikation

Die oben informell gegebene *Nachbedingung* ist:

$Q \equiv$ ($\neg$ gefunden $\land \forall j\ 1 \leq j \leq n$: F[j].Schluessel $\neq$ Wert) $\lor$
(gefunden $\land$ ($\exists i\ 1 \leq i \leq n \land \forall j\ 1 \leq j < i$:
F[j].Schluessel $\neq$ Wert $\land$ F[i].Schluessel = Wert))

Als Situation nach dem Verlassen der Schleife ergibt sich:

$Q' \equiv$ wp (Gefunden := (i$\leq$n), Q)
$\equiv$ (i > n $\land \forall j\ 1 \leq j \leq n$: F[j].Schluessel $\neq$ Wert)
$\lor$ ($\exists i\ 1 \leq i \leq n \land \forall j\ 1 \leq j < i$:
F[j].Schluessel $\neq$ Wert $\land$ F[i].Schluessel = Wert)

Q' ist impliziert durch das *Abbruchkriterium* (also die negierte Wiederholbedingung) und die folgende *Invariante*:

INV $\equiv (1 \leq i \leq n+1) \land (\forall j\ 1 \leq j < i$: F[j].Schluessel $\neq$ Wert)

Man kann zeigen, daß die Invariante nach der Initialisierung und nach jeder Iteration gilt.

Aufwandsabschätzung:
Sofern die gesuchte Zahl im Feld vorhanden ist, gibt es im ungünstigsten Fall n-1 Schleifendurchläufe, im Durchschnitt (n-1)/2. Wenn sie nicht vorkommt, so wird die Schleife n mal durchlaufen.

Die einzige Chance, den Algorithmus zu beschleunigen, liegt in der Vereinfachung der Wiederholbedingung. Durch das Zufügen eines *Hilfselementes* mit dem Wert des gesuchten Elementes am Schluß des Feldes stellen wir sicher, daß der Algorithmus auch ohne die Abfrage auf das Feldende immer terminiert (setzt n < FLaenge voraus). Diese Fassung wird als Suchen mit *Wächter* („Sentinel") bezeichnet:

```
i:=1;
F[n+1].Schluessel := Wert;
WHILE F[i].Schluessel # Wert DO
  INC (i);
END;
gefunden := (i <= n);
```

Die Anzahl der Schleifendurchläufe bleibt im Wesentlichen die gleiche wie oben, durch die Vereinfachung der Wiederholbedingung wird die Schleife aber schneller durchlaufen. Suchen mit Sentinel ist also, abgesehen vom dafür benötigten Speicherplatz, etwas effizienter. Im Sinne der Asymptotik bleiben wir natürlich beim linearen Aufwand.

6.3. Suchen in gegebenen Datenstrukturen

Binäres Suchen

Wenn das zu durchsuchende Feld *sortiert* ist, läßt sich die Suche mit *logarithmischem* (ld n für n Feldelemente) statt linearem Aufwand realisieren, und zwar durch das Prinzip des „Teilen und Herrschen" (*divide and conquer*): man bestimmt ein Mittelelement, vergleicht es mit gesuchten Element und je nach Ergebnis sucht man in einer der Hälften nach der gleichen Methode weiter.

Konkreter: wenn das Element der Mitte das gesuchte ist, kann die Suche beendet werden. Andernfalls wird der Bereich links oder rechts der Mitte durchsucht, je nachdem ob das Mittelelement zu groß oder zu klein war. Existiert der betreffende Bereich nicht, liegt also das Mittelelement schon am Rande, so war die Suche erfolglos.

Rekursiver Algorithmus A:

```
                                        (* Programm P6.5a *)
    PROCEDURE Search (   (* in  *)  Wert: CARDINAL;
                         (* out *)  VAR  gefunden: BOOLEAN;
                                    VAR  Pos: INTEGER);

      PROCEDURE SearchRec (Links, Rechts: INTEGER);
      BEGIN (* SearchRec *)
        IF Links <= Rechts THEN    (* weitersuchen *)
          Pos := (Links + Rechts) DIV 2;
          IF F[Pos].Schluessel > Wert THEN
                                 (* linken Bereich durchsuchen *)
            SearchRec (Links, Pos-1);
          ELSIF F[Pos].Schluessel < Wert THEN
                                 (* rechten Bereich durchsuchen*)
            SearchRec (Pos+1,Rechts);
          ELSE
            gefunden := TRUE;
          END (* IF *);
        ELSE                     (* Suche war erfolglos *)
          gefunden := FALSE;
        END (* IF *);
      END SearchRec;

    BEGIN (* Search *)
      SearchRec (1, n);          (* Aufruf mit voller Laenge *)
    END Search;
```

Effizienterer *iterativer* Algorithmus B:

```
    gefunden := FALSE;                   (* Programm P6.5b *)
    Links := 1;   Rechts := n;
    WHILE (Links <= Rechts) AND NOT gefunden DO
      Pos := (Links + Rechts) DIV 2;
      IF (F[Pos].Schluessel > Wert) THEN
        Rechts := Pos-1;       (* linken Bereich durchsuchen *)
      ELSIF F[Pos].Schluessel < Wert THEN
        Links := Pos+1;        (* rechten Bereich durchsuchen*)
```

```
        ELSE
          gefunden := TRUE;
        END (*IF*);
      END (* WHILE *);
```

Sowohl in Algorithmus A als auch in Algorithmus B steht am Ende die Position des gesuchten Elements in Pos (falls es gefunden wurde).

Auch der Algorithmus B läßt sich noch durch Vereinfachungen der Wiederholbedingung und des Schleifenrumpfes *beschleunigen*. Anstatt bei jedem Durchlauf auf Gleichheit zu testen, lassen wir den Algorithmus bis zum Ende laufen, d.h. bis die linke die rechte Grenze erreicht hat. Ob dort das gesuchte Element steht, wird dann aber nicht mehr in der Schleife abgefragt, so daß dafür eine *Spezialbehandlung* notwendig ist.

Beschleunigter Algorithmus C:

```
                                             (* Programm P6.5c *)
    PROCEDURE Search (    (* in *)     Wert: CARDINAL;
                          (* out *)    VAR gefunden: BOOLEAN;
                                       VAR Pos: INTEGER);
    VAR Links, Rechts: INTEGER;
    BEGIN (* Search *)
      Links := 1;    Rechts := n;
      WHILE Links < Rechts DO
        Pos := (Links + Rechts) DIV 2;
        IF F[Pos].Schluessel < Wert THEN
          Links := Pos + 1       (* rechten Bereich durchsuchen*)
        ELSE                     (* linken Bereich durchsuchen *)
          Rechts := Pos;
        END (* IF *);
      END (* WHILE *);
      Pos := Rechts;   gefunden := (F[Pos] = Wert);
    END Search;
```

Bemerkenswert ist, daß diese Variante, wie auch das lineare Suchen, stets das gesuchte Element mit dem *kleinsten* Index zurückgibt. Bei den Algorithmen A und B ist dies nicht der Fall.

Aufwandsabschätzung für binäres Suchen

Es soll zuerst der Algorithmus C analysiert werden. Betrachten wir zunächst den Fall, daß das Feld aus $n = 2^m$ Elementen besteht; mit m = 10 z.B. folgt n = 1.024. Mit jeder Iteration sinkt die Breite des verbleibenden Intervalls auf die Hälfte, es sind also bis zum Abbruch $m = \log_2 n$ Durchläufe nötig (statt $\log_2 n$ schreiben wir abkürzend auch ld n, logarithmus dualis). Ist n keine Zweierpotenz, so ist d, die Zahl der Durchläufe, der auf- oder abgerundete Wert von ld n, also im ungünstigeren Fall $d = \lceil \text{ld } i \rceil$.

Beim *Algorithmus* B ist d etwas geringer, falls der gesuchte Schlüssel vorhanden ist. Hat das Feld n = 2^m-1 Elemente, so sind im ungünstigsten Falle m Durchläufe nötig, bis der Schlüssel gefunden ist, im günstigsten Fall genügt einer. Da aber der ungünstige Fall bei 2^{m-1} Schlüsseln auftritt, ist der *Durchschnitt* über alle vorhandenen Schlüssel:

$$d = \frac{1}{n} \sum_{i=1}^{n} d_i = \frac{1}{2^m - 1} \sum_{i=1}^{m} i \cdot 2^{i-1}$$

Vernachlässigt man für große m die „-1" im Nenner, so bildet sich für d der *Grenzwert*, dem sich d von oben nähert (Summe hier in umgekehrter Folge):

$$\lim d = \frac{m}{2} + \frac{m-1}{4} + \frac{m-2}{8} + \ldots + \frac{1}{2^m} = \frac{m}{2} + \frac{m}{4} + \frac{m}{8} + \ldots - \frac{1}{4} - \frac{2}{8} - \frac{3}{16} - \ldots = m-1.$$

Die Zahl der – aufwendigeren – Iterationen ist also kaum geringer. Der Algorithmus C erweist sich damit gegenüber B als umso überlegener, je größer das zu durchsuchende Feld ist.

6.3.2 Suchen von Zeichenketten

Im letzten Abschnitt haben wir die Suche nach einem einzelnen Element in einem Feld betrachtet. Dagegen ist die Suche nach einem ganzen *String* (nachfolgend als „*Pattern*" bezeichnet) in einem Text bedeutend aufwendiger. Wir werden zunächst dafür einen naiven und dann zwei effizientere Algorithmen vorstellen.

Naiver Algorithmus

Bei diesem Verfahren wird das Pattern *zeichenweise* am Text entlanggeschoben und jeweils *von Anfang an* verglichen, bis das Ende des Pattern oder eine Unstimmigkeit zwischen korrespondierenden Elementen des Pattern und des zu durchsuchenden Textes erreicht ist.

Algorithmus:

```
                                        (* Programm P6.6 *)
     (* Alle skalaren Variablen sind vom Typ CARDINAL, die Strings
        Text und Pattern sind ab 0 bis Length-1 indiziert *)

     TextPos := 0;   PatternPos := 0;
     WHILE  (PatternPos < PatternLength)
            AND (TextPos + PatternLength <= TextLength) DO
         PatternPos := 0;
```

```
WHILE   (PatternPos < PatternLength) AND
        (Pattern [PatternPos] = Text [TextPos + PatternPos])
DO
    INC (PatternPos);
END (*WHILE*);
INC (TextPos);
END (*WHILE*);
IF (TextPos > 0) THEN   DEC (TextPos);   END;
(* falls PatternPos >= PatternLength, wurde Pattern gefunden,
   und TextPos gibt jetzt die Position im Text an *)
```

Unter der Annahme, daß Unstimmigkeiten jeweils schon sehr früh, also bei den ersten Vergleichen auftreten, ist der Algorithmus recht gut. Probleme gibt es aber, wenn die Unstimmigkeit erst gegen Ende des Patterns auftritt (z.B. die Suche des Pattern „******/" in einem Text der Form „***...***", was jedesmal erst beim 7. Vergleich eine Unstimmigkeit ergibt, auf die nur die Verschiebung um *ein* Zeichen folgt). In diesem ungünstigsten Fall werden (t - s + 1) · s Vergleiche ausgeführt, worbei t die Länge des Texts, s die des Patterns ist.

Der Suchalgorithmus von Knuth-Morris-Pratt (KMP)

Die Idee des KMP-Algorithmus besteht darin, aus dem Pattern gewisse Informationen über den bereits verglichenen Text herzuleiten. Wenn z.B. (vgl. Abb. 6.20) beim 5. Zeichen des Patterns eine Unstimmigkeit auftritt, sind die bereits verglichenen vier Zeichen des Textes bekannt. Damit ist auch klar, ob eine Verschiebung um weniger als vier Zeichen sinnvoll ist oder ob – wie in der Abb. 6.20 – sofort um vier Positionen verschoben werden kann.

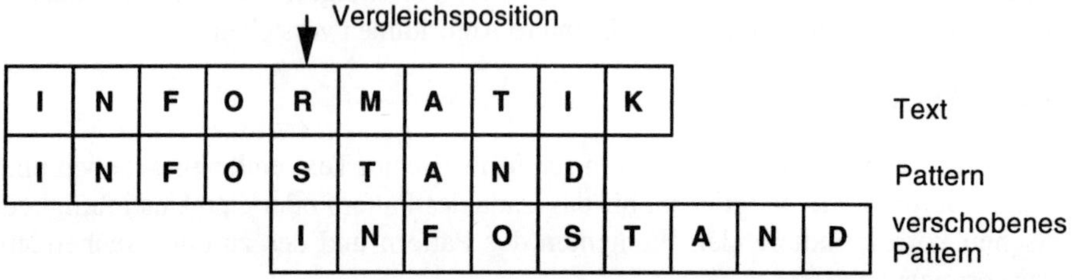

			↓ Vergleichsposition							
I	N	F	O	R	M	A	T	I	K		Text
I	N	F	O	S	T	A	N	D			Pattern
				I	N	F	O	S	T	A	N	D	verschobenes Pattern

Abb. 6.20 Vollständiges Weiterschieben mit Neuanfang des Patternvergleichs

Treten am Anfang des Pattern Wiederholungen von Zeichenfolgen auf (siehe Abb. 6.21), dann ist die zulässige Verschiebung geringer. Nach Feststellung der Diskrepanz auf der Vergleichsposition (Textzeichen ist nicht „B") könnte der Text auch „GEGEGEBEN" lauten. Darum muß nach Verschiebung um zwei Plätze das 3. Zeichen des Patterns an derselben Stelle des Textes verglichen werden.

6.3. Suchen in gegebenen Datenstrukturen

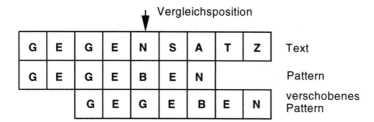

Abb. 6.21 Teilweises Weiterschieben und Rest-Patternvergleich

Die zulässigen Verschiebungen werden *vor* dem eigentlichen Suchvorgang aus dem Pattern hergeleitet und in einer *Tabelle* gespeichert (Prozedur TabelleBauen in der Prozedur KMP im Programm P6.7 am Ende des Abschnitts 6.3.2.). Die einzelnen Elemente der Tabelle geben jeweils an, an welche Stelle links der Ungleichheit das Pattern verschoben werden kann (siehe Abb. 6.22). Die Stelle im Text, an der verglichen werden muß, bleibt gleich oder wird um eine Position nach rechts verschoben, wenn die neue Position des Patternanfangs *rechts* von der Vergleichsposition steht.

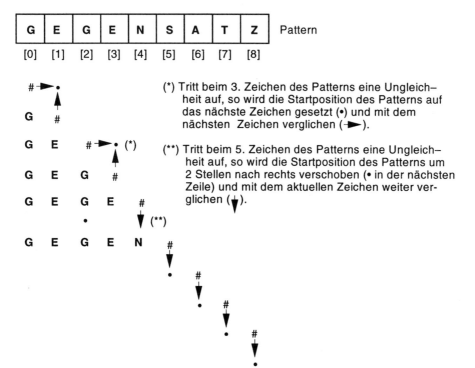

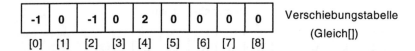

| -1 | 0 | -1 | 0 | 2 | 0 | 0 | 0 | 0 | Verschiebungstabelle |
|[0]|[1]|[2]|[3]|[4]|[5]|[6]|[7]|[8]| (Gleich[]) |

\# Ungleichheit zwischen Text und Pattern
• Neue Startposition des Patternanfangs bei Ungleichheit
▶ Fortsetzung mit nächstem Textzeichen
▼▲ Fortsetzung mit aktuellem Textzeichen
Die Pfeile zeigen auf die für den jeweiligen Fall geltende neue Startposition des Pattern

Abb. 6.22 Tabellenbau bei KMP

Bedeutung der Werte in „Gleich[]":
Gleich[0] = -1   Ungleichheit bei erstem Pattern-Zeichen, weiter zum *nächsten* Textzeichen;
Gleich[i] = -1   gleiches Zeichen wie am Anfang erwartet, aber nicht angetroffen, weiter zum *nächsten* Textzeichen mit Pattern-Anfang;
Gleich[i] = 0   Teste am *aktuellen* Textzeichen den Pattern-Anfang neu (anfangs ohne Wiederholung);
Gleich[i] = p>0 Teste am *aktuellen* Textzeichen das Pattern ab Index p (Länge der Wiederholung).

Aufwandsabschätzung:

Der Aufwand bei KMP ist in extremen Fällen deutlich *geringer* als der des naiven Verfahrens. Die Anzahl der Vergleiche beträgt höchstens 2t - s.

Begründung: Zwischen zwei Vergleichen wird entweder das Pattern geschoben (kann höchstens t - s mal geschehen) oder die Vergleichsposition wandert nach rechts (höchstens t - 1 mal). Daher sind nicht mehr als t - s + t - 1 + 1 = 2t - s Vergleiche möglich. In der Regel sind es kaum mehr als t.

Ein weiterer Vorteil des KMP-Algorithmus ist, daß der Textzeiger während des Suchens nicht zurückgesetzt werden muß. Dies ist besonders bei der Suche in sequentiellen *Dateien* nützlich.

Als *Nachteil* kann man den Aufbau (Komplexität: O(s)) und die Speicherung der Tabelle betrachten. Speichermäßig benötigt sie mindestens soviel Platz wie das Pattern selbst; die Berechnung lohnt sich vor allem bei kurzen Patterns (und Texten) nicht.

Zusammenfassend läßt sich feststellen, daß der KMP-Algorithmus den ungünstigsten Fall erheblich entschärft.

6.3. Suchen in gegebenen Datenstrukturen

Der Suchalgorithmus von Boyer-Moore (BM)

Wie schon beim KMP- wird auch beim BM-Algorithmus zuvor aus dem Pattern eine Tabelle entwickelt, die die Suche erheblich beschleunigt.

Anders als bei KMP wird hier aber
- das Pattern *von hinten nach vorne* (beginnend mit dem letzten Zeichen des Patterns) mit dem aktuellen Textfenster verglichen,
- bei einer Diskrepanz die notwendige Verschiebung des Patterns von dem Textzeichen abgeleitet, das mit dem *letzten* Zeichen des Patterns verglichen wurde. Das Pattern wird dann soweit verschoben, bis es an das betreffende Zeichen „paßt" oder erst rechts davon beginnt.

Die Verschiebung des Pattern wird in einer Tabelle (DELTA) verwaltet, in der zu jedem Zeichen des Zeichensatzes dessen *letzte Position* im Pattern oder, falls das Zeichen im Pattern nicht vorkommt, die Länge des Pattern gespeichert wird. Abb. 6.23 zeigt als Beispiel einen Suchvorgang mit dem BM-Algorithmus.

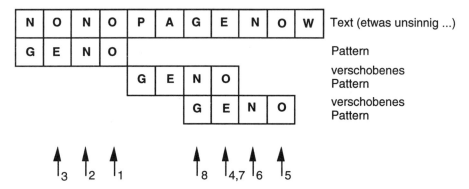

Abb. 6.23 Suchalgorithmus nach Boyer und Moore

Die Tabelle DELTA hat für das Pattern „GENO" folgenden Inhalt:
    DELTA [A] = 4

    ...

    DELTA [E] = 2
    DELTA [F] = 4
    DELTA [G] = 1
    DELTA [H] = 4

    ...

    DELTA [N] = 3
    DELTA [O] = 4 (* da O am Ende *)

    ...

Erläuterungen (die Zahlen bezeichnen die Vergleiche in Abb. 6.23):

1,2 *Übereinstimmung*: Weiter von rechts nach links vergleichen.
3 *Diskrepanz*: Pattern wird um vier Plätze, also die Länge, geschoben, weil „O" außer auf der letzten Position nicht mehr im Pattern vorkommt. Vergleich ab „E" im Text.
4 *Diskrepanz*: Pattern wird um zwei Plätze geschoben, weil „E" zwei Plätze vor dem letzten Zeichen im Pattern vorkommt. Vergleich ab „O" im Text.
5-8 *Gefunden!*

Aufwandsabschätzung:
Der BM-Algorithmus, der hier in der vereinfachten Fassung von Wirth wiedergegeben ist, verbessert die Effizienz der Suche im durchschnittlichen Fall ganz erheblich (bis etwa t/s Vergleiche für ein nicht enthaltenes Pattern); in ungünstigen Fällen ist er nicht besser als der naive Algorithmus. Daher haben die Autoren auch eine *Kombination* mit dem KMP-Algorithmus vorgeschlagen. Ein Nachteil des BM-Algorithmus ist, daß der Text nicht sequentiell durchsucht wird (Rücksetzen des Textzeigers), so daß bei der Speicherung des Textes in sequentiellen Dateien Probleme entstehen.

Anwendungsbeispiel: Für (englische Teilwort-)Pattern mit Länge 5 in englischen Texten werden im statistischen Mittel ca. t/4 Vergleiche benötigt).

Die ausführlichen Beschreibungen und Analysen der KMP- und BM-Algorithmen finden sich in
- Knuth, Morris, Pratt: Fast pattern matching in strings; SIAM Journal of Comput. 6, 323-349
- Boyer, Moore: A fast string searching algorithm; Communications of the ACM 20, 762-772.

Implementierungen

Abschließend wollen wir noch die vollständige Implementierung der drei aufgeführten Suchalgorithmen angeben (aus Gründen der Übersichtlichkeit mit globalen Variablen). Um den Aufwand vergleichen zu können, sind die *Vergleiche* in eine spezielle Funktion Comp ausgelagert, wo jeweils als Nebenwirkung eine Zählvariable erhöht wird. Die Prozedur TabelleBauen zur Berechnung der Pattern-Verschiebung im KMP-Algorithmus wurde zwar nur vorbereitend erläutert, wird aber hier zur Vervollständigung der Implementierung angegeben.

```
MODULE Stringsearch;                        (* Programm P6.7 *)
FROM InOut IMPORT OpenInput, CloseInput, OpenOutput, CloseOutput,
                  Read, Write, WriteString, WriteCard,
                  WriteInt, WriteLn, Done;

CONST LngStrMax = 100; LngTxtMax = 80;
```

6.3. Suchen in gegebenen Datenstrukturen

```
VAR   Txt      : ARRAY [0..LngTxtMax-1] OF CHAR;   (* Text *)
      Str      : ARRAY [0..LngStrMax-1] OF CHAR;   (* Such-String *)
      LngStr, LngTxt : INTEGER;

(****************************************************************)

PROCEDURE GetText;

CONST CR=15C;

VAR Zeichen: CHAR;

BEGIN  (* Text einlesen *)
  WriteString("Bitte den Namen des Textfiles eingeben:"); WriteLn;
  OpenInput ("TEXT"); LngTxt:=0; Read (Zeichen);
  WHILE Done  AND (LngTxt < LngTxtMax) DO
    Txt[LngTxt] := Zeichen; INC (LngTxt);
    IF Zeichen = CR THEN WriteLn ELSE Write (Zeichen) END;
    Read (Zeichen);
  END;
  CloseInput; WriteLn;
  WriteInt (LngTxt, 8); WriteString (' Zeichen gelesen.'); WriteLn;
END GetText;

(****************************************************************)

PROCEDURE GetPattern;

VAR Zeichen: CHAR;

BEGIN
  WriteLn; WriteString("Bitte Suchstring eingeben: ");
  LngStr := 0;
  LOOP (* Suchstring einlesen *)
    Read (Zeichen);
    IF Zeichen < " " THEN EXIT END;
    Write (Zeichen); Str [LngStr] := Zeichen;
    INC (LngStr);
    IF LngStr >= LngStrMax THEN EXIT END;
  END (* LOOP *);
  WriteLn;
END GetPattern;

(****************************************************************)

PROCEDURE Comp (LogExp: BOOLEAN; VAR Count: CARDINAL): BOOLEAN;
                              (* zum Zaehlen der Vergleiche *)
BEGIN INC (Count); RETURN LogExp END Comp;

(****************************************************************)

PROCEDURE Results (Header: ARRAY OF CHAR; Gefunden: BOOLEAN;
                   Position, Z1, Z2: INTEGER);
BEGIN
  WriteString (Header);
```

```
    IF Gefunden THEN
      WriteString ("Gefunden bei Position: "); WriteInt (Position,5);
             (* Die Zahl der ueberlesenen Zeichen wird ausgegeben *)
    ELSE
      WriteString ("Nicht gefunden          ");
    END (* IF *);
    WriteString ('    Vergleiche Index/Zeichen:');
    WriteInt (Z1, 5); WriteInt (Z2, 5); WriteLn;
END Results;

(****************************************************************)

PROCEDURE SimpleSearch;                  (* Naiver Suchalgorithmus *)
VAR Position, CheckPos: INTEGER;
    Z1, Z2   : CARDINAL;

BEGIN (* SucheString *)
  Z1 := 0; Z2 := 0;
  Position := 0; CheckPos := 0;
  WHILE Comp (CheckPos < LngStr, Z1)      (* d.h. nicht gefunden *)
    AND Comp (Position <= LngTxt - LngStr, Z1) DO
                         (* d.h. Treffer ist noch moeglich *)
    CheckPos := 0;
    WHILE Comp (CheckPos < LngStr, Z1)
       AND Comp (Txt [Position + CheckPos] = Str [CheckPos], Z2) DO
      INC (CheckPos);
    END (* WHILE *);
    INC (Position);
  END (* WHILE *);
  IF Position > 0 THEN DEC (Position) END;

  Results ("Ergebnis naiv ", CheckPos >= LngStr, Position, Z1, Z2);
END SimpleSearch;

(****************************************************************)

PROCEDURE KMP;
(* Stringsuche nach Knuth, Morris, Pratt; der Algorithmus ist aus
   Programm 1.2 in Wirth, Algorithmen und Datenstrukturen,
   4. Aufl., S.66 f., entstanden *)

VAR TextInd, StrInd : INTEGER;
    Zeichen : CHAR;
    Z1, Z2   : CARDINAL;             (* Zaehler fuer Vergleiche *)
    Gleich   : ARRAY [0..LngStrMax-1] OF INTEGER; (* Tabelle fuer
                                                     Verschieb. *)
  PROCEDURE TabelleBauen;
  (* Tabelle fuer KMP *)
  VAR StrInd,                (* durchlaeuft String ab 2. Zeichen *)
      VglInd: INTEGER;       (* Laenge des linken Teilstrings, der
                                mit Stringanfang uebereinstimmt. *)
  BEGIN
    Gleich [0] := -1;                        (* bleibt konstant *)
    VglInd := 0;
    FOR StrInd := 1 TO LngStr-1 DO
```

6.3. Suchen in gegebenen Datenstrukturen 317

```
            IF Str [StrInd] = Str [VglInd] THEN
              Gleich [StrInd] := Gleich [VglInd];
            ELSE
              Gleich [StrInd] := VglInd;
            END (* IF *);

            WHILE (VglInd >= 0) AND (Str [StrInd] <> Str [VglInd]) DO
              VglInd := Gleich [VglInd]
            END (* WHILE *);

            INC (VglInd);
          END (* FOR *);
        END TabelleBauen;

BEGIN (* KMP *)
  TabelleBauen;                   Z1 := 0;  Z2 := 0;

  TextInd := 0; StrInd := 0;
  WHILE Comp (StrInd < LngStr, Z1)      (* String nicht gefunden *)
    AND Comp (TextInd < LngTxt, Z1) DO  (* Text nicht abgearbeit.*)
    WHILE Comp (StrInd >= 0, Z1)        (* Vergleich noch notw. *)
      AND Comp (Txt [TextInd] <> Str [StrInd], Z2) DO
      StrInd := Gleich [StrInd] (* darum Verschiebung vornehmen *)
    END (* WHILE *);
    (* gleiche Zeichen gefunden und/oder StrInd = -1 *)
    INC (TextInd); INC (StrInd);(* naechstes Zeichen vergleich. *)
  END (* WHILE *);

  Results ("Ergebnis KMP: ", StrInd=LngStr, TextInd-LngStr, Z1,Z2);
END KMP;

(******************************************************************)

PROCEDURE BM;
(* String-Suche nach Boyer-Moore. Algor. ist aus Progr. 1.3 in
   Wirth, Algor. und Datenstrukt., 4. Aufl., 69 f., entstanden *)

VAR TxtInd, StrInd, VglInd : INTEGER;
    Zeichen : CHAR;
    Delta   : ARRAY [MIN (CHAR) .. MAX (CHAR)] OF INTEGER;
                              (* Tabelle fuer Verschiebung *)
    Z1, Z2  : CARDINAL;

  PROCEDURE TabelleBauen;
  (* Tabelle fuer BM *)
    VAR StrInd  : INTEGER;   (* durchlaeuft String ab 2. Zeichen *)
        Zeichen : CHAR;
    BEGIN
      FOR Zeichen := MIN (CHAR) TO MAX (CHAR) DO
        Delta [Zeichen] := LngStr
      END (* FOR *);
      FOR StrInd := 0 TO LngStr-2 DO
        Delta [Str [StrInd]] := LngStr - StrInd - 1;
      END (* FOR *);
    END TabelleBauen;
```

```
BEGIN
  TabelleBauen;                                              Z1 := 0; Z2 := 0;

  StrInd := LngStr-1;      (* wegen WHILE-Bedingung, siehe unten *)
  TxtInd := StrInd;

  WHILE Comp (StrInd >= 0, Z1) AND Comp (TxtInd < LngTxt, Z1) DO
    StrInd := LngStr-1; VglInd := TxtInd;
    LOOP
      IF Comp (StrInd < 0, Z1) THEN EXIT END;      (* Gefunden *)
      IF Comp (Str[StrInd] # Txt[VglInd], Z2) THEN
        TxtInd := TxtInd + Delta[Txt[TxtInd]];   (* Verschieben *)
        EXIT
      END (* IF *);
      DEC (StrInd); DEC (VglInd);   (* Rueckwaerts vergleichen *)
    END (* LOOP *);
  END (* WHILE *);

  Results ("Ergebnis BM : ", StrInd < 0, TxtInd-LngStr+1, Z1, Z2);
END BM;

(*****************************************************************)

BEGIN (* Stringsearch *)
  GetText;
  LOOP
    GetPattern;
    IF Str [0] = '.' THEN EXIT END;
    SimpleSearch; KMP; BM;
  END (* LOOP *);
END Stringsearch.
```

Der nachfolgende - verkürzte - Ausdruck zeigt den Anfang eines *Testlaufs*:

```
Bitte den Namen des Textfiles eingeben: Testtext
```
**************************...*verkürzt*...*******************/***
```
      80 Zeichen gelesen.

Bitte Suchstring eingeben: *
Ergebnis naiv: Gef. bei Position:    0 Vergl. Index/Zeichen:   5   1
Ergebnis KMP : Gef. bei Position:    0 Vergl. Index/Zeichen:   4   1
Ergebnis BM  : Gef. bei Position:    0 Vergl. Index/Zeichen:   5   1

Bitte Suchstring eingeben: /***
Ergebnis naiv: Gef. bei Position:   76 Vergl. Index/Zeichen: 236  80
Ergebnis KMP : Gef. bei Position:   76 Vergl. Index/Zeichen: 317  80
Ergebnis BM  : Gef. bei Position:   76 Vergl. Index/Zeichen: 449 297
```

Die vollständigen Ergebnisse sind in der Tabelle 6.3 wiedergegeben (tatsächlich bestand der Text aus insgesamt 79 Zeichen '*', vor den drei letzten Sternen eingeschoben ein Slash; für jeden der drei Algorithmen (Naiv, KMP, BM) sind jeweils in der ersten Spalte die Anzahl der Indexvergleiche, in der zweiten die Anzahl der Zeichenvergleiche angegeben):

6.3. Suchen in gegebenen Datenstrukturen

Pattern	Position	Naiv		KMP		BM	
*	0	5	1	4	1	5	1
/***	76	236	80	317	80	449	297
***/	73	446	296	305	150	227	77
/***/	-	230	76	318	80	225	77
	0	1	0	1	0	1	0
abc	-	236	78	322	80	80	26
*************/	63	1026	896	295	140	207	77
//*	-	308	154	319	157	159	79
/*/*/	-	230	76	320	80	229	77

Tab. 6.3 Vergleich der Algorithmen

Wie man sieht, ist der naive Algorithmus in einem Großteil der Fälle gar nicht so viel schlechter. Dazu kommt, daß er sehr viel einfacher zu implementieren und zu warten ist. Es zeigt sich damit wieder, daß vor der Auswahl einer Algorithmusvariante die Situation in der Einsatzumgebung gründlich zu analysieren ist.

6.4 Datenorganisationen für effizientes Suchen

In Abschnitt 6.3 haben wir Suchverfahren für gegebene, nicht durch Einfügen und Löschen ihrer Elemente dynamisch wachsende oder schrumpfende Datenbestände behandelt.

Im Abschnitt 6.4 geben wir diese Beschränkung auf und stellen in 6.4.1 *Bäume* als Datenorganisation für einen effizienten Zugriff beim Suchen von Elementen vor. Die Elemente sind i.a. in den Knoten der Bäume selbst enthalten, doch kann man sich Bäume auch als reine „Suchstrukturen" vorstellen, die nur den Weg zu den zu suchenden Elementen weisen und nur einen Zeiger oder einen Index liefern, mit dem man dann schließlich das gesuchte Element findet.

Abschnitt 6.4.2 behandelt das *Hashing*. Im Gegensatz zu Bäumen, in denen das Suchen durch *Schlüsselvergleiche* erfolgt, wird beim Hashing aus dem *Suchargument* direkt ein Schlüssel berechnet. D.h. man versucht, durch eine Adressenberechnung das gesuchte Element direkt zu finden oder zumindest mit der Adresse ganz in der Nähe zu „landen".

6.4.1 Suchverfahren auf Bäumen

Das Suchen in *Listen* (ohne Sortierung) mit n Elementen dauert im schlechtesten Fall n Vergleiche, bis man das Element gefunden oder die erfolglose Suche festgestellt hat. Es liegt nahe, dies zu beschleunigen, indem man Bäume verwendet, deren Eigenschaften die Suche erleichtern. Solche Eigenschaften sind z.B. Zusicherungen, daß sich in einem Teilbaum nur Knoten mit einem eingeschränkten Wertebereich (z.B. alle „kleineren" oder „größeren" Knoten) befinden.

6.4.1.1 Binäre Suchbäume

Unter einem *binären Suchbaum* über einer linear geordneten Menge X verstehen wir einen geordneten, gerichteten, mit Elementen aus X knotenmarkierten *Binärbaum*, für dessen *Markierung* M in jedem Knoten gilt (wir schließen eine wertgleiche Markierung von Knoten aus!):
- falls k einen linken Nachfolger besitzt, dann ist $M(k') < M(k)$ für alle Knoten k' im linken Unterbaum von k, und
- falls k einen rechten Nachfolger k" besitzt, dann ist $M(k) < M(k")$ für alle Knoten k" im rechten Unterbaum von k.

6.4. Datenorganisationen für effizientes Suchen

Der binäre Suchbaum ist also bezüglich der <–Relation linear geordnet. Das *Suchen* eines Elementes in einem binären Suchbaum geschieht, indem beginnend mit der Wurzel der Wert x_1 des zu suchenden Elementes mit dem Wert x_2 des jeweils aktuell betrachteten Baumknotens k verglichen wird. Falls $x_1 = x_2$, so ist das Element gefunden, falls $x_1 < x_2$, betrachtet man die Wurzel des linken, falls $x_1 > x_2$ die Wurzel des rechten Teilbaums von k. Falls der entsprechende Teilbaum leer ist, so bleibt die Suche erfolglos.

Das *Einfügen* eines Elementes basiert auf der gleichen algorithmischen Idee wie beim Suchen mit folgenden Besonderheiten: Im Falle $x_1 = x_2$ kann das Element – da bereits vorhanden – nicht mehr eingefügt werden, beim Feststellen eines leeren Teilbaums ist die Einfügestelle gefunden und das Einfügen kann erfolgen.

Beispiel: Gegeben sei die Folge ganzer Zahlen 14, 23, -2, 12, -5, 36, 0, 28, 20.

Das sukzessive Aufbauen des binären Suchbaums für die gegebene Zahlenfolge durch fortlaufendes Einfügen verdeutlicht Abb. 6.24.

Ein *Inorder-Durchlauf* liefert dann diese Zahlenfolge in aufsteigender Sortierung: -5, -2, 0, 12, 14, 20, 23, 28, 36.

Das *Löschen* eines Elementes k in einem binären Suchbaum geschieht dadurch, daß k durch seinen Inorder-Nachfolger oder seinen Inorder-Vorgänger „ersetzt" wird.

Fall 1: *k.left = NIL*, dann ersetze k durch rechten Teilbaum, d.h. ziehe die Wurzel k' des *rechten* Teilbaums hoch und ersetze k durch k';

Fall 2: *k.right = NIL*, dann ersetze k durch linken Teilbaum, d.h. ziehe die Wurzel k" des *linken* Teilbaums hoch und ersetze k durch k";

Fall 3: *sonst*, dann ersetze k entweder durch das kleinste Element im rechten Teilbaum (*Inorder-Nachfolger*) oder durch das größte Element im linken Teilbaum (*Inorder-Vorgänger*). Im Modula-2-Programm P6.8 wurde die zweite Variante gewählt.

Die Suche nach dem Ersatzelement erfolgt in einer eingeschachtelten rekursiven Prozedur. Diese sucht vom rechten (linken) Sohn des zu löschenden Knotens nach links (rechts), bis ein Knoten keinen linken (rechten) Sohn hat. Dieser ersetzt dann den zu löschenden Knoten und wird seinerseits durch die Wurzel seines rechten (linken) Unterbaums ersetzt.

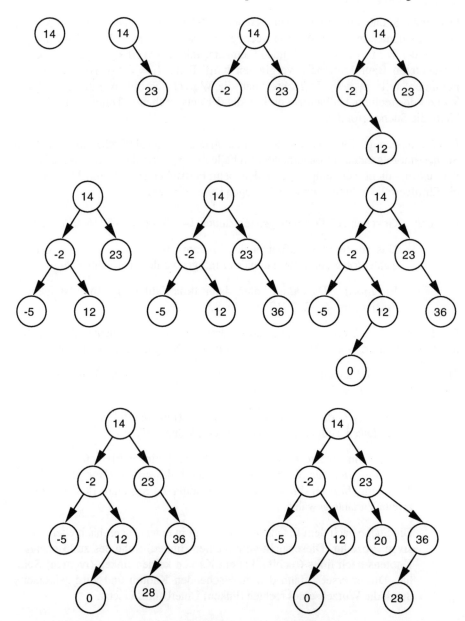

Abb. 6.24 Sukzessives Aufbauen eines binären Suchbaums

In Programm P6.8 ist eine komplette Modula-2-Implementierung für das *Einfügen*, das *Suchen* und das *Löschen* von Elementen in einem binären Suchbaum angegeben. Man stelle sich vor, daß der binäre Suchbaum in seinen Elementen neben den

6.4. Datenorganisationen für effizientes Suchen

Schlüsseln die an sich interessanten Inhalte (für die der Suchbaum mit seinen Schlüsseln ja nur eine *Zugriffsstruktur* darstellt) enthält.

Zum Verständnis des Programms P6.8 hilft die Anschauung, daß damit eine Tabelle verwaltet wird, wobei der Schlüssel ein String und der Inhalt nur ein einfacher Real-Wert ist.

Schnittstelle:

```
DEFINITION MODULE BinSuchBaum;            (* Programm P6.8a *)
(* ZWECK    : Tabellenverwaltung mit binaerem Suchbaum *)

TYPE Zeichenkette = ARRAY [0..20] OF CHAR;
     SchluesselTyp = RECORD
                       String: Zeichenkette;
                       Laenge: CARDINAL;
                     END (* RECORD *);

     InhaltTyp    = REAL; (* nur als Beispiel fuer einen
                             (i.a. umfangreichen) Typ *)

     ElementTyp   = RECORD
                       Schluessel : SchluesselTyp;
                       Inhalt     : InhaltTyp;
                     END (* RECORD *);

  PROCEDURE Einfuegen ( (* in  *) Element : ElementTyp;
                        (* out *) VAR OK  : BOOLEAN);
  (* Traegt Element in die Tabelle ein:
     OK = TRUE : Eintrag erfolgreich durchgefuehrt
     OK = FALSE: Tabelle ist voll o. Eintrag schon vorhanden *)

  PROCEDURE Suchen ( (* in  *) SuchSchluessel : SchluesselTyp;
                     (* out *) VAR Element    : ElementTyp;
                     (* out *) VAR OK         : BOOLEAN);
  (* Findet Element mit Schluessel 'SuchSchluessel':
     OK=TRUE : Element gefunden.
     OK=FALSE: Element war nicht in der Liste.           *)

  PROCEDURE Loeschen ( (* in  *) LoeschSchluessel : SchluesselTyp;
                       (* out *) VAR OK           : BOOLEAN);
  (* Loescht Element mit Schluessel 'LoeschSchluessel':
     OK=TRUE : Element geloescht.
     OK=FALSE: Element war nicht in der Liste            *)
END BinSuchBaum.
```

Implementierung:

```
IMPLEMENTATION MODULE BinSuchBaum;         (* Programm P6.8b *)
(* ZWECK : Tabellenverwaltung mit binaerem Suchbaum *)

FROM Storage IMPORT ALLOCATE, DEALLOCATE;
```

```
TYPE ZweigTyp     = POINTER TO KnotenTyp;
     KnotenTyp    = RECORD
                      Inhalt : ElementTyp;
                      UBLinks, UBRechts : ZweigTyp;
                    END (* RECORD *);
VAR  Gesamtbaum : ZweigTyp;
TYPE VglResTyp = (Vor, Gleich, Nach);

(******************* interne Prozedur *********************)
  PROCEDURE StringVgl (S1, S2: SchluesselTyp) : VglResTyp;
  (* gibt an, ob S1 lexikographisch vor oder nach S2 kommt
     oder ob S1 gleich S2 ist. *)
  VAR i, n : CARDINAL;

    PROCEDURE Minimum (A, B: CARDINAL): CARDINAL;
    BEGIN (* Minimum *)
      IF A < B THEN RETURN A ELSE RETURN B END;
    END Minimum;

  BEGIN (* StringVgl *)
    n := Minimum (S1.Laenge, S2.Laenge);
    i := 0;
    WHILE (i <= n) AND (S1.String[i] = S2.String[i]) DO
      INC (i);
    END (* WHILE *);
    IF i <= n THEN
      IF S1.String[i] < S2.String[i] THEN
        RETURN Vor
      ELSE
        RETURN Nach
      END (* IF *);
    ELSE
      IF n < S1.Laenge THEN
        RETURN Nach
      ELSIF n < S2.Laenge THEN
        RETURN Vor
      ELSE
        RETURN Gleich
      END (* IF *);
    END (* IF *);
  END StringVgl;

(**************************************************************)
  PROCEDURE Einfuegen ( (* in  *) Element : ElementTyp;
                        (* out *) VAR OK: BOOLEAN);

    PROCEDURE RekEintragen (VAR Baum: ZweigTyp);
    BEGIN (* Eintragen *)
      IF Baum = NIL THEN   (* neues Element im Binaerbaum
                              anhaengen *)
        ALLOCATE (Baum, SIZE (KnotenTyp));
        WITH Baum^ DO
          UBLinks := NIL;  UBRechts := NIL;  Inhalt := Element;
        END (* WITH *);
        OK := TRUE;
```

6.4. Datenorganisationen für effizientes Suchen

```
        ELSE
          WITH Baum^ DO
            CASE StringVgl (Element.Schluessel,Inhalt.Schluessel) OF
            | Vor    : RekEintragen (UBLinks);
            | Nach   : RekEintragen (UBRechts);
            | Gleich : OK := FALSE;
            END (* CASE *);
          END (* WITH *);
        END (* IF *);
      END RekEintragen;

    BEGIN (* Einfuegen *)
      RekEintragen (Gesamtbaum);
    END Einfuegen;

(*************************************************************)
    PROCEDURE Suchen ( (* in   *) SuchSchluessel : SchluesselTyp;
                       (* out  *) VAR Element : ElementTyp;
                       (* out  *) VAR OK : BOOLEAN);
    (* Findet Element mit Schluessel 'SuchSchluessel':
       OK=TRUE : Element gefunden.
       OK=FALSE: Element war nicht in der Liste.            *)

      PROCEDURE RekSuchen (Baum: ZweigTyp);
      BEGIN (* RekSuchen *)
        IF Baum = NIL THEN
          OK := FALSE;
        ELSE
          WITH Baum^ DO
            CASE StringVgl (SuchSchluessel, Inhalt.Schluessel) OF
            | Vor    : RekSuchen (UBLinks);
            | Nach   : RekSuchen (UBRechts);
            | Gleich : Element := Inhalt;   OK := TRUE;
            END (* CASE *);
          END (* WITH *);
        END (* IF *);
      END RekSuchen;

    BEGIN (* Suchen *)
      RekSuchen (Gesamtbaum);
    END Suchen;

(*************************************************************)
    PROCEDURE Loeschen
                    ( (* in   *) LoeschSchluessel : SchluesselTyp;
                      (* out  *) VAR OK : BOOLEAN);

      PROCEDURE RekLoeschen (VAR Baum : ZweigTyp);

        PROCEDURE Entfernen ( VAR UB : ZweigTyp);
        VAR Hilf: ZweigTyp;
        BEGIN (* Entfernen *)
          IF UB^.UBRechts = NIL THEN
            Hilf := Baum;   Baum := UB;    UB := UB^.UBLinks;
```

```
            WITH Baum^ DO
              UBLinks  := Hilf^.UBLinks;
              UBRechts := Hilf^.UBRechts;
            END (* WITH *);
            DEALLOCATE (Hilf, SIZE (KnotenTyp));
          ELSE
            Entfernen (UB^.UBRechts);
          END (* IF *);
        END Entfernen;

      VAR Hilf : ZweigTyp;
      BEGIN (* RekLoeschen *)
        IF Baum = NIL THEN
          OK := FALSE;
        ELSE
          WITH Baum^ DO
            CASE StringVgl
                 (LoeschSchluessel, Inhalt.Schluessel) OF
            | Vor    : RekLoeschen (UBLinks);
            | Nach   : RekLoeschen (UBRechts);
            | Gleich : IF (UBLinks = NIL)
                         OR (UBRechts = NIL) THEN
                        Hilf := Baum;
                        IF UBRechts = NIL THEN
                          Baum := UBLinks;
                        ELSE
                          Baum := UBRechts;
                        END (* IF *);
                        DEALLOCATE (Hilf, SIZE (KnotenTyp));
                      ELSE
                        Entfernen (UBLinks);
                      END (* IF *);
                      OK := TRUE;
            END (* CASE *);
          END (* WITH *);
        END (* IF *);
      END RekLoeschen;

    BEGIN (* Loeschen *)
      RekLoeschen (Gesamtbaum);
    END Loeschen;

(*************************************************************)

BEGIN (* TabellenVerw *)
  Gesamtbaum := NIL;
END BinSuchBaum.
```

Die durch Programm P6.8 verwaltete Tabelle könnte nun verwendet werden, um (bei entsprechend erweitertem Inhalt der Knotenelemente) ein Telefonbuch aufzunehmen. Das Verhalten eines solchen Programms wäre befriedigend, wenn der Baum „statistisch" wächst und schrumpft, d.h. annähernd *ausgeglichen* wie ein „natürlicher Baum" verzweigt ist.

6.4. Datenorganisationen für effizientes Suchen

Beispiel: 1.023 Knoten lassen sich im Idealfall völliger Ausgeglichenheit in einem Binärbaum der Höhe 10 anordnen, die maximale Pfadlänge von der Wurzel bis zu einem Blatt wäre dann also 9.

Baut man den Inhalt des Baums dagegen auf, indem man die Einträge aus einem existierenden Telefonbuch der Reihe nach übernimmt, so „entartet" der Baum zu einer *linearen Liste*.
Bei 1.023 Teilnehmern wird die Pfadlänge maximal 1.022.

Sofern wir das *Entarten* des Baums nicht verhindern (z.B. durch „*Balancieren*"), müssen wir wenigstens eine Rekursion verhindern, deren Tiefe mit der Zahl der Knoten im ungünstigsten Fall linear zunimmt; wir müssen also den rekursiven Algorithmus durch einen iterativen ersetzen.

Die durchaus zu bevorzugende Art rekursiver Programmierung können wir aber auf jeden Fall beibehalten, wenn wir durch geeignete Maßnahmen ausgeglichene Baumstrukturen mit einer gewissen *Höhenbeschränkung* garantieren. Im Idealfall (siehe obiges Beispiel) können wir in sogenannten vollständig ausgeglichenen Suchbäumen die Höhe *logarithmisch* bezüglich der Knotenzahl beschränken.

Ein Suchbaum heißt *vollständig ausgeglichen*: ⇔
- für alle inneren Knoten des Baumes unterscheidet sich die Anzahl der Knoten in den Teilbäumen höchstens um 1
- alle Blätter des Baumes unterscheiden sich in ihrem Abstand zur Wurzel um höchstens 1.

Bei n-1 Knoten liegen die Blätter eines binären Suchbaums auf der Höhe $\lceil \text{ld } n \rceil$.

Andere Definitionen vollständiger Ausgeglichenheit von Bäumen fordern, daß alle Blätter auf *gleicher* Höhe liegen. Dies ist aber nur durch Hinzufügen „virtueller" Knoten erreichbar, falls die Knotenzahl in einem binären Suchbaum ungleich 2^n-1 ist.

Der *Aufwand* zur Erhaltung vollständiger Ausgeglichenheit beim Einfügen und Löschen kann im ungünstigen Fall (wenn die einzufügenden oder zu löschenden Elemente wertemäßig dicht beieinander liegen) sehr hoch werden. In der Praxis entschärft man deshalb diese harte Forderung und wählt mit *schwächeren* Ausgeglichenheitsbegriffen und *lokalen*, d.h. auf Teilbäume eines Knotens bezogenen Höhenbeschränkungen einen *Kompromiß* zwischen

- *Reorganisationsaufwand* (beim Einfügen und Löschen!) und
- optimaler, logarithmischer *Suchzeit* bei vollständig ausgeglichenen Suchbäumen (mit allerdings i.a. hohen Balancieraufwand bei Einfüge- und Löschoperationen).

Solche relativ ausgeglichenen (balancierten) Bäume wollen wir nun in der Form sogenannter AVL-Bäume (AVL = Adelson-Velsky und Landis sind die Autoren der diese Bäume definierenden Veröffentlichung) kennenlernen.

6.4.1.2 AVL-Bäume

Ein (binärer) Suchbaum T = (V, E) heißt *AVL-Baum* : ⇔ für jeden Knoten v ∈ V unterscheiden sich die Höhen der Unterbäume von v um höchstens 1.

Anschaulich: Knoten v habe m direkt anhängende Teilbäume $T_1, ..., T_m$.
Dann gilt: | lev (T_i) - lev (T_j) | ≤ 1 für alle i, j ∈ {1, 2, ..., m}.

Im weiteren wollen wir uns auf *binäre AVL-Bäume* beschränken, ohne dies immer explizit zu sagen. Zur Unterstützung der einzelnen Operationen wird jedem Knoten eines AVL-Baumes eine Komponente neben Schlüssel und Inhalt hinzugefügt, der sogenannte *Balancefaktor*.

Sei T = (V, E) ein AVL-Baum, v ∈ V.
b_v ∈ {-1, 0, 1} heißt der *Balancefaktor* des Knotens v : ⇔
b_v = Höhe des rechten Unterbaums von v - Höhe des linken Unterbaums von v.

Abb. 6.25 zeigt ein *Beispiel* eines AVL-Baumes, an dessen Knoten jeweils der entsprechende Balancefaktor notiert ist.

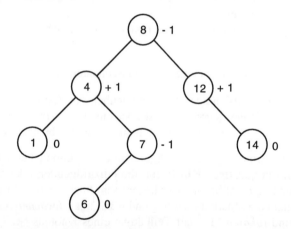

Abb. 6.25 AVL-Baum mit Balancefaktoren

Die Standard-Operationen des Einfügens und Löschens (wie wir sie in Programm P6.8 kennengelernt haben) können nun natürlich nicht mehr unverändert von den üblichen binären Suchbäumen übernommen werden, da der Betrag des Balancefaktors jedes Knotens nicht über 1 wachsen darf. Ein so modifiziertes, *balanciertes* Einfügen und Löschen für AVL-Bäume werden wir nun ausführlich behandeln.

6.4. Datenorganisationen für effizientes Suchen

Einfügen in AVL-Bäume

Wir gehen in fünf Schritten vor:
- zuerst ein motivierendes Beispiel,
- dann eine Generalisierung durch eine vollständige Fallunterscheidung,
- dann ein Algorithmusentwurf,
- dann eine Prozedur für das Einfügen (in enger Anlehnung an den Entwurf) und
- abschließend eine vollständige, elegantere Modula-2 Implementierung für das Einfügen und alle Balancierungs-Operationen (die so auch später beim Löschen genutzt werden können).

Ein *Beispiel* (Einfügen von 5 in AVL-Baum aus Abb. 6.25) zeigt Abb. 6.26. Das Element 5 wird linker Nachfolger von 6 und reduziert die Balancefaktoren des Elements 6 auf -1 und des Elements 7 auf -2, womit die AVL-Eigenschaft verletzt ist.

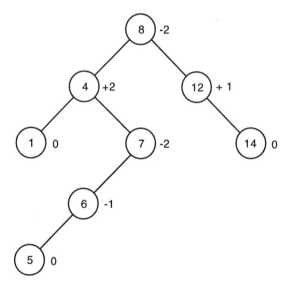

Abb. 6.26 Durch Einfügen von 5 „verletzter" AVL-Baum

Durch eine sogenannte *Rechts-Rotation* des Unterbaums mit der Wurzel 7 entsteht wieder ein AVL-Baum (vgl. Abb. 6.27): die Wurzel „rotiert" (dreht ab) nach rechts und zieht den linken Sohn (und das daran hängende Blatt) hoch. Die Wurzel ändert ihren Balancefaktor von -2 auf 0, das Blatt bleibt unverändert und der „alte" Sohn (und „neue" Vater) erhöht den Balancefaktor von -1 auf 0.

Diesen Vorgang nennen wir Rechts-Rotation, weil die beteiligten Knoten (in diesem Fall die Knoten 5, 6, 7) alle eine *Rechtsdrehung* (also eine Drehung im Uhrzeigersinn) vollziehen. Analog werden wir später in diesem Abschnitt noch die Links-Rotation sehen. Eine alternative Bezeichnung (z.B. von Wirth gewählt) nennt die

Rechts-Rotation Links-Links-Rotation, da der Knoten, der einen unzulässigen Balancefaktor verursacht, nach zweimaligem Linksabstieg erreicht wird.

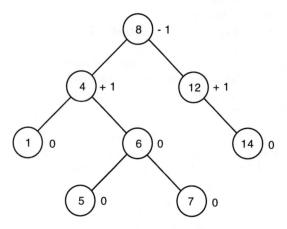

Abb. 6.27 Ergebnis der Rechts-Rotation um den Knoten 7

Unabhängig von dem vorgestellten Beispiel gilt für das Einfügen in einen AVL-Baum generell:
- wie bei den binären Suchbäumen fügen wir das neue Element als *Blatt* ein;
- der Balancefaktor kann nur längs des *Suchpfads* (von der Einfügestelle zur Wurzel) verändert worden sein;
- man suche den untersten Knoten v, an dem der Balancefaktor den Wert -2 oder +2 angenommen hat; falls es eine solche Stelle nicht gibt, hat der Baum nach wie vor die AVL-Eigenschaft; sonst gibt es einen der nachfolgend vorgestellten vier Fälle.

Falls es durch Einfügen eines Blattes x zur Verletzung der AVL-Eigenschaft gekommen ist, unterscheiden wir

1. *Fall*: Überhang im linken Teilbaum links von v
   (x wird an α angehängt ⇒ *R-Rotation*, siehe Abb. 6.28)

2. *Fall*: Überhang im „mittleren" Teilbaum links von v
   (Reaktion: x wird an β (oder γ) angehängt ⇒ *Links-Rechts-Rotation*, siehe Abb. 6.29)

3. und 4. Fall:
   Die Fälle 3 und 4 sind symmetrisch zu 1 und 2, d.h. falls $b_v = +2$ ist, dann hängt entweder der rechte Teilbaum rechts von v über (⇒ *Links-Rotation*), oder im „mittleren" Teilbaum rechts von v hängt der linke oder rechte Teilbaum über (⇒ *Rechts-Links-Rotation*).

6.4. Datenorganisationen für effizientes Suchen   331

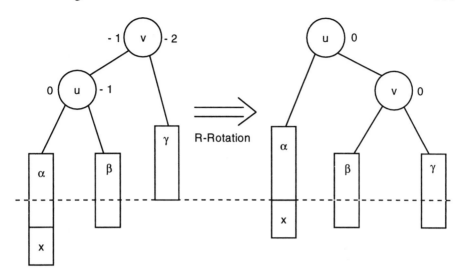

Abb. 6.28 Rechts-Rotation um Knoten v

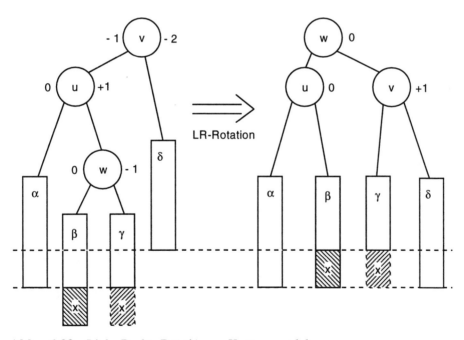

Abb. 6.29 Links-Rechts-Rotation um Knoten u und dann w

Bemerkungen zu den Abbildungen:
- Im AVL-Baum vor der Rotation sind *zwei* Balancefaktoren angegeben. Links vom Knoten der Faktor *vor*, rechts vom Knoten der Faktor *nach* dem Einfügen des Elementes x.
- Die gestrichelten Linien sind Höhenlinien und dienen der Orientierung.

Für das Reorganisieren nach Verletzung der AVL-Eigenschaft dürfen wir für die vier Fälle zusammenfassend feststellen:
- Nach nur *einer* Rotation ist bereits der gesamte Baum wieder ausgeglichen.
- Die Knoten u, v, w werden jeweils*vertikal*, d.h. unter Wahrung ihrer Schlüsselordnung verschoben, wobei nur Zeiger umgesetzt werden. Wegen der Suchbaum-Eigenschaft gibt es keine *horizontale* Bewegung, die die Ordnung auf den Schlüsseln zerstören würde.

Algorithmusentwurf (Einfügen in AVL-Baum):

(1) Füge das neue Element x als Blatt ein.

(2) Gehe zum Vaterknoten zurück (dieser sei y, b_y dessen Balancefaktor):

  (a) Falls x im linken Unterbaum von y eingefügt wurde
   (a1) Falls $b_y = 1$, dann $b_y := 0$, weiter mit (3);
   (a2) Falls $b_y = 0$, dann $b_y := -1$, weiter mit (2);
   (a3) Falls $b_y = -1$, dann entweder *R- oder LR-Rotation*; weiter mit (3).

  (b) Falls x im rechten Unterbaum von y eingefügt wurde
   (b1) Falls $b_y = -1$, dann $b_y := 0$, weiter mit (3);
   (b2) Falls $b_y = 0$, dann $b_y := 1$, weiter mit (2);
   (b3) Falls $b_y = 1$, dann entweder *L- oder RL-Rotation*; weiter mit (3).

(3) Gehe zurück zur Wurzel; Ende.

Algorithmus:

Die folgende rekursive Prozedur Insert realisiert das Einfügen in einen AVL-Baum entsprechend dem oben dargestellten Algorithmusentwurf. Sie entspricht nicht Anforderungen des modernen Software Engineering, zeigt jedoch, daß die obige Fallunterscheidung direkt in einen Algorithmus umgesetzt werden kann. Die Wahl zwischen den Fällen (2) und (3) wird dabei durch den Resultatparameter up gesteuert. Eine übersichtlichere Implementierung des Einfügens in einem AVL-Baum folgt mit Programm P6.10 weiter unten in diesem Abschnitt.

```
PROCEDURE Insert   (    x   : INTEGER;       (* Programm P6.9 *)
                   VAR ptr  : NodePtr;
                   VAR up   : BOOLEAN);
(* Suchen , Einfuegen und Ausgleichen im AVL - Baum *)
```

6.4. Datenorganisationen für effizientes Suchen

```
PROCEDURE RRotation (VAR ptr : NodePtr;
(* R-Rotation und entsprechende Korrektur des Balance-
   faktors *)
VAR ptr1 : NodePtr;
BEGIN (* RRotation *)                    (* ptr^.bal = -1 *)
   ptr1 := ptr^.left;                    (* ptr^.left^.bal = -1 *)
   ptr^.left := ptr1^.right;
   ptr1^.right := ptr;
   ptr^.bal := 0;
   ptr := ptr1;
END RRotation;

PROCEDURE LRRotation (VAR ptr : NodePtr;
(* LR-Rotation und entsprechende Korrektur der Balance-
   faktoren *)
VAR ptr1 , ptr2 : NodePtr;
BEGIN (* LRRotation *)                   (* ptr^.bal = -1 *)
   ptr1 := ptr^.left;                    (* ptr^.left^.bal = +1 *)
   ptr2 := ptr1^.right;
   ptr1^.right := ptr2^.left;
   ptr2^.left := ptr1;
   ptr^.left := ptr2^.right;
   ptr2^.right := ptr;
   IF ptr2^.bal = -1 THEN
      ptr^.bal := 1;
   ELSE
      ptr^.bal := 0;
   END (* IF *);
   IF ptr2^.bal = +1 THEN
      ptr1^.bal := -1;
   ELSE
      ptr1^.bal := 0;
   END (* IF *);
   ptr := ptr2;
END LRRotation;

PROCEDURE LRotation (VAR ptr : NodePtr;
(* L-Rotation und entsprechende Korrektur des Balance-
   faktors *)
VAR ptr1 : NodePtr;
BEGIN (* LRotation *)                    (* ptr^.bal = 1 *)
   ptr1 := ptr^.right;                   (* ptr^.right^.bal = 1 *)
   ptr^.right := ptr1^.left;
   ptr1^.left := ptr;
   ptr^.bal := 0;
   ptr := ptr1;
END LRotation;

PROCEDURE RLRotation (VAR ptr : NodePtr;
(* RL-Rotation und entsprechende Korrektur der Balance-
   faktoren *)
VAR ptr1 , ptr2 : NodePtr;
```

```
     BEGIN (* RLRotation *)                       (* ptr^.bal = 1 *)
       ptr1 := ptr^.right;                  (* ptr^.right^.bal = -1 *)
       ptr2 := ptr1^.left;
       ptr1^.left := ptr2^.right;
       ptr2^.right := ptr1;
       ptr^.right := ptr2^.left;
       ptr2^.left := ptr;
       IF ptr2^.bal = +1 THEN
         ptr^.bal := -1;
       ELSE
         ptr^.bal := 0;
       END (* IF *);
       IF ptr2^.bal = -1 THEN
         ptr1^.bal := 1;
       ELSE
         ptr1^.bal := 0;
       END (* IF *);
       ptr := ptr2;
     END RLRotation;

  BEGIN (* Insert *)
    IF ptr = NIL THEN                              (* einfuegen *)
      ptr := ALLOCATE (ptr, SIZE(Node));
      up := TRUE;                        (* Punkt (1) aus Entwurf *)
      WITH ptr^ DO
        key := x;
        count := 1;
        left := NIL;
        right := NIL;
        bal := 0;
      END (* WITH *);
    ELSIF ptr^.key > x THEN    (* x muss in linken Teilbaum    *)
      Insert(x, ptr^.left, up);      (* Punkt (2a) aus Entwurf *)
      IF up THEN
        CASE ptr^.bal OF
        |  1:  ptr^.bal := 0;                   (* Fall (a1)    *)
               up := FALSE;
        |  0:  ptr^.bal := -1;                  (* Fall (a2)    *)
        | -1:  up := FALSE;                     (* Fall (a3)    *)
               IF ptr^.left^.bal = -1 THEN
                 RRotation (ptr);
               ELSE
                 LRRotation (ptr);
               END (* IF *);
               ptr^.bal := 0;
        END (* CASE *);
      END (* IF *);                 (* Punkt (2a) abgeschlossen *)
    ELSIF ptr^.key < x THEN    (* x muss in rechten Teilbaum   *)
      Insert(x, ptr^.right, up);     (* Punkt (2b) aus Entwurf *)
      IF up THEN
        CASE ptr^.bal OF
        | -1:  ptr^.bal := 0;                   (* Fall (b1)    *)
               up := FALSE;
        |  0:  ptr^.bal := 1;                   (* Fall (b2)    *)
```

6.4. Datenorganisationen für effizientes Suchen

```
            |  1:    up := FALSE;                 (* Fall (b3)        *)
                    IF ptr^.right^.bal = 1 THEN
                       LRotation (ptr); *)
                    ELSE
                       RLRotation (ptr);
                    END (* IF *);
                    ptr^.bal := 0;
              END (* CASE *);
          END (* IF *);                       (* Punkt (2b) abgeschlossen *)
       ELSE                                   (* x schon vorhanden *)
          INC(ptr^.count);
       END (* IF *);
    END Insert;
```

Gestartet wird jeweils mit Insert (element, wurzel, aufwärts), wobei aufwärts den Wert FALSE besitzt, element das einzufügende Element ist und wurzel auf die Wurzel des AVL-Baumes zeigt.

Modula-2-Implementierung eines AVL-Baumes

Nachfolgend ist die Modula-2-Realisierung der wichtigen Rotationsprozeduren sehr ausführlich wiedergegeben (eine effizientere Version ist z.B. im Buch von Wirth: „Algorithmen und Datenstrukturen in Modula-2"; siehe Literaturverzeichnis). Hinzu kommen Prozeduren für das Ausgeben eines AVL-Baumes und für die Standard-Operation des Einfügens eines Elementes.

```
       MODULE AVLBaum;                        (* Programm P6.10 *)
       FROM InOut      IMPORT   ReadInt, Write, WriteInt, WriteString,
                                WriteLn;
       FROM Storage IMPORT   ALLOCATE, DEALLOCATE;
       TYPE ZweigTyp    = POINTER TO KnotenTyp;
            BalanceTyp  = (LinksL, Neutral, RechtsL);
            KnotenTyp   = RECORD
                             Schluessel : INTEGER;
                             Balance : BalanceTyp;
                             UBLinks, UBRechts : ZweigTyp;
                          END (* RECORD *);
       VAR  Gesamtbaum : ZweigTyp;
       (*****************************************************************)

          PROCEDURE BaumAusgeben (Baum: ZweigTyp; Tiefe: INTEGER);

             PROCEDURE GibBalance;
             BEGIN (* GibBalance *)
               CASE Baum^. Balance OF
                | LinksL  : WriteString ('    L');
                | RechtsL : WriteString ('    R');
                | Neutral : WriteString ('    =');
               END (* CASE *);
               WriteString ('                        -- ');
             END GibBalance;

             VAR i: INTEGER;
```

```
BEGIN (* BaumAusgeben *)
  IF Baum # NIL THEN
    WITH Baum^ DO
      BaumAusgeben (UBRechts, Tiefe+1);
      FOR i := 1 TO Tiefe DO  WriteString ('   ');   END;
      GibBalance;   WriteInt (Schluessel, 1);   WriteLn;
      BaumAusgeben (UBLinks , Tiefe+1);
    END (* WITH *);
  END (* IF *);
END BaumAusgeben;
(*--------------------------------------------------------------*)
PROCEDURE Einfuegen ( (* inout *) VAR Baum   : ZweigTyp;
                      (* in    *)     Wert   : INTEGER;
                      (* inout *) VAR Hoeher : BOOLEAN);

  PROCEDURE Tausch (VAR Z1, Z2, Z3: ZweigTyp;
                    LR: ARRAY OF CHAR);
  (* Zyklisches Tauschen Z1 := Z2 usw.,
     Meldung dazu ausgeben *)
  VAR Hilf : ZweigTyp;
  BEGIN (* Tausch *)
    Hilf := Z1;   Z1 := Z2;   Z2 := Z3;   Z3 := Hilf;
    WriteString ('   ');
    WriteString (LR);   WriteString ('rotation bei Knoten ');
    WriteInt (Hilf^.Schluessel, 1);
  END Tausch;

  PROCEDURE RotierenRechts (VAR Z: ZweigTyp);
  BEGIN (* RotierenRechts *)
    Tausch (Z, Z^.UBLinks, Z^.UBLinks^.UBRechts, 'Links');
  END RotierenRechts;

  PROCEDURE RotierenLinks (VAR Z: ZweigTyp);
  BEGIN (* RotierenLinks *)
    Tausch (Z, Z^.UBRechts, Z^.UBRechts^.UBLinks, 'Rechts');
  END RotierenLinks;

  PROCEDURE KorrBalanceUBe (Knoten: ZweigTyp);
  (* aufgrund der Symmetrie rechts wie links gueltig *)
    PROCEDURE SetBal (NeuLinks, NeuRechts: BalanceTyp);
    BEGIN (* SetBal *)
      WITH Knoten^ DO
        UBLinks^.Balance := NeuLinks;
        UBRechts^.Balance := NeuRechts;
      END (* WITH *);
    END SetBal;

  BEGIN (* KorrBalanceUBe *)
    CASE Knoten^.Balance OF
    | RechtsL : SetBal (LinksL , Neutral);
    | LinksL  : SetBal (Neutral, RechtsL);
    | Neutral : SetBal (Neutral, Neutral);
    END (* CASE *);
  END KorrBalanceUBe;
```

6.4. Datenorganisationen für effizientes Suchen

```
PROCEDURE HoeherLinks;
BEGIN (* HoeherLinks *)
  CASE Baum^.Balance OF
  | LinksL  : IF Baum^.UBLinks^.Balance = LinksL THEN
                  RotierenRechts (Baum);     (* R-Rotation *)
                  Baum^.UBRechts^.Balance := Neutral;
              ELSE                            (* LR-Rotation *)
                  RotierenLinks (Baum^.UBLinks);
                  RotierenRechts (Baum);     (* veraendert Baum *)
                  KorrBalanceUBe (Baum);
              END (* IF *);
              Baum^.Balance := Neutral;  Hoeher := FALSE;
  | RechtsL : Baum^.Balance := Neutral;  Hoeher := FALSE;
  | Neutral : Baum^.Balance := LinksL;
  END (* CASE *);
END HoeherLinks;

PROCEDURE HoeherRechts;
BEGIN (* HoeherRechts *)
  CASE Baum^.Balance OF
  | RechtsL : IF Baum^.UBRechts^.Balance = RechtsL THEN
                  RotierenLinks (Baum);      (* L-Rotation *)
                  Baum^.UBLinks^.Balance := Neutral;
              ELSE                            (* RL-Rotation *)
                  RotierenRechts (Baum^.UBRechts);
                  RotierenLinks (Baum);      (* veraendert Baum *)
                  KorrBalanceUBe (Baum);
              END (* IF *);
              Baum^.Balance := Neutral;  Hoeher := FALSE;
  | LinksL  : Baum^.Balance := Neutral;  Hoeher := FALSE;
  | Neutral : Baum^.Balance := RechtsL;
  END (* CASE *);
END HoeherRechts;


BEGIN (* Einfuegen *)
  IF Baum = NIL THEN      (* neues Element in Baum einfuegen *)
    ALLOCATE (Baum, SIZE (KnotenTyp));
    WITH Baum^ DO
      UBLinks := NIL;   UBRechts := NIL;
      Schluessel := Wert;  Balance := Neutral;
    END (* WITH *);
    Hoeher := TRUE;        (* Mitteil. an hoehere Inkarnation
                              von Eintragen *)
  ELSE
    IF Wert = Baum^.Schluessel THEN
      WriteString ('    bereits im Baum vorhanden');
      WriteLn;
      Hoeher := FALSE;
    ELSIF Wert < Baum^.Schluessel THEN
      Einfuegen (Baum^.UBLinks, Wert, Hoeher);
      IF Hoeher THEN    HoeherLinks;    END;
    ELSE
      Einfuegen (Baum^.UBRechts, Wert, Hoeher);
      IF Hoeher THEN    HoeherRechts;   END;
```

```
            END (* IF *);
          END (* IF *);
        END Einfuegen;
(***************************************************************)

        VAR Zahl : INTEGER;    Dummy : BOOLEAN;
        BEGIN (* AVLBaum *)
          Gesamtbaum := NIL;
          WriteString ('Start AVLBaum');   WriteLn;   WriteLn;
          WriteString ('"L, =, R" bedeuten linkslastig, ');
          WriteString ('ausgeglichen, rechtslastig.');
          WriteLn;   WriteLn;
          WriteString ('Gib nat. Zahlen fuer Baum, Abschluss mit 0');
          WriteLn;
          LOOP
            WriteString ('? ');     ReadInt (Zahl);
            IF Zahl = 0 THEN    EXIT  END;
            IF Zahl < 0 THEN
              WriteString ('  bitte natuerliche Zahlen');   WriteLn;
            ELSE
              Einfuegen (Gesamtbaum, Zahl, Dummy);   WriteLn;
              WriteLn;   BaumAusgeben (Gesamtbaum, 0);   WriteLn;
            END (* IF *);
          END (* LOOP *);
          WriteLn;   WriteString ('Ende AVLBaum');   WriteLn;
        END AVLBaum.
```

Löschen in AVL-Bäumen

Das Löschen in AVL-Bäumen geschieht zunächst wie bei binären Suchbäumen, d.h. das zu löschende Element wird durch seinen Inorder-Nachfolger ersetzt.

Nach der Lösch-Operation muß allerdings - beginnend ab der untersten veränderten Stelle - der Baum längs des Pfades zur Wurzel neu ausgeglichen werden, wobei u.U. - im Gegensatz zum Einfügen - *mehrere* Rotationen notwendig sind.

Wir betrachten hierzu einen Knoten u, dessen *linker* Teilbaum durch Löschen eines Elementes um 1 in der Höhe verringert wurde (analog für rechte Teilbäume), und können dabei durch Betrachten des Balancefaktor b_u drei Fälle (mit drei Spezialfällen für den 3. Fall) unterscheiden.

Fall 1:   Falls $b_u = -1$,
         dann $b_u := 0$ und mache mit dem *Vorgänger* von u weiter.
Fall 2:   Falls $b_u = 0$,
         dann $b_u := +1$ und *beende* das Ausgleichen.
Fall 3:   Falls $b_u := +1$ und v der rechte Nachfolger von u ist,
         dann unterscheide die *Spezialfälle*
         3a: ($b_v = +1$), 3b: ($b_v = 0$), 3c: ($b_v = -1$).

6.4. Datenorganisationen für effizientes Suchen   339

Fall 3a: $b_v = +1$, deshalb *L-Rotation* von u (vgl. Abb. 6.30).

Dadurch wird die Gesamthöhe des Teilbaums (unter u bzw. v) um 1 erniedrigt. Daher muß man mit dem Vorgänger von v *weitermachen* und dessen Balancefaktor prüfen.

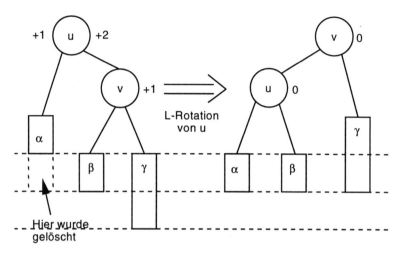

Abb. 6.30 Fall 3a beim Löschen im AVL-Baum: L-Rotation von u

Fall 3b: $b_v = 0$, deshalb *L-Rotation* von u (vgl. Abb. 6.31).

Die Höhe des Teilbaumes (unter u bzw. v) bleibt unverändert. Das Ausgleichen kann daher *beendet* werden.

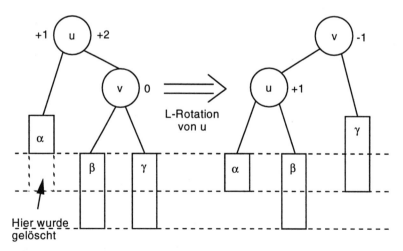

Abb. 6.31 Fall 3b beim Löschen im AVL-Baum: L-Rotation von u

Fall 3c: $b_v = -1$ und w sei der linke Nachfolger von v mit $b_w = q \in \{-1, 0, +1\}$, je nach Wert für q fehlen in β oder γ eine Stufe (q = -1 oder q = +1) oder auch keine (q = 0). Dann *RL-Rotation* von v (Rechts-) und nachfolgend w (Links-). Abb. 6.32 zeigt diese Rotation: $a \in \{0, -1\}$ und $b \in \{0, +1\}$ geben die Balancefaktoren der Teilbäume mit den Wurzeln u bzw. v an. Da β und γ im gesamten Teilbaum mit der neuen Wurzel w um 1 Stufe gehoben wurden, verringert sich die Gesamthöhe um 1. Daher weitermachen beim *Vorgänger* von w.

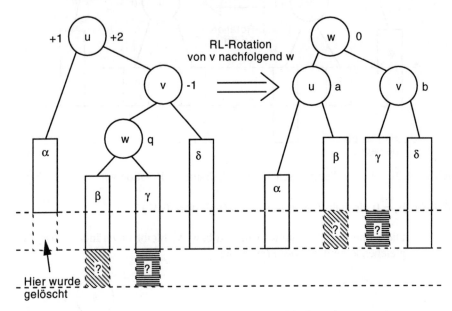

Abb. 6.32 Fall 3c beim Löschen im AVL-Baum: RL-Rotation von v bzw. w.

Aufwandsabschätzungen

Einfügen und Löschen kosten im *schlechtesten* bzw. im *durchschnittlichen* Fall soviel Zeit, wie die *maximale* bzw. *mittlere* Höhe eines AVL-Baums mit n Knoten beträgt.

Empirische Resultate von *Aufwandsabschätzungen*:
- *Mittlere Höhe* eines AVL-Baumes mit n Knoten: ca. log(n) + 0.25 (also fast so gut wie vollständig ausgeglichene Bäume).
- Wahrscheinlichkeit einer Rotation beim *Einfügen*: ca. 50%.
- Wahrscheinlichkeit einer Rotation beim *Löschen*: nur ca. 20%.

Für gegebene Knotenzahl n schätzen wir den *maximalen* Einfüge- und Löschaufwand (*worst case*) durch die größte mögliche Höhe eines n-knotigen AVL-Baumes. Wir

6.4. Datenorganisationen für effizientes Suchen

können aber „umgekehrt" auch so vorgehen, daß wir für eine feste Baumhöhe r die *minimale* Knotenzahl bestimmen.

Wir interessieren uns also mit zwei Blickrichtungen für das Verhältnis von Knotenzahl zu Baumhöhe.

1. Blickrichtung: Gegebene Baumhöhe → minimale Knotenzahl

Sei $r \in \mathbb{N}_0$. Mit $\min_r$ bezeichnen wir die minimale, mit $\max_r$ die maximale Knotenzahl eines AVL-Baums der Höhe r. Es gilt: $\max_r = 2^r - 1$. Wir interessieren uns nachfolgend aber nur für $\min_r$ und die daraus resultierenden AVL-Bäume.

Für $\min_r$ gilt: $\min_0 = 0$ und $\min_1 = 1$.

Im allgemeinen Fall haben wir bezüglich einer Wurzel w mit $b_w = 1$ im linken Teilbaum mindestens $\min_{r-2}$ Knoten, im rechten Teilbaum mindestens $\min_{r-1}$ Knoten (bzw. umgekehrt).
Dann gilt für den gesamten Baum:
$\min_r = \min_{r-1} + \min_{r-2} + 1$.

Betrachten wir die *Fibonacci-Zahlen* F_i (entsprechende Baumstrukturen, die sogenannten Fibonacci-Bäume führen - wie wir sehen werden - bei gegebener Baumhöhe zu minimaler Knotenzahl):

$F_0 = 0, F_1 = 1, F_2 = 1, F_3 = 2, ..., F_n = F_{n-1} + F_{n-2}$.

Fibonacci-Bäume der Höhe i:
- Der leere Baum ist der Fibonacci-Baum der Höhe 0: FB_0.
- Der ein-knotige Baum ist der Fibonacci-Baum der Höhe 1: FB_1.
- Sind FB_{i-1} und FB_{i-2} die Fibonacci-Bäume der Höhe i-1 und i-2, dann ist der Baum (x, FB_{i-1}, FB_{i-2}), d.h. x ist Vater der Teilbäume FB_{i-1} und FB_{i-2}, der Fibonacci-Baum der Höhe i: FB_i.

Die schrittweise Konstruktion von Fibonacci-Bäumen (der Höhe i) zeigt Abb. 6.33, wobei kursiv gekennzeichnet immer die Vorgänger-Bäume der Höhen i-1 und i-2 eingehen.

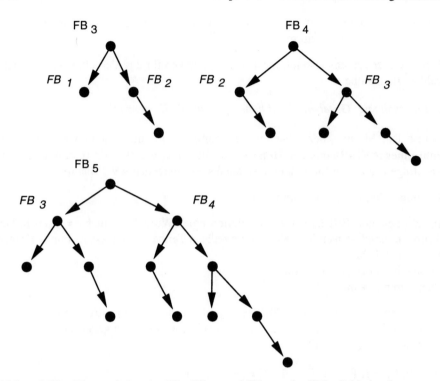

Abb. 6.33 Konstruktion der FB_i (Fibonacci-Bäume der Höhe i) bis i = 5

Die Anzahl der Knoten eines Fibonacci-Baumes der Höhe i entspricht also genau der um 1 erhöhten i-ten Fibonacci-Zahl (bei der Baumkonstruktion kommt immer noch eine Wurzel, also ein Knoten hinzu). Damit können wir nun den Zusammenhang zwischen der minimalen Knotenzahl eines AVL-Baumes und den Fibonacci-Bäumen herstellen.

Behauptung: $\min_r = F_{r+2} - 1$.

Beweis (durch vollständige *Induktion* über r):

Die Fälle r = 0 und r = 1 sind klar: $\min_0 = 0$, $\min_1 = 1$.

Für r > 1:
$$\begin{aligned}\min_r &= \min_{r-1} + \min_{r-2} + 1 \\ &= (F_{r+1} - 1) + (F_r - 1) + 1 \quad \text{(\textit{Induktionsannahme})} \\ &= F_{r+2} - 1 \quad \text{(nach Definition der Fibonacci-Zahlen)}.\end{aligned}$$

Zu gegebener Baumhöhe sind also entsprechende Fibonacci-Bäume die AVL-Bäume mit jeweils minimaler Knotenzahl, d.h. die „entartetsten" oder auch „*schiefsten*" AVL-Bäume.

6.4. Datenorganisationen für effizientes Suchen

2. Blickrichtung: Gegebene Knotenzahl → Baumhöhen

Es sei T_n ein AVL-Baum mit n Knoten. Zwischen welchen Grenzen liegt seine Höhe?

Hilfssatz: $F_n = \frac{1}{\sqrt{5}}(\varphi^n - \underline{\varphi}^n)$ mit $\varphi = \frac{1+\sqrt{5}}{2}$ und $\underline{\varphi} = \frac{1-\sqrt{5}}{2}$

Beweis (durch vollständige *Induktion* über n):

Die Fälle n = 0 und n = 1 sind klar. Für n > 1 gilt:

$F_{n+1} = F_n + F_{n-1}$
$= \frac{1}{\sqrt{5}}(\varphi^n - \underline{\varphi}^n) + \frac{1}{\sqrt{5}}(\varphi^{n-1} - \underline{\varphi}^{n-1})$
$= \frac{1}{\sqrt{5}}(\varphi^{n-1}(\varphi+1) - \underline{\varphi}^{n-1}(\underline{\varphi}+1))$, wegen $\varphi+1=\varphi^2$ und $\underline{\varphi}+1=\underline{\varphi}^2$ folgt daraus
$= \frac{1}{\sqrt{5}}(\varphi^{n+1} - \underline{\varphi}^{n+1})$.

Wegen $\varphi = \frac{1+\sqrt{5}}{2} \approx 1.618034$ und $\underline{\varphi} = \frac{1-\sqrt{5}}{2} \approx -0.618$ geht der Subtrahend für höhere n gegen 0 und es gilt:

$F_n = \text{round}\left(\frac{\varphi^n}{\sqrt{5}}\right)$; speziell $\min_r = \text{round}\left(\frac{\varphi^{r+2}}{\sqrt{5}}\right) - 1$,

wobei round zur nächstliegenden ganzen Zahl rundet.

Wir haben bereits für $r = h(T_n) \geq 1$ gezeigt:

$\frac{\varphi^{r+2}}{\sqrt{5}} - 2 < F_{r+2} - 1 = \min_r \leq n \leq \max_r = 2^r - 1$.

Daraus folgt: $(r+2) \cdot \log(\varphi) - \log(\sqrt{5}) < \log(n+2) < r+1$

Durch Umformen erhalten wir für die
- rechte Ungleichung: $r > \log(n+2) - 1$.
- linke Ungleichung: $r < \frac{1}{\log \varphi} \cdot \log(n+2) + \frac{\log \sqrt{5}}{\log \varphi} - 2$

Durch Ausrechnen der konstanten Faktoren folgt dann:
   $r < 1.4404 \log(n+2) - 0.328$.

Es sei r die Höhe eines AVL-Baumes mit n Knoten. Dann gilt:
   $\log(n+2) - 1 < r < 1.4404 \log(n+2) - 0.328$.

Die *maximale Suchzeit* liegt bei einem AVL-Baum also höchstens um gut 44% höher als bei einem vollständig ausgeglichenen Baum (die mittlere Suchzeit ist aber wesentlich günstiger). Sie ist also nie schlechter als O(log n).

6.4.1.3 Optimale Suchbäume

Bisher sind wir bei den vorgestellten Suchstrukturen (Listen, Suchbäume, AVL-Bäume) immer davon ausgegangen, daß die *Wahrscheinlichkeit*, mit der nach einem Schlüssel gesucht wird, unbeachtet bleiben kann (d.h. wir haben sie für alle Schlüssel als *gleich* unterstellt). Wenn man diese i.a. praxisfremde Vorstellung aufgibt, gewinnt die Plazierung eines Knotens in einer Baumstruktur erhebliche Bedeutung, da dessen Höhe mit den Kosten für seinen Zugriff korrespondiert (je weiter die Distanz zur Wurzel, desto teurer der Zugriff). Es liegt nahe, die häufig gesuchten Schlüssel nahe an der Wurzel unterzubringen, natürlich ohne die wichtige Suchbbaumeigenschaft zu verletzen. Eine sinnvolle Anwendung optimaler Suchbäume ist z.B. die Schlüsselworttabelle eines *Compilers* oder Interpreters (Tabelle der Terminalsymbole), da die Terminalsymbole einer Programmiersprache sich nicht ändern (also eine konstante Datenmenge bilden) und unterschiedliche Zugriffswahrscheinlichkeiten besitzen, die empirisch ermittelt werden können.

Die Qualität eines so angelegten Baumes läßt sich messen, indem man die *Kosten* für jeden Knoten als Produkt seiner Distanz zur Wurzel und seiner Zugriffswahrscheinlichkeit berechnet und die *Gesamtkosten* des Baumes als Summe über die einzelnen Knotenkosten festlegt. Ein bezüglich dieser Kostenfunktion kostengünstigster Suchbaum (oder - falls nicht eindeutig - die Menge der *kostengünstigsten* Suchbäume) wird als *optimal* bezeichnet.

Wir werden die optimalen Suchbäume in einer Art einführen, die in den Knoten nicht nur die Schlüssel, sondern (in den Blättern!) auch die Intervalle für ein*erfolgloses* Suchen repräsentiert.

Beispiel :

In den inneren Knoten eines binären Suchbaumes stehen die Schlüssel K_1, K_2, K_3, ..., K_n (als Repräsentanten für eine *erfolgreiche Suche*), während die Blätter nicht vorhandene Schlüssel x (als Intervalle) darstellen (als Repräsentanten für eine *erfolglose Suche*).

6.4. Datenorganisationen für effizientes Suchen

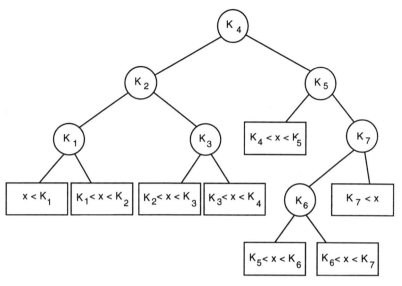

Abb. 6.34 Beispiel eines binären Suchbaumes mit Blättern für erfolglose Suche

Es seien

p_i = Wahrscheinlichkeit, daß nach K_i ($i = 1, ..., n$) gesucht wird und

q_j = Wahrscheinlichkeit, daß das gesuchte Element x zwischen K_j und K_{j+1} ($j = 0, 1, ..., n$) liegt, wobei q_0 dem Bereich „$< K_1$" und q_n dem Bereich „$> K_n$" zugeordnet sind,

mit der Eigenschaft („*Normierung*" der Wahrscheinlichkeiten)

$$\sum_{i=1}^{n} p_i + \sum_{j=0}^{n} q_j = 1.$$

Sei lev (i) Level des inneren Knotens i (mit Inhalt K_i) und lev (j) Level des Blattes „$K_j < x < K_{j+1}$". Für einen gegebenen binären Suchbaum B ist dann die *(mittlere) Suchzeit*:

$$S_B = \sum_{i=1}^{n} p_i \text{ lev (i)} + \sum_{j=0}^{n} q_j \text{ lev (j)}.$$

Aufgabe: Suche (zu gegebenen Schlüsseln $K_1, K_2, ..., K_n$ und Wahrscheinlichkeiten für erfolgreiche und erfolglose Suche nach diesen Schlüsseln) einen binären Suchbaum B_0 mit den Eigenschaften
    (a) B_0 ist binärer Suchbaum mit den Schlüsseln $K_1, K_2, ..., K_n$ und
    (b) S_{B_0} = min $\{S_B \mid B$ ist binärer Suchbaum mit den Schlüsseln $K_1, K_2, ..., K_n\}$.

Jeder B_0, der diese Eigenschaft besitzt, heißt *optimaler Suchbaum*, d.h. ein binärer Suchbaum mit minimaler mittlerer Suchzeit ist ein optimaler Suchbaum.

Beispiel:

Gegeben seien die Schlüssel 0, 5, 7, 11, die Zusicherung, daß nur mit ganzzahligen Argumenten gesucht wird, und die Wahrscheinlichkeiten:

$p_1 = \frac{1}{12}$ (für 0), $p_2 = \frac{1}{6}$ (für 5), $p_3 = \frac{1}{8}$ (für 7), $p_4 = \frac{1}{6}$ (für 11) für die erfolgreiche sowie

$q_0 = \frac{1}{12}$ (für < 0), $q_1 = \frac{1}{8}$ (für 1..4), $q_2 = \frac{1}{24}$ (für 6), $q_3 = \frac{1}{12}$ (für 8..10) und $q_4 = \frac{1}{8}$ (für > 11) für die erfolglose Suche.

Eine 1. Variante (B_1) zur Konstruktion eines Suchbaums zeigt Abb. 6.35.

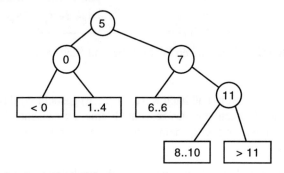

Abb. 6.35 Variante B_1 eines Suchbaums

Die Suchzeit für den Suchbaum B_1 beträgt

$$S_{B_1} \quad = \quad \frac{3}{12}+\frac{2}{12}+\frac{3}{8}+\frac{1}{6}+\frac{3}{24}+\frac{2}{8}+\frac{4}{12}+\frac{3}{6}+\frac{4}{8} \quad = \quad \frac{4}{6}+\frac{9}{8}+\frac{9}{12}+\frac{3}{24} \quad = \quad \frac{64}{24}.$$

Eine 2. Variante (B_2) sehen wir in Abb. 6.36.

Für B_2 errechnet sich die Suchzeit wie folgt:

$$S_{B_2} \quad = \quad \frac{3}{12}+\frac{2}{12}+\frac{4}{8}+\frac{3}{6}+\frac{4}{24}+\frac{1}{8}+\frac{3}{12}+\frac{2}{6}+\frac{3}{8} \quad = \quad \frac{5}{6}+\frac{8}{8}+\frac{8}{12}+\frac{4}{24} \quad = \quad \frac{64}{24}.$$

Beide Varianten haben zufällig die gleiche mittlere Suchzeit. Sie sind aber beide nicht optimal!

6.4. Datenorganisationen für effizientes Suchen

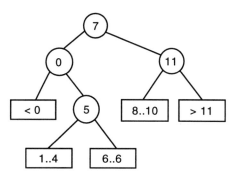

Abb. 6.36 Variante B_2 eines Suchbaums

Konstruktion optimaler Suchbäume

Die naheliegende Frage ist, wie man (möglichst effizient) zu gegebenen Schlüsseln und deren Zugriffswahrscheinlichkeiten einen optimalen Suchbaum findet. Ein *naiver* Ansatz besteht darin, alle zu gegebenen Schlüsseln $K_1, K_2, ..., K_n$ gehörenden binären Suchbäume zu ermitteln und den mit der geringsten mittleren Suchzeit als den optimalen auszuwählen.

Aufwandsabschätzung: Es gibt ca. $\binom{2n}{n} \cdot \frac{1}{n+1}$,

d.h. ca. 4^n zu untersuchende Bäume. Also scheidet dieser Ansatz für praktisch interessante Probleme mit großem n aus.

Optimale Suchbäume haben aber eine bemerkenswerte Eigenschaft, die bei ihrer Konstruktion nützlich ist:

Wenn B_0 optimaler Suchbaum mit Wurzel w und Teilbäumen B_1 und B_2 ist, dann müssen auch B_1 und B_2 optimale Suchbäume (bzgl. der um w reduzierten Schlüsselmenge) sein!

Diese Eigenschaft empfiehlt einen Algorithmus, der eine *inkrementelle Konstruktion* eines optimalen Suchbaums realisiert, ausgehend von einzelnen Knoten als kleinstmögliche Teilbäume. Wir benötigen deshalb eine Notation für die Suchzeit in einem Teilbaum mit den Schlüsseln $K_{k+1}, K_{k+2}, ..., K_m$.

Sei $B^{k,m}$ ($0 \leq k \leq m \leq n$) ein Teilbaum mit den Schlüsseln $K_{k+1}, K_{k+2}, ..., K_m$ und $B_0^{k,m}$ ein entsprechender optimaler Suchbaum. Dann ist

$$c(k, m) = \sum_{i=k+1}^{m} p_i \, \text{lev} \, (i) + \sum_{j=k}^{m} q_j \, \text{lev} \, (j)$$

die mittlere Suchzeit des optimalen Suchbaums $B_o^{k,m}$. („c" steht dabei als Abkürzung für das englische Wort „cost".)

Das Verständnis für die Berechnung der c(k,m) steckt in der Gleichung

$$S_{B^{k,m}} = p(k, m) + S_{B_L} + S_{B_R},$$

die besagt, daß die Suchzeit des Teilbaums $B^{k,m}$ gleich der Summe aus der Wahrscheinlichkeit für einen Zugriff auf $B^{k,m}$ und den Suchzeiten des rechten und linken Teilbaums von $B^{k,m}$ ist. Dabei gilt:

$$p(k, m) = \sum_{i=k+1}^{m} p_i + \sum_{j=k}^{m} q_j.$$

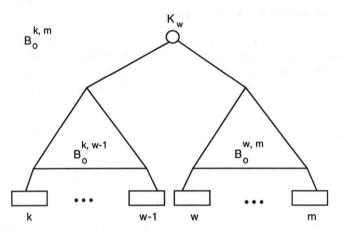

Abb. 6.37 Aufteilung des Suchbaums $B_o^{k,m}$ bzgl. Wurzel K_w

Während p(k, m) für gegebene Parameter k umd m bestimmt ist, hängen die Suchzeiten S_{B_L} und S_{B_R} von der Wahl der Wurzel des Teilbaums $B^{k,m}$ ab. Mit einer Wurzel K_w (k < w ≤ m) hat $B^{k,m}$ dann die in Abb. 6.37 dargestellte Form.

Für die Bestimmung von $B_o^{k,m}$ muß also die Wurzel K_w bestimmt werden, für die die Summe der beiden mittleren Suchzeiten c(k, w-1) und c(w, m) innerhalb der Teilbäume $B^{k,w-1}$ bzw. $B^{w,m}$ minimal ist.

Dann gilt also:

$$c(k, m) = \sum_{i=k+1}^{m} p_i + \sum_{j=k}^{m} q_j + \min \{c(k, w-1) + c(w, m) \mid k < w \leq m\}$$

$$c(k, k) = q_k.$$

6.4. Datenorganisationen für effizientes Suchen

Schließlich gilt für die mittlere Suchzeit des optimalen Suchbaums $S_{B_0} = c(0, n)$.

Analyse

Es gibt genau 1/2 (n+1) (n+2) Werte für c (k, m). Ihre Berechnung erfordert $O(n^2)$ *Speicherplatz* und folgenden *Zeitaufwand* („m-k" ist die Anzahl möglicher w, die Addition „+1" ist für c (k, k)):

$$\sum_{k=0}^{n} \sum_{m=k}^{n} m-k+1 = \sum_{k=0}^{n} \sum_{r=1}^{n-k+1} r = \sum_{k=0}^{n} \frac{1}{2} \cdot (n-k+1)(n-k+2)$$

$$= \sum_{t=1}^{n+1} \frac{1}{2} \cdot t \cdot (t+1) = \frac{1}{2} \sum_{t=1}^{n+1} t^2 + \frac{1}{2} \cdot \frac{1}{2} \cdot (n+1)(n+2)$$

$$= \frac{1}{2} \cdot \frac{1}{6} \cdot (n+1)(n+2)(2n+3) + \frac{1}{4} \cdot (n+1)(n+2)$$

$$= \frac{1}{6} \cdot n^3 + O(n^2).$$

Das vorgestellte Verfahren zur Berechnung optimaler Suchbäume mit Hilfe aller c (k, m)-Werte benötigt also $O(n^3)$ Zeit, sofern die obige Rekursion verwendet wird. Allerdings kann die Laufzeit mit einem trickreichen Algorithmus weiter verbessert werden, so daß sogar nur noch n^2 Schritte notwendig sind. Der „Trick" ist der, daß bei der Einordnung des größten Elements die Wurzel nicht nach links wandern kann. Auf jeden Fall – gleich ob $O(n^3)$ oder $O(n^2)$ Zeit erforderlich ist – ist gegenüber dem naiven Ansatz mit exponentieller Laufzeit ein entscheidend günstigerer, nur noch *polynomialer* Algorithmus gefunden.

6.4.1.4 B-Bäume

Eine häufige Praxisanforderung an Suchbäume können die bisher vorgestellten Baumstrukturen nicht erfüllen: die effiziente Erstellung und die Reorganisation (Einfügen, Löschen, Sichern) von *sehr großen* Datenmengen, die nicht mehr im *Hauptspeicher* eines Rechners verwaltet werden können.

Wir betrachten also die Speicherung von Massendaten auf Hintergrundspeichern, z.B. auf einer Platte. Dazu verwendet man häufig sogenannte *B-Bäume* (oder auch *Vielweg-Bäume*), die in den Knoten *mehrere* Schlüssel speichern und damit die Effizienz von Zugriffen auf externe Speichermedien wie Platten erhöhen. B-Bäume werden aber auch dann eingesetzt wenn, wenn nur die Blattebene (oder die beiden letzten Ebenen) auf der Platte sind, wobei die Hauptspeicherknoten nur Schlüssel, also keine Informationen enthalten. Das „B" steht dabei für „Balanced", also (höhen-)balanciert.

Bei der Auswahl eines Kriteriums für das „kontrollierte Wachsen" (um „Entartungen" mit zu tiefen Teilbäumen zu verhindern) eines B-Baums scheiden Kriterien wie vollständige Ausgeglichenheit oder auch nur AVL-Eigenschaft wegen ihres zu großen Verwaltungsaufwands aus. Man schwächt die Anforderungen auf ein nicht so anspruchvolles Maß ab: grob gesagt verlangt man, daß jeder Knoten im Baum zwischen m und 2m Schlüssel für ein konstantes m hat.

Ein Baum heißt *B-Baum* (der Ordnung m) : $\Leftrightarrow$
(a) Jeder Knoten außer der Wurzel enthält mindestens m Schlüssel.
(b) Jeder Knoten enthält höchstens 2m Schlüssel.
(c) Ein Knoten mit k Schlüsseln, der nicht Blatt ist, besitzt genau k+1 Söhne.
(d) Alle Blätter besitzen den gleichen Level, d.h. stehen auf gleicher Stufe.
(e) Sind S_1, S_2, ..., S_k mit $m \leq k \leq 2m$ die Schlüssel eines Knotens x, dann sind alle Schlüssel des 1. (d.h. kleinsten) Sohnes von x kleiner als S_1, alle Schlüssel des (k+1)-ten Sohnes größer als S_k und alle Schlüssel des i-ten Sohnes mit $1 < i < k+1$ größer als S_{i-1} und kleiner als S_i. Als *kleinsten Sohn* bezeichnen wir im folgenden den am weitesten links stehenden, direkten Sohnknoten.

Bemerkungen
1. B-Bäume (der Ordnung m) mit n Knoten haben höchstens die *Höhe* $\log_{m+1}(n)$.
2. Die *Speicherausnutzung* bei effizienter Implementierung ist $> 50\%$ (wegen (a) und (b)).
3. Die allgemeine Knotenstruktur eines B-Baumes der Ordnung m zeigt Abb. 6.38.

Erläuterungen:
$S_1 < S_2 < ... < S_k$ sind *Schlüssel*, $p_0, ..., p_k$ sind *Knotenverweise* mit $m \leq k \leq 2 \cdot m$
p_0 verweist auf Knoten mit Schlüsseln $s < S_1$
p_1 verweist auf Knoten mit Schlüsseln s mit $S_1 < s < S_2$
. . .
p_{k-1} verweist auf Knoten mit Schlüsseln s mit $S_{k-1} < s < S_k$
p_k verweist auf Knoten mit Schlüsseln $s > S_k$.

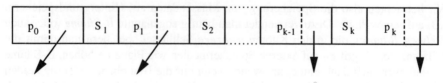

Abb. 6.38 Struktur eines Knotens in einem B-Baum

6.4. Datenorganisationen für effizientes Suchen

Wenn ein Datenbestand mit n Schlüsseln verwaltet werden soll, wird die Ordnung m des B-Baumes so gewählt, daß

$\log_{m+1}(n) \cdot$ „für maximale Baumhöhe addiere"

(*Positionierungszeit* + „Zeitaufwand für Positionierung auf den Bereich der Platte, auf den p_i zeigt"

Übertragungszeit + „für maximal 4m+1 Daten (= 1 Knoten)"

interne Verarbeitungszeit) „das interne Suchen erfolgt z.B. binär, also mit $O(\log(m))$ Schritten"

minimal wird. Es ist klar, daß die konkreten Zeiten sehr stark von den technischen Charakteristika der Platten-Hardware und vom Betriebssystem abhängen (häufige Ordnung in der Praxis: $128 \leq m \leq 512$).

Suchen und Einfügen in B-Bäumen

Beim Suchen nach einem Schlüssel S in einem B-Baum holt man einen Knoten (entspricht i.a. einer Speicherseite oder auch kurz *Seite*) in den Hauptspeicher und prüft, ob der gesuchte Schlüssel S im Knoten ist. Wenn das der Fall ist, ist man fertig (d.h. mit dem Schlüssel S findet man zugleich den Verweis, wo das zugehörige Datenelement auf der Platte steht).

Falls man S nicht findet, so gibt es ein i, mit $S_i < S < S_{i+1}$ bzw. $S < S_1$ (dann ist i = 0) oder $S > S_k$ (dann ist i = k). Nun holt man den Knoten bzw. die Seite in den Hauptspeicher, auf den p_i zeigt, und setzt die Suche dort fort.

Hat man S auch in der Blattebene nicht gefunden, so fügt man es in den entsprechenden Knoten ein. Falls dabei ein „*Überlauf*" durch Einfügen des (2m+1)-ten Elements droht, wird das mittlere, d.h. m-te Element in den Vaterknoten hochgezogen und der dadurch wieder auf 2m Schlüssel reduzierte Knoten „gespalten", um die B-Baum-Eigenschaft zu bewahren (da der Vater nun einen Schlüssel mehr besitzt, muß ein neuer Sohn entstehen!). Die Höhe eines B-Baums ändert sich dabei nur, falls durch wiederholten Knotenüberlauf schließlich der Wurzelknoten gespalten werden muß (also eine neue Wurzel erzeugt wird), so daß Forderung (d) stets erfüllt ist.

Beispiel

Es sei eine Liste von INTEGER-Werten gegeben.
Folgender B-Baum (m = 2) sei bereits erstellt:

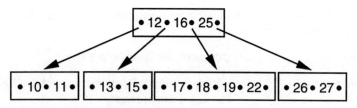

Abb. 6.39 B-Baum mit INTEGER-Werten

Folgende Werte sollen sequentiell unter Wahrung der B-Baum-Eigenschaft eingefügt werden: 14, 24, 23, 21, 20.

1. „14" einfügen

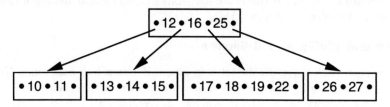

Abb. 6.40 B-Baum nach Einfügen von „14"

2. „24" einfügen ⇒
   „Überlauf", deshalb mittleres Element hochziehen und Knoten „spalten".

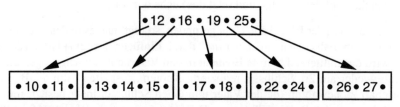

Abb. 6.41 B-Baum nach Einfügen von „24" und Überlaufbehandlung

3. „23" einfügen

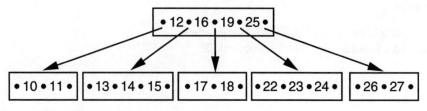

Abb. 6.42 B-Baum nach Einfügen von „23"

6.4. Datenorganisationen für effizientes Suchen 353

4. „21" einfügen

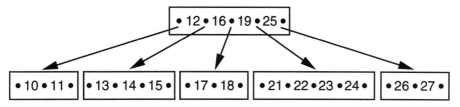

Abb. 6.43 B-Baum nach Einfügen von „21"

5. „20" einfügen ⇒
   „doppelter Überlauf", d.h. zweimal mittleres Element hochziehen und splitten.

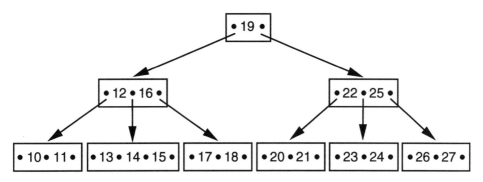

Abb. 6.44 B-Baum nach Einfügen von „20" und doppelter Überlaufbehandlung

Nach dieser grafischen Veranschaulichung soll nun der Algorithmus zum Suchen und Einfügen in B-Bäumen vorgestellt werden. Dabei können viele komplexe Abschnitte nur in Pseudocode (jeweils in Anführungszeichen) präsentiert werden.

Algorithmusentwurf:

```
TYPE    SeitePtr  = POINTER TO Seite;          (* Programm P6.11 *)
        Item      = RECORD              (* Die Struktur eines Knotens *)
                      schluessel : SchluesselTyp;
                      inhalt     : InhaltTyp;
                      zeiger     : SeitePtr;
                    END (* RECORD *);
        Seite     = RECORD              (* Die Struktur einer Seite   *)
                      anzahl     : [0..2*m];
                                  (* Anzahl Schluessel im Knoten *)
                      linkeSeite : SeitePtr;
                                  (* Verweis auf kleinste Seite *)
                      items      : ARRAY [1..2*m] OF Item;
                    END (* RECORD *);
```

```
PROCEDURE BBaumsuche  (     Schluessel : SchluesselTyp;
                            Inhalt     : InhaltTyp;
                            Seite      : SeitePtr;
                        VAR weiter     : BOOLEAN;
                        VAR Eintrag    : Item);
(* Schluessel ist der zu suchende Schluessel und Inhalt der
   dazugehoerige Inhalt, Seite die aktuell zu durchsuchende Seite
   und weiter ist genau dann TRUE, wenn das Item Eintrag nach oben
   weitergegeben werden muss *)

BEGIN (* BBaumsuche *)
   IF Seite = NIL THEN            (* Schluessel ist nicht im B-Baum *)
      "Bilde Eintrag aus Schluessel, Inhalt und NIL.
       Setze weiter := TRUE, damit Eintrag eingefuegt wird"
   ELSE
      WITH Seite^ DO
         "Suche Schluessel in der durch den Zeiger 'Seite' referen-
          zierten Seite mit binaerer Suche durch Vergleiche der
          Schluesselkomponenten von Items";
         IF "Schluessel gefunden" THEN  (* kein Einfuegen noetig *)
            "verarbeite"
         ELSE
            BBaumsuche (Schluessel, "Folgezeiger", weiter, Eintrag);
            (* Evtl. (abh. von weiter) nach Rueckkehr Schluessel
               einfuegen *);
            IF weiter THEN
               IF (anzahl < 2*m) THEN (* Seite hat noch Platz *)
                  "Fuege Eintrag auf Seite ein";
                  weiter := FALSE;
               ELSE                    (* Seite ist bereits voll *)
                  "Fuege Eintrag ein und gib mittleres Element im Para-
                   meter Eintrag zurueck.
                   Falls Seite nicht die Wurzelseite ist, zerlege die
                   Seite in zwei Seiten und entferne dabei das mittlere
                   Element."
               END (* IF *);
            END (* IF *);
         END (* IF *);
      END (* WITH *);
   END (* IF *);
END BBaumsuche;
```

Der *erste Aufruf* von BBaumsuche erfolgt in einem Rahmenprogramm mit der Argumentliste (K_i, Wurzelverweis, weiter, Eintrag). Falls der Ergebnisparameter „weiter" anschließend den Wert TRUE hat, so ist entweder der B-Baum vorher leer gewesen oder eine Zerlegung der Wurzelseite erforderlich; beide Fälle müssen durch das aufrufende Rahmenprogramm abgefangen werden. Der Ergebnisparameter Eintrag enthält dann das Item für die neu zu erzeugende Wurzelseite.

Bemerkung (zur Verbesserung des Algorithmus):

1. Statt bei einem *Überlauf* den überlaufenden Knoten w sofort in zwei Knoten w_1, w_2 zu splitten, könnte man auch die Inhalte eines *Bruderknotens* v einbe-

6.4. Datenorganisationen für effizientes Suchen

ziehen und evtl. das Item diesem Bruderknoten zuschlagen. Nur wenn auch v bereits 2·m Elemente besitzt, wird so aufgespalten, daß v und w_1 und w_2 jeweils 4m/3 Schlüssel enthalten.

Folglich ist dann mindestens (4m/3)/2m des *Speicherplatzes* eines Knotens stets gefüllt, d.h. mindestens 2/3 (statt 1/2 wie bei B-Bäumen). Bäume mit dieser Eigenschaft heißen *B*-Bäume*.

Achtung: Es gibt auch Definitionen von B^*-Bäumen (z.B. im Bereich der Datenbanksysteme), die Informationen zu den Schlüsseln nur in den Blättern zulassen. Durch eine zusätzliche Verkettung der Blätter ist in diesen B-Bäumen dann außerdem ein sequentieller Durchlauf durch die Schlüssel- und Informationsmenge möglich.

2. *Zugriffsanalyse*: Tiefe des B-Baumes $\leq \log_{m+1}(n)$.
   Wie oft geschieht aber beim Einfügen ein *Aufspalten* ?

   Sei k die Anzahl der Knoten und n die Anzahl der Einträge in einem B-Baum. Dann gilt aufgrund der B-Baum Eigenschaft die Ungleichung:
   $$m \cdot (k-1) + 1 \leq n \leq 2 \cdot m \cdot k.$$

   Um aus einem Wurzelknoten einen B-Baum mit k Knoten zu erhalten, sind k-1 Aufspaltungen notwendig. Aus der obigen Ungleichung folgt deshalb für die Anzahl der Aufspaltungen:
   $$\frac{n}{2m} - 1 \leq k - 1 \leq \frac{n-1}{m}.$$

   Für die mittlere Anzahl der Aufspaltungen beim Einfügen folgt dann:
   $$\frac{k-1}{n} \leq \frac{n-1}{n} \cdot \frac{1}{m} \leq \frac{1}{m},$$

   also seltener als jedes m-te Mal eine Aufspaltung.

Löschen in B-Bäumen

Beim Löschen in B-Bäumen geht man so vor, daß man den Inorder-Nachfolger des zu löschenden Schlüssels S an die Stelle bringt, wo S stand, und am alten Ort löscht.

Algorithmusentwurf:

```
                                           (* Programm P6.12 *)
    PROCEDURE BBaumloesche   (Schluessel : SchluesselTyp;
                              Seite: SeitePtr);
    VAR q, Nachfolger : SeitePtr;
        NachfolgerSchluessel : SchluesselTyp;
        i : [0..2*m];
    BEGIN (* BBaumloesche *)
      "Sei Schluessel = Seite^.items[i].schluessel";
      (* Schluessel ist i-ter Schluessel in seite *)
      q := Seite^.items[i].zeiger;
```

```
        Nachfolger := Seite;
        (* kleinster Schluessel unter q; suche Inorder-Nachfolger *)
        WHILE q # NIL DO
          Nachfolger := q;
          q := q^.linkeSeite;
        END (* WHILE *);
        IF Seite = Nachfolger THEN           (* d.h. Seite ist Blatt *)
          Loesche (Schluessel,Seite);        (* Funktionalitaet s.u. *)
        ELSE          (* Nachfolger verweist auf Inorder-Nachfolger *)
          NachfolgerSchluessel := Nachfolger^.items[1].schluessel;
          Seite^.items[i] := Nachfolger^.items[1];
          Loesche (NachfolgerSchluessel,Nachfolger);
        END (* IF *);
      END BBaumloesche;
```

Die in BBaumloesche aufgerufene Prozedur Loesche entfernt Schluessel bzw. NachfolgerSchluessel incl. seines rechts daneben stehenden Zeigers (der NIL ist). Falls nun weniger als m Schlüssel auf der Seite stehen, dann gibt es zwei Fälle:

- falls der oder die Bruderknoten *nur m* Schlüssel besitzen, dann wird ein Bruderknoten mit der Seite unter Hinzunahme des entsprechenden Schlüssels des Vaterknotens verschmolzen und der Vaterknoten wird (rekursiv) weiter darauf geprüft, ob er mindestens m Schlüssel besitzt;
- falls ein Bruderknoten *mindestens m+1* Schlüssel enthält, dann wird – unter Beteiligung des Vaterknotens – ein Schlüssel zur Seite hinzugefügt und ein Schlüssel beim Bruderknoten entfernt.

2-3-Bäume

Als Spezialfall von B-Bäumen werden häufig B-Bäume der Ordnung 1, sogenannte 2-3-Bäume betrachtet. Ein B-Baum der Ordnung 1 heißt *2-3-Baum* (d.h. u.a., daß jeder innere Knoten mindestens 1 und höchstens 2 Schlüssel besitzt).

Ein *Beispiel* zeigt Abb. 6.45.

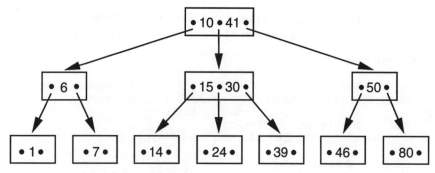

Abb. 6.45 Beispiel eines 2-3-Baumes

6.4. Datenorganisationen für effizientes Suchen

2-3-Bäume wachsen (durch Aufspaltung bei Überlauf) wie B-Bäume von den Blättern zur Wurzel.

Es gilt: Ein 2-3-Baum der Höhe k besitzt mindestens 2^{k-1} und höchstens 3^{k-1} Blätter.

Die Darstellung von 2-3-Bäumen kann auch durch *Binärbäume* erfolgen, deren Knoten ein *Zusatz-Bit* enthalten, um anzugeben, ob der nach rechts führende Pfeil zu einem Sohn führt oder nicht (falls drei Söhne in der nichtbinären Form vorliegen, übernimmt ein Bruder zwei Söhne!). Ein passender Datentyp läßt sich wie folgt definieren:

```
TYPE Knoten23 =   RECORD
                    key        : T;
                    inhalt     : ...;
                    left, right : POINTER TO Knoten23;
                    horizontal : BOOLEAN;
                  END;
```

Das obige Beispiel eines 2-3-Baumes in Binärbaumdarstellung zeigt Abb. 6.46.

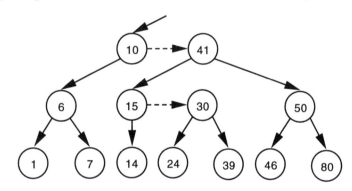

Abb. 6.46 Binärbaum-Darstellung eines 2-3-Baumes

6.4.1.5 Weitere balancierte Suchbäume

In diesem Abschnitt sollen noch zwei weitere *balancierte Bäume*, HB-Bäume und gewichtsbalancierte Bäume, die für die Programmierpraxis von Interesse sind, kurz vorgestellt werden.

HB-Bäume

Ein Suchbaum B heißt *HB-Baum* :⇔
- Jeder innere Knoten von B besitzt *einen oder zwei Söhne*.
- Jeder Knoten mit nur einem Sohn besitzt einen *Bruder* mit zwei Söhnen (impliziert: Wurzel ist ein Blatt oder hat zwei Söhne).

- Alle *Blätter* von B besitzen den *gleichen Level*.

Schlüssel liegen bei HB-Bäumen redundant sowohl in den Blättern (dort auch zusätzlich die eigentlich interessierenden Datensätze), als auch auf dem Weg dorthin in inneren Knoten. Ein *Beispiel* zeigt Abb. 6.47.

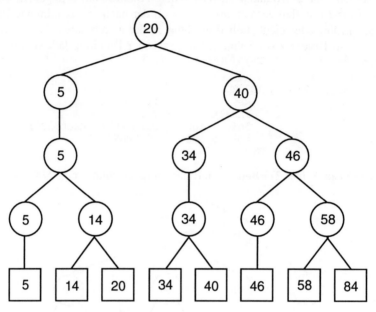

Abb. 6.47 Beispiel eines HB-Baums

Den Zugriff auf ein Blatt mit dem Schlüssel x (vom Typ T) in einem HB-Baum veranschaulicht nachfolgender Algorithmus in Pseudocode.

Algorithmusentwurf:

```
                                                        (* Programm P6.13 *)
    VAR  Knoten, Anker : POINTER TO KnotenTyp;
         Schluessel    : SchluesselTyp;
         ...
    BEGIN
      Knoten := Anker;
      WHILE "Knoten zeigt nicht auf ein Blatt" DO
        IF "Knoten hat genau einen Sohn" THEN
          Knoten := Knoten^.Sohn;
        ELSIF Schluessel <= Knoten^.inhalt THEN
          Knoten := Knoten^.left;
        ELSE
          Knoten := Knoten^.right;
        END (* IF *);
      END (* WHILE *);
```

6.4. Datenorganisationen für effizientes Suchen

```
IF Schluessel = Knoten^.inhalt THEN
    "Erfolgreiche Suche"
ELSE
    "Suche endete erfolglos bei dem kleinsten Blatt,
    dessen Inhalt > Schluessel ist."
END (* IF *);
END;
```

Gewichtsbalancierte Bäume

Im Gegensatz zu höhenbalancierten Bäumen (mit Tiefenbeschränkung) wie AVL- oder B-Bäumen zielen *gewichtsbalancierte Bäume* auf eine *Kardinalitätsbeschränkung* der Menge von Knoten, die jeweils in linken und rechten Teilbäumen von Knoten binärer Suchbäume zugelassen sind.

B = (V, E) sei ein binärer Suchbaum mit Wurzel w und daran hängenden Teilbäumen B_l und B_r. Die *Wurzelbalance* von w in B ist

$$\beta(w) = \frac{|V_{B_l}|+1}{|V_B|+1} = \frac{|V_{B_l}|+1}{|V_{B_l}|+1 + |V_{B_r}|+1}.$$

B heißt *gewichtsbalancierter Baum*, oder auch B ist von beschränkter Balance $\alpha \Leftrightarrow$ es existiert ein $\alpha > 0$, so daß für alle $x \in V_B$ gilt: $\alpha \leq \beta(x) \leq 1-\alpha$.

Anschaulich: Für $\beta(x)$ nahe bei 0 können relativ große (bezüglich Knotenmenge!) *rechte* Teilbäume, für $\beta(x)$ nahe bei 1 relativ große *linke* Teilbäume entstehen. Für $\beta(x)$ nahe bei 1/2 sind relativ gewichtsbalancierte, d.h. gleichgroße Teilbäume zu beobachten.

Ein *Beispiel* (an den Knoten steht jeweils der entsprechende Wert für $|V_B|$) zeigt Abb. 6.49. Dieser Baum ist von beschränkter Balance $\frac{1}{4}$, weil für alle x gilt: $\frac{1}{4} \leq \beta(x) \leq \frac{3}{4}$, was Abb. 6.48 deutlich macht.

x	a	b	c	d	e	f	g	h	i	k
$\beta(x)$	7/21	3/7	1/3	1/2	2/4	1/2	1/2	4/14	1/4	2/3

x	l	m	n	o	p	q	r	s	t	u
$\beta(x)$	1/2	3/10	1/3	2/7	1/2	1/2	3/5	1/3	1/2	1/2

Abb. 6.48 Beschränkte Gewichtsbalance für Baum aus Abb. 6.49

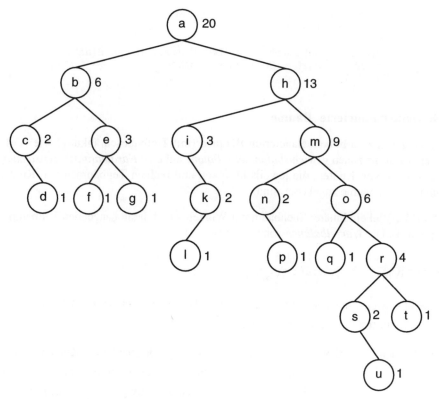

Abb. 6.49 Beispiel eines gewichtsbalancierten Baumes

Interessant sind Untersuchungen zum Zusammenhang von AVL-Bäumen (als höhenbalancierte Bäume) und gewichtsbalancierten Bäumen.

Die Einfüge- und Löschoperationen auf gewichtsbalancierten Bäumen sind denen auf AVL-Bäumen vergleichbar, wobei statt des Höhenbalancefaktors hier jeweils die beschränkte Gewichtsbalance zu prüfen ist und ggf. *Rotationen* notwendig werden.

6.4.2 Hashing

6.4.2.1 Begriffsbildung und Anforderungen

Die in 6.3 und 6.4.1 vorgestellten Suchverfahren beruhen ausschließlich auf *binären* (oder höchstens ternären) Entscheiden. Da die Lokalisierung eines Schlüssels unter n Schlüsseln mit binären Entscheiden im Mittel mindestens ld(n) Entscheidungen benötigt, können solche Suchverfahren auch nicht besser als O(ld n) sein.

6.4. Datenorganisationen für effizientes Suchen

Im täglichen Leben arbeiten wir geschickter: Die Telefonnummer einer Person mit dem Namen „Zywietz" suchen wir nicht, indem wir das Telefonbuch in der Mitte aufschlagen, sondern vom Ende her, weil wir aufgrund des ersten Buchstabens dessen Ort recht genau abschätzen können.

Dies ist auch das Prinzip der *Schlüsseltransformation*: Die Idee besteht darin, aus dem Schlüssel *direkt* die Position in der Tabelle zu bestimmen. Auf diese Weise gelingt es, eine Suche mit annähernd konstantem Aufwand zu realisieren.

Suchverfahren durch Schlüsselvergleiche in Suchbäumen ermitteln zu jedem Schlüssel eine Adresse, unter der der Schlüssel abgelegt wurde bzw. melden eine erfolglose Suche. Diese Abbildung „Schlüssel → Adressen" ist *injektiv*.

Wir betrachten nun eine Abbildung h: S → A von der Schlüsselmenge S in die Adressenmenge A (oft auch als Indexbereich bezeichnet), die nicht injektiv sein muß, aber die Schlüssel *möglichst gleichmäßig* über A verteilt. Eine solche Funktion h heißt *Hash-Funktion*, auch als *Hashing:* oder *Schlüsseltransformation* bezeichnet.

Probleme:

- Die Funktion h muß nicht injektiv sein, d.h. es treten Schlüssel $k_1 \neq k_2$ mit $h(k_1) = h(k_2)$ auf (*Kollision*). Es sind Strategien zur *Auflösung* solcher Konflikte zu erarbeiten.

- Es sind *effiziente* Verfahren zum Einfügen und Löschen zu entwickeln.

- Die Zahl der einzufügenden Schlüssel ist vorher meist nicht bekannt. Man muß daher die Möglichkeit haben, A zu vergrößern (*dynamisches Hashing*).

Beispiel

Eine Folge von drei Buchstaben ist darauf zu testen, ob sie Abkürzung eines Monatsnamens JAN, FEB, MAE, APR, MAI, JUN, JUL, AUG, SEP, OKT, NOV, DEZ ist. Möglichkeiten:

1. Abspeicherung in einem *optimalen Suchbaum*.
2. Man nimmt eine *andere Baumstruktur*.
3. Man sucht eine *Hash-Funktion* h: {JAN, FEB, ..., DEZ} → {0, 1, ..., m} (mit m ≥ 11), die leicht zu berechnen ist, und verwendet eine Tabelle mit Indizierung 0, 1, ..., m. Diese Tabelle stellt den nach Indizes geordneten Zielbereich dar und wird als *Hash-Tabelle* bezeichnet.

Als geschickte Hash-Funktion kann man z.B. für die Abkürzungen der Monatsnamen wählen (nr sei die „Nummer" eines Buchstabens im Alphabet):
h: $(Char)^3$ → 0..14 mit
$h(x_1 x_2 x_3) = (7\ nr(x_1) + 5\ nr(x_2) + 2\ nr(x_3))\ mod\ 15$.

Für die gegebene Schlüsselmenge JAN, FEB, ..., DEZ ist h sogar eine injektive Abbildung (man spricht in diesem Fall auch von einem *perfekten Hashing*), wie die *Wertetabelle* 6.4 (Auflistung der Werte für alle Schlüssel) zeigt.

$x_1 x_2 x_3$ =	JAN	FEB	MAE	APR	MAI	JUN	JUL	AUG	SEP	OKT	NOV	DEZ
$h(x_1 x_2 x_3)$ =	13	11	1	3	9	8	4	6	10	5	7	0

Tab. 6.4 Wertetabelle (Perfektes Hashing von Monatsabkürzungen)

Dieses Beispiel bezieht sich auf eine *statische Schlüsselmenge*, d.h. die Schlüssel ändern sich nicht mehr durch Einfügen oder Löschen, wohl aber die eigentlichen Daten (z.B. meteorologische Informationen zu den Monaten). Die entsprechende Hash-Tabelle hat 14 „Plätze" (Indizierung von 0 bis 13), von denen drei (Indizes 2,12 und 14) nicht belegt sind

Wenn man nun zu einem Monatsnamen $x_1 x_2 x_3$ Daten sucht oder ändern will, dann berechnet man $h(x_1 x_2 x_3)$ und hat direkt die richtige Stelle/Adresse in der Hash-Tabelle ermittelt. Man hat also nur *eine* Berechnung durchzuführen, nimmt aber dafür einen Speicherplatzverlust für die nicht belegten Plätze der Hash-Tabelle in Kauf.

Wir werden sehen, daß man die Hash-Technik auch für sich *dynamisch* ändernde Schlüsselbestände verwenden kann.

6.4.2.2 Perfektes Hashing

Seien einhundert Tabelleneinträge unter den Nummern 1 bis 100 zu verwalten. In diesem Fall ist die Lösung trivial: Wir verwenden die Nummer (d.h. den Schlüssel) als Index und können jedes Element direkt ansprechen.

In der Praxis bilden aber die Schlüssel meist nicht wie oben angenommen einen geeigneten Index, und zwar aus zwei Gründen:
- Es handelt sich fast nie um Zahlen, sondern um Zeichenketten (z.B. Namen, Bezeichner eines Programms, die von einem Übersetzer verarbeitet werden sollen).
- Die Menge der möglichen Schlüssel ist sehr groß, die tatsächlich verwendeten stellen nur einen winzigen Bruchteil dar.

Beispiel: Seien Bezeichner aus 16 Zeichen zugelassen, bestehend aus Buchstaben und Ziffern. Werden Groß- und Kleinbuchstaben nicht unterschieden (wie z.B. in Pascal) und ist das erste Zeichen ein Buchstabe, so gibt es dennoch allein $26 \cdot 36^{15}$ verschiedene Bezeichner mit 16 Zeichen, also mehr als 10^{24}. Eine „Übersetzungseinheit" in einem Programm (z.B. ein Modul) enthält höchstens 10^2 Bezeichner.

6.4. Datenorganisationen für effizientes Suchen

Aus diesen Gründen kann der Schlüssel nicht direkt verwendet werden, er wird zunächst in ein Intervall des Basistyps INTEGER (oder CARDINAL) transformiert. Dieses Intervall sollte groß genug, aber nicht unsinnig groß sein, um eine Indizierung mit dem so ermittelten *Primärindex* (der eigentlich bereits sekundär ist) zu erlauben.

Beispiel: Daten von 10 Personen sollen in einer Tabelle abgelegt werden. Die Personen sind: *Agnes, Annegret, Arthur, Beat, Boris, Cäsar, Clemens, Dagmar, Dagobert, Dolores.*
Als Hash-Funktion dient:

```
PROCEDURE h ( Name : ARRAY OF CHAR ) : CARDINAL;
BEGIN (* h *)
  RETURN 3 * (ORD (Name [0]) - ORD ("A"))
         + (ORD (Name [HIGH (Name)]) - ORD ("r"))
END h;
```

Damit lassen sich die zehn genannten Namen in das Intervall 0 (*Arthur*) bis 11 (*Dagobert*) abbilden.

Das für die Schlüsseltransformation vorgenommene „Zerhacken" („hashing") der Bezeichner hat dem Verfahren den Namen gegeben.

Am vorangehenden Beispiel ist bemerkenswert, daß wieder alle Schlüssel durch die Schlüsseltransformation auf verschiedene Primärindizes abgebildet werden, d.h. h ist injektiv und damit perfekt.

Offenbar hat das *perfekte Hashing* zwei notwendige Voraussetzungen:
- Die Menge der Schlüssel muß a priori bekannt (und damit konstant) sein.
- Es darf höchstens so viele Schlüssel geben, wie die Tabelle (d.h. der Primärindex) Raum bietet, aber die Tabelle darf nicht viel größer sein, da sonst eine zu große Streuung und ein zu hoher Speicherbedarf entstehen.

Da in den meisten Anwendungen die erste Bedingung nicht (und die zweite nicht sicher) erfüllt ist, sind die Anwendungsmöglichkeiten für das perfekte Hashing sehr begrenzt.

6.4.2.3 Kollisionsbehandlung

In der Praxis sind die Voraussetzungen für perfektes Hashing meist nicht gegeben, und wir müssen damit rechnen, daß unterschiedliche Schlüssel auf gleiche Primärindizes abgebildet werden, d.h. *Kollisionen* $h(s_1) = h(s_2)$ bei $s_1 \neq s_2$ eintreten.

Es genügt nun nicht mehr, nur die zu s gehörige Information in der Tabelle unter dem Index h(s) abzulegen. Erstens muß auch s abgelegt werden, damit im Falle einer Kollision festgestellt werden kann, um welchen Schlüssel es sich handelt. Zweitens muß eine Strategie für die *Kollisionsauflösung* entwickelt werden.

Natürlich wird man versuchen, die Hash-Funktion so zu wählen, daß Kollisionen selten sind; ein zweites Kriterium ist die effiziente Ausführung. Betrachten wir dazu die beiden *Extreme:*

- Die Hash-Funktion h(s) = 1 ist sehr effizient, erzeugt aber leider stets (d.h. vom zweiten Eintrag an) Kollisionen und ist daher völlig ungeeignet.
- Eine Gewichtung der einzelnen Zeichen mit *Primzahlen* (bei einem Schlüssel aus den Zeichen z_0 bis z_k):
  $2 \cdot ORD(z_0) + 3 \cdot ORD(z_1) + 5 \cdot ORD(z_2) + 7 \cdot ORD(z_3) + ...$)

gefolgt von einer Abbildung mit Modulo-Funktion in den Indexbereich ist hinsichtlich Kollisionen sehr wirksam, aber zu rechenintensiv.

Typisch sind folgende *Kompromißlösungen*:

- Verwendung des gesamten Bezeichners als Zahl, Abbildung mit MOD in den Indexbereich.

```
h : = ORD (z1);
FOR i : = 2 TO k DO
    h : = (256 * h + ORD (zi)) MOD n; (* n ist Tabellenlaenge *)
END;
```

Die Multiplikation wird als Shift-Operation effizient implementiert. Dabei ist unterstellt, daß die Zeichen in 8 bit gespeichert sind. Man beachte, daß n und 256 teilerfremd sein sollten; ist n im ungünstigsten Fall gleich 256, so ist der Aufwand nutzlos, und es ergibt sich: $h = ORD(z_k)$.

- Verwendung einzelner Zeichen des Bezeichners, eventuell zusätzlich der Länge (hier k genannt).

  Beispiel: $h := (7 \cdot ORD(z_0) + 11 \cdot ORD(z_{k-1}) + 19 \cdot k) \, MOD \, n$.
  Auch hier sollten n und die vorkommenden Konstanten (7,11,19) relativ prim (teilerfremd) sein.

Allgemein ist es eine sichere Regel, als Länge der Tabelle eine Primzahl zu wählen. Um die Zahl der Kollisionen gering zu halten, empfiehlt es sich, die Tabelle mindestens so groß zu machen, daß sie nie mehr als 80% gefüllt ist. Außerdem ist zu beachten, daß bei der Wahl der Hash-Funktion bestehende Namenskonventionen nach Möglichkeit zu berücksichtigen sind (z.B. ist es sehr ungünstig, wenn die ersten drei Zeichen eines Bezeichners das Modul bezeichnen und gerade die ersten drei Zeichen zum Hashing herangezogen werden).

Eine einfache Lösung des Kollisionsproblems besteht darin, den Überlauf in die *Halde* zu verdrängen, d.h. eine *externe Kollisionsbehandlung* durchzuführen.

6.4. Datenorganisationen für effizientes Suchen

Die Hash-Tabelle wird dabei wie folgt aufgebaut:

```
CONST n = .....;                  (* Tabellenlaenge, Primzahl! *)
TYPE NachfolgerZeiger = POINTER TO EintragTyp;
EintragTyp = RECORD
     CASE Belegt : BOOLEAN OF
     | FALSE : (*leer*)
     | TRUE  :   Schluessel : SchluesselTyp;
                 Inhalt     : InhaltTyp;
                 Nachfolger : NachfolgerZeiger
     END (*CASE*);
  END (*RECORD*);
VAR  HashTabelle : ARRAY [0..n-1] OF EintragTyp;
```

Natürlich müssen die Elemente der Tabelle mit Belegt := FALSE initialisiert werden. Wird ein Element besetzt, so wird der Nachfolger auf NIL gesetzt; finden später Kollisionen statt, so können beliebig viele weitere Elemente auf der *Halde* alloziert und durch einfache Verkettung angehängt werden.

Da aber in der Praxis nicht einzelne Zahlen, sondern umfangreichere Information zu speichern ist, empfiehlt es sich, *alle* Einträge auf der Halde abzulegen. Die Tabelle im *Keller* wird dadurch wesentlich kleiner (sie enthält nur noch Zeiger) und kann ohne erhebliche Nachteile reichlich groß bemessen werden (weniger Kollisionen):

```
VAR HashTabelle : ARRAY [0..n-1] OF NachfolgerZeiger;
```

In diesem Fall werden die Elemente der Tabelle mit NIL initialisiert, und man benötigt keinen varianten Record mehr (Belegt entfällt).

Soll (oder kann) die Halde für die Kollisionsbehandlung nicht in Anspruch genommen werden, können die Überläufe auch in der Tabelle selbst gespeichert werden: Sie belegen dann Plätze, die bislang freigeblieben sind, was zu einer *internen Kollisionsbehandlung* führt.

In diesem Fall muß eine Strategie festgelegt werden, wie vom Ort der Kollision aus (reproduzierbar!) ein freier Platz gefunden wird. Ferner muß die Möglichkeit, daß die Tabelle insgesamt gefüllt wird, in die Überlegung einbezogen werden. Dafür wird die Berechnung einer sogenannten *Sondierfolge* definiert. Die Elemente dieser Folge legen, beginnend mit dem Primärindex eines Schlüssels, die Indizes fest, an denen nach einem freien Platz gesucht werden soll. Man bezeichnet diese Suche als *Sondieren*.

Lineares Sondieren

Das einfachste Verfahren zum Sondieren besteht darin, vom Kollisionsort sequentiell (und am Tabellenende zyklisch) weiterzusuchen, bis ein freier Platz oder der Ausgangspunkt erreicht ist. Statt des zweiten Kriteriums kann auch die Zahl der Einträge überwacht werden. Die Sondierfolge $h_i(s)$ wird durch

$h_0(s) = h(s)$
$h_i(s) = (h_0(s) + i) \text{ MOD } n, \quad i = 1, \ldots n-1$
berechnet.

Auch beim Sondieren kann es natürlich zu weiteren Kollisionen (*Sekundärkollisionen*) kommen. Es ist daher vorteilhaft, beim Sondieren für verschiedene Schlüssel *unterschiedliche* Schrittweiten zu wählen. Man legt dazu – ähnlich der Hash-Funktion h(s) – eine Funktion d(s) fest, etwa die Länge von s, und sucht mit dieser Schrittweite nach einem freien Platz. Beim linearen Sondieren ist d(s) jedoch meistens eine vom Sondierfolgenindex i unabhängige Funktion. Die Sondierfolge $h_i(s)$ wird wie folgt berechnet:

$h_0(s) = h(s)$
$h_i(s) = (h_0(s) + i \cdot d(s)) \text{ MOD } n, \quad i = 1, \ldots n-1.$

Algorithmus:

```
IF ZahlEintraege < n THEN                    (* Programm P6.14 *)
   Index := h (s);
   Delta := d (s);
   LOOP
      IF NOT HashTabelle[Index].Belegt THEN (* freier Platz *)
         Eintragen; INC (ZahlEintraege); EXIT
      ELSIF HashTabelle[Index].Schluessel = s THEN
         (* s bereits vorhanden, eventuell Meldung *)
         EXIT
      ELSE
         Index := (Index + Delta) MOD n;
      END (* IF *);
   END (* LOOP *);
ELSE
   (* Meldung 'Tabelle voll' *)
END (* IF *)
```

Auch hier ist eine Primzahl als Länge n der Tabelle vorteilhaft; andernfalls (wenn d und n nicht teilerfremd sind) wird nur ein Teil der Tabelle durchgemustert, so daß der angegebene Algorithmus nicht sicher terminiert.

Beispiel: d=8 und n=100 führt nach $\frac{200}{8}$ Schritten auf einen Zyklus, es wird also nur ein Viertel der Tabelle geprüft.

Der Nutzen dieses differenzierten Sondierens mit schlüsselabhängiger Schrittweite ist zweifelhaft, da man weiterhin evtl. mit solchen Einträgen kollidiert, die einen um Vielfache von d verschiedenen Primärindex haben.

Quadratisches Sondieren

Beim quadratischen Sondieren wird darum das d von Schritt zu Schritt modifiziert, und zwar durch folgende Berechnung: $d_1 = 1$, $d_{i+1} = d_i + 2$.

6.4. Datenorganisationen für effizientes Suchen

Auf diese Weise durchläuft die Distanz zum Primärindex gerade die Quadratzahlen, wie sich durch Induktion zeigen läßt: $\sum_{i=1}^{k} d_i = k^2$.

Für die Berechnung der *Sondierfolge* gilt dann:
$h_0(s) = h(s);$
$h_i(s) = (h_0(s) + d_i) \text{ MOD } n = (h_0(s) + i^2) \text{ MOD } n$

Algorithmusentwurf:

```
Index := h(s); Delta := 1;               (* Programm P6.15 *)
LOOP
   IF NOT HashTabelle[Index].Belegt THEN
      Eintragen;
      EXIT
   ELSIF HashTabelle[Index].Schluessel = s THEN
      (* s bereits vorhanden *)
      EXIT
   ELSIF Delta > n THEN
      (* Abbruch, da kein Platz gefunden *)
      EXIT
   ELSE
      Index := (Index + Delta) MOD n;
      INC (Delta, 2);
   END (* IF *);
END (* LOOP *);
```

Natürlich ist auch hier zu klären, wie weit die Tabelle durchgemustert wird.

Offenbar können nicht mehr als $\frac{n}{2}$ Elemente durchgemustert werden, denn es gilt:

$i^2 \mod n = (n-i)^2 \mod n = (n+i)^2 \mod n.$

Darauf beruht das Abbruchkriterium Delta > n. Optimal ist also der Fall, in dem alle Werte $0 \le i < \frac{n}{2}$ auf verschiedene Indizes fallen.

Trete die erste Wiederholung beim k-ten Sondieren auf (ausgehend vom Primärindex p=h(s)):

$(p + k^2) \mod n = (p + j^2) \mod n$ mit $k > j \ge 0$, k minimal
$\Rightarrow \quad k^2 - j^2 = m \cdot n$ mit $m \in \mathbb{N}$
$\Leftrightarrow \quad (k - j)(k + j) = m \cdot n.$

Ist n eine Primzahl, so ist die kleinste Lösung für k:

$k + j = n \land k - j = m = 1$
$\Rightarrow \quad k = \frac{n+1}{2} > \frac{n}{2}$ wie angestrebt.

Ist n dagegen keine Primzahl, so gibt es kleinere Lösungen für k, d.h. bestimmte Felder werden u.U. mehrfach geprüft.

Vergleich der Sondierverfahren

Beim Sondieren werden drei Ziele angestrebt:

(a) einfache (effiziente) Implementierung
(b) möglichst wenige Sekundärkollisionen
(c) möglichst vollständige Ausnutzung der Tabelle.

Das einfache Verfahren ist optimal im Sinne von (a), das quadratische Sondieren ist ebenfalls sehr effizient, das differenzierte Sondieren kann nur durch eine komplizierte Funktion d(s) belastet sein.

Die „Entzerrung" der Sekundärindizes (Kriterium (b)) gelingt mit dem simplen Ansatz nicht; fallen viele Primärindizes in einen bestimmten Bereich der Hash-Tabelle, so wird dieser lückenlos gefüllt und erfordert dann entsprechend viele Sondierschritte. Beim quadratischen Sondieren können sich solche Bereiche nicht bilden.

Die Durchmusterung der Tabelle ist bei den beiden linearen Verfahren vollständig (bei Primzahl n), beim quadratischen Sondieren ist sie auf 50% begrenzt. Es zeigt sich auch hier wieder, daß simple Algorithmen oft besser abschneiden, als man zunächst vermutet; da ihre Einfachheit auch die Realisierung und Wartung vereinfacht, sind sie stets vorzuziehen, bis die Notwendigkeit komplizierterer Algorithmen durch Messungen nachgewiesen ist.

6.4.2.4 Löschen in Hash-Tabellen

Sollen einzelne Einträge aus einer Hash-Tabelle gelöscht werden, so erscheint das Vorgehen zunächst klar: Der Eintrag wird gesucht und gelöscht. Bei externer Kollisionsbehandlung ist damit die Entfernung aus der Kette auf der Halde verbunden, bei interner liegt der Fall komplizierter.

Jeder Eintrag kann in der Sondierkette weiterer Einträge liegen, die nicht auf ihrem Primärindex gespeichert werden konnten. Wird der Eintrag entfernt, so ist die Sondierkette unterbrochen und die folgenden Einträge sind nicht mehr auffindbar.

Darum ist eine der beiden folgenden Maßnahmen erforderlich:

(a) Die *Tabelle wird reorganisiert*, d.h. alle in Frage kommenden anderen Einträge werden geprüft und wenn nötig verschoben.
(b) Ein gelöschter Eintrag erhält den speziellen *Status „gelöscht"*. Er kann dann zwar wieder belegt werden, unterbricht aber Sondierketten nicht.

Die Lösung nach (a) kommt praktisch nur dann in Frage, wenn linear mit Schrittweite 1 sondiert worden war. In diesem Fall genügt es, bis zur nächsten Lücke zu suchen. Die Lösung nach (b) hat den Nachteil, daß Sondierketten länger als nötig werden; sie ist daher nur dann geeignet, wenn Löschen selten vorkommt.

6.4.2.5 Aufwandsabschätzung

Eine Aufwandsabschätzung für die *interne Kollisionsbehandlung* ist nur unter idealisierenden Annahmen möglich: Die Wahrscheinlichkeit einer Primär- oder Sekundärkollision soll nur vom *Füllungsgrad* der Tabelle abhängen. Dadurch sind Effekte, wie sie bei der internen Kollisionsbehandlung diskutiert wurden, ausgeschlossen. Man muß daher auch das Ergebnis mit entsprechenden Vorbehalten würdigen.

Sei die Tabellenlänge n und seien in der Tabelle bereits k Einträge, dann ist die *Wahrscheinlichkeit einer Primärkollision* $q_1 = \frac{k}{n}$.

Die einer Primär- und j weiterer *Sekundärkollisionen* ist

$$q_{j+1} = \frac{k}{n} \cdot \frac{k-1}{n-1} \cdot \ldots \cdot \frac{k-j}{n-j} = \frac{k!}{(k-j-1)!} \cdot \frac{(n-j-1)!}{n!}.$$

Jetzt sind von den n Plätzen j+1 getestet, also kommen für die nächste Sondierung noch n-(j+1) in Frage, von denen n-k frei sind. Die Wahrscheinlichkeit, gerade beim j+2-ten Sondierschritt, also nach j+1 Kollisionen, einen freien Platz zu finden, ist demnach

$$p_{j+2} = q_{j+1} \cdot \frac{n-k}{n-j-1} \text{ oder nach Substitution mit i für j+2:}$$

$$p_i = q_{i-1} \cdot \frac{n-k}{n-i+1} = \frac{k!}{(k-i+1)!} \cdot \frac{(n-i+1)!}{n!} \cdot \frac{n-k}{n-i+1}$$

Durch Kürzen, Umordnen und Erweitern folgt:

$$p_i = \frac{k! \cdot (n-k)!}{n!} \cdot \frac{(n-i)!}{(n-k-1)! \cdot (k-i+1)!} = \binom{n}{k}^{-1} \binom{n-i}{n-k-1}$$

in der Notation für Binomialkoeffizienten.

Der *Erwartungswert* für die Zahl der Sondierungen beim Eintrag des k+1-ten Elements ist:

$$E_{k+1} = \sum_{i=1}^{k+1} i\, p_i = \sum_{i=1}^{k+1} \sum_{j=1}^{i} p_i$$

$$= \sum_{j=1}^{k+1} \sum_{i=j}^{k+1} p_i = \binom{n}{k}^{-1} \sum_{j=1}^{k+1} \sum_{i=j}^{k+1} \binom{n-i}{n-k-1}$$

Den Übergang zur zweiten Doppelsumme kann man nachvollziehen, indem man die Doppelsumme in Dreiecksform zeilenweise aufschreibt und dann spaltenweise zusammenfaßt. Durch weitere arithmetische Umformungen unter Ausnutzung des *Pascalschen Dreiecks* erhält man schließlich:

$$E_{k+1} = \frac{n+1}{n-k+1}.$$

Der mittlere Aufwand für das Eintragen eines von m Schlüsseln in die Hash-Tabelle ergibt sich damit zu

$$E = \frac{1}{m}\sum_{k=1}^{m} E_k = \frac{1}{m}\sum_{k=1}^{m} \frac{n+1}{n-k+2} = \frac{n+1}{m}\sum_{j=n-m+2}^{n+1} \frac{1}{j}$$

$$= \frac{n+1}{m}\left(\sum_{j=1}^{n+1} \frac{1}{j} - \sum_{j=1}^{n-m+1} \frac{1}{j}\right) = \frac{n+1}{m}\left(H_{n+1} - H_{n-m+1}\right)$$

worin H_i für die Summe der harmonischen Reihe bis zum Glied i steht. Da sich diese Summe durch den natürlichen Logarithmus annähern läßt, folgt:

$$H_{n+1} - H_{n-m+1} \approx \ln(n+1) - \ln(n-m+1) = \ln\frac{n+1}{n+1-m}.$$

Damit ergibt sich näherungsweise

$$E_i \approx \frac{n+1}{m}\ln\frac{n+1}{n+1-m} = -\frac{1}{a}\ln(1-a) \text{ mit } a = \frac{m}{n+1} \approx \frac{m}{n}.$$

Folglich ist der Sondieraufwand nur vom Füllungsgrad $\frac{m}{n}$ abhängig, nicht vom absoluten Wert von m oder n. Wir haben in diesem Sinne also *konstanten Aufwand*!

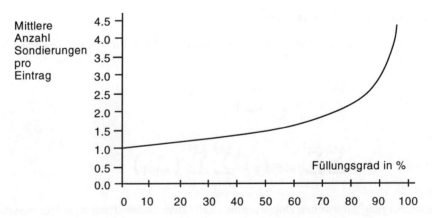

Abb. 6.50 Mittlerer Sondieraufwand bei interner Kollisionsbehandlung

6.4.2.6 Implementierung von Kollisionsbehandlungen

Zum Abschluß von Abschnitt 6.4.2 folgt noch je eine Implementierung für interne und externe *Kollisionsbehandlung* in Form einer Tabellenkapsel. Die Funktionalität ist in beiden Fällen völlig gleich, wenn man davon absieht, daß bei interner Kollisionsbehandlung nur soviele Einträge möglich sind, wie die Tabelle Plätze hat; dafür gibt es die Probleme der Halden-Verwaltung nicht.

```
DEFINITION MODULE TabKap;                    (* Programm P6.16a *)
TYPE Zeichenkette = ARRAY [0..20] OF CHAR;
    SchluesselTyp = RECORD
                      String: Zeichenkette;
                      Laenge: INTEGER;
                      END (* RECORD *);
    InhaltTyp     = REAL; (* Nicht sehr sinnvoll: In der Praxis
                             koennte man hier z.B. die Daten einer
                             Person, die Semantik eines reserv.
                             Worts etc. speichern *)
    ElementTyp    = RECORD
                      Schluessel : SchluesselTyp;
                      Inhalt     : InhaltTyp;
                      END (* RECORD *);

  PROCEDURE Eintragen ( (* in  *) Element : ElementTyp;
                        (* out *) VAR OK  : BOOLEAN);
  (* Traegt Element (Schluessel, Inhalt) in die Tabelle ein:
     OK = TRUE : Eintrag erfolgreich durchgefuehrt.
     OK = FALSE: Tabelle ist voll oder ein Eintrag mit gleichem
                 Key ist schon vorhanden (besser: unterscheiden) *)

  PROCEDURE Holen ( (* in  *) SuchSchluessel : SchluesselTyp;
                    (* out *) VAR Element    : ElementTyp;
                    (* out *) VAR OK         : BOOLEAN);
  (* Findet Element mit Schluessel 'SuchSchluessel':
     OK = TRUE : Element gefunden
     OK = FALSE: Element war nicht in der Liste.              *)

  PROCEDURE Loeschen ( (* in  *) LoeschSchluessel: SchluesselTyp;
                       (* out *) VAR OK          : BOOLEAN);
  (* Loescht Element mit Schluessel 'LoeschSchluessel':
     OK = TRUE : Element geloescht.
     OK = FALSE: Element war nicht in der Liste               *)
END TabKap.
```

Implementierung mit interner Kollisionsbehandlung

Der Algorithmus beruht auf der Annahme, daß die Tabelle nur schwach gefüllt wird oder Löschen nur sehr selten vorkommt. Andernfalls führt die Markierung gelöschter Elemente zu ineffizienter Suche durch einen großen Teil der Tabelle.

```
IMPLEMENTATION MODULE TabKap;                    (* Programm P6.16b *)

CONST TabLaenge      = 101;         (* Primzahl *)
TYPE  HashIndexTyp   = [0..TabLaenge-1];
VAR   ZahlEintraege : HashIndexTyp; (* Mindestens ein Element muss
                                        frei bleiben *)
TYPE  StatusTyp          = (Belegt, Frei, Geloescht);
      TabellenElementTyp = RECORD
                             CASE Status: StatusTyp OF
                             | Belegt : Eintrag: ElementTyp
                             | Frei, Geloescht : (* leer *)
                             END (* CASE *);
                           END (* RECORD *);
VAR Tabelle: ARRAY HashIndexTyp OF TabellenElementTyp;

(*----------------- INTERNE Prozedur Suchen -----------------*)

  PROCEDURE Suchen ( (* in  *) SuchSchluessel : SchluesselTyp;
                     (* out *) VAR vorhanden  : BOOLEAN;
                     (* out *) VAR Index      : HashIndexTyp);
  (* sucht Element mit SuchSchluessel. Falls vorhanden, zeigt Index
     nachher auf dieses Element. Falls nicht vorhanden, zeigt Index
     auf den ersten beim Suchen angetroffenen freien Platz (ist
     sicher vorhanden). *)

  PROCEDURE Hash ( (* in *) HashSchluessel: SchluesselTyp) :
                                                          INTEGER;
  VAR i, Summe: INTEGER;
  BEGIN (* Hash *)
    Summe := ORD (HashSchluessel.String [0]);
    FOR i := 1 TO HashSchluessel.Laenge-1 DO
       Summe := Summe + ORD (HashSchluessel.String [i]);
    END (* FOR *);
    RETURN Summe MOD TabLaenge
  END Hash;

  PROCEDURE Step ( (* inout *) VAR Argument: HashIndexTyp);
  (* muss vollstaendige Durchmusterung garantieren,
         sonst Fehler *)
  BEGIN (* lineares Sondieren mit Schrittweite 1 *)
    Argument := (Argument + 1) MOD TabLaenge;
  END Step;

  PROCEDURE Equal ( (* in *)  Schluessel1,
                              Schluessel2: SchluesselTyp) :
                                                         BOOLEAN;
  VAR i, Lng: INTEGER;
  BEGIN (* Equal *)
    WITH Schluessel1 DO
      IF Laenge # Schluessel2.Laenge THEN
        RETURN FALSE
      ELSE
        i := 0;
        WHILE (i <= Laenge) AND
              (String [i] = Schluessel2.String [i]) DO
```

6.4. Datenorganisationen für effizientes Suchen 373

```
            INC(i);
         END (* WHILE *);
         RETURN (i > Laenge)    (* d.h. gleich auf ganzer Laenge *)
      END (* IF *);
      END (* WITH Schluessel1 *);
   END Equal;


   VAR Index0, LeerIndex : HashIndexTyp; LeerGef : BOOLEAN;
      (* LeerIndex zeigt erstes freies Element, wenn LeerGef *)
   BEGIN (* Suchen *)
      Index0 := Hash (SuchSchluessel);      (* Primaerindex *)
      Index := Index0;                      (* laufender Index *)
      LeerGef := FALSE; vorhanden := FALSE; (* Voreinstellung *)
      LOOP
         WITH Tabelle [Index] DO
            IF Status = Frei THEN EXIT      (* leerer Platz gefunden *)
            ELSIF Status = Geloescht THEN
               IF NOT LeerGef THEN          (* erstes geloeschtes *)
                  LeerGef := TRUE;          (* Element gefunden *)
                  LeerIndex := Index;       (* Index merken *)
               END (* IF *);
            (* bleibt nur noch der Fall Status = Belegt *)
            ELSIF Equal (Eintrag.Schluessel, SuchSchluessel) THEN
               vorhanden := TRUE; EXIT      (* Schluessel gefunden *)
            END (* IF *);
         END (* WITH Tabelle[Index] *);
         Step (Index);                      (* weitersondieren *)
         IF Index = Index0 THEN EXIT  END;  (* Tabelle vollstaendig
                                              durchsucht *)
      END (* LOOP *);
      IF LeerGef AND NOT vorhanden THEN Index := LeerIndex; END;
   END Suchen;

(***************** Exportierte Prozeduren ******************)

   PROCEDURE Eintragen ( (* in  *) Element : ElementTyp;
                         (* out *) VAR OK  : BOOLEAN);
   VAR Index: HashIndexTyp;
       SchonVorh : BOOLEAN;
   BEGIN (* Eintragen *)
      Suchen (Element.Schluessel, SchonVorh, Index);
      OK := (NOT SchonVorh) AND
            (ZahlEintraege < TabLaenge - 1);
      IF OK THEN
         INC (ZahlEintraege);
         WITH Tabelle[Index] DO
            Status  := Belegt;
            Eintrag := Element;
         END (* WITH Tabelle[Index] *);
      END (* IF *);
   END Eintragen;

   PROCEDURE Holen ( (* in  *) SuchSchluessel : SchluesselTyp;
                     (* out *) VAR Element    : ElementTyp;
```

```
                            (* out *) VAR OK         : BOOLEAN);
  VAR Index: HashIndexTyp;
  BEGIN (* Holen *)
    Suchen (SuchSchluessel, OK, Index);
    IF OK THEN Element := Tabelle [Index].Eintrag;   END;
  END Holen;

  PROCEDURE Loeschen ( (* in  *) LoeschSchluessel: SchluesselTyp;
                       (* out *) VAR OK: BOOLEAN);
  VAR Index: HashIndexTyp;
  BEGIN (* Loeschen *)
    Suchen (LoeschSchluessel, OK, Index);
    IF OK THEN
       Tabelle [Index].Status := Geloescht;
       DEC (ZahlEintraege);
    END (* IF *);
  END Loeschen;

(********************* Initialisierung *********************)
VAR i: HashIndexTyp;
BEGIN (* TabKap *)
  FOR i := MIN (HashIndexTyp) TO MAX (HashIndexTyp) DO
    Tabelle [i].Status := Frei;
  END (* FOR *);
  ZahlEintraege := 0;
END TabKap.
```

Implementierung mit externer Kollisionsbehandlung

Die folgende Implementierung verwendet Prozedur-Parameter, damit der Code für die Suche nach einem Element nicht mehrfach geschrieben werden muß. Dadurch können die Prozeduren Eintragen, Holen und Loeschen dieselbe Such-Prozedur verwenden und trotzdem nach dem Finden oder Nichtfinden *verschiedene* Reaktionen vorgeben. Man beachte, daß auch die Lösung oben so arbeitet, doch kann dort ein Index zurückgegeben werden; hier handelt es sich um Zeiger, die nicht ohne Verlust der Identität aus der Prozedur heraufgereicht werden können.

Diese Konzeption ist hier natürlich kaum angemessen, sie demonstriert aber das Prinzip der *Prozedur-Parameter*. Die als Parameter eingesetzten Prozeduren Anhaengen, Lesen und Aushaengen müssen aufgrund der Definition von Modula-2 auf globaler Ebene vereinbart sein; logisch sind sie aber lokal zu den Prozeduren, vor denen sie jeweils stehen.

```
IMPLEMENTATION MODULE TabKap;                     (* Programm P6.16c *)

FROM Storage IMPORT ALLOCATE, DEALLOCATE;
CONST TabLaenge = 30;            (* Groesse der Hash-Tabelle *)
TYPE ElementZeiger = POINTER TO ListenElement;
     ListenElement = RECORD
                       Eintrag : ElementTyp;
                       Next    : ElementZeiger;
                     END (* RECORD *);
```

6.4. Datenorganisationen für effizientes Suchen

```
VAR   Tabelle : ARRAY [0..TabLaenge-1] OF ElementZeiger;

TYPE ListOpTyp = PROCEDURE (VAR ElementZeiger,
                            VAR ElementTyp,
                            VAR BOOLEAN);

(****************** Interne Prozeduren *******************)
   PROCEDURE Suchen ( (* in     *) SuchSchluessel : SchluesselTyp;
                      (* in     *) ListOp         : ListOpTyp;
                      (* inout  *) VAR Element    : ElementTyp;
                      (* out    *) VAR OK         : BOOLEAN);

      PROCEDURE Equal (Schluessel1,
                       Schluessel2 : SchluesselTyp) : BOOLEAN;
      VAR i: INTEGER;
      BEGIN (* Equal (Stringvergleich) *)
        IF Schluessel1.Laenge = Schluessel2.Laenge THEN
           i := 0;
           WHILE (i <= Schluessel1.Laenge) AND
                 (Schluessel1.String [i] = Schluessel2.String [i]) DO
              INC (i);
           END (* WHILE *);
           RETURN (i > Schluessel1.Laenge)
        ELSE
           RETURN FALSE
        END (* IF *);
      END Equal;


   VAR SuchZeiger : ElementZeiger;
       Index      : INTEGER;
   BEGIN (* Suchen *)
     Index := Hash (SuchSchluessel);
     IF (Tabelle [Index] = NIL) OR
        Equal (Tabelle [Index]^.Eintrag.Schluessel, SuchSchluessel)
     THEN
        (* Liste noch ganz leer oder gesuchter Eintrag am Anfang *)
        ListOp (Tabelle [Index], Element, OK);
     ELSE
        SuchZeiger := Tabelle [Index];
        WHILE (SuchZeiger^.Next # NIL) AND
              NOT Equal (SuchZeiger^.Next^.Eintrag.Schluessel,
                         SuchSchluessel)
        DO (* weder Ende erreicht noch Schluessel gefunden *)
           SuchZeiger := SuchZeiger^.Next;
        END (* WHILE *);
        ListOp (SuchZeiger^.Next, Element, OK);
     END (* IF *);
   END Suchen;

(***************** Exportierte Prozeduren *****************)

   PROCEDURE Anhaengen ((* inout *) VAR Zeiger  : ElementZeiger;
                        (* inout *) VAR Element : ElementTyp;
                        (* out   *) VAR OK      : BOOLEAN);
```

```
    BEGIN (* Anhaengen *)
      OK := Zeiger = NIL;
      IF OK THEN
        ALLOCATE (Zeiger, SIZE (ListenElement));
        WITH Zeiger^ DO Eintrag := Element;   Next := NIL;   END;
      END (* IF *);
    END Anhaengen;

    PROCEDURE Eintragen ( (* in  *)  Element : ElementTyp;
                          (* out *)  VAR OK  : BOOLEAN);
    BEGIN (* Eintragen *)
      Suchen (Element.Schluessel, Anhaengen, Element, OK);
    END Eintragen;

    PROCEDURE Lesen ((* inout *) VAR Zeiger  : ElementZeiger;
                     (*   out *) VAR Element : ElementTyp;
                     (*   out *) VAR OK      : BOOLEAN);
    BEGIN (* Lesen *)
      OK := Zeiger # NIL;
      IF OK THEN  Element := Zeiger^.Eintrag;   END;
    END Lesen;

    PROCEDURE Holen ( (* in  *) SuchSchluessel : SchluesselTyp;
                      (* out *) VAR Element    : ElementTyp;
                      (* out *) VAR OK         : BOOLEAN);
    BEGIN (* Holen *)
      Suchen (SuchSchluessel, Lesen, Element, OK);
    END Holen;

    PROCEDURE Aushaengen ((* inout *) VAR Zeiger : ElementZeiger;
                          (* inout *) VAR Dummy  : ElementTyp;
                          (*   out *) VAR OK     : BOOLEAN);
    VAR Hilf: ElementZeiger;
    BEGIN (* Aushaengen *)
      OK := Zeiger # NIL;
      IF OK THEN
        Hilf := Zeiger; Zeiger := Zeiger^.Next;
        DEALLOCATE (Hilf, SIZE (ElementTyp));
      END (* IF *);
    END Aushaengen;

    PROCEDURE Loeschen ( (* in  *) SuchSchluessel : SchluesselTyp;
                         (* out *) VAR OK         : BOOLEAN);
    VAR Dummy: ElementTyp;
    BEGIN (* Loeschen *)
      Suchen (SuchSchluessel, Aushaengen, Dummy, OK);
    END Loeschen;

(********************* Initialisierung *********************)
VAR i: INTEGER;
BEGIN (* TabKap *)
  FOR i := 0 TO TabLaenge - 1 DO
      Tabelle [i] := NIL;
  END (* FOR *);
END TabKap.
```

6.5 Sortieren

6.5.1 Klassifizierung und allgemeine Betrachtungen

Sortieren ist häufig eine wichtige elementare Aufgabe innerhalb komplexer Algorithmen. Das Sortieren dient i.a. dem schnelleren Wiederfinden von Informationen. Beispiele für sortierte Informationsmengen sind Lexika, Tabellen, Adressenbücher, Kataloge usw.

Man unterscheidet

- *internes Sortieren* : die zu sortierende Folge befindet sich im *Hauptspeicher* (wahlfreier Zugriff);
- *externes Sortieren* : die zu sortierende Folge ist auf externe Speichermedien wie Bänder oder Platten ausgelagert (i.a. sequentieller Zugriff).

Verglichen mit großen Anwendungsprogrammen sind Sortieralgorithmen relativ kurz, dafür aber recht kompliziert, und ihre Effizienz ist von großer Bedeutung.

Am Beispiel des Sortierens kann man viele Aspekte, die beim Entwickeln von Algorithmen zu berücksichtigen sind, erläutern, z.B.:
- Probleme haben in der Regel sehr *viele* brauchbare Lösungen
  (es werden deshalb mehrere Algorithmen zur Lösung des Sortierproblems vorgestellt);
- aus unterschiedlichen Ideen entwickeln sich unterschiedliche Algorithmen
  („*top-down-Prinzip*");
- die Aufwandsanalyse der verschiedenen Sortieralgorithmen vermittelt typische *Analysetechniken*.

Definition des Sortierproblems

Es sei A ein Alphabet oder eine (nicht unbedingt endliche) geordnete Menge irgendwelcher Elemente.
Eine *Folge* $v = v_1 \ldots v_n$ mit $v_i \in A$ heißt *geordnet* : $\Leftrightarrow v_i \leq v_{i+1}$ für $i = 1, \ldots, n-1$,
sie heißt *invers geordnet* : $\Leftrightarrow v_i \geq v_{i+1}$ für $i = 1, \ldots, n-1$.

Sortierproblem: Gegeben sei eine Folge $v = v_1 v_2 \ldots v_n \in A^n$.
Ordne v so um, daß eine geordnete (oder invers geordnete) Folge entsteht.
Genauere Formulierung: Gesucht wird eine *Permutation*
$\pi : \{1, \ldots, n\} \to \{1, \ldots, n\}$, so daß die Folge
$v_{\pi(1)} \ v_{\pi(2)} \ \ldots \ v_{\pi(n)}$ geordnet ist.

Klassifizierung der grundlegenden Sortiermethoden

Es gibt mindestens die folgenden fünf grundlegenden *Sortiermethoden* (mit jeweils typischen, konkreten *Sortierverfahren*), nämlich „Sortieren durch..."

(1) *Aussuchen*

Man sucht in der Folge $v_1\ v_2\ ...\ v_n$ ein Element v_i mit geeigneten Eigenschaften (z.B. das kleinste oder größte Element). Man bringt dieses Element an die „richtige" Stelle und arbeitet mit der Restfolge nach der gleichen Idee rekursiv weiter.
Entsprechende konkrete Sortierverfahren sind z.B. Direktes Aussuchen, Quadratisches Aussuchen, Heapsort.

(2) *Einfügen*

Man setzt die Folge v Element für Element in eine Folge u um. Das jeweils nächste Element entfernt man aus v und fügt dieses in die bereits sortierte Anfangsfolge von u ein.
Entsprechende Sortierverfahren sind z.B. Direktes Einfügen, Binäres Einfügen.

(3) *Austauschen*

Man sucht in der Folge $v_1\ ...\ v_n$ zwei Elemente v_i und v_j mit $i < j$ und $v_i > v_j$ und vertauscht diese. Unterschiede ergeben sich in der Strategie des Auffindens solcher Elemente.
Entsprechende Sortierverfahren sind z.B. Bubblesort, Shakersort, Quicksort, Heapsort, Shellsort.

(4) *Mischen*

Wenn bereits zwei geordnete (oder teilweise geordnete) Folgen $v_1\ ...\ v_n \in A^n$ und $w_1\ ...\ w_m \in A^m$ vorliegen, dann kann man diese Folgen zu einer geordneten Folge der Länge n+m „mischen", indem man die jeweils nächsten Elemente der beiden Folgen vergleicht und das kleinere der beiden Elemente übernimmt. Diese Idee ist vor allem für *externes Sortieren* sequentieller Dateien geeignet.
Sortierverfahren dieser Art sind z.B. Zweiphasen-, Einphasen-, Natürliches Mischen.

(5) *Streuen und Sammeln*

Der Wertebereich, aus dem die zu sortierenden Elemente stammen, habe die Kardinalität m, d.h. $A = \{a_1, a_2, ..., a_m\}$.
Wenn m nicht zu groß ist, dann kann man durch eine Funktion ORD: $A \to$ INTEGER die Folge $v= v_1\ v_2\ ...\ v_n \in A^n$ auf ein ARRAY [1...m] OF INTEGER „streuen", indem man dieses Feld S mit 0 initialisiert und für i = 1, 2, ..., n die Wertzuweisung S [ORD (v_i)] := S [ORD (v_i)] + 1 durchführt, d.h. v_i in das durch die Funktion ORD bestimmte Feldelement ablegt. Anschließend kann man in S mit i = 1, ..., m „sammeln", indem man für S [i] $\neq$ 0 das Element a_i S [i] - mal ausgibt.
Ein entsprechendes Sortierverfahren ist der Bucketsort.

6.5. Sortieren

Stabilität und Ordnungsverträglichkeit von Sortierverfahren

Eine erste, häufig gewünschte Eigenschaft von Sortierverfahren ist die der *Stabilität*:

Ein Sortierverfahren S heißt *stabil*, wenn S die Reihenfolge gleicher Elemente nicht verändert, d.h. wenn S $(v_1 \ldots v_n) = v_{i_1} v_{i_2} \ldots v_{i_n}$ ist, dann gilt für alle $v_{i_j} = v_{i_k}$ und $i_j < i_k$ stets $j < k$.

S heißt *invers stabil*, wenn die Reihenfolge der Elemente mit gleichem Schlüssel von S gespiegelt wird. Die Stabilität spielt eine Rolle, wenn man mehrstufig sortiert, z.B. erst nach Familien- und dann nach Vornamen. „Karl Maier" soll zum Schluß vor „Karl Müller" liegen.

Eine zweite, zentrale Eigenschaft von Sortierverfahren ist die *Ordnungsverträglichkeit*, für die wir zunächst einige Begriffe vorbereiten müssen.

Sei $S_n = \{\pi \mid \pi: \{1, \ldots, n\} \to \{1, \ldots, n\}$ ist eine Permutation$\}$ die *Menge der Permutationen* von n Elementen (in der Mathematik auch *symmetrische Gruppe* genannt). Es gilt: $|S_n| = n!$.

Eine Permutation π kann man als Wort
$$\pi(1)\ \pi(2)\ \ldots\ \pi(n) \in \{1, \ldots, n\}^*$$
eindeutig darstellen. Sei umgekehrt
$$\underline{S}_n = \{z_1 \ldots z_n \mid z_i \in \{1, \ldots, n\} \text{ und } z_i \neq z_j \text{ für } i \neq j\},$$
dann gehört zu jedem Wort $z \in \underline{S}_n$ genau eine Permutation $\pi \in S_n$ (nämlich $\pi(i) = z_i$ für $i = 1, \ldots, n$) und umgekehrt: $|\underline{S}_n| = |S_n| = n!$.
Wir setzen deshalb π und z im folgenden gleich.

Für $\pi \in S_n$ sei
$$\alpha(\pi) = |\{(i, j) \text{ mit } i < j \text{ und } \pi(i) > \pi(j)\}|$$
die *Inversionsanzahl* von π (auch *Fehlstand* genannt).

Beispiele: $\alpha(1\ 2\ \ldots\ n) = 0$

$\alpha(n\ n-1\ \ldots\ 2\ 1) = \frac{1}{2} n(n-1)$, denn das Element n in der 1. Position steht bezüglich der folgenden n-1 Positionen „falsch", das Element n-1 in der 2. Position bezüglich der folgenden n-2 Positionen usw., d.h. wir haben die Summe $(n-1) + (n-2) + \ldots + 2 + 1 = \sum_{i=1}^{n-1} i = \frac{1}{2} n(n-1)$.

Nun können wir die Ordnungsverträglichkeit definieren:
Ein Sortierverfahren S heißt *ordnungsverträglich* $:\Leftrightarrow$
„je geordneter die zu sortierende Folge bereits ist, umso schneller arbeitet S", d.h. S berücksichtigt eine evtl. vorhandene *Vorsortierung* der Folge.

Genauer: Wenn S für zwei Folgen $v_1 \, v_2 \ldots v_n$ und $w_1 \, w_2 \ldots w_n$ die Permutationen $\pi \in S_n$ und $\sigma \in S_n$ realisiert, und wenn die *Inversionsanzahl* $\alpha(\pi)$ kleiner als $\alpha(\sigma)$ ist, dann ist auch die *Schrittzahl*, die S zum Sortieren von $v_1 \ldots v_n$ benötigt, kleiner (oder gleich) der Schrittzahl zum Sortieren von $w_1 \ldots w_n$.

Formal: $S(v_1 \ldots v_n) = v_{\pi(1)} \, v_{\pi(2)} \ldots v_{\pi(n)}$ und
$S(w_1 \ldots w_n) = w_{\sigma(1)} \, w_{\sigma(2)} \ldots w_{\sigma(n)}$
und $\alpha(\pi) \leq \alpha(\sigma) \Rightarrow$ (Schrittzahl zum Sortieren von $v_1 \ldots v_n$)
$\leq$ (Schrittzahl zum Sortieren von $w_1 \ldots w_n$)

Bemerkungen zum Sortieren „in der Praxis"

1. Die Elemente einer zu sortierenden Folge sind in der Praxis häufig umfangreiche *Records*. Die Folge wird jeweils nach einem *Ordnungskriterium* sortiert.

    Fall 1: Hier bezieht sich das Ordnungskriterium *nicht* direkt auf eine Komponente des Records, sondern wird durch eine Funktion g: A → M beschrieben, wobei M eine geordnete Menge ist (Bsp. Personal-, Matrikel-, Versicherungsnummer). Es ist empfehlenswert, $g(v_i) := k_i$ durch Erweiterung in den Record-Typ aufzunehmen. k_i heißt dann (künstlicher) *Schlüssel* von (v_i) oder auch *Primärschlüssel* (jeden Satz eindeutig identifizierender Schlüssel).

    Fall 2: Das Ordnungskriterium bezieht sich *direkt* auf eine oder mehrere Komponenten des Records. Den Vektor dieser Komponenten, nach denen zu sortieren ist, bezeichnen wir als (direkten) *Schlüssel*. Probleme: u.a. Eindeutigkeit, zu großer Aufwand für das Sortieren.

2. Wird eine Folge nach *mehreren* Record-Komponenten nacheinander geordnet, so kann man die Folge zunächst nach dem am wenigsten relevanten Kriterium und dann schrittweise nach dem nächstwichtigeren Kriterium sortieren. Hierfür muß ein Sortierverfahren allerdings *stabil* sein.

3. Sortieren erfordert in der Praxis viele Umspeicherungs-Operationen. Sind die Elemente sehr groß, so kostet dieses viel Zeit. Abhilfe verspricht hier folgende typische Technik: Man zieht die Schlüssel und den Verweis (Zeiger) auf das jeweilige Datenelement aus dem Record heraus und sortiert nur diese *Schlüssel-Verweis-Tabelle*.

6.5. Sortieren

Zum Aufwand des Sortierens

Frage: Wie schnell kann man unter der Voraussetzung, als Basisoperatoren nur den Vergleich und die Vertauschung jeweils zweier Elemente zur Verfügung zu haben, sortieren?

Eine Antwort liefert folgender Gedankengang:
Wenn die Sortierung aufgrund von *binären* Entscheidungen über Folgenglieder erfolgt, so wird durch diese *Abfragefolge* letztlich jede Permutation der Folge charakterisiert. Dann kann man die Permutationen als Blätter eines binären *Entscheidungsbaumes* auffassen, wobei in den inneren Knoten die Vergleiche der Folgenglieder stehen. Jede *Permutation* ist nun durch den *Weg* vom Blatt zur Wurzel (also: durch die Folge der auf diesen Weg stehenden Vergleiche) eindeutig bestimmt.

Diese Information kann man für den Fall einer zu sortierenden dreielementigen Folge $U_1U_2U_3$ den Blättern des Entscheidungsbaumes in Abb. 6.51 entnehmen.

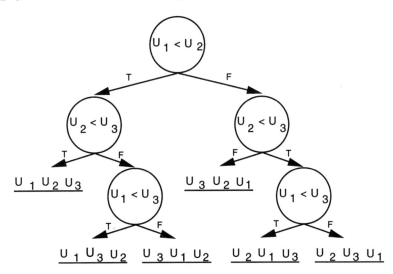

Abb. 6.51 Entscheidungsbaum zur Bestimmung von Sortierfolgen

Für diesen Entscheidungsbaum gilt:
- Er besitzt n! Blätter und n! - 1 innere Knoten.
- Genau ein Knoten (nämlich die Wurzel) besitzt die Höhe 1.
- Höchstens 2^i-1 Knoten besitzen eine Höhe $\leq i$.
  $\Rightarrow$ Höchstens n! Knoten besitzen eine Höhe $\leq \lceil \text{ld } n! \rceil$.

Beim *vollständig ausgeglichenen Baum* mit n! Blättern stehen alle Blätter mindestens auf der Stufe ld(n!) - 1. Aus der *Stirlingschen Formel* (siehe Anhang A) folgt
$$\text{ld}(n!) > k \cdot n \cdot \text{ld}(n) \text{ mit positivem } k.$$

Folglich hat auch die *mittlere* Stufe der Blätter diesen Wert. Ist der Baum *nicht* vollständig ausgeglichen (d.h. nicht alle Sortierungen sind gleichwahrscheinlich), so steigt die mittlere Stufe der Blätter. Der mittlere Aufwand zum Erreichen eines Blattes (d.h. einer Sortierung) kann also für Algorithmen, die ausschließlich auf binären Entscheidungen über Folgenglieder basieren, nicht kleiner sein als O (n ld n).

Mit diesem Gedankengang wird üblicherweise „bewiesen", daß Sortieralgorithmen im Zeitverhalten nicht unter O(n ld n) gedrückt werden können (Randbedingungen: Betrachtung des durchschnittlichen Falls, d.h. alle Folgen sind gleichwahrscheinlich).

Der folgende Satz wird uns zeigen, daß man durch Vertauschen nur *direkt benachbarter* Elemente, d.h. Elemente dürfen nicht über größere Distanzen getauscht werden, sogar einen quadratischen Aufwand erhält.

Satz:
Jeder Sortieralgorithmus, der nur die Operatoren V_i („*Vertauschen* direkt benachbarter Elemente der i-ten und i+1-ten Stelle") und Sp („*Spiegeln* der gesamten Folge") auf eine Folge u = $u_1 u_2 \ldots u_n \in A^n$ anwenden darf, benötigt zur Sortierung von u im schlechtesten Fall mindestens ($\frac{1}{4}$ n (n - 1) - $\frac{1}{2}$) Schritte, also mit der Anzahl der zu sortierenden Elemente quadratisch wachsenden Aufwand (Bemerkung: das Spiegeln ist hier nur ein Zusatzoperator, der das Sortieren zwar beschleunigt, aber den quadratischen Aufwand auch nicht verhindern kann).

Beweis:
Es sei $u_1 u_2 \ldots u_n$ die zu sortierende Folge.
Dann gelten für die zugelassenen Operatoren
Sp ($u_1 \ldots u_n$) = $u_n \ldots u_1$ und
V_i ($u_1 \ldots u_n$) = $u_1 \ldots u_{i-1} u_{i+1} u_i u_{i+2} \ldots u_n$, i = 1, ..., n-1
die beiden folgenden Beobachtungen.

Beobachtung 1: α ($u_1 \ldots u_n$) + α (Sp ($u_1 \ldots u_n$)) = $\frac{1}{2}$ n (n-1),

d.h. die Summe der Fehlstände einer Folge und ihrer „Spiegelung" ist *konstant* $\frac{1}{2}$ n (n-1), weil jedes u_i zu jedem anderen Element entweder im Original oder in der Spiegelung falsch steht.

Beobachtung 2: α (V_i ($u_1 \ldots u_n$)) = $\begin{cases} \alpha\ (u_1 \ldots u_n) + 1, \text{ falls } u_i < u_{i+1} \\ \alpha\ (u_1 \ldots u_n) - 1, \text{ falls } u_i > u_{i+1} \end{cases}$

d.h. eine Vertauschung direkt benachbarter Elemente erhöht den Fehlstand um 1 (falls die Elemente vorher in der richtigen Reihenfolge waren) oder erniedrigt den Fehlstand um 1 (falls die Elemente vorher in der falschen Reihenfolge waren).

6.5. Sortieren

Wegen Beobachtung 1 ist für eine Folge mit einem Fehlstand von $\frac{1}{4}$ n (n-1) der Aufwand für die Sortierung des Originals und der Spiegelung gleich groß (da sich dieser Fehlstand durch die Operation Sp nicht ändert). Dieser Wert kann als *Mittelwert* der beiden „Idealfälle" α (u_1 ... u_n) = 0 (*geordnete* Folge) und α (u_1 ... u_n) = $\frac{1}{2}$ n (n-1) (*invers geordnete* Folge) betrachtet werden und beschreibt deshalb die schlechteste Ausgangssituation. Als Gütekriterium einer teilweise sortierten Folge definieren wir deshalb den Betrag der Differenz zu diesem schlechtesten Wert des Fehlstandes einer Folge:

$$ß (u_1 ... u_n) := |\frac{1}{4} n (n - 1) - \alpha (u_1 ... u_n)|$$

Dann gilt wegen der Beobachtungen 1 und 2:
ß (Sp (u_1 ... u_n)) = ß (u_1 ... u_n) und
|ß (V_i (u_1 ... u_n)) - ß (u_1 ... u_n)| = 1 und
ß (V_i (u_1 ... u_n)) ≤ ß (u_1 ... u_n) + 1.

Es seien $\eta_1, \eta_2, ..., \eta_r \in \{V_1, V_2, ..., V_{n-1}, Sp\}$ r Operatoren. Dann gilt:
ß ($\eta_1, \eta_2 ... \eta_r$ (u_1 ... u_n)) ≤ ß (u_1 ... u_n) + r.

Es sei nun u_1 ... u_n eine Folge mit ß (u_1 ... u_n) = 0 (bzw. ß (u_1 ... u_n) = $\frac{1}{2}$, da $\frac{1}{4}$ n (n - 1) nur für Vielfache von 4 einen ganzzahligen Wert hat). Dieser Wert entspricht einer maximal ungeordneten Folge, d.h. einer Folge mit maximaler Anzahl notwendiger Vertauschungen bzgl. der sortierten und der invers sortierten Folge.

$\eta_1 ... \eta_r$ sei eine Folge von Operationen, die u_1 ... u_n in die geordnete Folge u'_1 ... u'_n mit ß (u'_1 ... u'_n) = $\frac{1}{4}$ n (n - 1) überführt.

Dann gilt: $\frac{1}{4}$ n (n - 1) = ß (u'_1 ... u'_n) = ß (η_1 ... η_r (u_1 ... u_n)) ≤ ß (u_1 ... u_n) + r.
Also folgt r ≥ $\frac{1}{4}$ n (n - 1), bzw. r ≥ $\frac{1}{4}$ n (n - 1) - $\frac{1}{2}$.
Ein Algorithmus benötigt aber mindestens r Schritte, woraus der Satz folgt.

Schnelle Sortierverfahren müssen also die Elemente über *größere Entfernungen* (vergleichen und) vertauschen, um auch im schlechtesten Fall die Größenordnung O(n log n) zu erreichen. Später vorgestellte Sortierverfahren wie z.B. Quicksort und Heapsort arbeiten nach diesem Prinzip und erreichen deshalb diese Größenordnung. Im Fall von Quicksort gilt diese Aussage – wie wir später zeigen werden – jedoch nur für den durchschnittlichen Fall.

Vergleich von Sortierverfahren

Wenn Sortierverfahren in Form konkreter Algorithmen verglichen werden, so muß man zunächst klären, welche Kriterien mit welcher Gewichtung einem solchen Vergleich zugrundegelegt werden. Dabei kommen z.B. in Frage:

(a) die Anforderungen an die Speicherung der zu sortierenden Daten,
(b) der Aufwand für Entwurf und Implementierung,
(c) der Speicherbedarf für Code und Daten,
(d) der Rechenzeitbedarf,
(e) andere Merkmale wie die Stabilität und die Ordnungsverträglichkeit, also der Nutzen einer Vorsortierung.

Kriterium (a) ergibt eine Unterscheidung in zwei Kategorien, nämlich Sortierverfahren für Daten, die im Hauptspeicher mit wahlfreiem Zugriff stehen (*interne Sortierverfahren*) und solche, die auch mit Daten arbeiten können, die in sequentiellen Dateien stehen (*externe Sortierverfahren*). Bei der internen Sortierung verlangt man in der Regel, daß die Sortierung *in situ*, also im vorhandenen Speicherplatz stattfindet; nur eine feste Zahl von Variablen darf zusätzlich verwendet werden. Bei der Verwendung externer Speicher kann man dagegen großzügig mit dem Speicherplatz (Kriterium (c)) umgehen. Der Speicherplatz für den Code spielt eine ganz untergeordnete Rolle und wird hier nicht weiter betrachtet. Bezüglich der Kriterien (c) und (d) kann dabei noch eine mehr oder minder starke Datenabhängigkeit bestehen.

Die Unterscheidung einfacher und schneller interner Sortierverfahren betrifft sowohl Kriterium (b) als auch (d), d.h. die schnellen Verfahren sind schwieriger zu verstehen, die einfachen entsprechen den Methoden, die wir auch bei der „Sortierung von Hand" verwenden. Diese einfachen Verfahren sind solche, deren Aufwand von der Ordnung n^2 ist, während die schnellen – wie wir bereits diskutiert haben – den Aufwand $O(n \log n)$ erreichen.

Eine Vorsortierung (Punkt (e)) beschleunigt einige Verfahren erheblich, andere nicht. Wo zu sortierende Folgen nur einzelne „Fehlstellen" enthalten, ist dieser Aspekt von Bedeutung.

Die Effizienzvergleiche stützen sich vor allem auf die Anzahl der Vergleiche und Zuweisungen der zu sortierenden Elemente. Wir bezeichnen nachfolgend die Zahl der Vergleiche mit C (*Comparison*), die der Zuweisungen mit M (*Move*). Bei einigen Sortierverfahren betrachten wir auch die Anzahl der Vertauschungen, die wir mit T (*Tauschoperationen*) bezeichnen. Eine Vertauschung kann jeweils durch drei Zuweisungen realisiert werden. Man beachte, daß die Zuweisungen und Vergleiche der Indizes in der Regel wesentlich effizienter sind und hier nicht berücksichtigt werden.

6.5. Sortieren

Der günstigste Fall (*best case*) wird durch das Suffix *min*, der ungünstigste (schlechteste) durch *max* (*worst case*), der durchschnittliche durch *ave* (*average case*) bezeichnet.

Wir werden vor allem die Verfahren zur internen Sortierung betrachten und die externe Sortierung nur kurz streifen. Angesichts der heute sehr großen Hauptspeicher ist der erste Fall auch wesentlich wichtiger.

6.5.2 Interne Sortierverfahren

Bemerkung: Zur Implementierung der vorgestellten Algorithmen siehe grundsätzlich 6.5.2.3.

6.5.2.1 Einfache Sortierverfahren

Direktes Aussuchen

Beim direkten Aussuchen (Straight Selection) oder auch direkten Auswählen wird der unsortierte Teil eines Feldes nach seinem *kleinsten* Element durchsucht, welches dann mit dem *ersten* Element des *unsortierten* Teils vertauscht wird. Die Länge des zu sortierenden Feldes verringert sich so bei jedem Durchlauf um 1. Abb. 6.52 veranschaulicht dieses Verfahren (der unsortierte Teil des Feldes ist grau unterlegt).

Aufwandsabschätzung:
Da das restliche Feld stets bis zum Ende durchsucht wird, ist der Aufwand nur von n, nicht vom Inhalt des Feldes abhängig.

$$C_{min} = C_{max} = C_{ave} = \sum_{i=1}^{n-1} (n-i) = n(n-1) - \frac{n}{2}(n-1) = \frac{n}{2}(n-1)$$

$$M_{min} = M_{max} = M_{ave} = \sum_{i=1}^{n-1} 3 = 3(n-1)$$

Ist (wie in den beiden letzten Zeilen von Abb. 6.52) bei einem Sortierschritt das nächste Element bereits am richtigen Platz, so müßte natürlich nicht vertauscht werden. Allerdings macht die zusätzlich Abfrage das Programm eher langsamer, so daß man diesen (i.a. relativ seltenen) Fall besser schematisch behandelt.

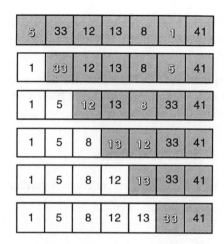

Abb. 6.52 Direktes Aussuchen

Direktes Einfügen

Beim direkten Einfügen (Straight Insertion) findet die Suche im sortierten Teil des Feldes statt. Das jeweils *erste* Element des unsortierten Teils wird im sortierten Teil *entsprechend seiner Größe* eingefügt, alle größeren bereits sortierten Elemente müssen verschoben werden. Die Suche nach der Position zum Einfügen wird mit der Verschiebung kombiniert, d.h. man durchläuft den sortierten Teil *rückwärts* und verschiebt, bis das neue Element eingefügt wird. Abb. 6.53 veranschaulicht dieses Verfahren.

Aufwandsabschätzung:

a) *Bester Fall:* Feld bereits sortiert (nur überflüssige Vertauschungen am Platz)

$$M_{min} = \sum_{i=2}^{n} 3 = 3(n-1) \qquad C_{min} = \sum_{i=2}^{n} 1 = n-1$$

b) *Schlechtester Fall:* Feld absteigend sortiert

$$M_{max} = \sum_{i=2}^{n}(3+i-1) = 2(n-1) + \sum_{i=2}^{n} i = 2(n-1) + n\frac{n+1}{2} - 1$$

$$= \frac{1}{2}(n^2 + 5n - 6)$$

$$C_{max} = \sum_{i=2}^{n} i = \frac{n(n+1)}{2} - 1 = \frac{1}{2}(n^2 + n - 2)$$

6.5. Sortieren

c) *Durchschnittlicher Fall:*
Im Mittel fällt das Element i in die Mitte des sortierten Bereichs 1 bis i-1, verursacht also die Verschiebung von $\frac{i-1}{2}$ Einträgen. Bei jeder Suche wird ein Element mehr verglichen als verschoben.

$$M_{ave} = \sum_{i=2}^{n} (3 + \frac{i-1}{2}) = \frac{1}{4}(n^2 + 11n - 12)$$

$$C_{ave} = \sum_{i=2}^{n} (\frac{i-1}{2} + 1) = \frac{1}{4}(n^2 + 3n - 4)$$

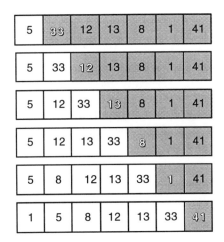

Abb. 6.53 Direktes Einfügen

Binäres Einfügen

Binäres Einfügen funktioniert im Prinzip wie Direktes Einfügen, nur daß die Einfügestelle im sortierten Teilfeld *binär* gesucht wird.

Aufwandsabschätzung:
Die Anzahl der *Bewegungen* verändert sich im Vergleich zum Direkten Einfügen nicht. Die Zahl der notwendigen *Vergleiche* geht, da es sich um binäre Suche handelt, mit log m, wenn m Elemente bereits sortiert sind. Für alle Elemente ergibt sich daher ein durchschnittlicher Aufwand von $C_{ave} \in O(n \log n)$.

Damit ist der Aufwand für Vergleiche geringer als beim Direkten Einfügen. Allerdings ist diese Verbesserung von geringem Wert, weil in der Regel die Wertzuweisungen dominieren. Diese benötigen weiterhin im Mittel quadratischen Aufwand. Binäres Einfügen bringt also bei komplizierterem Algorithmus kaum Gewinn. Bei guter Vorsortierung ist es sogar schlechter.

Bubblesort

Ein besonders einfacher Ansatz für das Sortieren besteht darin, jeweils *benachbarte* Elemente zu *vertauschen*, wenn sie nicht wie gewünscht geordnet sind. Dabei steigt das relativ größte Element wie eine „Blase" (bubble) im Wasser auf, was dem Verfahren seinen Namen gegeben hat.

Algorithmusentwurf:

```
REPEAT                                  (* Programm P6.17 *)
   Unveraendert := TRUE;
   FOR i := 2 TO Feldlaenge DO
      IF F[i-1] > F[i] THEN
         "Tausche Paar";   Unveraendert := FALSE;
      END (* IF *);
   END (* FOR *);
UNTIL Unveraendert;
```

Nach dem ersten Durchlauf steht das größte Element sicher am Ende. Daher besteht die Möglichkeit, den Indexbereich bei jedem Durchgang um 1 zu verkürzen. In diesem Fall lohnt es sich kaum, ein Flag Unveraendert zu überwachen; man iteriert, bis der Indexbereich die Länge 1 hat.

```
                                        (* Programm P6.18 *)
   Obergrenze := Feldlaenge;
WHILE Obergrenze > 1 DO
   FOR i := 2 TO Obergrenze DO
      IF F[i-1] > F[i] THEN  "Tausche Paar"  END (* IF *);
   END (* FOR *);
   "Obergrenze dekrementieren";
END (* WHILE *);
```

Aufwandsabschätzung für diese Variante:

$$C_{min} = C_{max} = C_{ave} = \sum_{i=1}^{n-1} i = \frac{n}{2}(n-1)$$

$$M_{min} = 0$$

$$M_{max} = 3 \sum_{i=1}^{n-1} (n-i) = 3 \left(n(n-1) - \frac{n(n-1)}{2} \right) = \frac{3}{2} n(n-1)$$

$$M_{ave} = \frac{3}{4} n(n-1)$$

Wie man sieht, ist Bubblesort im *Durchschnitt* schlechter als Direktes Einfügen im schlechtesten Fall. Eine Variante von Bubblesort ist *Shakersort*: Hier wechseln die Blasen ihre Laufrichtung bei jedem Durchgang.

6.5.2.2 Schnelle Sortierverfahren

Shellsort

Bei Shellsort wird in mehreren Stufen „von grob bis fein" (vor)sortiert. Dadurch braucht der feinste Sortiervorgang *weniger Vertauschungen* als ohne eine grobe *Vorsortierung*.

Anstelle des beim Sortieren durch Direktes Einfügen benutzten wiederholten Verschiebens um eine Position nach rechts bringt Shellsort die Elemente in größeren Sprüngen schneller an ihre endgültige Position. Dafür wählt man eine Folge von *Inkrementen* $h_t \geq h_{t-1} \geq ... \geq h_2 \geq h_1 = 1$ ($t \geq 2$), d.h. abnehmenden Distanzen mit letzter Distanz 1, und sortiert nacheinander für i = t, t-1, ..., 2, 1 die Folgen der Elemente im Abstand h_i voneinander (hier i-ter Durchlauf für den speziellen Fall, daß h_i das n ganzzahlig teilt):

$$\begin{array}{lllll} v_1 & v_{1+h_i} & v_{1+2h_i} & ... & v_{1+n \cdot h_i} \\ v_2 & v_{2+h_i} & v_{2+2h_i} & ... & v_{2+n \cdot h_i} \\ \cdot \\ \cdot \\ \cdot \\ v_{h_i} & v_{2h_i} & v_{3h_i} & ... & v_n \end{array}$$

Beispiel: Inkremente 4, 2, 1 und n = 8.

44	55	12	42	94	18	06	67	Ausgangsfolge
44	18	06	42	94	55	12	67	Sortierung für $h_3=4$
06	18	12	42	44	55	94	67	Sortierung für $h_2=2$
06	12	18	42	44	55	67	94	Sortierung für $h_1=1$

Der folgende Algorithmus verwendet Direktes Einfügen als Sortieralgorithmus für die jeweiligen Folgen.

Algorithmus:

```
                                    (* Programm P6.19  *)
    FOR s := t TO 1 BY -1 DO    (* A von 1 bis n indiziert   *)
       h := h_s;                (* h ist Inkrement-Feld      *)
       Anzahl := n DIV h;       (* Anzahl Teilfolgenelemente *)
       FOR i := 1 TO h DO       (* Teilfolgen fuer Abstand h *)
          FOR k := 1 TO Anzahl-1 DO
             x := A[i + k*h];   (* einzusortierendes Element *)
             j := i + (k-1)*h;  (* Index des aktuellen
                                   Vergleichselements *)
             (* durch direktes Einfuegen x einsortieren. *)
             WHILE (j > 0) AND (x <= A[j]) DO
                A[j + h] := A[j];
```

```
            j := j - h;
         END (* WHILE *);
         A[j + h] := x;
       END (* FOR k *);
     END (* FOR i *);
   END (* FOR s *);
```

Dieser Algorithmus ist stabil, aber nicht ordnungsverträglich, seine Analyse recht kompliziert. Die Wahl der Distanzenfolge ist maßgebend für die Geschwindigkeit des Shellsorts. Als besonders günstig erwies sich die Folge $h_t = (h_{t+1} - 1)/2$. Die „beste Folge" wurde jedoch noch nicht gefunden.

Heapsort

Beim Direkten Aussuchen holen wir solange das *kleinste* Element aus einem sich verkleinernden Teilfeld, bis dieses leer und damit das Gesamtfeld sortiert ist. Die einzelnen Elemente sind also quasi an einer langen Schnur aufgereiht, die zuerst sehr verschlungen angeordnet ist und mit dem Sortieren langsam entwirrt wird. Dabei „sieht" man von jedem Element aus nur den Vorgänger und den Nachfolger. Mit mehr Informationen über die umgebenden Elemente ließe sich das Sortieren beschleunigen. Als eine verhältnismäßig einfache Möglichkeit bietet sich das (virtuelle) Anordnen der Elemente in einem *Binärbaum* an.

Ein Feld mit den Elementen 44, 55, 12, 42, 94, 18, 6, 67 kann zunächst wie in Abb. 6.54 dargestellt als Binärbaum interpretiert werden.

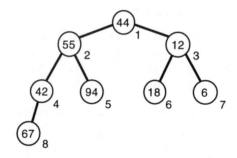

Abb. 6.54 Interpretation eines Feldes als Binärbaum (Indizes neben den Knoten)

Man sieht, daß jeder Knoten außer dem Knoten 1, der Wurzel, einen Vater hat, und zwar hat der Knoten j den Vater (j DIV 2).

Zum Sortieren muß daraus ein *Heap* gebildet werden, der durch folgende Eigenschaft gekennzeichnet ist:

$$\text{Element}_i \geq \text{MAX} (\text{Element}_{2i}, \text{Element}_{2i+1}) \quad (i = \text{Elementindex})$$

d.h. ein Knoten ist nie kleiner als seine Söhne, sofern er überhaupt Söhne hat.

6.5. Sortieren

Das zu sortierende Feld wird dieses Kriterium in der Regel zu Anfang nicht erfüllen, so daß wir, bevor wir mit der eigentlichen Sortierung beginnen können, zuerst einen Heap *aufbauen* müssen.

Die obere Hälfte des Feldes (Indizes $> \frac{n}{2}$) genügt, weil keine Söhne existieren, immer den Anforderungen, so daß wir mit dem Umgestalten erst von der Mitte abwärts (in Abb. 6.54 also für die Elemente 4 bis 1) beginnen müssen (vgl. auch Programm in 6.5.2.3).

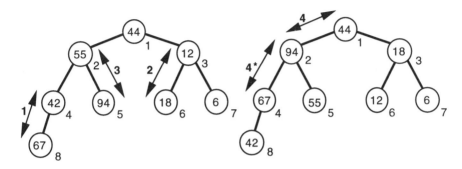

Abb. 6.55 Aufbau des Heaps

Existieren für ein Element *beide* Söhne, so wird es gegebenenfalls gegen den größeren getauscht. Die 4. Vertauschung zieht rekursiv eine weitere nach sich (rechter Teil in Abb. 6.55). Danach ist das Neuordnen des Feldes abgeschlossen. Alle Elemente erfüllen jetzt das Heapkriterium (siehe Abb. 6.56).

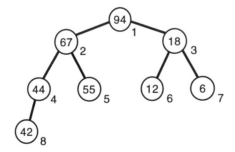

Abb. 6.56 Vollständig geordneter Heap

In einem vollständigen Heap ist das erste Element immer auch das größte. Dieses tauschen wir nun gegen das letzte Feldelement aus (siehe Abb. 6.57, vertauscht werden die Elemente 1 und 8) und verkürzen den Heap um dieses Element (das damit richtig plaziert ist). Das neu an die Spitze getauschte Element lassen wir nun in den Heap einsinken (Vertauschungen 1 und 1*), bis das Heapkriterium wieder erfüllt ist.

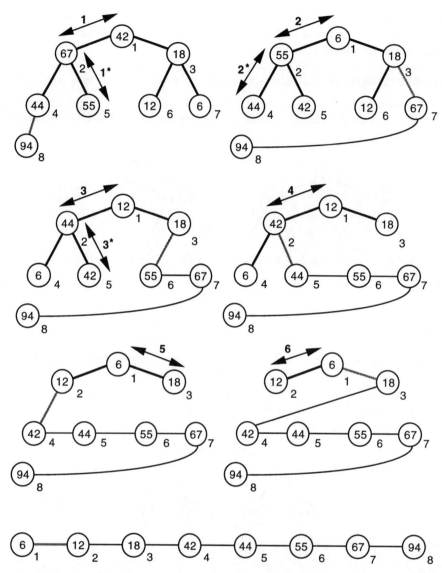

Abb. 6.57 Heapsort

Dieser Vorgang wird nun fortgesetzt, bis der Heap auf ein Element zusammengeschrumpft ist (und daher nicht mehr sortiert werden muß, letzte Zeile in Abb. 6.57). Danach ist das ganze Feld sortiert.

6.5. Sortieren

Aufwandsabschätzung:
Der Aufwand für Heapsort läßt sich nicht so leicht exakt berechnen wie bei den einfachen Sortierverfahren. Die folgende Überlegung zeigt einen relativ einfachen Ansatz für eine Abschätzung des ungünstigsten Falles, zunächst für die Vertauschungen, dann für die Vergleiche.

In der Aufbauphase kann der Knoten i höchstens so oft nach unten wandern, wie es Knoten darunter gibt. Beispielsweise erreicht der Inhalt des Knotens 1 in Abb. 6.54 beim Aufbau des Heaps (mit dem Schlüssel 44) durch zwei Vertauschungen seinen Zielplatz, im ungünstigsten Fall durch drei (wenn anstelle von 42 etwa 46 stände).

Beim Abbau wird jeder Knoten (bis auf den mit dem kleinsten Schlüssel) durch einen Tausch an seinen Zielplatz befördert. Dies ergibt insgesamt einen Beitrag zu T_{max} von n-1 (oder von 3(n-1) zu M_{max}).

Ferner gelangt durch diesen Tausch aus jedem Knoten ein Element in die Wurzel und sinkt wieder in den Baum ein, und zwar höchstens bis zur Tiefe seines Vorgängers (wenn der Inhalt der Wurzel gegen Knoten i getauscht wird, ist dieser damit aus dem Baum herausgefallen, und die maximale Tiefe ist die von Knoten i-1). So tief kann der neue Inhalt der Wurzel maximal sinken. Nehmen wir zunächst vereinfachend an, daß die Tiefe der Knoten i und i-1 stets die gleiche sei, dann zieht also der Tausch bei Knoten i höchstens soviele Bewegungen nach sich, wie seiner Entfernung von der Wurzel entspricht.

Fassen wir nun die Überlegung zu Aufbau und Abbau zusammen, so sehen wir, daß der Knoten i insgesamt soviele Bewegungen erzeugt, wie seiner Distanz zu dem entferntesten Blatt und der zur Wurzel entspricht, also insgesamt der Pfadlänge von der Wurzel durch Knoten i zum Blatt. Der erwähnte Beitrag durch das Absondern kommt hinzu.

Nehmen wir an, daß genau $n = 2^m-1$ Elemente zu sortieren sind und wir damit einen *vollständig ausgeglichenen Baum* haben. Dann stehen alle Blätter des Baums m-1 Stufen unter der Wurzel, und alle Pfadlängen sind m-1. Da es n Knoten gibt, folgt

$$T_{max} = n(m-1) + (n-1).$$

Oben hatten wir angenommen, daß der Knoten i-1 stets die gleiche Höhe hat wie Knoten i. Tatsächlich ist bei den m-1 Knoten am linken Rand des Baums unter der Wurzel (mit den Nummern 2, 4, 8, ...) der Knoten mit der nächsttieferen Nummer um 1 weniger weit von der Wurzel entfernt. Dies ergibt eine Korrektur von m-1.

$$T_{max} = n(m-1) + (n-1) - (m-1) = n \cdot m - m = (n-1) \cdot m$$
mit $m = ld(n+1)$ folgt daraus:
$$T_{max} = (n-1)\,ld(n+1) \text{ und damit } M_{max} = 3(n-1)\,ld(n+1).$$

Zur Abschätzung der Vergleiche: Die maximale Zahl der Vergleiche ist leicht abzuschätzen, weil jeder Tausch höchstens zwei Vergleiche erfordert (Sohn gegen Sohn, dann größerer Sohn gegen Vater). Die n-1 Vertauschungen beim Aushängen aus dem Heap erfordern keine Vergleiche. Folglich gilt:

$$C_{max} = 2\,((n-1)\,ld(n+1) - (n-1)) = 2\,(n-1)\,(ld(n+1) - 1).$$

Tatsächlich ist dieser Wert etwas zu hoch, weil gelegentlich nur *ein* Vergleich notwendig ist.

Im günstigsten Fall ist die Tiefe beim Einsinken jeweils um 1 geringer, insgesamt sinkt damit die Zahl der Vertauschungen um n-1. Der gleiche Beitrag entsteht durch einen bereits geordneten Heap. Die Zahl der Vergleiche sinkt entsprechend, wobei der geordnete Heap gerade n Vergleiche beim Aufbau braucht (je 2 für $\frac{n}{2}$ Elemente).

Test: Für n = 64 wurde in 2.048 Versuchen mit Zufallszahlen als Durchschnitt ermittelt: $M_{ave} = 3 \cdot 329.8$, $C_{ave} = 578.8$ und 361.8 Aufrufe von Sift (vgl. 6.5.2.3).

Quicksort

Die hohe Leistung von Quicksort (Quicksort ist der schnellste bekannte interne Sortieralgorithmus) beruht auf der Tatsache, daß Austauschen am effizientesten ist, wenn es über große Distanzen erfolgt.

Man wählt aus dem Array irgendeinen Wert (im günstigsten Fall ist das der *Medianwert*) aus und läuft von der linken und der rechten Feldgrenze solange nach innen, bis ein nicht kleineres (auf der linken Seite) *und* ein nicht größeres (auf der rechten Seite) Element gefunden sind. Diese beiden werden dann vertauscht. Man wiederholt das Ganze solange, bis sich die beiden Indizes getroffen haben.

Jetzt hat man zwei Teilfelder, wobei das eine nur Elemente kleiner oder gleich dem Grenzwert und das andere nur Elemente größer oder gleich dem Grenzwert enthält. Diese beiden Teilfelder werden entsprechend dem oben beschriebenen Algorithmus *rekursiv* weiter sortiert, bis nur noch einelementige und damit naturgemäß sortierte Teilfelder vorhanden sind.

Quicksort wird durch den Aufruf der nachfolgenden rekursiven Prozedur Sort realisiert, wobei die Feldgrenzen als Parameter übergeben werden. Der Aufruf erfolgt nur, wenn das zu sortierende Feld mindestens zwei Elemente hat.

Algorithmus:

```
                                                   (* Programm P6.20 *)
        PROCEDURE Sort (L, R: IndexTyp);
        VAR left, right : IndexTyp;
                 (* eigentlich [MIN (IndexTyp)-1..MAX (IndexTyp)+1]; *)
             Grenzwert  : ElementTyp;
```

6.5. Sortieren

```
BEGIN (* Sort *)
  left := L;   right := R;
  Grenzwert := Sortierfeld [(L+R) DIV 2];   (* Index koennte
                     auch Zufallszahl im Bereich L bis R sein *)
  REPEAT
    WHILE Sortierfeld [left]  < Grenzwert DO   INC (left);  END;
    WHILE Sortierfeld [right] > Grenzwert DO   DEC (right); END;
    IF left <= right THEN
       IF left < right THEN    Tausch (left, right);  END;
       INC (left);   DEC (right);    (* auch bei left = right *)
    END (* IF *);
  UNTIL left > right;

  IF L < right THEN   Sort (L, right); END;
  IF R > left  THEN   Sort (left, R);  END;
END Sort;
```

Die Arbeitsweise von Quicksort zeigt sich am besten bei grafischer Darstellung des Sortiervorgangs, wie ihn Abb. 6.58 präsentiert.

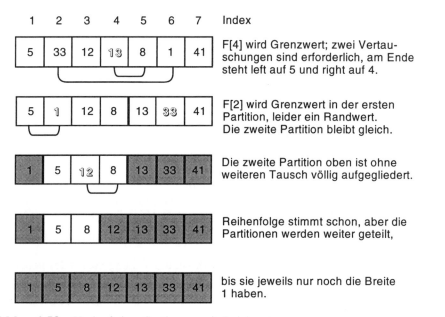

Abb. 6.58 Verlauf einer Sortierung mit Quicksort

Aufwandsabschätzung:
Im *ungünstigsten* Fall (worst case) ist die asymptotische Komplexität von Quicksort von der Ordnung n^2. Dieser Fall entsteht, wenn bei jeder Partitionierung (oder doch bei einem nicht vernachlässigbaren Teil davon) gerade der maximale oder minimale im unsortierten Bereich vorkommende Wert als Grenzwert gewählt wird.

In diesem Fall findet pro Rekursionsstufe nur *ein* Tausch statt (das Grenzwert-Element wandert an den Rand). Das folgende Feld F zeigt ein Beispiel (oben die Indizes). Durch die Verwendung des mittleren Elementes (F [(1+16) DIV 2] = 1) läuft right von 16 bis 8, left bleibt auf 1, und F[1] und F[8] tauschen den Platz (durch Fettdruck markiert). Sonst gibt es keine Bewegungen. Am Ende steht left auf 2, right auf 1. Das gleiche wiederholt sich mit F[(2+16) DIV 2] = 16. zur rechten Seite hin, usw.

1	2	3	4	5	6	7	8	9	10	11	12	13	14	15	16
2	3	4	5	6	7	8	**1**	16	9	10	11	12	13	14	15
1	|3	4	5	6	7	8	2	**16**	9	10	11	12	13	14	**15**
1	|3	4	5	6	7	8	2	15	9	10	11	12	13	14	|16
1	2	|4	5	6	7	8	3	**15**	9	10	11	12	13	**14**	|16
1	2	|**4**	5	6	7	8	**3**	14	9	10	11	12	13	|15	16

und so fort bis

1 2 3 4 5 6 7 | 8 **10** 9 | 11 12 13 14 15 16

Nach einem weiteren Tausch ist dann die korrekte Ordnung erreicht.

Der Aufwand für Vergleiche ist in diesem Fall in jeder Rekursionsstufe (bis auf die beiden letzten) R-L+3, also beim ersten Male 18.

Dies ergibt mit der Korrektur für die Fälle L-R ≤ 2: $C_{max} = \frac{1}{2} \cdot (n+2)(n+3) - 9$. In diesem Fall sind aber nur n-2 Vertauschungen nötig.

Der „worst case" ist aber relativ unwahrscheinlich, im Mittel benötigt Quicksort nur einen Aufwand der Ordnung n ld(n). Beispielsweise hätte eine Teilung, die stets in der Mitte des Intervalls liegt, in jeder Rekursionsstufe r (von 0 bis ld(n) - 1) im Mittel $\frac{n}{4}$ Vertauschungen zur Folge, denn bei der Hälfte der im halben Intervall liegenden Werte ist ein Tausch nötig, also $T = \frac{n}{4} \cdot ld(n)$. Da die Teilung aber jedes beliebige Verhältnis ergeben kann, entsteht ein anderer Faktor, den man wie folgt abschätzen kann:

Sei $T(n) = k \cdot n \cdot ld(n)$. Liege ferner die Grenze zwischen den Partitionen rechts von F[i]. Über die Reihenfolge der Elemente des Sortierfeldes vor der Partitionierung existieren keine Aussagen. In diesem Fall geht man von der *Gleichverteilung* der Elemente aus, so daß die Wahrscheinlichkeit, daß ein bestimmtes Element an einer bestimmten Position steht, gleich $\frac{1}{n}$ ist. Die Wahrscheinlichkeit, daß ein bestimmtes

6.5. Sortieren

Element an einer der Positionen 1 bis i steht, ist dann $q := \frac{i}{n}$. Dann gilt mit t(n,i) als Zahl der notwendigen Tausch-Operationen:

$$t(n,i) = n \cdot q \cdot (1-q),$$

weil im Bereich 1 bis i (i Elemente) vor der Partitionierung nur im Mittel $q \cdot i$ Elemente waren, die in diesen Bereich gehören. Mit der Gleichung $i = q \cdot n$ folgt dann, daß $i - q \cdot i = n \cdot q \cdot (1-q)$ Elemente in diesen Bereich hineingetauscht worden sind. Aus der Rekursivität des Quicksort-Algorithmus (Anwendung von Quicksort auf die beiden neu entstehenden Teilintervalle) folgt dann für T(n) die Gleichung:

$$T(n) = t(n,i) + T(i) + T(n-i).$$

Da i jeden Wert aus dem Bereich 1 bis n-1 mit gleicher Wahrscheinlichkeit annehmen kann, gilt der folgende Zusammenhang (*Mittelwertbildung*):

$$T_{ave}(n) = \frac{1}{n-1} \sum_{i=1}^{n-1} (t(n,i) + T_{ave}(i) + T_{ave}(n-i)).$$

Setzen wir nun für $T_{ave}(n)$ den Wert $k \cdot n \cdot ld(n)$ ein, so folgt:

$$k \cdot n \cdot ld(n) = \frac{1}{n-1} \sum_{i=1}^{n-1} n \cdot q \cdot (1-q) +$$

$$\frac{1}{n-1} \sum_{i=1}^{n-1} (k \cdot q \cdot n \cdot (ld(n)+ld(q)) + k \cdot (1-q) \cdot n \cdot (ld(n)+ld(1-q))).$$

Durch Ausmultiplizieren und anschließendes Zusammenfassen der Summanden in der 2. Summe läßt sich diese Gleichung weiter vereinfachen. Da für i=1,...,n die Terme q und 1-q den gleichen Wertebereich durchlaufen, liefern die beiden Komponenten in der zweiten Summe den gleichen Beitrag. Außerdem läßt sich als Teilsumme gerade die linke Seite der Gleichung herausziehen, so daß übrigbleibt:

$$0 = \frac{1}{n-1} \sum_{i=1}^{n-1} n \cdot q \cdot (1-q) + \frac{2}{n-1} \sum_{i=1}^{n-1} k \cdot q \cdot n \cdot ld(q)$$

Diese Gleichung läßt sich nach k auflösen:

$$k = \frac{Z}{N} \text{ mit } Z = \sum_{i=1}^{n-1} q \cdot (1-q) \text{ und } N = -2 \sum_{i=1}^{n-1} q \cdot ld(q)$$

Z kann leicht berechnet werden (unter Verwendung der Regel, daß die Summe der Quadrate bis n gleich n · (n+1) · $\frac{2n+1}{6}$ ist):

$$Z = \frac{1}{6} \cdot (n - \frac{1}{n}) \approx \frac{n}{6}$$

Einfacher ist die Annäherung durch das Integral, wobei q von 0 bis 1 läuft; sie ergibt genau $\frac{n}{6}$. Dabei muß jedoch berücksichtigt werden, daß aus $q = \frac{i}{n}$ die Substitution di = n · dq folgt. So gehen wir auch bei N vor und erhalten den Wert

$$N = -2 \cdot \frac{n}{\ln 2} \cdot (0 - \frac{1}{4}) = \frac{n}{2 \cdot \ln 2} \text{, also } k = \frac{2 \cdot \ln 2}{6} = \frac{\ln 2}{3} \approx 0.231.$$

Die Zahl der Vergleiche pro Durchgang mit n Elementen ist gleich n (in 50% der Fälle um 1 höher). Die mittlere Zahl der Vertauschungen pro Durchgang ergibt sich aus der Mittelwertbildung über t(n,i):

$$T_{ave}(n) = \frac{1}{n} \sum_{i=1}^{n} t(n,i) = \frac{1}{n} \sum_{i=1}^{n} n \cdot q \cdot (1-q) = \sum_{i=1}^{n-1} q \cdot (1-q) = Z = \frac{n}{6}$$

Damit ist $C_{ave} \approx 6 \, T_{ave}$, also

$$T_{ave} = \frac{\ln 2}{3} \cdot n \cdot ld(n) = \frac{n}{3} \cdot \ln(n), \qquad M_{ave} = 3 \, T_{ave}, \qquad C_{ave} = 6 \, T_{ave}$$

Beispiel: Für n = 64 folgen daraus T_{ave} = 88.7 (89.9), C_{ave} = 532 (547).

In Klammern stehen die Resultate eines Tests mit 8.000 verschiedenen Zufallsbelegungen. Die Abweichungen entstehen vor allem durch den hohen Anteil der Sortierungen kürzester Partitionen, vor allem der Länge 2. Dabei gibt es im Mittel $\frac{1}{2} = \frac{n}{4}$ Vertauschungen (nicht $\frac{n}{6}$) und $\frac{5}{2}$ Vergleiche (also nicht 6T). Die Zahl der Vertauschungen wird andererseits dadurch vermindert, daß gelegentlich der Grenzwert bereits am richtigen Ort steht.

6.5.2.3 Implementierung ausgewählter Sortierverfahren

In diesem Abschnitt fassen wir in einem Modul Sortieren die Modula-2-Codierung aller vorgestellten Sortierverfahren zusammen:

- Direktes Aussuchen
- Direktes Einfügen
- Binäres Einfügen
- Bubblesort
- Shellsort
- Heapsort
- Quicksort.

Allen ensprechenden Sortierprozeduren stehen die Prozedur Tausch zum *Vertauschen* zweier Elemente, eine Prozedur Generate zur Besetzung des Feldes mit *Zufallszahlen* und Hilfsprozeduren zur *Ausgabe* der Resultate zur Verfügung.

```
MODULE Sortieren;                          (* Programm P6.21 *)
FROM  InOut    IMPORT Read, WriteCard, WriteString, WriteLn;
FROM  RandomM  IMPORT Random;      (* kein Standard-Modul        *)
CONST MaxIndex = 100;
TYPE  IndexTyp   = [0..MaxIndex];  (* 0 fuer Sentinel-Position *)
      ElementTyp = CARDINAL;       (* oder anderer Typ mit
                                      Ordnungsrelation *)
      FeldTyp    = ARRAY IndexTyp OF ElementTyp;
VAR   Sortierfeld, Kopie : FeldTyp;

  PROCEDURE Tausch (i, j : IndexTyp); (* tauscht die Elemente i, j
                                         des Sortierfeldes *)
  VAR Zwischenspeicher : ElementTyp;
  BEGIN (* Tausch *)
    Zwischenspeicher := Sortierfeld [i];
    Sortierfeld [i]  := Sortierfeld [j];
    Sortierfeld [j]  := Zwischenspeicher;
  END Tausch;

(********************* DirektAussuchen **********************)
  PROCEDURE DirektAussuchen;
  VAR i, j, k : IndexTyp;
  BEGIN (* DirektAussuchen *)
    FOR i := 1 TO MaxIndex - 1 DO
      k := i;        (* kleinstes Element suchen, Index nach k *)
      FOR j := i + 1 TO MaxIndex DO
        IF Sortierfeld [j] < Sortierfeld [k] THEN  k := j; END;
      END (* FOR *);
      Tausch (k, i);
    END (* FOR *);
  END DirektAussuchen;
```

```
(*********************** DirektEinfuegen ***********************)
  PROCEDURE DirektEinfuegen;
    VAR i, j              : IndexTyp;
        Zwischenspeicher  : ElementTyp;
    BEGIN (* DirektEinfuegen *)
      FOR i := 2 TO MaxIndex DO
        Zwischenspeicher := Sortierfeld [i];
        Sortierfeld [0]  := Zwischenspeicher;
        j := i;
        WHILE Zwischenspeicher < Sortierfeld [j-1] DO
          Sortierfeld [j] := Sortierfeld [j-1];   DEC (j);
        END (* WHILE *);
        Sortierfeld [j] := Zwischenspeicher;
      END (* FOR *);
    END DirektEinfuegen;

(*********************** BinaerEinfuegen ***********************)
  PROCEDURE BinaerEinfuegen;
    VAR i, j, Mitte, L, R : IndexTyp;
        Zwischenspeicher  : ElementTyp;
    BEGIN (* BinaerEinfuegen *)
      FOR i := 2 TO MaxIndex DO
        Zwischenspeicher := Sortierfeld [i]; (* Einzufuegendes El. *)
        (* Einfuegestelle durch binaeres Suchen feststellen      *)
        L := 1;          (* Sortierfeld [i] wird nicht verglichen, *)
        R := i;          (* denn Mitte bleibt stets kleiner als R. *)
        WHILE L < R DO
          Mitte := (L + R) DIV 2;
          IF Sortierfeld [Mitte] <= Zwischenspeicher THEN
            L := Mitte + 1;
          ELSE
            R := Mitte;
          END (* IF *);
        END (* WHILE *);
        (* hier zeigt R auf das erste Element, das groesser
           ist als Sortierfeld [i], oder R ist noch immer i *)
        FOR j := i TO R + 1 BY -1 DO              (* Verschieben *)
          Sortierfeld [j] := Sortierfeld [j-1];
        END (* FOR *);
        Sortierfeld [R] := Zwischenspeicher;      (* Einfuegen *)
      END (* FOR *);
    END BinaerEinfuegen;

(*********************** Bubble-Sort ***********************)
  PROCEDURE BubbleSort;
    VAR i, j: IndexTyp;
    BEGIN (* BubbleSort *)
      FOR i := 2 TO MaxIndex DO
        FOR j := MaxIndex TO i BY -1 DO
          IF Sortierfeld [j-1] > Sortierfeld [j] THEN
            Tausch (j-1, j);
          END (* IF *);
        END (* FOR *);
      END (* FOR *);
    END BubbleSort;
```

6.5. Sortieren

```
(************************ Shell-Sort ***************************)
  PROCEDURE Shellsort;
  CONST Passes             = 4;   (* Sortierlaeufe *)
  TYPE  PassTyp            = [1..Passes];
  VAR   i, j               : IndexTyp;
        Teilfolge          : IndexTyp;
        Anzahl             : IndexTyp;
        Delta              : IndexTyp;
        Deltas             : ARRAY PassTyp OF IndexTyp;
        Pass               : PassTyp;
        Zwischenspeicher   : ElementTyp;

  BEGIN (* Shellsort *)
    Deltas [1] := 9;        Deltas [2] := 5;
    Deltas [3] := 3;        Deltas [4] := 1;
    FOR Pass := 1 TO Passes DO
      Delta := Deltas [Pass];
      Anzahl := MaxIndex DIV Delta;   (* Anzahl Teilfolgenele. *)
      FOR Teilfolge := 1 TO Delta DO (* Teilfolgen f. Abstand *)
        FOR i := 1 TO Anzahl-1 DO
          Zwischenspeicher := Sortierfeld [Teilfolge + i * Delta];
          j := Teilfolge + (i-1) * Delta; (* Index des aktuellen
                                             Vergleichselements *)
          (* durch direktes Einfuegen x einsortieren. *)
          WHILE (j > 0) AND
                (Zwischenspeicher <= Sortierfeld [j]) DO
            Sortierfeld [j + Delta] := Sortierfeld [j];
            j := j - Delta;
          END (* WHILE *);
          Sortierfeld [j + Delta] := Zwischenspeicher;
        END (* FOR i *);
      END (* FOR Teilfolge *);
    END (* FOR Pass *);
  END Shellsort;

(************************ Heap-Sort ****************************)
  PROCEDURE HeapSort;      (* Elemente werden aufsteigend sortiert *)

    PROCEDURE SiftRekursiv (Root, Max: IndexTyp);
    VAR Sub : CARDINAL;
    BEGIN (* SiftRekursiv *)
      Sub := 2 * Root;              (* Wurzel des einen Unterbaums *)
      IF Sub <= Max THEN                 (* Unterbaum existiert *)
        IF  (Sub < Max) AND
            (Sortierfeld [Sub+1] > Sortierfeld [Sub]) THEN
          INC (Sub);        (* groesseren Unterbaum auswaehlen *)
        END (* IF *);
        IF Sortierfeld [Sub] > Sortierfeld [Root] THEN
                (* Wurzel faellt in den Unterbaum, falls kleiner *)
          Tausch (Sub, Root);
          SiftRekursiv (Sub, Max); (* Wiederholung im Unterbaum *)
        END (* IF *);
      END (* IF *);
    END SiftRekursiv;
```

```
    VAR Index : IndexTyp;
  BEGIN (* HeapSort *)
    FOR Index := MaxIndex DIV 2 TO 1 BY -1 DO      (* Heap aufbauen *)
      SiftRekursiv (Index, MaxIndex);
    END (* FOR *);
    FOR Index := MaxIndex - 1 TO 1 BY -1 DO        (* Heap abbauen *)
      Tausch (1, Index+1);
      SiftRekursiv (1, Index);        (* verdraengtes Element
                                         in Heap setzen.*)
    END (* FOR *);
  END HeapSort;

(************************* Quicksort *************************)
  PROCEDURE QuickSort;

    PROCEDURE Sort (L, R: IndexTyp);       (* rekursive Sortierung *)
    VAR left, right : IndexTyp;
              (* eigentlich [MIN (IndexTyp)-1..MAX (IndexTyp)+1]; *)
        Grenzwert    : ElementTyp;
    BEGIN (* Sort *)
      left := L;      right := R;
      Grenzwert := Sortierfeld [(L+R) DIV 2];  (* Index koennte auch
                              Zufallszahl im Bereich L bis R sein *)
      REPEAT
        WHILE Sortierfeld [left]  < Grenzwert DO  INC (left);  END;
        WHILE Sortierfeld [right] > Grenzwert DO  DEC (right); END;
        IF left <= right THEN
          IF left < right THEN  Tausch (left, right); END;
          INC (left);   DEC (right);    (* auch bei left = right *)
        END (* IF *);
      UNTIL left > right;
      IF L < right THEN  Sort (L, right); END;
      IF R > left  THEN  Sort (left,  R); END;
    END Sort;

(*
    (* sichere Variante von Quicksort ohne Rekursionsprobleme *)
    BEGIN (* Sort *)
      REPEAT
        left := L;    right := R;
        (* usw. wie oben bis: *)
      UNTIL left > right;
      (* kleineren Teil rekursiv,
         groesseren iterativ bearbeiten *)
      IF (right - L) < (R - left) THEN
         IF L < right THEN  Sort (L, right); END;
         L := left;
      ELSE
         IF R > left  THEN  Sort (left,  R); END;
         R := right;
      END (* IF *);
      UNTIL L >= R;
    END Sort;
*)
```

6.5. Sortieren

```
  BEGIN (* QuickSort *)          (* Start des rekursiven Sortierens *)
    IF MaxIndex > 1 THEN  Sort (1, MaxIndex); END;
  END QuickSort;

(*********** Feld mit Zufallszahlen initialisieren **************)

  PROCEDURE Generate (VAR Feld: FeldTyp);
  VAR i : IndexTyp;
  BEGIN (* Generate *)
    FOR i := 1 TO MaxIndex DO  Feld [i] := Random (); END;
  END Generate;

(****************** Ausgabe der Resultate *********************)

  PROCEDURE Out (VAR Feld: FeldTyp);       (* Ausgabe des Feldes
                                              auf Output *)
  VAR i : CARDINAL;
  BEGIN (* Out *)
    WriteLn;   WriteLn;
    FOR i := 1 TO MaxIndex DO
      WriteCard (Feld [i], 6);
      IF (i MOD 10) = 0 THEN  WriteLn; END;
          (* Max. 10 Zahlen pro Zeile *)
    END (* FOR *);
    WriteLn;
  END Out;


TYPE SortProcType = PROCEDURE;
VAR  RefFeld       : FeldTyp;
     Erster        : BOOLEAN;


  PROCEDURE Check (Header   : ARRAY OF CHAR;
                   SortProc : SortProcType);

    PROCEDURE Vergleich;  (* Vergleich Soll <-> Ist-Ergebnisse *)
    VAR i : CARDINAL;   Fehler: BOOLEAN;
    BEGIN (* Vergleich *)
      Fehler := FALSE;
      FOR i := 1 TO MaxIndex DO
        IF Sortierfeld [i] # RefFeld [i] THEN
          WriteString ('*** Fehler in Element ');
          WriteCard (i, 5);    WriteLn;
          Fehler := TRUE;
        END (* IF *);
      END (* FOR *);
      IF NOT Fehler THEN
        WriteString
             ('Ergebnis stimmt mit erstem Ergebnis ueberein');
        WriteLn;
      END (* IF *);
    END Vergleich;
```

```
    VAR Zeichen : CHAR;
    BEGIN (* Check *)
      WriteLn;   WriteString (Header);
      Sortierfeld := Kopie;   SortProc;   Out (Sortierfeld);
      IF Erster THEN
        RefFeld := Sortierfeld;   Erster := FALSE;
      ELSE
        Vergleich;
      END (* IF *);
      Read (Zeichen);
    END Check;

(********************* Hauptprogramm ***************************)
BEGIN (* Sortieren *)
  Generate (Kopie);   Out (Kopie);   Erster := TRUE;
  Check ("Direkt Aussuchen",  DirektAussuchen);
  Check ("Direkt Einfuegen",  DirektEinfuegen);
  Check ("Binaer Einfuegen",  BinaerEinfuegen);
  Check ("Bubble Sort",       BubbleSort);
  Check ("ShellSort",         ShellSort);
  Check ("HeapSort ",         HeapSort);
  Check ("QuickSort",         QuickSort);
END Sortieren.
```

6.5.2.4 Aufwandsvergleich der Sortierverfahren

Zunächst ist anzumerken, daß nur die einfachen Sortieralgorithmen *stabil* sind (Ausnahme: Direktes Aussuchen), also die Reihenfolge mehrerer Elemente mit gleichem Schlüssel unverändert lassen. Eine bereits geordnete Eingabe führt bei allen Verfahren zu minimalem Aufwand, nur bei Heapsort ist dieser Fall eher ungünstig.

Tabelle 6.5 gibt einen Vergleich des Aufwands verschiedener Sortieralgorithmen. Die Angaben sind auf die Implementierung in 6.5.2.3 zugeschnitten; durch kleine Änderungen lassen sich noch Verbesserungen erzielen. Die Angaben zu den schnellen Algorithmen Heapsort und Quicksort sind nicht exakt. Außerdem fehlen bei Heapsort die Angaben für den durchschnittlichen Fall, da die entsprechenden Analysen sehr aufwendig sind. Da Heapsort jedoch noch im schlechtesten Fall einen Aufwand von $O(n \: ld \: n)$ besitzt, sind die fehlenden Angaben nicht so interessant wie z.B. bei Quicksort. Man beachte, daß bei Quicksort C_{max} und M_{max} in unterschiedlichen Situationen auftreten.

Shellsort ist nur noch von akademischem Interesse und darum in der Tabelle nicht berücksichtigt. Binäres Einfügen unterscheidet sich von Direktem Einfügen nur durch einen ungefähr konstanten Aufwand für C.

6.5. Sortieren

Verfahren	C_{min}	C_{ave}	C_{max}	M_{min}	M_{ave}	M_{max}
Bubblesort	$\frac{n}{2}(n-1)$	$\frac{n}{2}(n-1)$	$\frac{n}{2}(n-1)$	0	$\frac{3n}{4}(n-1)$	$\frac{3n}{2}(n-1)$
Direktes Einfügen	$n-1$	$\frac{n^2+3n-4}{4}$	$\frac{n^2+n-2}{2}$	$3(n-1)$	$\frac{n^2+11n-12}{4}$	$\frac{n^2+5n-6}{2}$
Direktes Aussuchen	$\frac{n}{2}(n-1)$	$\frac{n}{2}(n-1)$	$\frac{n}{2}(n-1)$	$3(n-1)$	$3(n-1)$	$3(n-1)$
Heapsort	$C_{max} - \frac{5}{2}n$		$2(n-1) \cdot (ld(n+1)-1)$	$M_{max} - 6n$		$3(n-1) \cdot ld(n+1)$
Quicksort	$n\,ld(n)$	$2n \cdot ln(n)$	$\frac{1}{2}(n+3) \cdot (n+2) - 9$	0	$n \cdot ln(n)$	$\frac{3}{4}n\,ld(n)$

Tab. 6.5 Aufwand wichtiger Sortieralgorithmen

6.5.2.5 Sortieren durch Streuen und Sammeln

Wir haben festgestellt, daß Sortieren $O(n \log n)$ Schritte erfordert, wenn es auf binären Vergleichen beruht (und keine Informationen über die zu sortierenden Schlüssel vorliegen).

Beim Sortieren durch Streuen und Sammeln (mit *Bucketsort* als Vertreter) erfolgt eine Beschleunigung, weil der *Wertebereich* der Schlüssel als Intervall gegeben ist. Für die Sortierung wird dieses Intervall in endlich viele Teilintervalle („Fächer", „Buckets") aufgeteilt. Das Sortieren durch Streuen und Sammeln ist durch eine *Streuphase* (Verteilen der Elemente auf die Fächer) und eine *Sammelphase* (Zusammenfügen der Elemente in den einzelnen Fächern zu einer neuen Gesamtfolge) charakterisiert.

Genauer: Es seien n verschiedene Elemente $a_1, a_2, \ldots, a_n$ mit $min \leq a_i \leq max$ für $i \in \{1, \ldots, n\}$ zu sortieren. Wir wollen ohne Beschränkung der Allgemeinheit annehmen, daß es sich um natürliche Zahlen handelt und $min = 0$ bzw. $max = m-1$ ist.

Die folgenden Algorithmen sind nur in Pseudocode beschrieben, da die exakte Implementierung der Buckets selbst nicht angegeben wird. Ein Bucket wird hier als *String* über einem festgelegten Basistyp mit den folgenden Konstanten und Operationen verwendet:

STRING OF [Typ]	≡	Definition eines Buckets mit Basistyp Typ,
ε	≡	leerer Bucket (mit beliebigem Basistyp),
ο	≡	Anhängen eines neuen Elementes,
first	≡	Zugriff auf das erste Element,
rest	≡	Entfernen des ersten Elements.

Algorithmusentwurf (Bucketsort):

```
PROCEDURE BucketSort1;                    (* Programm P6.22 *)
CONST   n = 100;           (* Anzahl Elemente,also Feldlaenge *)
        m = 100;           (* Dimension des Wertbereichs      *)
VAR     Feld    : ARRAY [1..n]   OF [0..m-1]
        Bucket  : ARRAY [0..m-1] OF STRING OF [0 .. m-1];
        i       : CARDINAL;

BEGIN (* BucketSort1 *)
  FOR i := 0 TO m-1  DO       (* Initialisierung *)
    Bucket [i] := ε;
  END (* FOR *);
  FOR i := 1 TO n  DO         (* Streuen *)
    Bucket [Feld[i]] := Bucket [Feld[i]] ο Feld[i];
  END (* FOR *);
  j := 0;
  FOR i := 0 TO m-1  DO       (* Sammeln *)
    WHILE   Bucket [i]) # ε DO
      INC(j);
      Feld[j] := first (Bucket [i]);
      Bucket [i] := rest (Bucket [i]);
              (* evtl. Mehrfach-Auftreten eines Feld[i] *)
    END (* WHILE *);
  END (* FOR *);
END BucketSort1;
```

Zeitkomplexität: O(n+m).

Ein Problem dieses Sortierverfahrens ist die Größe von m, d.h. die Anzahl der Fächer, da mit ihr auch der Speicherplatzbedarf wächst. Ist die Anzahl verschiedener Werte im Feld größer als die Anzahl der Fächer (Bucket-Dimension), dann treten sogenannte *Kollisionen* auf, d.h. mehrere verschiedene Feld[i] werden in *ein* Fach eingefügt.

Den Algorithmus kann man verallgemeinern und zur *Sortierung von k-Tupeln* für festes k verwenden, z.B. zur Sortierung k-stelliger Zahlen, wobei als Ordnung die übliche *lexikographische Ordnung* zugrunde gelegt wird. Dabei sortiert man zuerst nach der letzten Stelle, dann nach der vorletzten Stelle usw. bis zur ersten Stelle.

6.5. Sortieren

Lexikographische Ordnung:
Sei $A = \{a_1, a_2, \ldots, a_n\}$ ein Alphabet, $v, w \in A^*$.
Auf A sei eine Ordnung, etwa $a_1 < a_2 < \ldots < a_n$ vorgegeben, die sich wie folgt auf A^* fortsetzt:

$v \leq w :\Leftrightarrow$ ($w = v\,u$ mit $u \in A^*$) oder

           ($v = u\,a_i\,u'$ und $w = u\,a_j\,u''$ mit $u, u', u'' \in A^*$

           und $a_i, a_j \in A$ mit $i < j$)

Die antisymmetrische Relation „$\leq$" heißt *lexikographische Ordnung*.

Im folgenden Programm P6.23 sei S ein String von n k-Tupeln über dem Alphabet $\{0, \ldots, m-1\}$.

Algorithmusentwurf (Bucketsort für Tupel der Länge k):

```
PROCEDURE BucketSort2;                   (* Programm P6.23 *)
(* Bucket sei ein Feld von Buckets fuer Tupel der Laenge k  *)
VAR i, j : CARDINAL;

BEGIN (* BucketSort2 *)
  FOR i := k TO 1 BY -1 DO
    FOR j := 0 TO m-1 DO  Bucket [j] := ε; END (* FOR *);
    WHILE  S # ε  DO       (* Streuen *)
      x := first (S);  S := rest(S);
                             (* Sei x = ( aj1,..., ajk ) *)
      Bucket [aji] := Bucket [aji] ο x;
    END (* WHILE *);
    FOR  j := 0  TO m-1 DO (* Sammeln *)
      S := S ο Bucket [aj];
    END (* FOR *);
  END (* FOR *);
END BucketSort2;
```

Zeitkomplexität : O(k(m+n)). Für festes k ist der Aufwand also O(m+n).

Diese Idee läßt sich auch auf Tupelfolgen mit Tupeln *unterschiedlicher Länge* anwenden. Vor dem eigentlichen Sortieren werden die Tupel zunächst der Länge nach *absteigend geordnet*. Dann werden nach obigem Verfahren die Tupel mit maximaler Länge nach der letzten Stelle geordnet. Diese geordnete Liste wird an die Liste der Tupel gehängt, deren Länge um 1 kleiner ist. Diese gesamte Liste wird nach der letzten Stelle der kürzeren Tupel sortiert usw.

Beispiel:

- *Ausgangsfolge*: S = (1,0,2) (1,0,2,1,0) (2,1) (0) (1,1,1) (2,0,1) (1,1,0) (1,0).
- Tupel der Länge nach absteigend sortieren:

  LÄNGE [5] = (1,0,2,1,0)
  LÄNGE [4] = ε
  LÄNGE [3] = (1,0,2) (1,1,1) (2,0,1) (1,1,0)
  LÄNGE [2] = (2,1) (1,0)
  LÄNGE [1] = (0)

- Sortierung der Tupel nach Werten (von hinten nach vorne)

  Durchlauf für 5. Stelle
    S = (1,0,2,1,0)
    Bucket [0] = (1,0,2,1,0); Bucket [1] = ε; Bucket [2] = ε
  Durchlauf für 4. Stelle
    S = (1,0,2,1,0)
    Bucket [0] = ε; Bucket [1] = (1,0,2,1,0); Bucket [2] = ε
  Durchlauf für 3. Stelle
    S = (1,0,2) (1,1,1) (2,0,1) (1,1,0) (1,0,2,1,0)
    Bucket [0] = (1,1,0); Bucket [1] = (1,1,1) (2,0,1)
    Bucket [2] = (1,0,2) (1,0,2,1,0)
  Durchlauf für 2. Stelle
    S = (2,1) (1,0) (1,1,0) (1,1,1) (2,0,1) (1,0,2) (1,0,2,1,0)
    Bucket [0] = (1,0) (2,0,1) (1,0,2) (1,0,2,1,0)
    Bucket [1] = (2,1) (1,1,0) (1,1,1); Bucket [2] = ε
  Durchlauf für 1. Stelle
    S = (0) (1,0) (2,0,1) (1,0,2) (1,0,2,1,0) (2,1) (1,1,0) (1,1,1)
    Bucket [0] = (0)
    Bucket [1] = (1,0) (1,0,2) (1,0,2,1,0) (1,1,0) (1,1,1)
    Bucket [2] = (2,0,1) (2,1)

- *Ergebnis*: S = (0) (1,0) (1,0,2) (1,0,2,1,0) (1,1,0) (1,1,1) (2,0,1) (2,1).

Algorithmusentwurf (Bucketsort für Tupel unterschiedlicher Länge):

```
            PROCEDURE BucketSort3;                   (* Programm P6.24 *)
            (* LAENGE sei ein Feld von Buckets für variabel lange Tupel;
               in LAENGE[i] werden alle Tupel der Laenge i gespeichert. *)
            VAR i, j, k : CARDINAL;
            BEGIN (* BucketSort3 *)
              k := 0;                              (* maximale Tupellaenge *)
              WHILE S # ε DO
                x := first (S);   S := rest (S);
                p := |x|;    k := max {k,p};
```

6.5. Sortieren

```
        LAENGE [p] := LAENGE [p] ○ x;
    END (* WHILE *);
    FOR i := k TO 1 BY -1 DO
      S := LAENGE [i] ○ S;
      WHILE S # ε DO              (* Streuen *)
        x := first (S);  S := rest (S);
                                  (* Sei x = a_{j1},...,a_{ji},...,a_{jp} *)
        Bucket [a_{ji}] := Bucket [a_{ji}] ○ x;
      END (* WHILE *);
      FOR j := 0 TO m-1 DO        (* Sammeln *)
        S := S ○ Bucket [j];
        Bucket [j] := ε;
      END (* FOR *);
    END (* FOR *);
END BucketSort3;
```

Zeitkomplexität: Wenn q die Gesamtlänge von S (d.h. die Summe der Längen aller Tupel) ist, dann beträgt der Zeitaufwand des Algorithmus O (q+m).

6.5.3 Externe Sortierverfahren

Wir gehen nun davon aus, daß die zu sortierenden Folgen so groß sind, daß sie auf externen, nur sequentiell zugreifbaren Speichermedien wie Platten oder Bändern vorliegen und auch darauf zu sortieren sind.

Ein zentrales Anliegen dieser externen Sortierverfahren ist es, die Zahl der *Dateien* (Files) mit den zu sortierenden Folgen, vor allem aber die Zahl der Lese- und Schreiboperationen zu minimieren. Als Beispiele externer Sortierverfahren stellen wir das Direkte, das Natürliche und das Mehrwege-Mischen vor.

Zwei bereits sortierte Folgen/Sequenzen (*Läufe*) lassen sich zu einer verbinden („*mischen*"), indem man jeweils das kleinere der in den *Ausgangsläufen* anstehenden Elemente in den *Ergebnislauf* übernimmt. Dieses sogenannte Mischen ist besonders geeignet, wenn man jeder Sequenz eine Datei zuordnet. Ein Beispiel für das Mischen zweier Ausgangsläufe 1 und 2 zu einem Ergebnislauf:

Lauf 1:   2 12 13 15 20 29
$\Rightarrow$ 2 4 5 9 12 13 14 15 20 22 29 (Ergebnislauf)
Lauf 2:   4 5 9 14 22

Die Technik des Mischens muß nun aber erweitert werden, um folgendes allgemeine externe Sortierproblem zu lösen: Gegeben sei ein *File* unbekannter Länge, dessen Elemente sortiert werden sollen.

6.5.3.1 Direktes Mischen

Das *Direkte Mischen* ist durch einen ständigen Wechsel zwischen der *Trennphase* (*Verteilung* der Läufe auf meist zwei sequentielle Dateien) und der anschließenden *Mischphase* gekennzeichnet und wird darum auch als „Zweiphasen-Mischen" bezeichnet. Die beiden Phasen bilden zusammen einen *Durchlauf*. Charakteristisch für das Direkte Mischen ist, daß sich durch jeden Durchlauf die Länge der Ausgangsläufe verdoppelt, beginnend bei 1 für eine unsortierte Folge. Daraus folgt, daß nach maximal ld(n) + 1 Durchläufen die gesamte Sequenz sortiert ist.

Nachfolgend sind die Läufe durch „|" voneinander abgegrenzt.

File S:	7 |	13 |	9 |	4 |	25 |	1 |	30 |	12
Trennen								
Hilfsfile 1:	7 |	9 |	25 |	30				
Hilfsfile 2:	13 |	4 |	1 |	12				
Mischen								
File S:	7	13 |	4	9 |	1	25 |	12	30
Trennen								
Hilfsfile 1:	7	13 |	1	25				
Hilfsfile 2:	4	9 |	12	30				
Mischen								
File S:	4	7	9	13 |	1	12	25	30
Trennen								
Hilfsfile 1:	4	7	9	13				
Hilfsfile 2:	1	12	25	30				
Mischen								
File S:	1	4	7	9	12	13	25	30

Algorithmus:

```
                                            (* Programm P6.25 *)
        PROCEDURE Direkt2PhasenMischen
                              (VAR Liste : ARRAY OF CARDINAL);
        VAR  LaengeRun   : INTEGER;        (* Laenge der Laeufe *)
             NoOfRuns    : INTEGER;        (* Zahl der Lauefe *)
             Hilfslisten : ARRAY [1..2], [0..MaxLng] OF CARDINAL;
        BEGIN (* Direkt2PhasenMischen *)
          LaengeRun := 1;
          REPEAT
            Trennen (LaengeRun);
            Mischen (LaengeRun, NoOfRuns (* Ergebnisparameter *) );
            LaengeRun := 2 * LaengeRun;
          UNTIL NoOfRuns = 1;
        END Direkt2PhasenMischen;
```

6.5. Sortieren

6.5.3.2 Natürliches Mischen

Beim Direkten Mischen wird eine zufällig oder durch frühere Bearbeitung bereits vorhandene Sortierung der Dateien nicht ausgenutzt. Die Länge aller gemischten Teilsequenzen nach dem k-ten Durchlauf ist gleich 2^k. Zwei beliebig, geordnete Teilsequenzen der Längen m und n könnten jedoch direkt zu einer geordneten Sequenz der Länge n+m gemischt werden. Beim *Natürlichen Mischen* werden nicht Sequenzen fester Länge, sondern die jeweils vorgefundenen Teilsequenzen *maximaler* Länge gemischt.

File S:	7	13 |	9 |	4	25 |	1	30 |	12
Trennen								
Hilfsfile 1:	7	13 |	4	25 |	12			
Hilfsfile 2:	9 |	1	30					
Mischen								
File S:	7	9	13 |	1	4	25	30 |	12
Trennen								
Hilfsfile 1:	7	9	13 |	12				
Hilfsfile 2:	1	4	25	30				
Mischen								
File S:	1	4	7	9	13	25	30 |	12
Trennen								
Hilfsfile 1:	1	4	7	9	13	25	30	
Hilfsfile 2:	12							
Mischen								
File S:	1	4	7	9	12	13	25	30

Im Vergleich zum Direkten Mischen (ld(n) + 1 Durchläufe) erfordert Natürliches Mischen einen wesentlich aufwendigeren Algorithmus, bringt aber außer bei sehr langen natürlichen Sequenzen kaum eine Leistungssteigerung, denn im unsortierten Feld haben die natürlichen Sequenzen im Mittel die Länge 2, so daß nur ein einziger Durchlauf einspart wird.

6.5.3.3 Mehrwege-Mischen

Das Prinzip des Mischens läßt sich effizienter implementieren, indem man jeweils auf das Trennen der Läufe verzichtet (bis auf den ersten, der unvermeidlich ist) und beim Mischen sofort wieder trennt, also z.B. zwei Files mischt und die entstehenden Läufe *abwechselnd* in zwei andere Files schreibt. Dann wiederholt sich der Vorgang in der *umgekehrten* Richtung, bis nur noch eine einzige Sequenz entsteht.

Dieses Prinzip läßt sich bei drei Dateien wie folgt anwenden: Man verteilt die Läufe so, daß zu jeder Zeit von zwei Dateien auf die dritte gemischt wird.

File S: 7 | 13 | 9 | 4 | 25 | 1 | 30 | 12

Trennen zur Initialisierung
Hilfsfile 1:   7 | 9 | 25
Hilfsfile 2:   13 | 4 | 1 | 30 | 12

Mischen der ersten drei Paare von Hilfsfiles 1 und 2 nach 3
Hilfsfile 3:   7 13 | 4   9 | 1   25

Mischen der ersten zwei Paare von Hilfsfiles 2 und 3 nach 1
Hilfsfile 1:   7 13 30 | 4   9   12

Mischen des ersten Paars von Hilfsfiles 1 und 3 nach 2
Hilfsfile 2:   1   7 13 25 30

Mischen des ersten Paars von Hilfsfiles 1 und 2 nach File S
File S: 1   4   7   9 12 13 25 30

Wie man sieht, ist die Zahl der Läufe auf den beiden nichtleeren Dateien jeweils ein Paar aufeinanderfolgender *Fibonacci-Zahlen* (hier 5 und 3, dann 3 und 2, dann 2 und 1, dann 1 und 1, dann 1 und 0, d.h. es gibt nur noch einen sortierten Lauf). Natürlich kann in beiden Algorithmen File S auch als Hilfsfile 3 verwendet werden.

Die Verteilung der Läufe als Paare aufeinanderfolgender Fibonacci-Zahlen ist kein Zufall. Durch eine solche Verteilung wird die Anzahl der Mischvorgänge für eine gegebene Anzahl von Ausgangsläufen *minimiert*. Aber genau hier liegen große Probleme, da i.a. unbekannt ist, wie groß das zu sortierende File ist, man also selten eine Fibonacci-Verteilung erhält und dann „Restelemente" verteilen muß, was erhebliche Schwierigkeiten bereiten kann.

6.6 Speicherverwaltung

Die Speicherverwaltung ist eine Komponente des *Betriebssystems*, deren Aufgabe die Zuweisung und Überwachung aller belegten (und damit implizit auch der freien) Speicherbereiche ist. Dafür werden typischerweise Tabellen angelegt, in denen die belegten und freien Speicherbereiche verwaltet werden.

Da i.a. nicht ein ganzes Programm und alle benötigten Daten in den *Hauptspeicher* passen, werden Teile auf einen *Hintergrundspeicher* (virtueller Speicher) ausgelagert. Zur Speicherverwaltung gehört deshalb sowohl die Hauptspeicher- als auch die Hintergrundspeicherverwaltung.

Ausgangssituation: Der Hauptspeicher sei in *Blöcke* (kleine Speicherbereiche fester Länge) zerlegt, die z.B. als lineare *Liste* verkettet sind. Die Blöcke können zeitweise „frei" oder „belegt" sein.

Eine typische Datenstruktur für Blöcke sieht wie folgt aus:

```
TYPE    BPtr  = POINTER TO Block;
        Block = RECORD
                  groesse : [0 .. maxgroesse];
                       (* Komponenten, die "groesse"
                          Speicherplaetze einnehmen. *)
                  next : BPtr;
                END;
```

Diese „Block"-Struktur ist *dynamisch*, da ihre Größe von groesse abhängt (in Sprachen wie Modula-2 nicht erlaubt). Zusätzlich benötigen wir die folgenden Variablen, die auf den jeweils ersten Block einer Liste mit den freien (Freiliste) bzw. belegten (Belegtliste) Blöcken verweisen.

```
    VAR  Freiliste, Belegtliste : BPtr;
```

Typische *Aufgaben* einer Speicherverwaltung sind

- *Speicherplatzanforderung* Zu einer Anforderung nach einem Block der Größe k soll ein freier Block der Größe $\geq$ k gefunden werden.

- *Blockverschmelzung*: Benachbarte Blöcke, die als „frei" in die Freiliste eingefügt wurden, sollen zu einem Block verschmolzen werden.

- *Seitenaustauschverfahren*: Blöcke, die freigegeben werden können, sollen gegen aktuell interessante Daten, die auf dem Hintergrundspeicher liegen, ausgetauscht werden (engl. paging).

- *Speicherbereinigung*: Nicht mehr belegte Blöcke (genauer: Blöcke aktuell nicht interessierender Daten) sollen erkannt und als „frei" gekennzeichnet, d.h. der Freiliste zur Verfügung gestellt werden (engl. garbage collection)..

Die grundlegenden algorithmischen Konzepte zur Lösung dieser vier Aufgaben werden im folgenden vorgestellt.

6.6.1 Algorithmische Konzepte

Speicherplatzanforderung

Wir gehen von der in Abb. 6.59 dargestellten Situation aus: es gibt vier freie (1, 2, 4, 7) und vier belegte (3, 5, 6, 8) Blöcke, die aktuelle Größe des Blockes i ist durch g_i bestimmt. Es wird ein Block der Größe k oder größer gesucht.

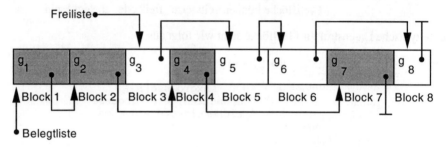

Abb. 6.59   Beispiel eines Speichers mit freien und belegten Blöcken

Algorithmus first-fit
Man geht ab Freiliste^ die Liste der freien Blöcke durch und weist den *ersten Block*, dessen Größe größer als k ist, zu.

Algorithmus best-fit
Man sucht – in der gleichen Liste – den Block mit der *kleinsten Größe*, die größer oder gleich k ist, und weist ihn zu.

Algorithmus mit Blockspaltung
Es wird zunächst ein Block der Größe g (nach Methode first-fit oder best-fit) bestimmt. Der Block wird dann *gespalten* in einen Block der Größe k und einen Block der Größe (g-k-h), wobei h der für die *Blockverwaltung* benötigte Speicherplatz ist.

Nachteil: Der Speicher wird nach einiger Zeit zu stark durch viele kleine Blöcke belegt. Insbesondere die Kombination mit best-fit erweist sich in der Praxis als ungeeignet.

6.6. Speicherverwaltung

Verbesserung: first-fit als Grundmethode sollte man so modifizieren, daß man nicht immer von vorne durchsucht, sondern ab der Stelle, wo zuletzt ein Block entnommen wurde (d.h. die Liste freier Blöcke sollte man *zyklisch* organisieren). Die so verbesserte Methode heißt *rotating-first-fit*.

Blockverschmelzung

Für das Wiedereinfügen von freien Blöcken gibt es folgende grundlegenden Möglichkeiten:
1. Am *Ende* (oder am *Anfang*) der Liste der freien Blöcke anhängen.
2. Feststellen, ob die beiden im Speicher physisch *benachbarten* Blöcke frei sind, und mit einem oder mit beiden verschmelzen; andernfalls wie unter 1. verfahren.
3. Um das Suchen nach einem geeigneten Block zu verkürzen, kann man die Blöcke der Größe nach *sortiert* verketten. Das Wiedereinfügen entspricht dann dem Einfügen in eine Liste.

Bei den Methoden first-fit und best-fit ist der freie Speicher im stabilen Zustand (d.h. dynamisches Gleichgewicht zwischen Speicherplatzanforderungen und -freigaben) etwa halb so groß wie der belegte Speicher, d.h. der Speicher ist im Mittel nur etwa zu zwei Dritteln ausgenutzt. Hoffnung auf Verbesserungen gibt die Speicherverwaltung gemäß der *Buddy-Methode*, die Aspekte sowohl der Speicherplatzanforderung als auch der Blockverschmelzung berührt.

Die Idee der Buddy-Methode zeigt Abb. 6.60: Der Speicher habe eine Gesamtlänge von 2^{max} (hier: $2^6 = 64$), Anforderungen werden jeweils durch Blöcke der Größe 2^k mit min $\leq$ k $\leq$ max befriedigt (hier: min = 3). Die freien und belegten Blöcke einer Länge 2^k werden i.a. jeweils für ein k getrennt in *separaten Listen* verwaltet (aus Darstellungsgründen verzichten wir allerdings hier auf getrennte Frei- und Belegtlisten). Benachbarte Blöcke der Stufe k ergeben einen Block auf Stufe k + 1, falls k < max.

Für die *Adressierung* von Buddies („Kameraden") ist nützlich, daß sich aus der Anfangsadresse eines Blocks leicht wie folgt die Adresse seines Buddies berechnen läßt:

$Buddy_k (x)$ = „Anfangsadresse des Buddies für einen Block der Länge 2^k mit Anfangsadresse x", d.h.
= $x+2^k$ falls $(x \equiv 0)$ mod 2^{k+1} bzw.
$x-2^k$ falls $(x \equiv 2^k)$ mod 2^{k+1}.

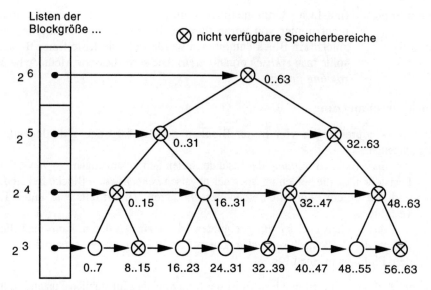

Abb. 6.60 Buddy-Methode

Wenn wir im Beispiel der Abb. 6.60 einen Block der Länge 11 anfordern, gilt wegen $2^3 < 11 < 2^4$, daß wir (mindestens) einen Block der Größe $2^4 = 16$ brauchen. Also geht man die Liste von Blockgröße 2^4 sequentiell durch und testet, ob dort ein freier Block liegt.

Falls ja: Ordne diesen Block zu. Markiere ihn und alle seine Vorgängerknoten bis zur Wurzel als „nicht verfügbar", ebenso den gesamten Unterbaum des zugewiesenen Blocks.

Falls nein: Füge Anforderung in eine *Warteschlange* ein und prüfe später wieder.

In dem Beispiel würde also der Speicherbereich 16..31 zugewiesen. Eine Speicheranforderung der Größe 25 könnte dagegen nicht erfüllt werden.

Die *Freigabe* eines Blocks erfolgt analog: Ein Block der Größe 2^k wird implizit als frei markiert, d.h. seine Markierung „nicht verfügbar" wird zurückgenommen. Falls auch sein Buddy frei ist, wiederhole das gleiche mit dem Vaterknoten.

Vorteil: Einfache Handhabung.

Nachteile:
- Benachbarte Speicherbereiche, die *nicht Buddies* sind, können *nicht verschmolzen* werden.
- *Interne Fragmentierung*, d.h. Verschwendung von Speicherplatz in den Blöcken, da jeweils (2^k - benötigte Größe) nicht genutzt wird.

6.6. Speicherverwaltung

Seitenaustauschverfahren

Die Aufgabe eines Seitenaustauschverfahrens besteht im Austauschen von Daten zwischen Hauptspeicher und Hintergrundspeicher. Dafür wird der Speicher in Blöcke gleicher Länge (*Seiten*) 2^m aufgeteilt (2^9 bis 2^{12} Speicherwörter in der Praxis). Ein Zugriff auf eine momentan auf den Hintergrundspeicher ausgelagerte Seite erfordert einen sogenannten *Seitenwechsel*, bei dem die einzulagernde Seite gegen eine nach einer bestimmten Strategie bestimmte Seite des Hauptspeichers ausgetauscht wird. Für eine Speicherverwaltung mit Seitenaustauschverfahren (*virtuelle Speicherverwaltung*) ist eine spezielle Speicheradressierung erforderlich.

Eine Speicheradresse der Länge n hat folgende Bedeutung: m < n Adreßbits repräsentieren die relative *Adresse auf der Seite* die restlichen (n-m) Adreßbits stellen die *Seitenadressen* selbst dar.

Die Verwaltung erfolgt über *Seitentabellen*, die für k verwendbare Seiten jeweils Haupt- und Hintergrundadresse angeben.

```
VAR Seitentabelle : ARRAY [1..k] OF
                    RECORD
                        Hauptadresse       : [0..max];
                        Hintergrundadresse : ...;
                    END;
```

Die *Hauptadresse* gibt an, daß die entsprechende Seite im Hauptspeicher ab Adresse (Hauptadresse - 1) · 2^m beginnt (falls Hauptadresse = 0, so ist die Seite zur Zeit nicht im Hauptspeicher).
Die *Hintergrundadresse* gibt an, wo die Seite z.B. auf einer Platte steht.

Vorgehen: Es wird ein Programmbefehl oder Datenelement benötigt, welches die Speicheradresse q · 2^m + r besitzt, wobei q die Seitenadresse und r die relative Adresse ist.

```
                                        (* Programm P6.26 *)
IF (q <= 0) OR (q >= k+1) THEN
    "Fehler";
ELSIF Seitentabelle[q].Hauptadresse = 0 THEN
    "Hole Seite mit der Hintergrundadresse in Hauptspeicher,
     ueberschreibe dabei eine andere Seite, deren
     Hauptadresse := 0 gesetzt wird, nachdem man
     sie ggfs. auf eine Platte gerettet hat.";
ELSE
    "Seite ist bereits im Hauptspeicher
     (also Adresse des Datums leicht zu ermitteln)";
END (* IF *);
```

Probleme: • *Wann* soll man Seiten austauschen („vorausschauend" oder erst „auf Anfrage")?
• *Welche* Seite überschreibt man?

Speicherbereinigung

Wenn ein Programm aktiv ist, d.h. zur Laufzeit des Programms, gibt es die in Abb. 6.61 dargestellten „Bereiche" im Speicher:

- *Programmtext* (Code),

- *lokaler* Speicherbereich (*Kellerspeicher*) mit *Zeigervariablen* (p) und

- *dynamischer* Speicherbereich für die Halde (Heap), in den aktuelle Zeiger aus p sowie weitere Zeiger aus dem Heap selbst verweisen.

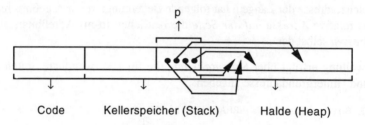

Code   Kellerspeicher (Stack)   Halde (Heap)

Abb. 6.61 Differenzierung der einzelnen Speicherbereiche

Die Größe des Codes ist i.a. konstant. Dagegen variiert die Größe des lokalen (hier zur Vereinfachung der Darstellung vernachlässigt) und dynamischen Speicherbereichs während eines Programmlaufs.

Im *Heap* mögen nun „verzeigerte" Strukturen (Listen, Bäume, Graphen) aufgebaut worden sein, und es möge ein *Überlauf* drohen, weil die freigewordenen Knoten nicht der Freiliste zugewiesen wurden oder nicht zugewiesen werden konnten, weil gar nicht erkannt wurde, daß sie frei geworden sind.

Nun startet ein *Speicherbereinigungs-Algorithmus* (Garbage-Collection), der alle Knoten im Heap, die vom lokalen Speicher und somit vom Programm nicht mehr erreichbar sind, markiert und dann in die Freiliste „*einhängt*". Statt des Einhängens kann man den Heap auch „*verdichten*", d.h. auf Kosten der freien Speicherplätze zusammenschieben.

Es gibt zwei grundsätzliche Methoden zur Speicherbereinigung: die *Verweiszählermethode* und die *Markierungsmethode*.

Die für beide Methoden grundlegende Datenstruktur kann man sich als *Graph* mit Knoten, die jeweils *zwei Nachfolger*, einen Inhalt und Hilfsinformation haben, vorstellen. Die Hilfsinformation bei der Verweiszählermethode ist ein *Zähler*, bei der Markierungsmethode eine *Markierung*.

6.6. Speicherverwaltung

```
TYPE   KPtr  = POINTER TO Knoten;
       Knoten = RECORD
                  inhalt      : ...
                  (* Zaehler   : CARDINAL;
                       fuer Verweiszaehlermethode *)
                  (* mark      : BOOLEAN;
                       fuer Markierungsmethode *)
                  nextfrei    : KPtr;
                  links, rechts : KPtr;
                END (* RECORD *);
```

In der Realisierung ist KPtr eine Zahl zwischen 0 und M, wenn 1 ... M die Speicheradressen sind und 0 NIL entspricht. Abb. 6.62 zeigt zunächst im unteren Teil ein Beispiel einer Heap-Belegung in grafischer Darstellung:

- Aus dem loc-Bereich verweisen die Zeigervariablen Anker und P in den Heap, in dem es eine Reihe weiterer Verweise zwischen Knoten gibt.
- Eingezeichnet sind jeweils durch gerichtete Kanten die Zeiger links und rechts auf Knoten, falls solche vorhanden sind; andernfalls bezeichnet ein „⊢" einen NIL-Verweis.
- Die Zeiger nextfrei fehlen hier.

Im oberen Teil der Abb. 6.62 sehen wir die erweiterte, linearisierte Darstellung des Beispiels in der konkreten Belegung eines Heap-Speicherbereiches:

- Beginnend bei Adresse 1 liegen in (zufällig) lexikographischer Reihenfolge die Knoten A bis I (Heap-Ende bei Speicherplatz 110).
- Neben dem eigentlichen Inhalt (jeweils durch die Knotenbezeichnung „A" bis „I" repräsentiert) zeigt die Abbildung die drei Verweise pro Knoten: auf den linken bzw. rechten Knoten sowie – falls dazu gehörig – den Nachfolger in der Freiliste.

Verweiszählermethode

Jeder Knoten enthält einen *Zähler*, der angibt, wie oft auf ihn verwiesen wird. Ist der Zähler null, dann kann der Knoten in die Freiliste eingehängt werden.

Nachteile: Es sind keine zyklischen Strukturen erfaßbar. Bei jeder Freigabe müssen die Zähler der Nachfolgeknoten ebenfalls erniedrigt werden.

Wegen dieser Nachteile wird i.a. die Markierungsmethode verwendet.

Markierungsmethode

Jeder Knoten enthält eine *Markierung*, die angibt, ob der Knoten vom Kellerspeicher aus erreichbar ist. Zunächst werden alle Knoten markiert, die direkt erreichbar sind. In einem *iterativen* Verfahren werden dann alle Knoten markiert, die nur indirekt, d.h. nur über andere erreichbare Knoten (z.B. über den Vorgänger in einer verketteten Liste) erreichbar sind. Diese Methode hat Ähnlichkeit mit dem früher vorgestellten Algorithmus zur Bestimmung der *starken Zusammenhangskomponenten* in gerichteten Graphen.

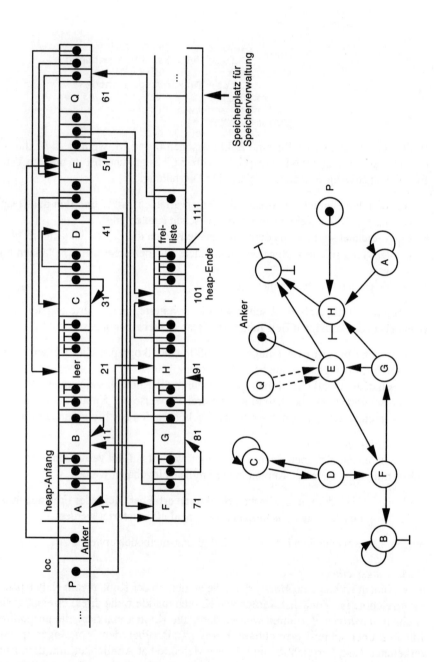

Abb. 6.62 Beispiel einer Heap-Belegung

6.6. Speicherverwaltung

Sei k die Länge eines Knotens im Speicher (k = Zahl benötigter Speicherplätze) und 0 die erste und M-1 die letzte Adresse im Speicher. Programm P6.27a zeigt in Pseudocode den grundlegenden Algorithmus der Markierungsmethode.

```
i := 0;                               (* Programm P6.27a *)
WHILE i <= M-1 DO
   "Markiere Knoten mit Adresse i als FALSE";
   INC (i, k);       (* Knoten sind (noch) nicht erreichbar *)
END (* WHILE *);
"Markiere alle direkt vom lokalen Speicher erreichbaren
 Knoten mit TRUE";   (* Knoten sind nicht erreichbar *)
i := 0;
WHILE i <= M-1 DO
   j := i + k;
   IF "Knoten mit Adresse i besitzt keine Nachfolger"
       (* d.h. links = NIL und rechts = NIL *)
       OR "dieser Knoten ist mit FALSE markiert" THEN
      i := j;
   ELSE
      IF (links # NIL)
          AND "Knoten links^ mit FALSE markiert" THEN
         "markiere Knoten links^ mit TRUE";
         "j := Minimum (j, Adresse von Knoten links^)";
      END (* IF *);
      IF (rechts # NIL)
          AND "Knoten rechts^ mit FALSE markiert" THEN
         "markiere Knoten rechts^ mit TRUE";
         "j := Minimum (j, Adresse von Knoten rechts^)";
      END (* IF *);
      i := j;
   END (* IF *);
END (* WHILE *);
"Haenge alle FALSE-markierten Knoten in die Freiliste ein."
```

Hat man noch Speicherplatz für den Speicherbereinigungs-Algorithmus zur Verfügung, dann kann man – statt des dauernden zeitaufwendigen Zurückspringens im Speicher – den nachfolgenden Algorithmus des Programms P6.27b benutzen. Dazu wird der in Abschnitt 3.2.4.2 vorgestellte *Stack* verwendet.

```
                                      (* Programm P6.27b *)
REPEAT
   WHILE NOT Empty (S) AND "(Top (S) hat keine Nachfolger)" DO
      Pop (S);
   END (* WHILE *);
   IF NOT Empty (S) THEN
      p := Top (S);    Pop(s);
      IF (p^.links # NIL) AND NOT p^.links^.mark THEN
         p^.links^.mark := TRUE;
         Push (S, p^.links);
      END (* IF *);
```

```
            IF (p^.rechts # NIL) AND NOT p^.rechts^.mark THEN
              p^.rechts^.mark := TRUE;
              Push (S, p^.rechts);
            END (* IF *);
         END (* IF *);
      UNTIL Empty (S);
      "Haenge alle FALSE-markierte Knoten in die Freiliste ein."
```

Analyse: Wenn am Ende n Knoten mit TRUE markiert sind und m = M/k die Zahl der maximal speicherbaren Knoten ist, dann arbeitet der Algorithmus von P6.27a mit O(n·m) Zeit und O(1) Platz, der Algorithmus von P6.27b mit O(n+m) Zeit und O(m) Platz.

Idee: Kombiniere beide Algorithmen zu einem Algorithmus, der mit einem längenbeschränkten Stack gemäß P6.27b arbeitet bis ein Überlauf stattfindet, und dann auf P6.27a solange „umsteigt", bis wieder Platz im Stack ist.

Generelle *Probleme* bei der Speicherbereinigung:

- Je *weniger* Speicherplatz freigegeben werden kann, desto *länger* laufen die Algorithmen.
- Wartet man lange mit der Speicherbereinigung, so entsteht allmählich eine *Fragmentierung*. Daher sollte man frühzeitig den Garbage-Collector aufrufen und freie Blöcke verschmelzen.
- Das Zusammenschieben ist i.a. wegen der häufig komplexen „Verzeigerung" der Knoten sehr aufwendig.
- Der Garbage-Collector hat i.a. keinen freien Speicherplatz.

6.6.2 Implementierung von Stacks

In diesem Abschnitt werden Konzepte für die Implementierung von mehreren *Stacks* (aus Gründen der Anschaulichkeit über dem gleichen Datentyp) vorgestellt, die aufgrund dynamischen Wachsens oder Schrumpfens um Speicherplatz konkurrieren.

Ein einfacher Algorithmus könnte ein eindimensionales Array zum Speichern der Stacks vorsehen und Anfang und Ende des i-ten Stacks in Variablen POINTER [i] (zeigt auf das oberste Stack-Element) und BASE [i] (zeigt auf das Element *vor* dem untersten Stack-Element des i-ten Stacks) notieren. Falls nun im i-ten Stack durch Speicheranforderung ein *Überlauf* (*Overflow*) droht, d.h. es gilt bereits POINTER [i] = BASE [i+1], dann muß etwa durch folgende Prozedur overflow Speicherplatz beschafft werden.

```
      Prozedur overflow (i : [1 .. n]):      (* Overflow in Stack i  *)
      Suche das kleinste j mit POINTER [j] < BASE [j + 1].
      Falls es ein solches j nicht gibt,
           dann ist das Array vollstaendig gefuellt, und es muss mit
           Overflow-Error abgebrochen werden;
```

6.6. Speicherverwaltung

```
anderenfalls (d.h. es existiert ein solches j),
    falls i < j ist, dann
        verschiebe die Stacks j, j - 1, ..., i + 1 um jeweils
        einen Platz nach oben und inkrementiere entsprechend
        POINTER und BASE dieser Indizes um 1;
    anderenfalls (d.h. falls j < i)
        verschiebe die Stacks j + 1, ..., i - 1, i um jeweils
        einen Platz nach unten und dekrementiere entsprechend
        deren POINTER- und BASE-Werte um 1.
```

Nachteil:
Wenn anschließend wieder ein Overflow (i) auftritt, dann muß man den Overflow-Algorithmus schon wieder starten. Besser wäre es, im Overflow-Fall *alle* Stacks entsprechend ihrer Größe und/oder ihres bisherigen Wachstums neu zu verteilen. Einen solchen Ansatz verfolgt der nachfolgende *Garwick-Algorithmus*.

Garwick-Algorithmus

Der Garwick-Algorithmus eignet sich zur Overflow-Behandlung von n (längenbeschränkten) Stacks, Tabellen, Schlangen usw.

Bei *Overflow* eines Stacks wird der Speicherplatz an alle n Stacks neu verteilt, und zwar werden z.B. *10%* des gerade freien Speicherplatzes gleichmäßig *allen* Stacks zugewiesen und *90%* des freien Speicherplatzes werden *proportional* zum jeweiligen *Zuwachs* seit dem letzten Overflow an die einzelnen Stacks verteilt (auch andere prozentuale Verteilungen sind natürlich denkbar).

Abb. 6.63 zeigt ein Beispiel zur Anwendung des Garwick-Algorithmus: POINTER und BASE geben die aktuelle Situation an. Der Befehl PUSH (2, x) bewirkt in der gezeigten Situation einen Overflow, da POINTER [2] = BASE [3] ist. OLD-POINTER gibt die Position der Zeiger auf das oberste Stack-Element nach der letzten Overflow-Behandlung an.

In der in Abb. 6.63 gezeigten Situation standen nach der letzten Overflow-Behandlung

für Stack 1	der Bereich von Zelle 1 bis Zelle 9 zur Verfügung, und es wurde der Bereich von Zelle 1 bis Zelle 6 belegt;
für Stack 2	der Bereich von Zelle 10 bis Zelle 17 zur Verfügung, und es wurde der Bereich von Zelle 10 bis Zelle 15 belegt usw.

Die neue Situation, bei der der Overflow durch PUSH(2, x) entstand, bedeutet aktuell

für Stack 1	eine Abnahme des Speicherplatzes (um 2 Zellen),
für Stack 2	einen Zuwachs des Speicherplatzes (um 2 Zellen),
für Stack 3	eine Abnahme (um 3 Zellen),
für Stack 4	eine Abnahme (um 2 Zellen; Stack 4 ist gerade leer),
für Stack 5	einen Zuwachs (um 1 Zelle).

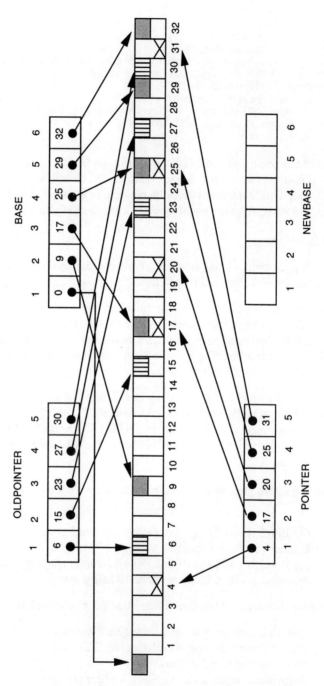

Abb. 6.63 Garwick-Algorithmus zur Implementierung von Stacks

6.6. Speicherverwaltung

Bei der Berechnung der neuen Basiswerte NEWBASE und der Neudefinition der POINTER-Werte werden vom verfügbaren freien Speicherplatz (Zellen 5, 6, 7, 8, 9, 21, 22, 23, 24, 25, 26, 27, 28, 29, 32, also 15 freie Plätze) 10% gleichmäßig an alle fünf Stacks verteilt (im Beispiel erhält jeder Stack somit $0{,}1 \cdot 15/5$, also 0 Speicherplätze aus diesen Kontingent) und 90% gemäß Wachstum.

Im Beispiel erhalten also

Stack 2 $(0{,}9 \cdot 15 \cdot 2) / 3 = 9$ Speicherplätze und
Stack 5 $(0{,}9 \cdot 15 \cdot 1) / 3 = 4{,}5$, also abgerundet 4 Speicherplätze.

Der Garwick-Algorithmus liefert dann für das Beispiel aus Abb. 6.63 folgende Werte für POINTER und NEWBASE:

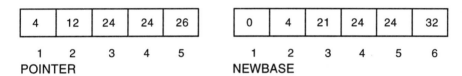

Abb. 6.64 POINTER- und NEWBASE-Array des Garwick-Algorithmus

NEWBASE wird nach BASE, POINTER nach OLDPOINTER kopiert, dann wird zur Anweisung PUSH (2, x) zurückverzweigt.

Eine Realisierung des Garwick-Algorithmus zeigt Programm P6.28.

```
TYPE speicherFuerStacks = RECORD          (* Programm P6.28 *)
         PTR, OLDPOINTER : ARRAY [1..n]   OF [0..M+1];
         BASE, NEWBASE   : ARRAY [1..n+1] OF [0..M];
         DELTA           : ARRAY [1..n]   OF [0..M];
         SPEICHER        : ARRAY [1..M]   OF D;
         END (* RECORD *);
(* DELTA ist ein Hilfsfeld zur Berechnung der Zuwaechse;
   M gibt global die Groesse des Speichers fuer die n Stacks an. *)

PROCEDURE Overflow;
(* Wir arbeiten m.einer Variablen d. Typs speicherFuerStacks *)
VAR v          : REAL;
    u          : INTEGER;
    sum, incre : CARDINAL;
    j          : [1..n];
BEGIN (* Overflow *)
  sum := M;   incre := 0;
  FOR j := 1 TO n DO      (* Berechnung d. freien Speicherplatzes *)
    sum := sum - PTR [j] + BASE [j];
    IF PTR [j] > OLDPOINTER [j] THEN   (* Stack j hatte Zuwachs *)
      DELTA [j] := PTR [j] - OLDPOINTER [j];
      INC(incre, DELTA [j]);           (* Berechnung des
                                          gesamten Zuwachses *)
```

```
        ELSE
          DELTA [j] := 0;                        (* kein Zuwachs *)
        END (* IF *);
      END (* FOR j *);
      IF sum <= 0 THEN                                              (* 1 *)
        (* Fehlerabbruch; kein Speicher mehr frei *);
      ELSE
        (* freien Platz sum zu 10% auf alle Stacks neu verteilen;
           u : Anteil pro Stack an 10% *)
        u := TRUNC (0.1 * FLOAT (sum) / FLOAT (n) + 0.5);
        IF u * n >= sum THEN          (* sum bereits aufgebraucht *)
          DEC(u);                     (* bringt wieder "Spielraum" *)
        END (* IF *);
        (* Rest (ca. 90%) anteilig nach Zuwachs verteilen;
           v : Zuwachsfaktor für 1 Speicherplatz *)
        v := FLOAT (sum - u * n) / FLOAT(incre);                  (* 2 *)
        NEWBASE [1] := 0;   NEWBASE [n+1] := M;
        FOR j := 2 TO n DO
          NEWBASE [j] := NEWBASE [j-1]
                       + PTR [j-1] - BASE [j-1]
                       + u
                       + TRUNC (FLOAT (DELTA [j- ]) * v);
                      (* Beginn Stack j-1
                       + Laenge von stack j-1
                       + u-Anteil für jeden Stack
                       + v-Anteil für Wachstum für Stack j-1 *)
           (* Der Rundungsfehleranteil kommt zu Stack n *)
        END (* FOR j *);
        Speicherumordnen;
        FOR j := 1 TO n DO
          OLDPOINTER [j] := PTR [j];
        END (* FOR j *);
      END (* FOR *);
END Overflow;

PROCEDURE Speicherumordnen;
VAR p     : [2..n];
    j, k  : [2..n+1];
BEGIN (* Speicherumordnen *)
  j := 2;
  WHILE j <= n DO
    k := j;
    IF NEWBASE [k] < BASE [k] THEN
      Verschieben (k);
    ELSE
      WHILE NEWBASE [k+1] > BASE [k+1] DO
        INC(k);
      END (* WHILE *);
      FOR p := k TO j BY -1 DO
        Verschieben (p);
      END (* FOR *);
    END (* IF *);
    j := k + 1;
  END (* WHILE *);
END Speicherumordnen;
```

6.6. Speicherverwaltung

```
PROCEDURE Verschieben (p : [2..n]);
VAR t : [0..M+1];
    s : INTEGER;
BEGIN (* Verschieben *)
  s := NEWBASE [p] - BASE [p];
  (* s gibt an, um wieviele Stellen p verschoben werden muss *)
  IF s # 0 THEN
    IF s > 0 THEN
      FOR t := PTR [p] TO (BASE [p] + 1) BY -1 DO
        SPEICHER [t+s] := SPEICHER [t];
      END (* FOR *);
    ELSE
      FOR t := (BASE [p] + 1) TO PTR [p] DO
        SPEICHER [t+s] := SPEICHER [t];
      END (* FOR *);
    END (* IF *);
  END (* IF *);
END Verschieben;
```

Bemerkungen

1. An obigem Beispiel erkennt man, daß der Algorithmus nicht korrekt arbeitet. Wird beim nächsten Mal z.B. Overflow wegen PUSH (4, x) gerufen, so würde kein zusätzlicher Speicherplatz für Stack 4 zur Verfügung gestellt, falls sich u = 0 ergibt! Nach dem Zurückverzweigen würde also x fälschlicherweise dem Stack 5 als unterstes Element zugeordnet.
Dies kann man durch eine leichte Modifikation der Prozedur Overflow korrigieren:
Entweder übergibt man die Nummer i des Stacks, die den Overflow bewirkt hatte und setzt an der Stelle (*1*) im Algorithmus DELTA [i] : = DELTA [i] + 1 (dann aber incre mit 1 initialisieren!), oder man fängt den Fall u = 0 an der Stelle (*2*) im Algorithmus ab, indem man durch Abändern von u und v sicherstellt, daß jedem Stack mindestens *ein* freier Speicherplatz zugewiesen werden muß.

2. Der Overflow-Algorithmus wird sehr häufig aufgerufen, wenn der Speicher fast voll ist und ohnehin bald ein Abbruch wegen Platzmangel eintreten wird. Daher sollte man den Algorithmus nicht erst bei sum ≤ 0 endgültig abbrechen, sondern bereits bei sum > mfs („*m*iminaler *f*reier *S*peicherplatz"), wobei „mfs" eine vom Programmierer vorgegebene Größe ist, und gegebenenfalls extern neuen Speicher besorgen (Empfehlung für mfs ≈ M/8.)
Der Garwick-Algorithmus ist in den Fällen effizient, in denen nur etwa 50% des Speicherplatzes durch die Stacks belegt sind.

Anhang A: Mathematische Grundbegriffe und Formeln

**Kartesisches Produkt, Tupel, Relation,
Eigenschaften von Relationen und Abbildungen**

Seien $A_1, ..., A_n$ Mengen.

Die Menge $A_1 \times A_2 \times ... \times A_n = \{(a_1, a_2, ..., a_n) \mid (a_1 \in A_1, a_2 \in A_2, ..., a_n \in A_n\}$ heißt *kartesisches Produkt*. Die Elemente aus $A_1 \times A_2 \times .... \times A_n$ heißen *Tupel* oder auch n-Tupel.

Eine Teilmenge $R \subseteq A_1 \times .... \times A_n$ heißt n-stellige *Relation* (auf $A_1, ..., A_n$).

$R \subseteq A \times B$ sei eine zweistellige Relation.

(a) R heißt *Abbildung* oder *Funktion* von A nach B (geschrieben $R: A \rightarrow B$) $:\Leftrightarrow$

$\forall a \in A, b, b' \in B : (a, b) \in R \land (a, b') \in R \Rightarrow b = b'$.

(b) $R^{-1} \subseteq B \times A$ heißt die zu R *inverse Relation*,

$R^{-1}(B) := \{a \mid \exists b: (a, b) \in R\}$ heißt *Definitionsbereich* von R und

$R(A) := \{b \mid \exists a: (a, b) \in R\}$ heißt *Wertebereich* von R.

(c) Eine Abbildung $R: A \rightarrow B$ heißt *total* $:\Leftrightarrow R^{-1}(B) = A$.

Eine Abbildung $R: A \rightarrow B$ heißt *partiell* $:\Leftrightarrow R^{-1}(B) \subset A$.

(d) Eine totale Abbildung $R: A \rightarrow B$ heißt

surjektiv $:\Leftrightarrow$ $R(A) = B$, d.h. $\forall b \in B \ \exists a \in A: (a, b) \in R$,

injektiv $:\Leftrightarrow$ $\forall a, a' \in A, b \in B : (a, b) \in R \land (a', b) \in R \Rightarrow a = a'$

bijektiv $:\Leftrightarrow$ R ist surjektiv und injektiv.

$R \subseteq A \times A$ sei eine zweistellige Relation. R heißt

reflexiv $:\Leftrightarrow$ $\forall a \in A: (a, a) \in R$,

irreflexiv $:\Leftrightarrow$ $\forall a \in A: (a, a) \notin R$,

symmetrisch $:\Leftrightarrow$ $\forall a, a' \in A: (a, a') \in R \Rightarrow (a', a) \in R$, *antisymmetrisch* :⇔ ∀a, a' ∈ A: (a, a') ∈ R ∧ (a',a) ∈ R ⇒ a=a',

asymmetrisch :⇔ ∀a, a' ∈ A: (a, a') ∈ R ⇒ (a', a) ∉ R,

transitiv :⇔ ∀a, a', a'' ∈ A: (a, a') ∈ R ∧ (a', a'') ∈ R
⇒ (a, a'') ∈ R,

semikonnex :⇔ ∀a, a' ∈ A: (a=a' ∨ (a, a') ∈ R ∨ (a', a) ∈ R).

Äquivalenzrelation :⇔ R ist reflexiv, symmetrisch und transitiv.

partielle Ordnung :⇔ R ist reflexiv, antisymmetrisch und transitiv,

lineare Ordnung :⇔ R ist partielle Ordnung und semikonnex,

Halbordnung :⇔ R ist partielle Ordnung.

Sei B eine Menge und $A \subseteq B$. Dann heißt die totale Abbildung $C_A : B \to \{0, 1\}$ mit

$$C_A(b) := \begin{cases} 1, \text{ falls } b \in A \\ 0, \text{ falls } b \notin A \end{cases} \text{ bzw.}$$

charakteristische Funktion der Menge A.

Fakultät, Stirlingsche Formel

$$n! := \prod_{i=1}^{n} i \qquad (n \geq 0, \text{ speziell } 0! = 1)$$

$n! = (n-1)! \cdot n$

$n! \approx \sqrt{2\pi n} \cdot \left(\frac{n}{e}\right)^n \cdot \left(1 + \frac{1}{12n}\right)$ mit $e \approx 2.718282$

Binomialkoeffizienten, Binomischer Lehrsatz

Seien $n, k \in \mathbb{N}_0$:

$$\binom{n}{k} := \begin{cases} \dfrac{n \cdot (n-1) \cdot \cdots \cdot (n-k+1)}{k \cdot (k-1) \cdot \cdots \cdot 1} & \text{für } n \geq k \geq 0 \\ 0 & \text{für } k > n \geq 0 \end{cases}$$

Es gilt für alle $n \in \mathbb{N}_0, k \in \mathbb{N}$:

$\binom{n}{k} = \dfrac{n!}{(n-k)! \, k!}$ speziell $\binom{n}{0} = 1$

Mathematische Grundbegriffe und Formeln

$$\binom{n}{k} = \binom{n}{n-k}$$

$$\binom{n}{k} = \frac{n}{k} \cdot \binom{n-1}{k-1}$$

$$\binom{n}{k} = \binom{n-1}{k-1} + \binom{n-1}{k} \quad \text{weil:} \quad \binom{n}{k} = \frac{n}{k} \cdot \binom{n-1}{k-1} = \left(1 + \frac{n-k}{k}\right) \cdot \binom{n-1}{k-1}$$

$$\binom{n+1}{k+1} = \sum_{i=k}^{n} \binom{i}{k}$$

$$\sum_{k=0}^{m} \binom{n+k}{k} = \binom{m+n+1}{m}$$

$$(x+y)^n = \sum_{i \in \mathbb{N}} \binom{n}{i} x^i y^{n-i} = \sum_{i=0}^{n} \binom{n}{i} x^i y^{n-i} \quad \text{(speziell gilt: } 0^0 = (1-1)^0 = 1)$$

Summenformeln

$$\sum_{i=0}^{n} i = \sum_{i=0}^{n} \binom{i}{1} = \frac{1}{2} n \cdot (n+1)$$

$$\sum_{i=0}^{n} i^2 = \sum_{i=0}^{n} \left(2 \binom{i}{2} + \binom{i}{1}\right) = \binom{n+1}{2} = \ldots = \frac{1}{6} n \cdot (n+1) \cdot (2n+1)$$

$$\sum_{i=0}^{n} i^3 = \sum_{i=0}^{n} \left(6 \binom{i}{3} + 6 \binom{i}{2} + \binom{i}{1}\right) = \frac{1}{4} n \cdot (n+1) \cdot (n^2+n) = \frac{1}{4} n^2 \cdot (n+1)^2$$

Harmonische Reihe

Seien ln der natürliche Logarithmus und C die Eulersche Konstante ($\approx 0.577\,216$).

$$H_k := \sum_{i=1}^{k} \frac{1}{i} \quad \text{(für } k \geq 0; \text{ speziell: } H_0 = 0)$$

$$H_n = \ln(n) + C + \frac{1}{2n} - \frac{1}{12n^2} + \frac{1}{120n^4} - \varepsilon \quad \text{mit } 0 < \varepsilon < \frac{1}{252n^6}$$

$$\sum_{i=1}^{n} H_i = (n+1) \cdot H_n - n$$

Anhang B: Syntaxdiagramme für Modula-2

1. Die auf den nächsten Seiten folgende Darstellung der Syntax von Modula-2 in Form von *Syntaxdiagrammen* (zu Beginn von Kapitel 2 eingeführt) stützt sich auf das Buch von *Dal Cin, Lutz und Risse* „Programmierung in Modula-2" aus dem Teubner-Verlag. Sie wurde bezüglich der *EBNF-Darstellung* (ebenfalls zu Beginn von Kapitel 2 vorgestellt) im Buch „Programmieren in Modula-2" von *Wirth*, Springer-Verlag, geprüft.

2. Für die Darstellung der kontextfreien Syntax gelten die üblichen, nicht formal definierten *Einschränkungen* (beispielsweise der Ausschluß reservierter Wörter als Bezeichner).

3. Die *Meta-Syntax* der Darstellung ist gegenüber vergleichbaren Darstellungen in zwei Punkten erweitert:

   - Zur besseren Übersicht sind die Produktionen *durchnumeriert*. Die Nummern sind (als Verweise) auch bei den Nichtterminalsymbolen in den Diagrammen angegeben. Formal sind sie bedeutungslos.

   - Grundsätzlich sind (bedeutungslose) *Leerzeichen* (Blanks, Spaces) überall erlaubt, wo in den Diagrammen Pfeile (Verbindungslinien) stehen. Sie sind notwendig, wo die Gliederung sonst nicht eindeutig ist (beispielsweise, wenn einem Bezeichner ein Wortsymbol folgt). Wo Leerzeichen ausgeschlossen sind (oder Bedeutung tragen), wurden die Verbindungen in den Diagrammen *fett* gezeichnet. *Zeilenwechsel* und *Kommentare* werden wie Leerzeichen behandelt.

4. Die durch die Syntaxdiagramme repräsentierte *Grammatik* hat drei Startsymbole (Wurzeln), nämlich ImplementationModule (70), DefinitionModule (67) und ProgramModule (11) und ist damit im strengen Sinne keine richtige Grammatik (die nur *ein* Startsymbol haben darf).

5. Auf der nächsten Seite folgt ein Index zum schnelleren Auffinden gesuchter Syntaxdiagramme.

Index zu den Syntaxdiagrammen

ArrayType	19	FormalParameters	57	Real	8
Assignment	46	FormalType	59	RecordType	20
Block	12	FormalTypeList	63	Relation	28
CaseLabelList	24	ForStatement	51	RepeatStatement	50
CaseStatement	48	hexDigit	7b	ReturnStatement	61
character	10	Ident	1	Set	43
ConstDeclaration	26	IfStatement	47	SetType	17
ConstElement	34	ImplementationModule	70	SimpleConstExpr	29
ConstExpr	27	Import	65	SimpleExpression	40
ConstFactor	32	Integer	4	SimpleType	18
ConstSet	33	letter	5	Statement	45
ConstTerm	30	LoopStatement	52	StatementSequence	14
Declaration	13	ModuleDeclaration	64	String	9
Definition	68	MulOperator	31	SubrangeType	16
DefinitionModule	67	Number	3	Term	41
Designator	38	octDigit	7a	Type	36
digit	6	ParamSection	58	TypeDeclaration	35
Element	44	PointerType	25	TypeDefinition	69
Enumeration	15	ProcedureCall	60	VariableDeclaration	37
ExitStatement	53	ProcedureDeclaratin	55	Variant	23
Export	66	ProcedureHeading	56	VariantFieldList	22
Expression	39	ProcedureType	62	WhileStatement	49
Factor	42	ProgramModule	11	WithStatement	54
FieldList	21	QualIdent	2		

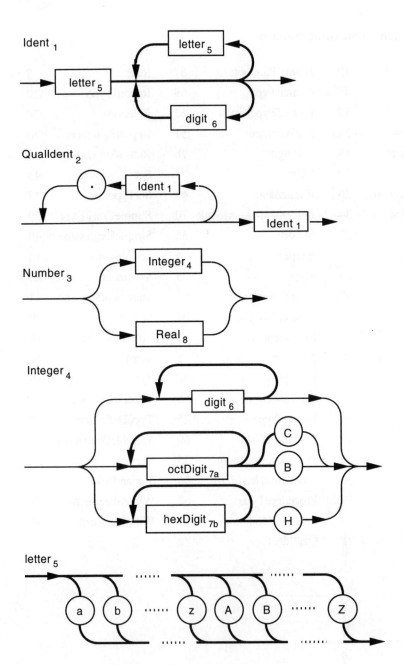

Syntaxdiagramme

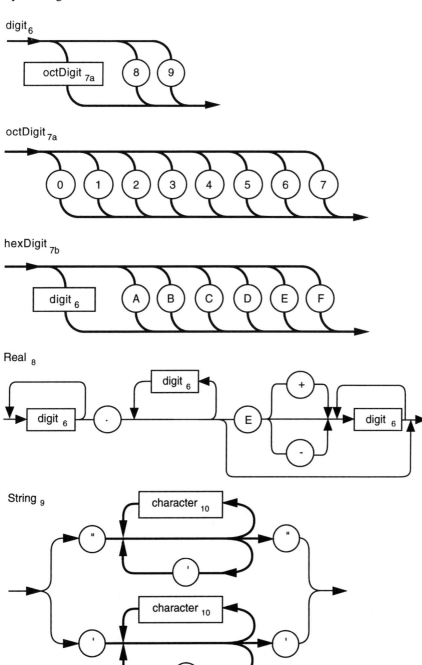

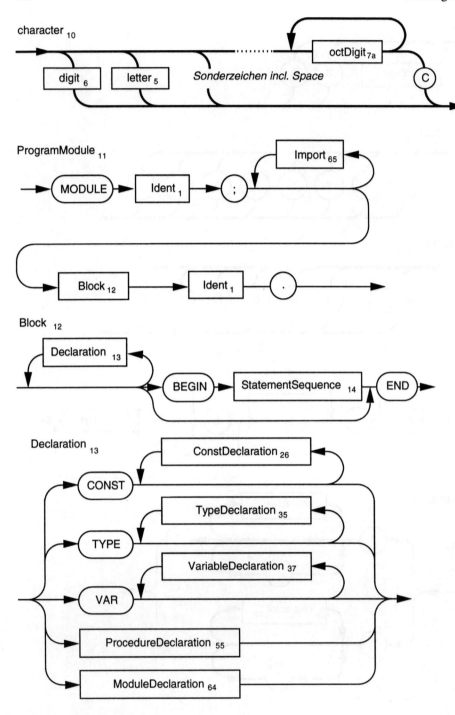

Syntaxdiagramme

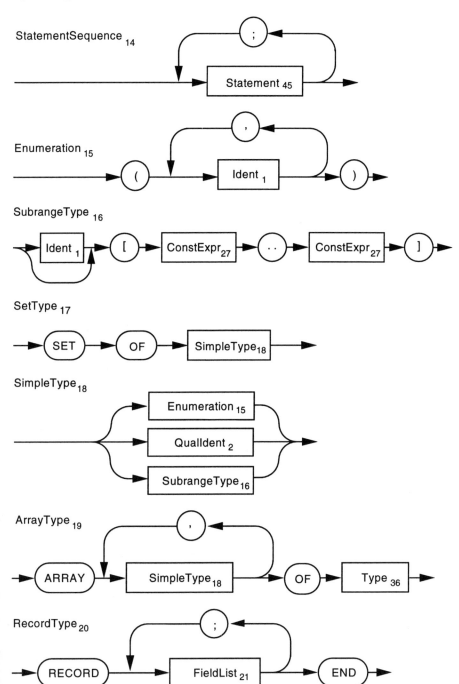

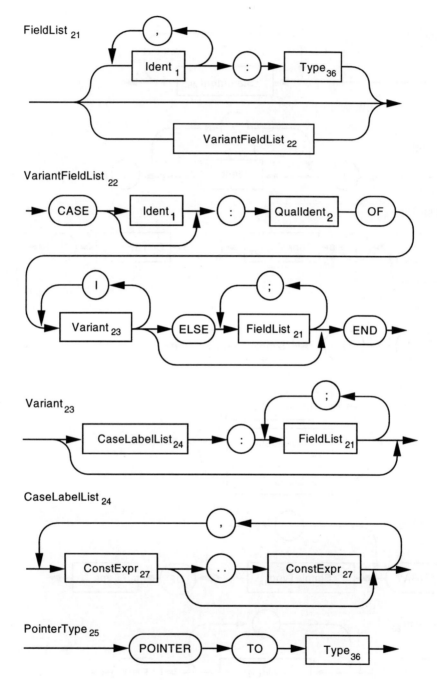

Syntaxdiagramme

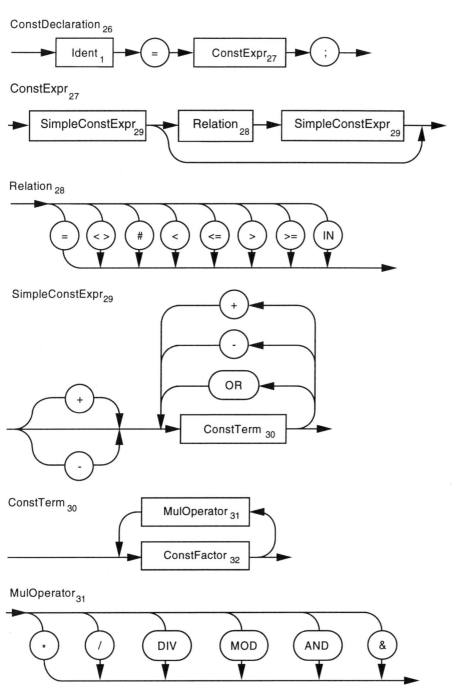

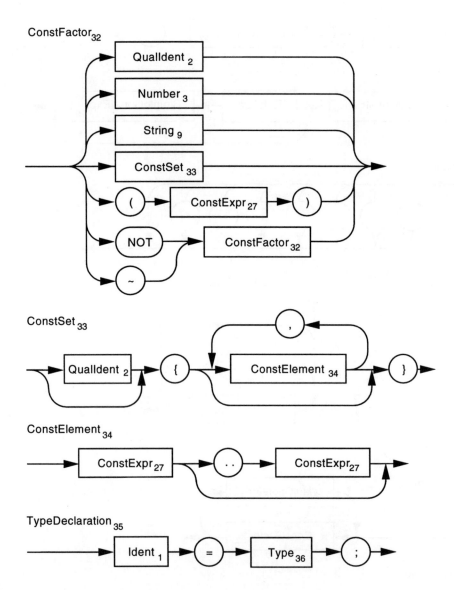

Syntaxdiagramme

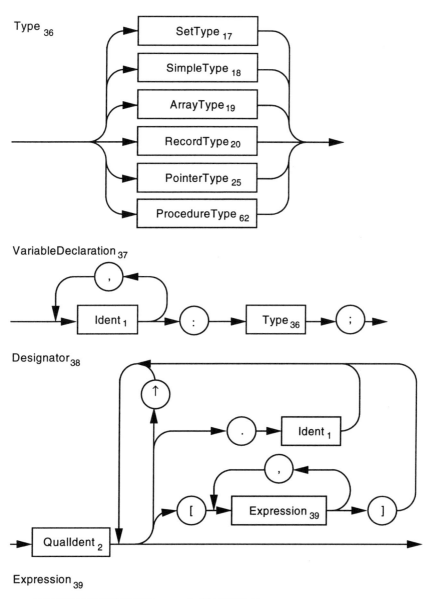

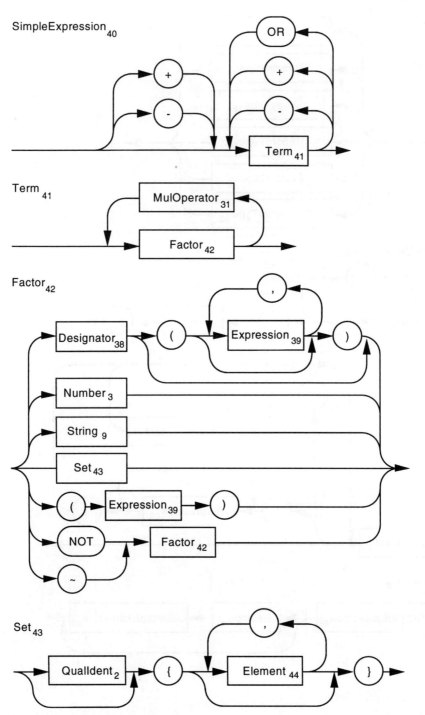

Syntaxdiagramme

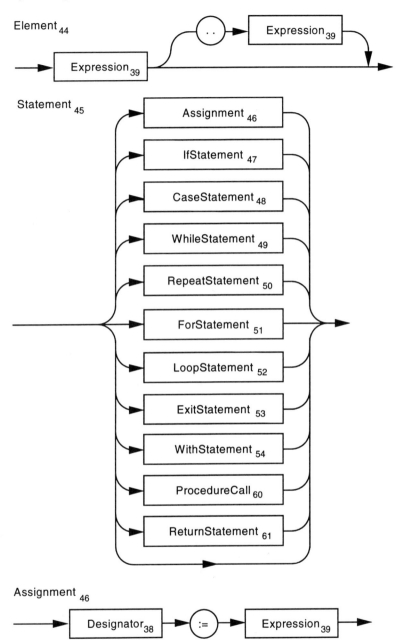

IfStatement [47]

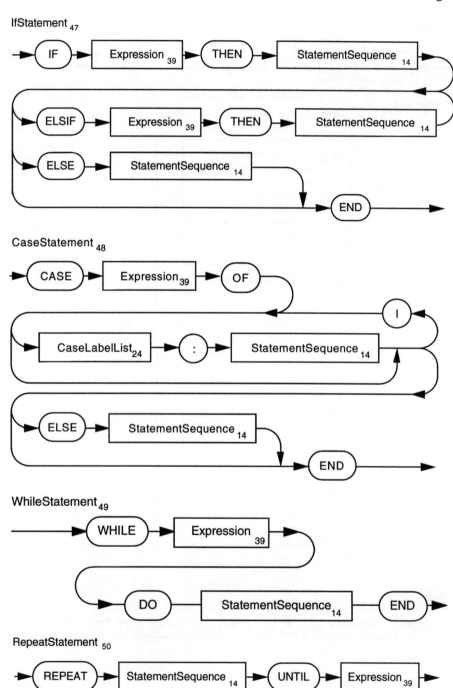

CaseStatement [48]

WhileStatement [49]

RepeatStatement [50]

Syntaxdiagramme

ForStatement $_{51}$

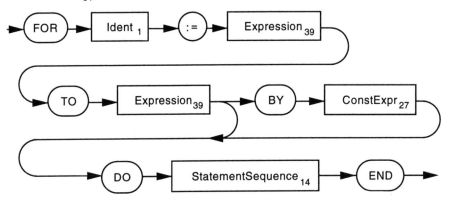

LoopStatement$_{52}$

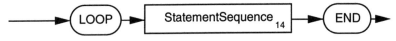

ExitStatement $_{53}$

WithStatement $_{54}$

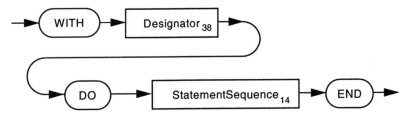

ProcedureDeclaration $_{55}$

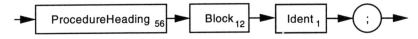

ProcedureHeading $_{56}$

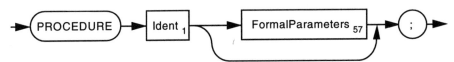

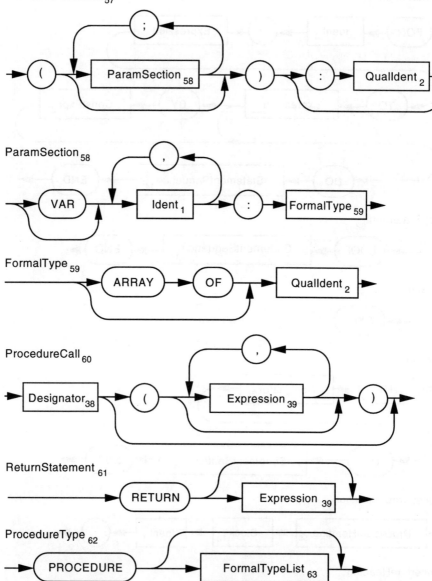

Syntaxdiagramme

FormalTypeList 63

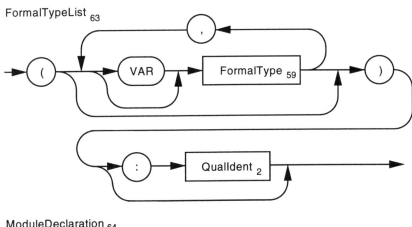

ModuleDeclaration 64

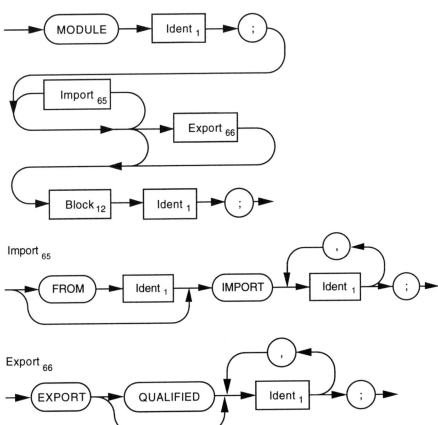

Import 65

Export 66

DefinitionModule₆₇

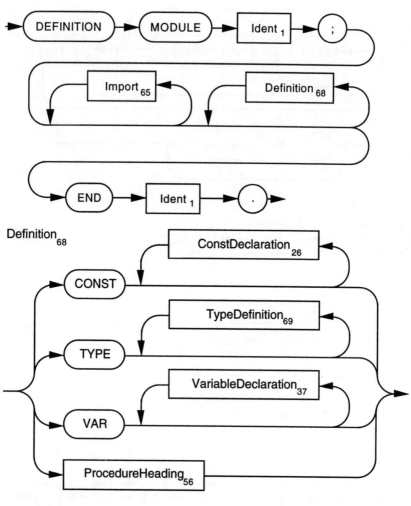

TypeDefiniton₆₉

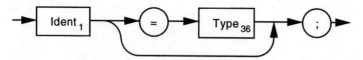

ImplementationModule₇₀

Literatur

Folgende einführende, vorrangig deutschsprachige Informatik-Literatur sei für ein ergänzendes und das vorliegende Buch relativierendes Studium empfohlen.

Abelson, H., Sussman, G.J.: *Structure and Interpretation of Computer Programmes*, MIT Press, 1985.

inzwischen auch auf deutsch: *Struktur und Interpretation von Computerprogrammen*, Springer, 1991.

Aho, A., Hopcroft, J., Ullmann, J.: *Data Structures and Algorithms*, Addison-Wesley, 1985.

Bauer, F.L., Goos, G.: *Informatik 1*, Springer, 1991.

Bauer, F.L., Goos, G.: *Informatik 2*, Springer, 1992.

Bauer, F.L., Wössner, H.: *Algorithmische Sprache und Programmentwicklung*, Springer, 1984.

Bauknecht, K., Zehnder, C.A.: *Grundzüge der Datenverarbeitung*, Teubner, 1989.

Ben-Ari, M.: *Grundlagen der Parallelprogrammierung*, Hanser, 1984.

Broy, M.: *Informatik – eine moderne Einführung*, Springer, 1992.

Claus, V., Schwill, A.: *Duden Informatik, ein Sachlexikon für Studium und Praxis*, Dudenverlag, 1989.

Dijkstra, E.: *A Discipline of Programming*, Prentice Hall, 1976.

Frühauf, K., Ludewig, J., Sandmayr, H.: *Software-Projekt-Management und -Qualitätssicherung*, vdf und Teubner, 1991.

Frühauf, K., Ludewig, J., Sandmayr, H.: *Software-Prrüfung – eine Fibel,* vdf und Teubner, 1991.

Goldschlager, L., Lister, A.: *Informatik – eine moderne Einführung*, Hanser, 1989.

Gries, D.: *The Science of Programming*, Springer, 1981.

Güting, R.H.: *Datenstrukturen und Algorithmen*, Teubner, 1992.

Gumm, H.-P., Sommer, M.: *Einführung in die Informatik,* Addison-Wesley, 1994.

Hotz, G.: *Einführung in die Informatik,* Teubner, 1990.

Klaeren, H.: *Vom Problem zum Programm*, Teubner, 1990.

Knuth, D.A.: *The Art of Computer Programming, Vol. 1-3*, Addison-Wesley, 1973.

Loeckx, J., Mehlhorn, K., Wilhelm, R.: *Grundlagen der Programmiersprachen*, Teubner, 1986.

Ludewig, J.: *Sprachen für die Programmierung – eine Übersicht*, BI, 1985.

Mehlhorn, K.: *Datenstrukturen und effiziente Algorithmen, Band 1 Sortieren und Suchen*, Teubner, 1986.

Nievergelt, J., Hinrichs, K.: *Programmierung und Datenstrukturen*, Springer, 1986.

Noltemeier, H.: *Informatik I - III*, Hanser, 1981-89.

Ottmann, T. , Widmayer, P.: *Algorithmen und Datenstrukturen*, BI, 1990.

Pepper, P.: Informatik, Oldenbourg, 1992.

Pomberger, G.: *Softwaretechnik und Modula-2*, Hanser, 1987.

Randell, B. (Hrsg.): *The Origins of Digital Computers*, Springer, 1982.

Rechenberg, P.: *Was ist Informatik ?*, Hanser, 1991.

Rembold, U.: *Einführung in die Informatik*, Hanser, 1991.

Schaback, R.: *Grundlagen der Informatik*, Vieweg, 1988.

Schefe, P.: *Informatik – Eine konstruktive Einführung*, BI, 1987.

Sedgewick, R.: *Algorithmen*, Addison-Wesley, 1990.

Waldschmidt, E.H.: *Informatik für Ingenieure*, Oldenbourg, 1987.

Waldschmidt, E.H., Walter, H.K.-G.: *Grundzüge der Informatik*, BI, 1990.

Wirth, N.: *Algorithmen und Datenstrukturen mit Modula-2*, Teubner, 1986.

Wulf, W., Shaw, M., Hilfinger, P., Flon, L.: *Fundamental Structures of Computer Science*, Addison-Wesley, 1981.

Für eine Vertiefung der Modula-2-Kenntnisse bieten sich u.a. die folgenden Bücher an.

Blaschek, G., Pomberger, G., Ritzinger, F.: *Einführung in die Programmierung mit Modula-2*, Springer, 1987.

Dal Cin, M., Lutz, J., Risse, T.: *Programmierung in Modula-2*, Teubner, 1989.

Puchan, J., Stucky, W., Wolff von Gudenberg, J.: *Programmieren mit Modula-2*, Teubner, 1991.

Pudlatz, H.: *Einführung in die Programmiersprache Modula-2*, Vieweg, 1990.

Sale, A.: *Modula 2 – Durch systematischen Entwurf zum korrekten Programm*, Addison-Wesley, 1987.

Wirth, N.: *Programmieren in Modula-2*, Springer, 1991.

Woodman, M., Griffiths, R., Souter, J., Davies, M.: *Portable Modula-2 Programming*, McGraw-Hill, 1989.

Abkürzungsverzeichnis

ADT	Abstrakter Datentyp
ALU	Arithmetic Logical Unit (Rechenwerk)
ave	average (durchschnittlicher Fall bei Aufwandsabschätzung)
A*	freies Monoid über einem Alphabet A
BNF	Backus-Naur-Form
CPU	Central Processing Unit (Rechenwerk und Steuerwerk)
DB	Datenbank
EBNF	erweiterte Backus-Naur-Form
LSK	Lese-Schreibkopf (einer Turing-Maschine)
max	maximum (schlechtester Fall bei Aufwandsabschätzung)
min	minimum (günstigster Fall bei Aufwandsabschätzung)
$\mathbb{N}$	Menge der natürlichen Zahlen ohne null
$\mathbb{N}_0$	Menge der natürlichen Zahlen mit null
O (...)	Zeitkomplexitätsklasse (obere Schranke)
RAM	Random Access Memory (wahlfreier Zugriff)
TM	Turing-Maschine
wp	weakest precondition (schwächste Vorbedingung)
$\mathbb{Z}$	Menge der ganzen Zahlen

Modula-2-Index

ABS 78
ADDRESS 164
ALLOCATE 131
AND 111
ARRAY 114
ARRAY OF CHAR 111; 115
Available 131
BEGIN 63
BITSET 111
BOOLEAN 76
BY 97
BYTE 154
CARDINAL 75; 78
CASE 69
CHAR 76
CHR 121
CONST 67
DEALLOCATE 131
DEC 125
DEFINITION MODULE 163
DISPOSE 131
DIV 77
DO 97; 121
ELSE 69; 71
ELSIF 82
END 63
EXCL 111
EXIT 98
FALSE 71; 76
FLOAT 78
FOR 97
FROM 63; 90
HIGH 117
IF 71
IMPLEMENTATION MODULE 163
IMPORT 63; 90; 165
IN 111
INC 97; 367

INCL 111
InOut 61
INTEGER 64; 74; 78
LOOP 98
MAX 74
MIN 74
MOD 70; 77
MODULE 63; 163
NEW 131
NIL 130
NOT 81
OF 110; 114
OR 77
ORD 110
POINTER 130
PROCEDURE 73; 74; 104
REAL 64; 75
RealInOut 67
RECORD 120
REPEAT 98
RETURN 74
SET 110
SIZE 131
Storage 130
SYSTEM 164
THEN 71
TO 97; 130
TRUE 71; 76
TRUNC 78
TYPE 77
UNTIL 98
VAR 79; 88
WHILE 97
WITH 121; 133

Index

A

Abbildung 72; **429**
  partielle ~ 429
  totale ~ 429
    bijektive ~ 429
    injektive ~ 429
    surjektive ~ 429
ABCL 268
Ableitung 28
Ableitungsbaum 40
Abstrakter Datentyp (ADT) 174
Abstraktion **157**; 198; 271
ADA 270
Addierwerk 34
Adjazenzmatrix 288
Akkumulator 34
ALGOL 270
Algorithmus 11
Alphabet 24
Anker, fliegender *siehe Zeiger*
antisymmetrisch *siehe Relation*
Anweisung 63
  Alternative 208
  bedingte ~ 208
  Block 60
  leere ~ 207
  Sequenz **63**; 208
  Verzweigung 69
  Wertzuweisung **87**; 207
APL 270
Äquivalenzklasse 288
Äquivalenzproblem 20
Äquivalenzrelation *siehe Relation*
Arithmetic Logical Unit (ALU) 33
Array 113
Assembler **30**
Assemblersprachen 158
asymmetrisch *siehe Relation*
asymptotische Abschätzung 276

asynchron *siehe Prozeß*
Aufwandsabschätzung *siehe Effizienz, Hashing und Sortierverfahren*
Aufzählungstyp 77
Ausdruck 74
Aussuchen, direktes *siehe Sortierverfahren*
Austesten 227
Aus-/Eingabe 150
Automat 196
average case *siehe Sortierverfahren*
azyklisch *siehe Graph*

B

Backus-Naur-Form (BNF) 54
Balancefaktor *siehe Baum, AVL-Baum*
BASIC 270
Basistyp 110
Baum **293**; 320
  2-3-Baum 356
  ausgeglichener ~ 294
  AVL-Baum 328
    Balancefaktor 328
    Knotenzahl im ~ 341
    Rotation im ~ 360
      Links-~ 329
      Links-Rechts-~ 330
      Rechts-~ 329
      Rechts-Links-~ 330
  B*-Baum 355
  balancierter ~ 327; 357
  Binärbaum 294
  Blatt 294
  B-Baum 349
  Darstellung eines ~ 296; 301
    family-order-sequentielle ~ 302
    postorder-Grad-~ 301
    preorder-postorder-~ 303
    preorder-sequentielle-~ 303
  Entscheidungs~ 381

Fädelung 300
Fibonacci-Baum 341
geordneter ~ 293
gewichtsbalancierter ~ 359
HB-Baum 357
Höhe eines ~ **294**; 327
Knoten
    Bruder~ 294
    Höhe eines ~ (lev) 294
    innerer ~ 294
    Sohn~ 294
    Vater~ 294
k-Baum, vollständiger 294
k-beschränkter ~ 294
k-gleichverzweigter ~ 294
Suchbaum
    binärer ~ 320
    optimaler ~ 346
    vollständig ausgeglichener ~ 327
Traversierung eines ~ 297
    inorder 297
    postorder 297
    preorder 297
Vielweg-Baum 349
vollständig ausgeglichener ~ **294**; 381
Wald 293
Wurzel 293
    Wurzelbalance 359
BCPL 270
Befehlsregister 32
Befehlszählregister 32
Berechenbarkeit 11; **18**
Bereichstyp 77
best case *siehe Sortierverfahren*
best-fit *siehe Speicher*
Betriebsmittelverbund *siehe Rechnernetz*
Betriebssystem 38
Bezeichner 57
bijektiv *siehe Abbildung*
Binden 163
Binomialkoeffizient 430

Bit 35
Blatt *siehe Baum*
Blindelement *siehe Zeiger*
Block *siehe Speicher oder Anweisung*
Blockverschmelzung *siehe Speicher*
Boyer-Moore (BM) *siehe Suchverfahren*
Bubblesort *siehe Sortierverfahren*
Bucketsort *siehe Sortierverfahren*
Buddy-Methode *siehe Speicher*
Byte 35

C

C 270
C++ 270
call-by-reference 88
call-by-value 88
charakteristische Funktion 280; 430
Churchsche These 20
client *siehe Rechnernetz*
Cliquenproblem 287
COBOL 270
compiler *siehe Übersetzer*
Coverage *siehe Überdeckung*
CPU 33
crosscompiler *siehe Übersetzer, Querübersetzer*

D

Datei **148**; 150; 153
Datenabstraktion 158
Datenkapselung 167
Datentypen, elementare 74
Datentypen, komplexe 109
Datenverbund *siehe Rechnernetz*
Debugging 41; **224**
Decodierer 32
Definitionsbereich *siehe Relation*
Dereferenzierung **131**; 140
Determiniertheit 12
Determinismus 12
Dezimalsystem 24
Diskriminatorfeld 126

Index

divide and conquer *siehe*
   Suchverfahren
Dualsystem 24

E

Editor 41
Effektivität 86
Effizienz 13; 86; **273**
egoless programming 225
EIFFEL 270
Ein-Prozessor-System 37
Einfügen, direktes *siehe*
   Sortierverfahren
Ein-/Ausgabe 150
Entscheidungsbaum *siehe Baum*
Erkennungssystem 30
Ersetzungsregel 27
Erzeugungssystem 30
Euklidischer Algorithmus 254
Eulersche Konstante 431
Eulerscher Zyklus *siehe Graph*
exakte Schranke 277
exponentiell-zeitbeschränkt 278
Export 165
Extended Backus-Naur-Form (EBNF) 54

F

Fädelung *siehe Baum*
Fakultät 430
Fallunterscheidung 69
Färbungsproblem 287
Fehler 207; **224**
   Fehlerbehebung 224
   Fehlersuche 224
Fehlstand (einer Sortierfolge) 379
Feld 113
Fibonacci-Zahlen **85**; 341; 412
FIFO-Prinzip **172**; 176
File 148
Finitheit 12
first-fit *siehe Speicher*
flag *siehe Variable*

Folge 148
Formale Sprache 24
FORTRAN 270
FP 270
Fragmentierung *siehe Speicher*
Funktion 72; 429
   berechenbare ~ 19
   Funktionsprozedur **72**; 187
   Funktionswert 96
   nichtberechenbare ~ 19
   rekursive ~ 18
funktional-rekursiv 85; **99**
funktionales Programm 57

G

ganze Zahlen 74
garbage collection *siehe Speicher,*
   Speicherbereinigung
garbage collector *siehe Speicher,*
   Speicherverwaltung
Garwick-Algorithmus *siehe Speicher*
Gewicht *siehe Graph*
global 96
GOTO 57; **103**
Grad *siehe Graph*
Grammatik 11; 24; **25**
   Chomsky-Grammatik 27
   kontextfreie ~ 27
   kontextsensitive ~ 27
   reguläre ~ 27
Graph 283
   azyklischer ~ 285
   Darstellung eines ~ 288
   Eulerscher Zyklus 287
   gerichteter ~ 284
   Kante 283
      Kantenfolge 285
      Kantenzug 285
   kantenmarkierter ~ 286
   Knoten 283
      Endknoten 285
      Grad 294
      Startknoten 285

knotenmarkierter ~ 286
Orientierung 283
Schlinge 283
Teilgraph 283
    vollständiger ~ 283
    ungerichteter ~ 283
Weg 285
    Länge (Gewicht) eines ~ 287
    zusammenhängender ~ 286
Zusammenhangskomponente **286**; 288
Zyklus 285
    Hamiltonscher ~ 287
Grundtyp **77**; 148
Gültigkeitsbereich **89**; 96; 122; 128

H

Halde 130
Halteprädikat 199
Halteproblem 19
Hamiltonscher Zyklus *siehe Graph*
Hardware **38**; 157
Harmonische Reihe 431
Hashing 361
    Aufwandsabschätzung 369
    dynamisches ~ 361
    Hash-Funktion 361
    Hash-Tabelle 361
    Kollision **361**; 363; 406
        Auflösung einer ~ 363
        Behandlung einer ~ 363; **371**
            externe ~ 364; 374
            interne ~ 365; 371
            Sondieren 365
                lineares ~ 365
                quadratisches ~ 366
        Primär~ 369
        Sekundär~ 369
    Perfektes ~ 362
    Schlüssel 361
    Schlüsseltransformation 361
Hauptprogramm 163
Heap **130**; 418

Heapsort *siehe Sortierverfahren*
Höhe eines Baumes *siehe Baum*
Höhe eines Knotens (lev) *siehe Baum*

I

Implementierung 161
Import **59**; 63; 90; 162
Informatik
    Angewandte ~ 47
    Gesellschaftliche Auswirkungen 50
    Kerninformatik 46
    Praktische ~ 46
    Technische ~ 47
    Theoretische ~ 46
information hiding 169; 258; 259
Initialisierung 174; **202**; 217
injektiv 429; *siehe Abbildung*
Inkarnation **91**; 92
inorder-Durchlauf *siehe Baum*
Instrumentierung eines Programms 232
Interpreter **41**; 266
Invariante 209; **215**
invers geordnet 377
Inversionsanzahl *siehe Fehlstand*
irreflexiv *siehe Relation*
Ist-Resultat 226
Iteration **87**; 100; 217

K

Kante *siehe Graph*
Kapselung **159**; 161; 228
kartesisches Produkt 113; 119; **429**
Keller 181
Kellerspeicher *siehe Speicher*
Keplersche Faßregel 105
Klasse 159; 257
Knoten *siehe Graph*
Knuth-Morris-Pratt (KMP) *siehe Suchverfahren*
Kommentar 63
Kommunikationsprotokoll 45
kompatibel 43; **129**

Komplementierer 34
Komplexität **273**; 279
Komplexitätstheorie 274
Konfiguration 14; 199
Konstante 67
kontextfrei 61
kontextsensitiv 61
Korrektheit 159; 198; **212**; 225; 237
    Korrektheitsebenen 224
    partielle 212
    syntaktische ~ 224
    totale 212
k-beschränkt *siehe Baum*
k-gleichverzweigt *siehe Baum*

L

Lastverbund *siehe Rechnernetz*
Laufzeit 89; 277
Laufzeitfehler 81; 88; 93
Laufzeitsystem **41**; 89
Lebensdauer 89; **91**; 96; 129
Lese-Schreibkopf 15
Lexikalische Analyse 40
Lexikographische Ordnung 407
LIFO-Prinzip 181
linear-zeitbeschränkt 278
Linker 163
LISP 250; 270
Liste 136
    doppelt verkettete ~ 143
    einfach verkettete ~ 136
    zyklische ~ 134
Literal 67
Local Area Network (LAN) *siehe*
    Rechnernetz
LOGO 270
lokal 96
Lokalität 228

M

Markierungsmethode *siehe Speicher*
Maschine 13; **196**
Maschinencode **30**; 158

Matching-Problem 287
mathematische Maschine 199
Matrix-Multiplikation 117
Mehrprozessor-Systeme 37; **268**
Menge 109
Mensch-Maschine-Schnittstelle 271
Metasymbol 26; **53**
Methode 159; 258
Mikroprogrammeinheit 33
MIRANDA 270
Mischen *siehe Sortierverfahren*
ML 270
Modul **59**; 63; 161
Modula-2 23; 57; 270; 432
Modularisierung 161; **163**; 167
Monoid 24

N

Nachbedingung 197; **204**; 217
Nebenläufigkeit 37; **39**
Nebenwirkung 74
Nichtberechenbarkeit *siehe Funktion*
Nichtdeterminismus 12; 267; **278**; 280
Nichtterminalsymbol **25**; 27; 55
NP-hart 282
NP-Sprache 281
NP-vollständig **282**; 287

O

obere Schranke 277
Oberon 270
Objekt **95**; 257
OCCAM 268
opak **175**; 176
OPS-5 267
Ordnung *siehe Relation*
Ordnungskriterium 380
Ordnungsverträglichkeit *siehe*
    Sortierverfahren
Organisationsprogramm 39
Orientierung *siehe Graph*
Overflow *siehe Überlauf*
Overloading 160

P

P-NP-Problem 281
Paradigma *siehe Programmiersprache*
Parallelität 37; **39**
Parameter 73; 139; **158**
PARLOG 268
partiell *siehe Abbildung*
PASCAL 150; 270
PEARL 268
periphere Geräte 38
Permutation **377**; 381
PL/I 270
pointer *siehe Zeiger*
polynomial-zeitberechenbar (pzb) 279
polynomial-zeitbeschränkt 278
POOL 268
Portabilität **13**; 159
Positionierungszeit 351
Positionssystem 24
postcondition 204
postorder-Durchlauf *siehe Baum*
Prädikat **197**; **253**
precondition 204
preorder-Durchlauf *siehe Baum*
Primärindex 363
Primärkollision *siehe Hashing*
Primärschlüssel 380
privat **169**; 175
Probelauf 226
Produktion **26**; 54
Programm **23**; 59
Programmablaufplan 231
Programmiersprache 21; 239; **269**
　funktionale ~ 240; **249**; 268
　imperative ~ 240; **243**
　Logik-basierte ~ 240; **252**; 268
　objektorientierte ~ 240; **257**; 268
　Paradigma einer ~ 239; 271
　Regel-basierte ~ 240; **265**
Programmierstil 96
Programmprüfung
　Inspektion 237
　Test 224
Programmverzweigung *siehe Anweisung*
PROLOG 252; 270
Prozedur 59
　Prozeduraufruf 63; **74**
　Prozedurkopf 104
　Prozedurtyp 104
Prozesse 268
Prozessor 33
Prozeß 40
　asynchroner ~ 40
　synchroner ~ 40
Pseudocode 81
Puffervariable 150

Q

Quellprogramm 194
Quicksort *siehe Sortierverfahren*

R

Random Access Memory (RAM) *siehe Speicher*
Read Only Memory (ROM) *siehe Speicher*
Rechenwerk 33
Rechnerarchitektur 32
Rechnernetz 43
　Betriebsmittelverbund 43
　client 45
　Datenverbund 43
　Lastverbund 43
　Local Area Network (LAN) 44
　server 45
　Wide Area Network (WAN) 44
Rechnersysteme 38
Record 119
Referenzparameter **88**; 95; 96; 138
reflexiv *siehe Relation*
refresh time *siehe Speicher*
Regenerationszeit *siehe Speicher*
Register 34
Regressionstest *siehe Test*

Rekursion 80
Relation 429
    antisymmetrische ~ 430
    Äquivalenz~ 430
    asymmetrische ~ 430
    Definitionsbereich 429
    inverse ~ 429
    irreflexive ~ 429
    Ordnung
        Halb~ 430
        lineare ~ 430
        partielle ~ 430
    reflexive ~ 429
    semikonnexe ~ 430
    symmetrische ~ 429
    transitive ~ 430
    Wertebereich 429
rotating-first-fit *siehe Speicher*
Rotation *siehe Baum, AVL-Baum*
Rucksackproblem 282
Rückwärtsverkettung 253
Rundungsfehler 76

S

Schleife
    FOR 97
    Formen von ~ 214
    Konstruktion einer ~ 217
    Laufschleife **97**; 113
    LOOP 98
    REPEAT 98
    Rumpf einer ~ 212
    Verifikation von ~ **209**; 214; 215
    WHILE 97
Schlinge *siehe Graph*
Schlüssel **305**; 320; *siehe Hashing*; 380
Schlüssel-Verweis-Tabelle 380
Schlüsseltransformation *siehe Hashing*
Schnittstelle 161
Schrittzahl **277**; 380
scope 89
Seite *siehe Speicher*

Sekundärkollision *siehe Hashing*
Selektor **120**; 128
Semantik 21; **194**
    axiomatische ~ 197
    denotationale ~ 196
    operationale ~ **196**; 200
    Übersetzer~ 196; **198**
semantische Analyse 40
semantische Funktion 197
semikonnex *siehe Relation*
Sentinel 306
Sequenz *siehe Anweisung*
server *siehe Rechnernetz*
set *siehe Menge*
Shakersort *siehe Sortierverfahren*
Shellsort *siehe Sortierverfahren*
Sicherheit 271
Simpson-Integration 105
SIMULA 270
Smalltalk-80 259
Software 38
Software Engineering 43
Soll-Resultat 226; 230
Sondieren *siehe Hashing*
Sortierverfahren 377; 378
    Aufwandsabschätzung **381**; **404**
        average case 385
        best case 385
        worst case 385
    Aussuchen 378
        direktes ~ 385
    Austauschen 378
    Bubblesort 388
    Bucketsort 405
    Einfügen 378
        binäres ~ 387
        direktes ~ 386
    externe ~ 377; 384; **409**
    Heapsort 390
    interne ~ 377; 384; **385**
    Mischen 378; **409**
        direktes ~ 410
        Mehrwege-~ 411

natürliches ~ 411
Zweiphasen-~ 410
Ordnungsverträglichkeit 379
Quicksort 394
Shakersort 388
Shellsort 389
Stabilität von ~ 379
Streuen und Sammeln 378; **405**
Speicher **35**; 417
  Adressierung 417
  Anforderung 413
  Bereinigung **418**
  Block 413
  dynamischer Speicherbereich 418
  externer ~ **36**; 148
  Fragmentierung 416; 422
  Hauptspeicher **36**; 413
  Hintergrundspeicher 36; 413
  interner ~ *siehe Hauptspeicher*
  Kapazität 36
  Keller~ 85; **129**; 176; 418
  Random Access Memory (RAM) 36
  Read Only Memory (ROM) 36
  refresh time 36
  Regenerationszeit 36
  Seite 417
  Sekundärspeicher 36
  Speicherverwaltung 413
    best-fit 414
    Blockverschmelzung 413; 415
    Blockverwaltung 414
    Buddy-Methode 415
    first-fit 414
    garbage collector 131
    Garwick-Algorithmus 423
    Markierungsmethode 419
    rotating-first-fit 415
    Seitenaustauschverfahren 413; 417
    Speicherbereinigung 414
    Verweiszählermethode 419
    virtuelle ~ 417
  Überlauf 75; **418**; 422

virtueller ~ 413
Speicherkomplexität 277
Speicherverwaltung *siehe Speicher*
Spezifikation **206**; 223; 226
Sprache 21
Sprung 33; **102**
Stabilität *siehe Sortierverfahren*
Stack **181**; 421
Startsymbol 27
Steuerwerk 32
Stirlingsche Formel 430
Stream 154
Streuen und Sammeln *siehe Sortierverfahren*
String 58; **115**; 309
Strukturierung 271
Suchbaum *siehe Baum*
Suchverfahren **305**; 320
  auf Bäumen 320
  auf Listen 320
  auf Tabellen 305
  auf Zeichenketten 309
    Boyer-Moore (BM) 313
    Knuth-Morris-Pratt (KMP) 310
  binäres Suchen 307
  divide and conquer 307
  lineares Suchen 305
  Teilen und Herrschen 307
Suchzeit 327; 345
Summenformel 431
surjektiv *siehe Abbildung*
symbolische Konstante 67
Symboltabelle 40
symmetrisch *siehe Relation*
synchron *siehe Prozeß*
syntaktische Analyse 40
Syntax **21**; 194
  Darstellungsmethoden für 53
  Modula-2 ~ 432
  Syntaxdiagramm 27; **53**; 432

T

Tabelle 305

Teilen und Herrschen *siehe*
　　Suchverfahren
Teilgraph *siehe Graph*
Terminalsymbol **25**; 27; 55
Terminierung **12**; 212
Test 193; **224**
　　Black-Box-Test **229**
　　Glass-Box-Test 227; 229; **231**
　　programmabhängiger ~ *siehe Glass-Box-Test*
　　Regressionstest 226
　　Schnittstellentest *siehe Black-Box-Test*
　　vollständiger ~ 227
Testdaten 226; **228**; 230
Testmenge 226; **228**
Testorganisation 225
Textfile 149
Tiefenbeschränkung 359
total *siehe Abbildung*
toter Code 233
transitiv *siehe Relation*
transitive Hülle 288
Traversierung *siehe Baum*
Trennphase 410
Tupel 429
Turing-Maschine 11; **13**
Turing-Programm 15
Typbindung 79
Typkompatibilität **78**; 87; 129
Typtransfer-Funktion 78

U

Überdeckung 229; **230**
　　Anweisungsüberdeckung 232
　　Bedingungsüberdeckung 233
　　Pfadüberdeckung 233
　　Zweigüberdeckung 233
Überdeckungsgrad 230; **232**
Übergangsfunktion 199
Übergangstabelle 15
Überlauf *siehe Speicher*
Übersetzer 30; **40**; 194; 206

Querübersetzer 40
Übersetzung **161**; 163
　　separate ~ 161
untere Schranke 277

V

Variable **79**; 87
　　dynamische ~ 129
　　Eingabe~ 79
　　flag 104
　　Prozedurvariable 105
　　Statusvariable 104
Variablen-Konzept 243
Variablen-Transformator 212
Variante 126
variante Records 126
Verbund 119
Vererbung 160; 258
Verifikation **206**; 209; 223; 224
Verweiszählermethode *siehe Speicher*
Verzweigung *siehe Anweisung*
virtuelle Maschine 13
vollständig ausgeglichen *siehe Baum*
von-Neumann-Rechner **31**; 157; 267
Vorbedingung 197; **204**; 217
Vorsortierung 379

W

Wächter 306
Wald *siehe Baum*
Warteschlange 172
weakest precondition 204
Weg *siehe Graph*
wegäquivalent 288
Wertebereich *siehe Relation*
Wertparameter **88**; 96
Wertzuweisung *siehe Anweisung*
Wide Area Network (WAN) *siehe Rechnernetz*
Wiederholbedingung **212**; 215; 217
worst case *siehe Sortierverfahren*
Wort 24
Wurzel *siehe Baum*

Z

Zahl 24
 ganze ~ 74
Zeichen 23
Zeichenkette 58; **115**; 309
Zeiger 129
 Anker, fliegender 141; **143**
 Blindelement 143
Zeitkomplexität 277
Zeitkomplexitätsklassen 278
Zielprogramm 194
Ziffer 24
Zugriffsmodi 150
Zugriffswahrscheinlichkeit 344
Zusammenhangskomponente *siehe*
 Graph
Zusicherung 204
Zyklus *siehe Graph*

Deininger/Lichter/Ludewig/Schneider
Studien-Arbeiten

Ein Leitfaden zur Vorbereitung, Durchführung und Betreuung von Studien-, Diplom- und Doktorarbeiten am Beispiel Informatik

Von Dipl.-Inform. **Marcus Deininger**
Stuttgart
Dipl.-Inform. **Horst Lichter**
Heidelberg
Prof. Dr. **Jochen Ludewig**
Stuttgart
Dipl.-Inform. **Kurt Schneider**
Ulm

3. durchgesehene Auflage. 1996.
72 Seiten. 15,5 x 22,5 cm.
Kart. DM 13,80
ÖS 101,– / SFr 14,–
ISBN 3-519-22156-X

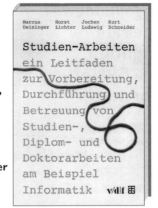

Ziel dieses Leitfadens ist die Vermittlung und Diskussion von Regeln und Techniken, die bei der Durchführung wissenschaftlicher Arbeiten angewendet werden sollten. Als »wissenschaftliche Arbeiten« gelten hier Seminar-, Studien-, Diplom- und Doktorarbeiten, also alle Prüfungsleistungen mit wissenschaftlichem Anspruch, die Studierende, Assistentinnen und Assistenten unter Anleitung, aber in gewisser Selbständigkeit und über einen längeren Zeitraum hinweg erbringen. Als Hauptbezugspunkt dient die Diplomarbeit, hier im Detail am Beispiel Informatik erläutert, denn sie stellt einen zentralen Teil und in der Regel den Abschluß des Hauptstudiums dar.

Dieses Buch richtet sich zum einen an Informatikerinnen und Informatiker; zum anderen ist es auch für Studien-Arbeiten in technischen und naturwissenschaftlichen Disziplinen hilfreich.

Es wendet sich einerseits an Studierende, die lernen wollen, ein Projekt auszuwählen, vorzubereiten, durchzuführen und zu präsentieren. Andererseits sind die Betreuerinnen und Betreuer angesprochen, die die Arbeiten definieren, unterstützen und schließlich beurteilen.

Preisänderungen vorbehalten.

B. G. Teubner Stuttgart · Leipzig

Spiegel/Ludewig/Appelrath
Aufgaben zum Skriptum Informatik

Von **André Spiegel**
Universität Stuttgart
Prof. Dr. **Jochen Ludewig**
Universität Stuttgart
und Prof. Dr.
Hans-Jürgen Appelrath
Universität Oldenburg

2., durchgesehene Auflage.
1994. 192 Seiten.
16,2 x 22,9 cm.
Kart. DM 28,80
ÖS 210,– / SFr 26,–
ISBN 3-519-12155-7

Diese Aufgabensammlung soll den im bereits erschienenen »Skriptum Informatik« von Appelrath/Ludewig enthaltenen Stoff durch praktische Anwendungen ergänzen und vertiefen.

In einer Einführungsvorlesung geht es um das grundlegende Handwerkszeug für jeden Informatiker. Darum sind Aufgaben und Lösungen so formuliert, daß sie nicht nur zum theoretischen Verständnis beitragen, sondern bereits im Kleinen zu sauberem und überlegten Arbeiten auffordern.

Die Grundlage bildet eine große Sammlung von Aufgaben, die in den vergangenen Jahren an der ETH Zürich und den Universitäten Stuttgart, Oldenburg und Kaiserslautern gestellt wurden. Für dieses Buch wurden daraus die geeignetsten ausgewählt und überarbeitet; außerdem wo nötig, neue erstellt. Dabei war die genaue Orientierung am »Skriptum Informatik« wichtig: die Aufgaben sind entsprechend den dortigen Kapiteln geordnet, die verwendeten Begriffe sind dieselben, jedes der eingeführten Konzepte wird (sofern man es sinnvoll üben kann) behandelt.

Persönliche Motivation und Eigeninteresse sind die besten Voraussetzungen für das Erlernen neuer Dinge. Die »Aufgaben zum Skriptum Informatik« wurden darum überschaubar, interessant und mit Bezug zur Praxis gestellt. Alle Aufgaben sind mit ausführlich kommentierten, überprüften Beispiellösungen versehen. Um den Text übersichtlich zu halten, sind nur die wesentlichen Teile der Lösung wiedergegeben; eine Diskette mit den vollständigen Programmen kann bei den Autoren bezogen werden.

Preisänderungen vorbehalten.

B. G. Teubner Stuttgart · Leipzig